EL HOMBRE QUE SALVÓ A PRIMO LEVI

MEMORIA CRÍTICA

CARLO GREPPI

EL HOMBRE QUE SALVÓ A PRIMO LEVI

Traducción castellana de
Lara Cortés

CRÍTICA

Obra editada en colaboración con Editorial Planeta – España

Título original: *Un uomo di poche parole. Storia di Lorenzo, che salvò Primo*

El hombre que salvó a Primo Levi
Carlo Greppi

Bajo el sello editorial CRÍTICA M.R.
Avenida Presidente Masarik núm. 111,
Piso 2, Polanco V Sección, Miguel Hidalgo
C.P. 11560, Ciudad de México
www.planetadelibros.com.mx
www.paidos.com.mx

Primera edición impresa en España: septiembre de 2023
ISBN: 978-84-9199-568-5

Primera edición impresa en México: junio de 2024
ISBN: 978-607-569-732-1

Impreso en los talleres de Impregráfica Digital, S.A. de C.V.
Av. Coyoacán 100-D, Valle Norte, Benito Juárez
Ciudad De Mexico, C.P. 03103
Impreso en México - *Printed in Mexico*

A los amigos perdidos,
a los conservados,
a los reencontrados

Prólogo

> Y yo le dije: «Mira, te estás arriesgando al hablar conmigo». Y él respondió: «No me importa».
>
> Primo Levi, noviembre de 1986

Un día de diciembre de hace algunos años estaba viendo un documental titulado *Il coraggio e la pietà*,[1] en el que se describe la solidaridad —tanto la pretendida como la auténtica— que mostraron los italianos ante los judíos perseguidos y que a la mayoría de los que se encontraban a nuestro lado de los Alpes les permitió salvarse, a diferencia de lo que les ocurrió a los más de siete mil compatriotas hebreos que perecieron en el Holocausto.[2] El documental se había estrenado en noviembre de 1986, cinco meses antes de la muerte de Primo Levi. Entre las escenas que más me conmovieron hubo una en la que el propio Levi contaba, con su habitual serenidad, lo mucho que le había ayudado a sobrevivir un hombre silencioso. Se trataba de un humilde albañil, y no de un prisionero de Auschwitz. Era un trabajador civil del Piamonte, concretamente de Fossano, que vivía fuera de las alambradas de Auschwitz III (Monowitz) y que frecuentó a Levi durante varios meses. En ellos, compensó la desnutrición que sufría el prisionero en aquel campo de concentración con unas sopas aguadas que le llevó periódicamente, todos los días, durante seis meses. La única compensación —si es que podemos llamarla así— que aceptó aquel hombre fue la reparación de sus zapatos de piel, de la que se encargaron los zapateros de Monowitz: durante cuatro días caminó con los zuecos de madera que solía llevar Levi y, al final de aquel periodo, ambos volvieron a intercambiar su calzado.[3] No quiso nada más.

No era la primera vez que yo oía hablar de Lorenzo Perrone, porque Levi, aquel químico de Turín que había sobrevivido a Auschwitz, llevaba desde 1947 escribiendo sobre él: primero, en *Si esto es un hombre*; después, en un puñado de páginas de *Lilit y otros relatos*[4] y también en dos pasajes de *Los hundidos y los salvados* —aunque sin indicar en ningún momento su apellido—.[5] Además, yo ya sabía que los dos hijos de Levi (Lisa Lorenza, nacida en 1948, y Renzo, nacido en 1957) debían sus nombres a aquel enigmático hombre, extremo este que, como descubriría más adelante, Levi llegó incluso a reconocer públicamente.[6] Pero escuchar también que Lorenzo se arriesgó a acabar en Auschwitz por sus gestos —es decir, escucharlo y no leerlo— removió algo profundo en mi interior, tocó una parte de mí que llevaba largo tiempo dormida, tal vez por el peso de la costumbre.

En aquel momento crítico, en aquella madrugada de algún día comprendido entre el 8 de diciembre y la Navidad del año 2014,[7] antes de irme a la cama introduje en el lector un DVD que quería ver desde hacía casi tres años, pero que siempre acababa relegando a los últimos puestos de mi lista de candidatos. Su título: *Il Giudice dei Giusti*.[8] Pues bien, en la primera escena de este documental —la primera— aparece Mordecai Paldiel, que en su momento fue director del departamento que, dentro del museo del Holocausto de Jerusalén (el Yad Vashem o Centro Mundial de Conmemoración de la Shoah), se ocupa de otorgar el reconocimiento a los «Justos de las Naciones», es decir, a las personas no judías que salvaron a personas judías. Paldiel estaba tomando una carpeta entre sus manos. Era la de Lorenzo Perrone, el expediente número 8157.[9]

A continuación, consulté la versión en inglés de la sección del sitio web del Yad Vashem dedicada a los 25.271 Justos, 610 de los cuales eran italianos (en 2021 se convirtieron en 27.921 en total, con 744 italianos)[10] y encontré, al principio de la página, un extracto del pasaje de *Si esto es un hombre* en el que se describe a Lorenzo. Se trata del siguiente (ocho años después, este pasaje sigue allí):

> Por el sentido que pueda tener tratar de explicar las causas por las que mi vida, entre millares de otras equivalentes, ha podido resistir la prueba, diré que creo que es a Lorenzo a quien debo el estar hoy vivo, y no tanto por su ayuda material como por haberme recordado constantemente con su presencia, con su manera tan llana y fácil de ser bueno, que todavía había un mundo justo fuera del nuestro, algo y alguien todavía puro y entero, no corrompido ni salvaje, ajeno al odio y al miedo; algo difícilmente definible, una remota posibilidad de bondad, debido a la cual merecía la pena salvarse.[11]

Primo Levi, tal vez el mayor testigo del siglo XX, escribió y declaró en más de una ocasión —en muchas más de aquellas que se han mencionado hasta ahora, como veremos más adelante— que a Lorenzo le debía no solo la vida, sino también algo más, y para esta institución que trabaja por la preservación de la memoria de los gestos que salvaron a los perseguidos, Lorenzo Perrone es, sin lugar a dudas, el más importante de todos ellos. Se encuentra al mismo nivel que otros mucho más conocidos, como Oskar Schindler o Giorgio Perlasca —famosos gracias a la película *La lista de Schindler*, de Steven Spielberg (1993), basada en una obra de Thomas Keneally[12] publicada en 1982, y a un libro superventas de Enrico Deaglio, *La banalidad del bien. Historia de Giorgio Perlasca* (1991), que a su vez se convirtió en una obra audiovisual, en concreto en el telefilme *El cónsul Perlasca*, de Alberto Negrin (2002)—,[13] aunque su origen social era completamente distinto. Este personaje pobre y turbulento, «casi analfabeto»[14] y taciturno, «era un hombre —escribió también el químico turinés—; su humanidad era pura e incontaminada, se encontraba fuera de este mundo de negación. Gracias a Lorenzo no me olvidé yo mismo de que era un hombre».[15] Sus gestos sencillos y cotidianos se convirtieron, con toda probabilidad, en la raíz del testimonio de Levi, y su indeleble solidaridad aparece impresa en los libros que han dado forma a la parte sana de la cultura del mundo occidental de los últimos decenios; esos libros que aún hoy son una etapa obligada en la formación de cualquier estudiante, tanto en Italia como en otros países.

Pero ¿quién era Lorenzo Perrone? En los últimos años he recopilado material sobre su vida antes, durante y después de «Suíss» (así era como llamaba él a Auschwitz),[16] desde los archivos de Fossano —¿su apellido era Perrone o Perone? Este será el primer obstáculo con el que nos encontraremos en nuestra historia— hasta los testimonios de sus dos sobrinos que aún viven; desde el intento inviable de rastrear sistemáticamente cualquier posible alusión en las biografías de Primo Levi, en sus entrevistas (hasta ahora se han contabilizado más de trescientas)[17] y en los miles de libros que hablan acerca de él o de su obra (unos siete mil en la época en la que escribo estas páginas)[18] hasta la carpeta que aún se conserva en el Yad Vashem, con el expediente de reconocimiento tramitado en 1995 gracias a su biógrafa Carole Angier.[19] Y eso solo para empezar. Pero una parte considerable de lo que podemos decir acerca de este hombre extraordinario que hizo posible «la asombrosa historia de la supervivencia»[20] de Levi se encuentra ya en los textos de este autor. Es lo más extraordinario que puede desear tener entre sus manos un historiador a la hora de poner en marcha una investigación que apunta hacia el corazón mismo de la humanidad: las páginas de uno de los exploradores más precisos de nuestra mente. Aunque, naturalmente, eso no es todo: «La realidad de los seres humanos no es lo mismo que la realidad de los seres humanos narrada por los escritores», me advierte Alberto Cavaglion,[21] uno de los más agudos conocedores de la obra de Levi y responsable de la edición italiana comentada de *Si esto es un hombre*[22] de 2012; en este sentido, el propio Primo Levi habló a menudo del arte de «redondear»[23] pivotando sobre la imaginación, porque «la realidad resulta siempre más compleja» y «más tosca».[24]

Es natural que una vida desnuda tan humilde —tan ordinaria hasta el momento en que llegó a «Suíss»—, y que, además, como veremos en su momento, se hundió antes de que su cúspide saliese a la luz, deje numerosos vacíos por llenar. Pero podemos perforar el manto de olvido que ha caído sobre buena parte de la existencia de este hombre de pocas palabras. Debemos, al menos, intentarlo. Y es lógico que esta historia comience con el primer encuentro, en el que este albañil alzó la mirada y después volvió a bajarla hacia sus pies; unos pies que habían recorrido centenares y centenares de kilómetros antes de recalar en el profundo legado que encierra esta historia de condena y salvación, esta historia que nos habla a todos y cada uno de nosotros.

LOS ÚLTIMOS

[...]
Hablo para vosotros, compañeros de un camino
denso, no exento de fatiga,
y también para vosotros, que habéis perdido
el alma, el ánimo, las ganas de vida.
O para ninguno, o para alguno, o quizá solo para uno, o para ti,
que me estás leyendo: recuerda aquel tiempo,
antes de que se endureciese la cera,
cuando cada uno era como un sello.
De nosotros cada cual lleva la huella,
del amigo encontrado por la senda;
en cada uno, la traza de cada uno.
[...]

Primo Levi, «A los amigos», 16 de diciembre de 1985[1]

Los Tacca del Burgué[1]

I

Cuando conoció al prisionero número 174.517, Lorenzo estaba levantando un muro junto con otro tipo de la empresa en la que trabajaba, también de lengua italiana, y, como era de esperar, pese a los golpes que le había dado la vida —o tal vez precisamente por ellos, como veremos más adelante—, incluso en aquel lugar, allá arriba, «los hacía [los muros] derechos, sólidos, con ladrillos bien ensamblados y con todo el hormigón que se necesitaba; no por acatar órdenes sino por dignidad profesional»: son palabras de Primo Levi en *Los hundidos y los salvados*.[2] Cuando Lorenzo, que había llegado desde el Burgué —como se llama al casco antiguo de Fossano—, vio por primera vez a aquel menudo turinés, no se planteaba qué ni quién se beneficiaba de que él estuviese trabajando como un mulo: un bombardeo aliado acababa de sacudir aquel «desmesurado enredo de hierro, de cemento, de barro y de humo»[3] que era la «Buna», el gran proyecto de la empresa Interessen-Gemeinschaft Farbenindustrie AG —más conocida como I. G. Farben— creado en Monowitz, a seis kilómetros de Auschwitz I. Tras avanzar en zigzag entre los escombros, que crujían bajo el cuero de sus zapatos de trabajo, llegó junto con su compañero y compatriota a la zona en la que se encontraba la maquinaria más valiosa y se dispuso a protegerla mediante tabiques altos y sólidos, sin darle demasiadas vueltas a la cabeza.

Estaba colocando ladrillos, subido en un andamio, en silencio, y aquel prisionero 174.517, que, como descubriría más tarde, se llamaba Primo y tenía su número tatuado en el brazo izquierdo —un *Häftling* (un prisionero) del montón, un preso casi invisible, respirando a duras penas entre las dentelladas del hambre—, se encontraba debajo. En un momento dado, Lorenzo le habló en alemán para advertirle de que «quedaba poca argamasa» y ordenarle que les subiera la herrada.[4] Aquel tipo enclenque de veinticuatro años que hasta ese momento aún era simplemente un número trató de abrir las piernas, agarrar el asa del cubo con las dos manos, levantarlo, imprimirle una oscilación hacia atrás, aprovechar el impulso pendular para impulsar la carga hacia delante y, a continuación, ponérsela sobre el hombro. Pero el resultado fue, como poco, patético: el cubo volvió a caer al suelo y la mitad de la argamasa se derramó. En lugar de soltar una carcajada, Lorenzo pronunció cinco palabras, las primeras del capítulo más importante de esta historia, que —no es difícil imaginarlo— se quedaron resonando en la cabeza de Primo durante las interminables horas de aquel día de principios del verano de 1944,[5] que cabe fechar entre el 16 y el 21 de junio, periodo en el que saltaron las alarmas en la zona occidental de la Alta Silesia, que llevaba meses sufriendo bombardeos sistemáticos en incursiones cada vez más intensas.[6]

«Claro, con gente como esta...»,[7] comentó Lorenzo mientras se disponía a descender desde el punto en el que se encontraba para colocarse al mismo nivel que la argamasa derramada, que ya se estaba solidificando entre los escombros del taller desmoronado bajo las bombas de los Aliados, esos Aliados que atacaban las instalaciones industriales —y después fotografiaban desde el cielo el «planeta Auschwitz»—, pero no se preocupaban por liberar a los prisioneros de la condena del gas.[8] ¿A qué se refería con aquello de «gente como esta»? ¿Estaba aludiendo a los «esclavos de los esclavos»,[9] al «esca-

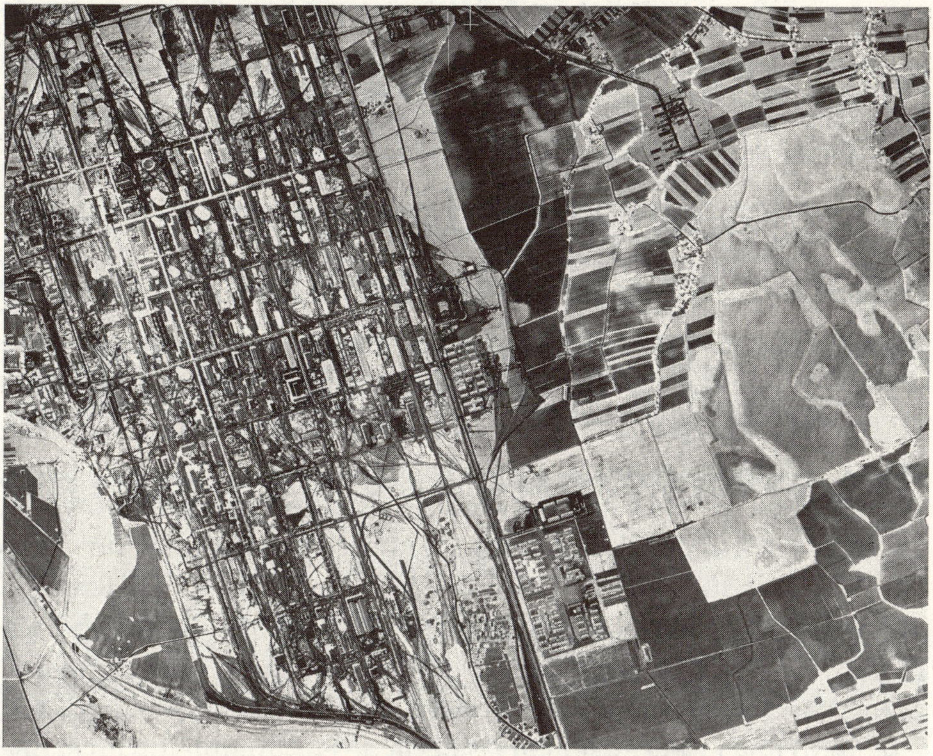

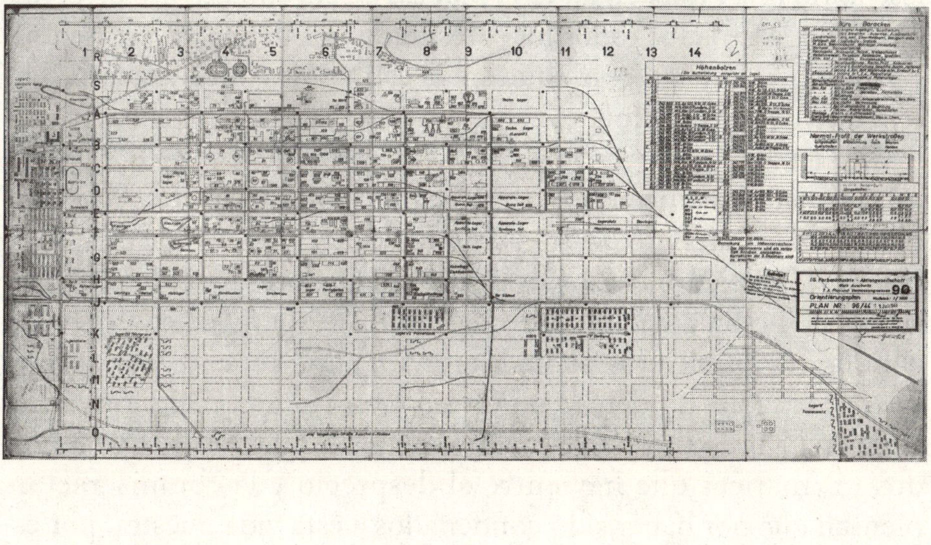
1 2 3 4 5 6 7 8 9 10 11 12 13 14
Höhenbolzen

lafón más bajo» de la jerarquía de Monowitz,[10] o hablaba más bien de esos burgueses que eran incapaces de sujetar un cubo de argamasa, privilegiados hasta el momento en que entraban en aquel mundo al revés, convertidos desde ese instante en los últimos de los últimos? La leamos como la leamos, esta frase rezuma desprecio o conmiseración. Es el propio Levi quien lo dice. Y, al mismo tiempo, constituye, a su vez, un cortocircuito: quién sabe cuántas veces —supongo que no pocas— alguien se la había dirigido al propio Lorenzo. Él, como veremos más adelante, era un desgraciado, un alcohólico, un pendenciero. Pero también una persona que hacía bien su trabajo. Sin embargo, de «gente como esta» uno no debe fiarse. Lo que hay que hacer es explotarla hasta que, con cuarenta años, empieza a perder fuerza y concentración. Después, cuando deja de servir, se desecha.

En cualquier caso, considerando el desastre que había provocado aquel peón 174.517, el primer impacto entre ambos no debió de ser, desde luego, positivo. Sin embargo, Primo Levi llamó la atención de Lorenzo por su curiosa reacción al oír que hablaba italiano, después de aquella tosca orden formulada en un pésimo alemán, y que lo hacía, además, con un clarísimo acento piamontés. Eso abrió una grieta en aquella especie de encantamiento en el que quedaban atrapados todos los seres humanos del lugar, en ese universo ferozmente grotesco que era el campo de concentración. Lorenzo sentía especialmente cercana a aquella mano de obra masculina no cualificada y eso podía bastar, aunque lo cierto es que a menudo no era suficiente. Si bien algunos presos de otras nacionalidades habían tenido ocasión de establecer contacto con el mundo exterior, por ejemplo a través de los trabajadores forzados del Servicio del Trabajo Obligatorio de Francia,[11] para los civiles —incluidos los empleados como Lorenzo, claro está—, los esclavos eran «intocables», y debían seguir siéndolo, fuesen cuales fuesen las circunstancias: «Los civiles, más o menos explícitamente y con todos los matices que hay entre el desprecio y la conmiseración, piensan que por haber sido condenados a esta vida nuestra, por estar reducidos a esta condición nuestra, debemos estar manchados por alguna misteriosa y gravísima culpa»,[12] recordaría Primo Levi.

¿También pensaba eso Lorenzo en el momento en que lo descubrió? No lo creo, porque él no se dedicaba a repartir culpas a la ligera: sabía que quienes están encadenados son casi siempre los pobres, mientras que el poder puede cambiar de zapatos cada tres semanas. Además, no sé nada de aquello que pudo haber dicho en las horas siguientes y considero imposible que algún día lleguemos a saberlo. Pero intuyo algo de su personalidad gracias a un discreto número de fuentes y por eso me atrevo a aventurar la hipótesis de que ni siquiera en los dos o tres días posteriores trató de establecer un diálogo con Levi: lo más probable es que se quedase rumiando sus pensamientos, con una mirada entre perdida y hosca, indescifrable, como la que se adivina en las fotografías suyas que han llegado hasta nosotros. Si no me equivoco, son tan solo dos. La primera la veremos dentro de poco; la otra es esta:

¿Despreciaba a aquel hombre casi desmayado, moribundo? ¿Sentía conmiseración hacia él? ¿Lo temía? Da la impresión de que casi experimentaba la inquietud que había surgido ya en 1938, tras la aprobación de las leyes raciales, y que Primo Levi describió en *El sistema periódico*, en 1975, donde evocó aquel primer «relámpago, minúsculo pero perceptible, de desconfianza y recelo. ¿Qué piensas de mí? ¿Qué soy para ti yo?».[13]

Todavía hoy —y siempre— tienen vigencia estas descripciones de Levi, que supo tejer sabiamente las palabras y los conceptos adecuados para entender la mente humana. Así se refiere precisamente a la mirada que los trabajadores civiles dirigían a los «esclavos de los esclavos», a los prisioneros judíos que, más adelante, distribuidos en columnas perfectamente ordenadas, vestidos con andrajosos uniformes de rayas y ataviados con gorras, iban a trabajar a la Buna (si es que cabe aquí hablar realmente de un «trabajo»):

> Nos oyen hablar en muchas lenguas diferentes que no comprenden y que suenan a sus oídos grotescas como voces de animales; nos ven innoblemente sometidos, sin pelo, sin honor y sin nombre, golpeados a diario, más abyectos cada día, y nunca descubren en nuestros ojos una chispa de rebeldía, de paz ni de fe. Nos saben ladrones e indignos de confianza, enfangados, andrajosos y hambrientos y, confundiendo el efecto con la causa, nos juzgan dignos de nuestra abyección.[14]

Al fotografiar el momento en el que esta historia comenzó a convertirse en algo más que un renglón de algún archivo sepultado, y en la medida en que sea posible intentar unir en un único trazo los kilómetros que Lorenzo recorrió con la cabeza gacha desde su infancia hasta ese instante en el que su mirada trató, en cambio, de dar un sentido y vagó en busca de las palabras adecuadas para transmitirlo más tarde, habría que empezar por admitir que en las vidas vagabundas, tal vez en mayor medida que en las demás, es el azar quien juega las mejores cartas. Se impone, pues, una imagen: Lorenzo y Primo pertenecían sencillamente a «dos castas distintas»[15] y, con la misma sencillez, podrían no haberse mirado nunca. Ni en su vida anterior, primero, ni, ya más adelante, allí donde el privilegio constituía la clave de bóveda del día a día, en términos diametralmente opuestos: Primo estaba destinado a morir si no era capaz de ingeniárselas a cada minuto; Lorenzo, a vivir si no se metía en líos.

La posición de superioridad en la disposición espacial de aquel momento y en la jerarquía del campo de concentración, en ese largo periodo que habían vivido a corta distancia sin ser conscientes cada uno de ellos de la existencia del otro, era, por decirlo así, una justa compensación, consideradas las trayectorias que había seguido cada cual en el mundo de antes y en el de después. Mientras que en 1944 el privilegio se encontraba en el suelo que Lorenzo, que hasta entonces tanto polvo había mordido, pisaba ahora, el prisionero 174.517, Primo Levi, que en su vida ya desaparecida había sido un burgués poseedor de una pequeña fortuna, un químico recién salido de la universidad, era, en el fondo de su alma humana, allá arriba, tan esclavo como otros miles de personas más. Y, como otros 11.600 trabajadores de la I. G. Farben en aquel año,[16] realizaba todo tipo de agotadoras tareas para construir la Buna-Werke, la fábrica de productos químicos de aquel campo. Pero a menudo el trabajo de él, de ellos, se trataba de una actividad «sin objetivo»,[17] un esfuerzo destinado a agotar cualquier fibra vital, hasta provocarles la muerte. Daba igual que lloviese a cántaros o que nevase delicadamente, que el viento se llevara con él las cenizas o que el sol casi diese la impresión de ser capaz de reavivarlas: él, como otros miles de personas, paleaba, enterraba, levantaba, tiraba, clasificaba, reunía, hasta que sus venas y sus arterias estaban a punto de explotar, y si no conseguía continuar, recibía un palazo en la cabeza, asestado por un *Kapo* o por cualquier otro superior. El poder andaba del revés, y aquello que nos hace humanos y nos convence de que seremos capaces de evitar doblegarnos estaba destruido. En cualquier caso, aquel día Primo no pidió ayuda a Lorenzo, supongo que porque, en la época de los hechos —el verano de 1944—, no tenía «una idea clara de la manera en que vivían estos italianos, ni de su eventual disponibilidad»,[18] sobre todo de quienes en el mundo de antes habían sido unos desgraciados, pero allí se mantenían en la superficie, mientras él se iba hundiendo junto con otros miles de pordioseros de la historia y en la historia misma. Y, sin embargo, bastaba un puñado de palabras, insignificantes en la balanza del lenguaje común, para romper el sortilegio y quebrar las cadenas del contagio del mal:[19] así es como «se embotan las armas de la noche»,[20] diría, con su sabiduría, Levi.

Aunque es cierto que Lorenzo dosificaba muy bien las palabras, después de aquel malentendido inicial y torpe, pronunció estas otras:

—Mira que, si hablas conmigo, te vas a poner en peligro —le advirtió Primo.

—Me da igual —le respondió Lorenzo.[21]

2

Un albañil, uno que de verdad sepa hacer su trabajo, construye.

No necesariamente tiene una visión de conjunto, esa que, en cambio, sí posee quien lo dirige, quien le da órdenes. Pero él hace su parte. La visión de conjunto suele obtenerse al final. O, al menos, así debería ser. Me atrevería a lanzar la hipótesis de que Lorenzo fue una de las pocas personas en la historia que han tenido esa visión desde el principio, pero resulta imposible encontrar pruebas y es difícil también localizar a alguien que pueda decir que lo conoció de verdad.

Era un hombre de pocas palabras Lorenzo.[22] Y siempre tenía que marcharse. En los años treinta, desde 1935 o desde 1936, según sus familiares, atravesaba el puerto de montaña Colle delle Finestre rumbo a Francia para trabajar ilegalmente,[23] cruzando la frontera de forma clandestina junto con otros desgraciados como él —con callos en las palmas de las manos y los pies endurecidos y arrugados de tanto caminar— y como su hermano mayor, Giovanni, que apenas le llevaba dos años: un hombre de mirada suave y cabello abundante,[24] que iba a su lado, caminando a paso ágil, por las rutas del contrabando.[25] Podía ocurrir que caminasen una semana sin parar: así funcionaba.[26] Casi me parece estar viendo a los contrabandistas con los que Lorenzo y Giovanni compartían ciertos tramos del camino, lanzándoles algunas palabras en dialecto piamontés: *'ndôma* (¡vamos!), *'mpresa* (¡deprisa!), en definitiva, las sílabas rituales, las que revolotean sobre quien avanza con la cabeza gacha, ahorrando energía para el trabajo que lo está esperando al otro lado de la línea trazada por los seres humanos sobre un mapa. En estas rutas, en las que uno podía ser tanto trabajador transfronterizo como contrabandista, según las circunstancias, y la diferencia entre regulares e irregulares, entre ilícito y lícito,[27] era muy difusa, había personas de todas las edades que se desplazaban desde Francia hasta Italia y hablaban la misma lengua: la de los abandonados del mundo, los condenados de los montes, que se desloman trabajando bajo el sol y bajo la lluvia torrencial por un plato de gachas con queso, pero que, cuando hay que acostarse con el estómago vacío, saben hacer rápidamente de tripas corazón. Con toda seguridad, su hermano Giovanni, al que llamaban «Barba Giuanin»,[28] se movía desde agosto de 1931 por Francia,[29] donde vivía su tío, «Jean».[30]

Iban a la Costa Azul, «donde nunca faltaba trabajo», como recordaría Levi.[31] Probablemente a Tolón[32] u otros núcleos habitados del suroeste francés, y más en concreto a Embrun, un municipio situado a unos sesenta kilómetros de la frontera en el que, cuando el Giro de Italia pasaba por el puerto de montaña Colle della Maddalena, los ancianos del lugar aprovechaban que en ese momento los controles se relajaban y subían en taxi a saludarlos y tal vez a beber una o dos copas. Así me lo contó, en enero de 2020, Beppe, sobrino de Lorenzo, hijo de otro de sus hermanos (Michele, ocho años más joven que el propio Lorenzo),[33] que me explicó que cada categoría poseía su propia jerga: sería absurdo imaginárselos hablando allí en italiano estándar; en su lugar, utilizaban su críptico *magüt*, el lenguaje de los albañiles.[34]

A la hora del almuerzo, Lorenzo sacaba su gamella de aluminio,[35] dos huevos, una botella (*buta*, en el dialecto local) de vino tinto y unos mendrugos de pan y bajaba el mentón hacia su cuerpo imponente de hombre ya anciano (aunque por aquel entonces tuviese entre treinta y uno y treinta y cinco años). La cuchara de madera parecía una prótesis de sus brazos y su tronco daba la impresión de estar anclado a la tierra: un buen mozo de piel coriácea propia del Burgué, el barrio del casco antiguo de Fossano en el que vivían los albañiles y los pescadores —los *pescau*—,[36] que se ganaban el pan en el río Stura, acribillados por mosquitos gordos como conejos. El Burgué era justo como podemos figurárnoslo hoy: basta con que nos esforcemos un poco para recuperar un imaginario de una realidad arcaica que, con fatiga, se asoma a la modernidad, y con que nos ayudemos de las fotografías de principios del siglo XX.[37] Todas las puertas abiertas,[38] sillas carcomidas dispuestas junto a una pared en ruinas, encajando el viento y el hielo y también el buen tiempo del fin de semana, cuando el cielo lo concedía. Jornadas que empiezan en plena oscuridad y que terminan cuando aún queda algo de claridad, para quienes consiguen volver a casa a dormir. Hoy todo es distinto, pero aún se adivi-

nan las huellas de aquel viejo barrio, entre paredes con pintura renovada, calles con nombres antiguos y números de casas que, con el tiempo, han ido aumentando.

Lorenzo vivía aproximadamente a un kilómetro del lugar en el que se tomó la primera de estas fotografías, y a pocos metros de donde se hizo la segunda, concretamente en *via* Michelini, números 4[39] y 6,[40] que hoy corresponden al número 12:[41] tres habitaciones para ocho personas, una para trapos viejos y chatarra y otra para el mulo y el carro, como explicó Carole Angier, biógrafa de Levi, que hace veinticinco años consiguió entrevistar a tres de sus parientes, entre ellos el propio Beppe.[42] Por la noche, los hombres criaban anguilas en los diques y pescaban en el río Stura con redes y sedal. Al amanecer, las mujeres cargaban aquel maná en carros y vendían el fruto de su arduo trabajo a gente tan pobre como ellos. «Se hacía lo que se podía, se vendía lo que se hacía»[43] y se intentaba no meterse en líos, exceptuando algún que otro altercado de cuando en cuando para experimentar la propia mortalidad, tal vez, o para olvidar el hambre. En el Burgué —como aún hoy, noventa años más tarde, lo recuerdan con nostalgia mal disimulada los vecinos del lugar— todos los hombres eran pescadores, hojalateros o albañiles,[44] como Lorenzo y Giovanni, y volvían a dormir al Burgué, en aquella Fossano que no vería asfaltadas sus principales calles hasta 1936.[45] Cuando los dos hermanos pasaban entre las casas, en las que por aquel entonces jamás se veía la luz del sol —ya que delante de ellas se levantaba el cuartel Umberto I,[46] hoy desaparecido—, con esa mirada sobre el polvo o sobre el barro que siempre tienen aquellos que nada poseen, alguno que otro se apartaba diciendo «aquí están los gigantes», según me cuenta Beppe.[47] «Aquí están los *Tacca*», los camorristas.[48]

3

Lorenzo era el segundo. Sus padres —Giuseppe y Giovanna Tallone, que se casaron en 1901—[49] vivían de la chatarra y de los trapos viejos,[50] aunque sus profesiones oficiales eran «albañil» y «operaria».[51] Tenía otros dos hermanos hojalateros: Michele, padre de Beppe, y Secondo, que, pese a su nombre, era, en realidad, el cuarto y último de los hijos varones. También tenía dos hermanas, Giovanna y Caterina.[52] Esta última, que se quedó «solterona», se iría a vivir más adelante con él y con Giovanni, Barba Giuanin.[53] Todos en el antiguo barrio de pescadores de Fossano los llamaban los Tacca, probablemente porque eran unos camorristas, aunque ya se sabe que los apodos toman vida propia y con el paso del tiempo se acaba olvidando por qué surgieron, sobre todo en las parábolas familiares, que hacen cualquier cosa con tal de pasar ocultas a los ojos de quienes registran aquello que merece la pena ser contado, con las naturales dispersiones de la historia. El primero al que se endosó este mote debió de ser Giuseppe,[54] pero tal vez la historia es aún más antigua.[55]

Todos los varones de la familia, incluido *Tacca el tulè bel*, es decir, Michele, «el Bello Hojalatero»,[56] eran poco habladores, y habían heredado esta característica de su padre, «encerrado en sí mismo y víctima de oscuras depresiones», según Angier. El retrato fotográfico que aún puede verse hoy en su tumba muestra una mirada hosca: el ceño visiblemente fruncido, el bigote descuidado, los ojos gélidos. Es difícil imaginar que por aquel rostro pudiera asomarse una sonrisa.[57]

Giuseppe era un padre «brutal y tiránico, peleón y violento

cuando se emborrachaba»,[58] un «padre patrón»,[59] y la infancia de Lorenzo, Giovanni y todos los demás de la camada vino acompañada de una avalancha de patadas. Primero las recibieron en casa y después, como lo más natural del mundo, las propinaron[60] fuera de la «Pigher», como se conocía a la taberna Pigrizia, frecuentada por pescadores y albañiles,[61] ubicada en la confluencia entre *via* Don Bosco y *via* Garibaldi,[62] a pocos pasos de su casa, y que lleva ya años cerrada.[63] El edificio actual en el que se encontraba no tiene ni de lejos el aspecto de la época: la fachada está pintada de color rojo arcilla y las cuatro arcadas entre las que se reunían Lorenzo y aquella humanidad corpulenta y pendenciera hoy están relucientes. Casi reluce también la placa que, en la esquina, reza «Terziere del Borgo Vecchio - Via del Borgo Vecchio», embelleciendo así la imagen de una época antigua que se muestra más redondeada de lo que era en realidad. A veces, el paso del tiempo nos habla a voz en grito; otras, en cambio, lo silencia todo. La familia de Luisa Mellano, presidenta de la sede de la Asociación Nacional de Partisanos de Italia (ANPI) en Fossano y bisnieta del mítico partisano Piero Cosa,[64] vivía en aquella época frente a la Pigher, y su bisabuelo, de oficio pescador, como decenas de hombres más, se pasaba allí la vida bebiendo, según me cuenta ella. En invierno se abrigaban con esclavinas, usuales en aquella época.[65] Podemos imaginárnoslos, replegados sobre sus hígados, en noches interminables aderezadas con protestas entre dientes y blasfemias, en aquellos lugares a los que van a recuperar el aliento quienes, a lo largo del día, tienen que machacarse para poder permitirse una o dos comidas calientes. A veces entre ellos había incluso sacerdotes.[66] Supongo que aquellos hombres corpulentos, envueltos en sus esclavinas, decían, tal vez citando literalmente la letra de *I Mônarca*, una canción popular de Fossano de 1870: «*Sôma busse 'n po' 'd barbera*», vamos a beber un poco de vino elaborado con uva *barbera*, y así la cogorza general («*una ciôca general*») estaría garantizada.[67]

Los Tacca solían permanecer callados, quizá en parte por lo mucho que bebían ambos, es decir, Lorenzo y su hermano Giovanni, que lo acompañaba por los montes, quemando suelas y fronteras. ¡Y vaya si bebían esos dos! Probablemente incluso desde que eran niños,[68] aunque legalmente les estuviese prohibido.[69] Todos eran como su padre, aun cuando su verdadero padre era la necesidad, que les resultaba tan familiar como el color negro acre del vino que marcaba el ritmo de sus estaciones.

4

Por lo que sabemos, Lorenzo se ganaba la vida de muchas maneras: el pensamiento que se imponía sobre cualquier otro era siempre o casi siempre el de salir adelante, y en aquella época se compraba y se vendía de todo. Los pactos se cerraban con una cifra susurrada y un apretón de manos (en el dialecto local, si «*truciavu la man, 'l cuntrat era fat*», como cuenta un campesino en *Il mondo dei vinti*, de Nuto Revelli).[70] Siguiendo los pasos de su padre, desde niño Lorenzo, siempre junto a Barba Giuanin, solía convertirse en un improvisado *feramiù*, es decir, en chatarrero: arrancaba la parte inferior de los canalones, fabricada en hierro fundido, y después se asomaba a la ventana de su casa, en la planta baja, para vendérsela a todo el que pasara.[71] En eso coincidía con Bartolomeo Vanzetti, un anarquista unos doce años mayor que él al que asesinaron en 1927 en Estados Unidos y que nació y creció a unos diez kilómetros de Fossano: a los quince años escribió ya que, por las noches, «después de dieciocho horas de trabajo [...] me parece tener brasas en los pies, de lo mucho que me arden».[72] También Lorenzo vivió «con el sudor de [su] frente desde niño».[73] Y para ello se necesitaba una inventiva permanente, renovada una y otra vez. Naturalmente, no se puede descartar que estas actividades se ejerciesen en los márgenes de la legalidad.

Había nacido como Lorenzo «Perone» (con una sola erre) en el número 28 de *via* Ospizio, el domingo 11 de septiembre de 1904, a las «once antemeridianas», es decir, a la hora en la que el estómago empieza a hacernos sentir el hambre. Tal vez por eso siempre fue ella la que lo guio. La noticia, obviamente, no tuvo relevancia alguna para la prensa local más allá del mero plano estadístico: Lorenzo era uno de los ocho niños y cinco niñas que nacieron en Fossano aquella semana.[74] Al Registro Civil, el padre, Giuseppe («de veintisiete años de edad, de profesión albañil»), llevó al día siguiente a varios testigos, entre ellos a su propio hermano, Lorenzo («de veintitrés años de edad, de profesión operario»). Ambos firmaron como «Perrone», con dos erres,[75] probablemente por la pronunciación dialectal del apellido «Perùn», que las personas analfabetas o semianalfabetas decían marcando bien la erre, hasta el punto de que sonaba como una letra doble.[76] Sin embargo, como descubriremos más adelante gracias a las tías de Levi, el «verdadero» apellido era, sin lugar a dudas, «Prùn».[77]

También Lorenzo, que llevaba el mismo nombre que su abuelo materno y que su tío —quien fue su padrino en la ceremonia de bautismo, que se celebró al día siguiente—,[78] cometería el mismo error —pero ¿realmente se trataba de un error?—, ya que firmó como «Perrone».[79] Y es que, como evidencia su documentación de trabajo, en la que figura como Lorenzo «Perone»,[80] solo estudió hasta tercero de educación primaria. Aunque estaba bautizado, no era religioso ni conocía el Evangelio, según Levi.[81] Escribía con dificultad, pero podía caminar largas distancias y había empezado a trabajar con diez años —como atestiguaron sus familiares durante la tramitación del reconocimiento del Yad Vashem—,[82] supongo que en los meses de 1914 en los que estalló la Gran Guerra. Sin embargo, ignoro qué aspecto tuvo en su infancia.

Su hermano Secondo —el que llegó en último lugar— le contó a otro biógrafo de Levi, Ian Thompson, que Lorenzo era un «pesimista nato»,[83] pero es evidente lo mucho que en este intento de reconstruir una vida ha pesado el conocimiento de lo que pasó después, considerando que una de las últimas imágenes que hemos localizado de él es la que transmite el mismo Thomson en una entrevista que realizó en 1993 al antiguo párroco de Fossano, el padre Carlo Lenta: en los últimos años de su existencia, Lorenzo vendía chatarra en medio de la nieve, «sin chaqueta y con el rostro lívido».[84] Nunca supo olvidar, esta es una certeza.[85] Pero no podemos saber si ya a los diez años albergaba rabia y rencor.

Cuchillos y maldiciones

I

El primer retrato fotográfico de Lorenzo del que tengo conocimiento, igual que el segundo, que ya hemos visto, no tiene nada de legendario. Todo lo contrario: es austero. Se trata de la foto del servicio militar, que prestó entre 1924 y 1925.[1] Comenzó a la edad de diecinueve años, inscrito con el número 29.439[2] en el 7.º Regimiento de Infantería (los Bersaglieri) de Brescia,[3] recientemente convertido en Regimiento de Ciclistas, con sede hoy en Apulia.[4] Alistado (como «Perone», con una sola erre) el 25 de abril de 1924, menos de tres meses más tarde fue hospitalizado. Finalmente, en octubre de 1925, se le eximió del servicio y volvió a casa.[5] «Durante el tiempo que transcurrió en el ejército mantuvo una buena conducta y sirvió con fidelidad y honor», declaró su capitán.[6]

En aquellas dos primeras décadas del siglo, la Fossano de Lorenzo había cambiado profundamente: bajo la administración de Antonio Della Torre y de Luigi Dompé, dos abogados que estuvieron al frente del gobierno local entre 1899 y 1914, llegaron la electricidad, el ansiadísimo suministro de agua potable entre los vecinos y la primera piedra del nuevo edificio de la escuela. Además, a la histórica industria papelera y a la importante presencia de la industria de la seda en el territorio se había sumado la metalúrgica, impulsada desde 1907, año en el que comenzaron a producirse las primeras revueltas sociales para exigir la mejora de las condiciones laborales y de los salarios y el reconocimiento de la representación sindical.[7] Después de la Gran Guerra y de las 312 víctimas mortales que el conflicto dejó entre los vecinos de Fossano,[8] la economía, hasta entonces en expansión, sufrió una contracción dramática, como evidenciaba el periódico local *Il Fossanese* el 7 de septiembre de 1918, cuando Lorenzo tenía catorce años: «La vida ciudadana es una vida de verdadera indolencia general. [...] Habrá quien diga: "¡Pero si siempre hay gente en los restaurantes y en las cafeterías!". [...] Sin embargo, echen un vistazo al trabajo, a las industrias: el arte de la albañilería se puede considerar muerto y enterrado, y tanto [es] así que los albañiles han tenido que buscarse otro trabajo. La crisis de la construcción afecta en segunda instancia a herreros, carpinteros, hojalateros, barnizadores, etc. Y no hablemos ya de las demás profesiones, más o menos igual de escuálidas».[9]

Fue en este contexto donde se impuso la marea ascendente del fascismo, en el «bienio negro» que, a ojos de los italianos de la época, equivalió a un estado de guerra civil. La ofensiva contra las clases trabajadoras —que enseguida recibió el apoyo de la acción reaccionaria del Estado liberal, de los industriales, de los latifundistas, de la burguesía y, por último, de la monarquía— resultó letal. Entre otras acciones, en el primer semestre de 1921 los fascistas se lanzaron a destruir sistemáticamente las Cámaras del Trabajo (organizaciones territoriales del sindicato Confederación General Italiana del Trabajo), los círculos de izquierda, las Casas del Pueblo, las sedes de los sindicatos...: solo en el Piamonte se cometieron 49 ataques, como contabilizó de primera mano Angelo Tasca. El 4 de mayo y el 3 de junio de 1921, en las cercanas Mondovì y Dronero, los grupos fascistas armados asesinaron a cuatro y a dos socialistas, respectivamente.[10] Angelo Suetta, barbero de Fossano, nacido en 1901 (es decir, tres años antes que Lorenzo), recordaba que el 1 de mayo de 1921, Día Internacional de los Trabajadores, subió «desde el casco [antiguo] a la *piazza* Castello, donde se encontraba la sede de la Cámara del Trabajo, para participar en la manifestación... Pero la ciudad parecía prácticamente asediada: fascistas, *carabinieri* y guardia real por todas partes, armados hasta los dientes». Ya se habían producido altercados y disturbios, y él corrió a la Cámara del Trabajo para ocultar el registro de obreros que se habían inscrito en el sindicato.[11] Esta violencia política crónica, que, de acuerdo con los cálculos del momento y con los posteriores, dejó tres mil muertos en toda la península Itálica,[12] no pudo pasar desapercibida a los ojos de Lorenzo. Cuando el fascismo se hizo con el poder, se procedió a la «normalización», especialmente evidente en Fossano una vez que, a finales de 1922, se expulsó de Italia al militante socialista Giovanni Germanetto, al que se detuvo en la primavera de 1923.[13] Como escribe el historiador Livio Berardo, ya en los años anteriores la cárcel de Santa Caterina de Fossano había albergado a más de veinte comunistas, socialistas y anarquistas, y a principios de los años treinta su director, «pese a haber investigado con la "máxima diligencia", no consiguió encontrar en los registros ni un solo detenido que hubiese estado relacionado con los grupos fascistas armados».[14] No es difícil imaginar lo que Lorenzo pudo pensar en la época en la que se produjo la Marcha sobre Roma de Benito Mussolini —cuando él tenía dieciocho años—, acerca de los vecinos de su ciudad, en la que los opositores y los contestatarios acababan en prisión, los fascistas se movían con total impunidad y el Estado no intervenía para mitigar la violencia sistemática que se estaba ejerciendo contra los obreros y los campesinos. Despejemos ya cualquier duda: no consta que tuviese carné del Partido Nacional Fascista ni que manifestase jamás ningún tipo de simpatía por el régimen.[15] Aun cuando el fascismo no solo atrajo a los poderes locales y a los burgueses, sino también a campesinos y a obreros, lo cierto es que entre las clases trabajadoras y, de manera particular, entre los trabajadores transfronterizos, circulaba una obstinada aversión al régimen —a menudo estos vecinos emigraban en parte porque cada vez era más difícil encontrar trabajo en una ciudad fascista—.[16] En cualquier caso, no se han encontrado documentos que permitan pensar que Lorenzo sufriera problemas por su posible oposición política a los fascistas o a lo más granado de la sociedad local. Tampoco aparece su nombre entre los 670 antifascistas que estuvieron encarcelados en Santa Caterina de Fossano en los años veinte, algunos de ellos tan «ilustres» como el obrero comunista Remo Scappini, que después protagonizaría la resistencia en Génova y obtendría la rendición de un general alemán en abril de 1945.[17] Pero eso no significa que Lorenzo, que vivía a menos de doscientos metros de aquella prisión, no causase problemas a su comunidad. Todo lo contrario.

2

Lorenzo repartía puñetazos y patadas, con toda probabilidad de manera relativamente frecuente,[18] sobre todo en la taberna Pigher —según lo que se murmura aún hoy en lo que queda del Burgué—[19] o cuando consideraba que su capacidad de aguante se había visto sobradamente superada. Sigue sin estar claro de qué manera acababa metido en peleas. Por lo que se deduce cuando se intenta refrescar la lábil memoria de los vecinos, tal vez aquella fue una de sus principales actividades, o al menos una de las más evidentes, antes de que se marchara a Auschwitz. Pero no consigo acceder a ningún tipo de fuente que nos permita contextualizar alguno de esos momentos y tampoco sé cómo hacerlo, aparte de perseguir su recuerdo lánguido, pero bien protegido, entre quienes han investigado esta historia sobre el terreno[20] o las fuentes y reconstrucciones que se acercan al contexto en el que vivió Lorenzo.

«Estar en conflicto con alguien [...] era una especie de estado de ánimo, un *modus vivendi* que expresaba cierta normalidad en las relaciones, tanto entre los ciudadanos particulares como entre las comunidades», dice la especialista Alessandra Demichelis en su ensayo *«Il buon tempo antico». Cronache criminali dalle campagne cuneesi nel Novecento*, que nos ayuda a llenar parte de este vacío documental.[21] En aquella provincia y en aquella época era usual «el consumo excesivo de vino», bebida considerada un «néctar reparador»,[22] que favorecía el estallido de enfrentamientos furibundos en los que no faltaban los palos, los cuchillos, los puñales y los alfanjes —eso que en la obra *Il mondo dei vinti* se denomina *tajun*—;[23] a partir de finales de la Gran Guerra también aparecieron cada vez en mayor medida las armas de fuego. En aquel mundo rural, estar «preparado» significaba estar «listo para reaccionar a las peleas»,[24] y las redadas en las tabernas eran un espectáculo frecuente. Lesiones, difamaciones, injurias y la propia embriaguez eran algunos de los delitos más recurrentes a principios del siglo xx. Aquel era un mundo «frecuentado por mendigos, borrachos, locos, charlatanes y estafadores, y en el que los más débiles estaban condenados a sucumbir. Cada pueblo tenía su "tonto", humillado y maltratado por padecer una enfermedad mental o, sencillamente, por ser "raro", fuera de lo común».[25] Como escribió Nuto Revelli, «en el espacio de nuestros valles se cuentan por centenares las personas "con problemas de nervios", alcoholizadas, misántropas: un mundo que los sanos ignoran, temen o desprecian».[26] Un mundo violento, brutal, en el que el hombre es un lobo para el hombre: con o sin cuchillo, con o sin palo —creo que podemos descartar que Lorenzo poseyese un arma de fuego—, había que protegerse. Y, en ocasiones, como reza el dicho popular, la mejor defensa es un ataque.[27]

Según explicaba el *Corriere Subalpino* en 1914 (cuando Lorenzo tenía diez años), «hasta hace unos años gran parte del vulgo creía de buena fe que era imposible celebrar una fiesta campestre sin que la ocasión se conmemorase repartiendo un manojo de palizas...»: en las peleas a base de patadas, puñetazos, mordiscos y bastonazos, para las que a veces ni siquiera se necesitaban pretextos particulares, en esta «conflictividad extendida a todos los niveles» para la que «cualquier objeto que estuviera al alcance de la mano [una botella, una piedra, una hoz, un bastón] podía convertirse en un arma», alguno que otro «acababa cayendo». Demichelis escribe también lo siguiente:

> El alcohol y el abuso de este [...] estaban muy presentes en las páginas de los periódicos y en las salas de los tribunales. No había fiesta laica o religiosa, ceremonia o banquete que no acabase con colosales ingestas de bebida, seguidas, a menudo, de actos delictivos. La taberna era el lugar de consuelo y diversión, en el que se cantaba, se jugaba a las cartas o a la morra y se charlaba. Siempre bebiendo. Los atestados de las fuerzas del orden proporcionan cálculos de las cantidades de vino que se consumían, que se contaban invariablemente en litros «por cabeza». Así pues, bastaba que alguien dijese una palabra de más, que se dirigiera a otro en tono de burla, utilizando un apodo que le hubiesen endosado y que él no soportase; bastaba que surgiese un desacuerdo sobre una deuda no saldada.
>
> «¡Eh, valiente!», suelta uno en una taberna de Limone, y el otro responde «¡eh, lanzado!», y así se desencadena una furibunda pelea a base de patadas, puñetazos y navajazos. Los delitos se consumaban dentro de la taberna, pero también, y sobre todo, fuera de ella, tan pronto como los implicados salían del local o en las horas posteriores. Ya sin claridad mental ni frenos, la rabia explotaba incluso contra quien tal vez hasta hacía unos minutos había sido compañero de mesa.
>
> [...] Las noticias sobre las trifulcas acabadas en tragedia son tan numerosas que es imposible contarlas. Muchas de las muertes estaban causadas por arma blanca, especialmente por cuchi-

llos con hojas de longitud no permitida. El cuchillo, compañero inseparable, casi prolongación de la mano del agricultor, del pastor o del artesano, estaba tan extendido que en varias ocasiones se intentó regular legalmente su posesión y su uso, en vista de la facilidad con la que se desenvainaba.[28]

En el ensayo *Al lavoro nella Germania di Hitler. Racconti e memorie dell'emigrazione italiana 1937-1945*, obra fundamental del historiador Cesare Bermani —uno de los pioneros en Italia del uso sistemático de esa historia oral y construida «desde abajo» que nos será de gran ayuda aquí—, pueden encontrarse datos y testimonios objetivos que corroboran la hipótesis de que, como era de esperar, a menudo este *modus vivendi* fue, sin más, exportado. En 1941 el director de una fábrica cercana a la ciudad alemana de Zossen anotó que los italianos trabajaban «teniendo siempre al alcance de la mano un garrote», que eran «indisciplinados e insolentes» y que a un vigilante llegaron a atacarlo y propinarle puñetazos en la cara tres veces en un solo día. Gino Vermicelli, que emigró de Italia a Francia y de ahí a Alemania, le contó a Bermani que «esta gente que se marcha es siempre la más intrépida y la que tiene menos prejuicios, así que también es la más combativa»:

> A menudo son también «bandidos», en el sentido de gente que pasa olímpicamente de todo (por lo general, los que se quedan en casa son los temerosos de Dios). Naturalmente, esta gente es la que te da más problemas, se dedica al estraperlo, etc. Este es el tipo de persona que emigra, en cualquier caso, y, obviamente, puede ser simpática o no. Porque en estas emigraciones lo que sale es la espuma.[29]

Dicho de otro modo: salvando el hecho de que nos resulta difícil imaginarnos a Lorenzo así de ruidoso o locuaz, si trazamos una especie de giro que nos lleve desde las primeras décadas del siglo XX hasta el momento de su «regreso», lo asociaríamos más bien a la imagen del Moro de Verona[30] que Levi encontraría en *La tregua*, un anciano compañero de dormitorio «de mayor envergadura», con un «pecho profundo [que se levantaba] como el mar hinchado por la tempestad». Esta es la instantánea de un momento de su picaresco viaje de regreso:

> Debía de descender de una estirpe ferozmente ligada a la tierra pues su verdadero nombre era Avesani, y era de Avesa, el suburbio de los lavaderos de Verona celebrado por Berto Barbarani. Tenía más de setenta años y se le notaban todos: era un viejo grande y complicado de esqueleto de dinosaurio, alto y bien plantado, todavía fuerte como un caballo aunque la edad y el cansancio le hubiesen gastado la agilidad de las nudosas articulaciones. El cráneo calvo, noblemente convexo, estaba circundado en su base por una corona de cabellos cándidos, pero su rostro seco y arrugado era de un oliváceo de ictericia, y violentamente amarillos y atravesados por gruesas venas rojas relampagueaban sus ojos, hundidos bajo los arcos de sus cejas enormes como perros feroces en el fondo de sus madrigueras.
>
> En el pecho del Moro, esquelético y sin embargo potente, bullía sin tregua una cólera gigantesca e indefinida: una cólera insensata contra todos y contra todo, contra los rusos y los alemanes, contra Italia y los italianos, contra Dios y los hombres, contra sí mismo y contra nosotros, contra el día cuando era día y contra la noche cuando era noche, contra su destino y todos los destinos, contra su oficio, que sin embargo llevaba en lo más hondo del corazón. Era albañil: había puesto ladrillos durante cincuenta años, en Italia, en América, en Francia, luego otra vez en Italia, finalmente en Alemania, y cada uno de sus ladrillos había ido acompañado por una maldición. Maldecía continuamente, pero no de una manera maquinal; maldecía con método y con arte, agriamente, interrumpiéndose para buscar la palabra justa, haciéndose correcciones frecuentes, y acalorándose cuando no encontraba la palabra precisa: en esos casos maldecía la maldición que no llegaba.[31]

Son evocaciones que recorren los campos mediterráneos y europeos en los que el vino, las imprecaciones, los cuchillos y los palos eran la tónica habitual; jirones de existencias arrancados al contexto en el que Lorenzo nació, creció y aprendió a pelearse con la vida, y al lugar del que, en cierto modo, logró salir, y no solo. Pero son imágenes que pertenecen en parte a la historia, en parte a la crónica y en parte al mito revisado de los «buenos viejos tiempos» (el *buon tempo antico*) del que hablaba Demichelis. Estos puntos de partida fugaces, pero concretos, que se pueden asociar —aunque solo hasta cierto punto— a la biografía de Lorenzo, ¿nos permitirán entrever a este albañil de Fossano? ¿Podrán llenar los decenios de silencio —un silencio que, quién sabe, tal vez estuviese aderezado con maldiciones—[32] que nos ha dejado como herencia?

3

Aunque en los años del fascismo —entre la violencia de los inicios y la «normalización del régimen»— Fossano asistió a la implantación de la industria láctea y a la consolidación del sector de los abonos químicos, y pese a que en los años treinta la producción agrícola de los alrededores aumentó, en parte porque así lo impuso el régimen,[33] aquello apenas erosionó superficialmente el enorme flujo migratorio que llevaba siglos siendo un elemento omnipresente, pero que se había intensificado a finales del siglo XIX, sobre todo en forma de movimiento estacional, que en el periodo comprendido entre las dos guerras mundiales se iría haciendo poco a poco más definitivo. La humanidad que entre los años veinte y treinta se apelotonaba en las fronteras situadas entre el noroeste de Italia y el sureste de Francia era vivaz y sufriente: desde hacía decenios cruzaban este límite poroso pastores y *colporteurs* —vendedores ambulantes—, mendigos que en las ferias hacían bailar a las marmotas, «recogecabellos» (*cavié*) —que iban a buscar el pelo que se cortaban las mujeres para vendérselo después a los fabricantes de pelucas de París— y comerciantes de botas, jerséis de lana o telas. El vínculo que unía a la Granda —la zona de Cúneo a la que pertenecía Fossano— y la Francia mediterránea y alpina es antiguo y posee profundas raíces, pero en los inicios del siglo XX se hizo cada vez más evidente la disparidad de necesidades y posibilidades que existían a uno y otro lado: en Italia faltaba el pan y en Francia se requerían brazos. También las campañas agrícolas eran complementarias: entre noviembre y marzo, en el territorio francés siempre se necesitaban hombres para la cosecha —de aceitunas, flores, fruta temprana—, para los grandes hoteles de la Costa Azul y para las tareas de arado y preparación de la tierra. Así, como ha escrito la historiadora Renata Allio, cuando llegaba el frío «jornaleros, albañiles especializados en la construcción de cimientos, canteros, personal de puertos, botones» y, junto a ellos, muchas mujeres que partían para trabajar de sirvientas, camareras o recolectoras de flores o aceitunas «bajaban» a Francia y solían hacerlo de manera ilegal.[34] La emigración estacional de los habitantes de las montañas y las llanuras de Cúneo los obligaba a llevar una vida de privaciones si querían ahorrar algo y, además, a engrosar las filas de los «javaneses», como se acostumbraba a denominar a los migrantes que, procedentes de medio mundo, abarrotaban la Provenza en los años treinta, convirtiéndola en una isla de Java «sumida en su concierto de voces hurañas, de invectivas y de gruñidos», de acuerdo con la vívida descripción que aparece en la novela *Los javaneses*, que publicó en 1939 Jan Malacki, judío polaco que adoptó el pseudónimo de Jean Malaquais.[35] Los italianos, en particular, eran, a ojos de muchos vecinos de la zona, «sapos» —*babi*—, según se decía en Marsella,[36] o incluso auténticos enemigos, como se demostró en la masacre que tuvo lugar en el año 1893 en el pueblo occitano de Aigues-Mortes.[37] Como siempre ocurre, la cerrazón y el rechazo fueron acompañados de contaminaciones virtuosas: la novela xenófoba de principios del siglo XX *L'Invasion*, del prolífico autor ultranacionalista Louis Bertrand,[38] ambientada precisamente en Marsella —a poco más de doscientos kilómetros de Embrun—, si bien rezumaba desprecio hacia los inmigrantes italianos, por otro lado admitía que los provenzales se entendían «a medias»[39] con los piamonteses desde hacía muchos decenios, en concreto desde el final de la Gran Migración, el periodo entre la Unificación de Italia y principios del siglo XX en el que millones de italianos salieron del país.

Estamos hablando de un pequeño reguero dentro de una auténtica hemorragia imposible de contener: entre finales del siglo XIX y el estallido de la primera guerra mundial, cada año participó en el fenómeno migratorio al menos un 1 % de la población piamontesa,[40] y entre 1916 y 1926 las cifras oficiales hablan incluso de 402.079 personas emigradas desde el Piamonte y el Valle de Aosta que se sumaron al más de millón y medio de personas que se habían marchado ya de esas regiones en los cuarenta años anteriores.[41] Muchas de ellas se dirigieron al sur de Francia, y en algunas zonas durante el primer decenio de la posguerra las llegadas se multiplicaron incluso por cuarenta, como advertía un alarmista artículo publicado en *Le Matin* en 1928, cuando Lorenzo tenía veintitrés años y acababa de terminar el servicio militar.[42]

En los años veinte y treinta la inmigración clandestina se había convertido en un fenómeno de masas en Francia, al que el régimen fascista había intentado poner freno fomentando exclusivamente los flujos estacionales y restringiendo los movimientos irregulares.[43] Sin embargo, las leyes fascistas que se aprobaron a partir de 1927 para limitar la emigración endémica,[44] aunque bloquearon en parte el mecanismo del tránsito de los trabajadores transfronterizos, obtuvieron, sin embargo, el efecto contrario al esperado: a partir de la segunda mitad de los años veinte, muchos migrantes, de hecho, decidieron establecerse de manera permanente en Francia. A pesar de las inevitables tensiones que surgían en torno a estos importantes flujos, como ha observado Allio, «la asimilación fue rápida y hoy en día los nietos de los inmigrantes piamonteses están perfectamente integrados en la población autóctona, de la que ya no es posible diferenciarlos. A menudo siguen viviendo en la casa que construyeron sus abuelos. Si recorremos las colinas de la periferia de Niza, Cannes, Vallauris o la llanura de Grasse, descubriremos que en la mayoría de las placas de los timbres de las casas unifamiliares con jardín aún pueden leerse predominantemente apellidos del Piamonte y, sobre todo, de Cúneo».[45]

Y llegó la noche[1]

I

Así pues, Lorenzo el Tacca no era, ni mucho menos, el único que pasaba más tiempo de aquel lado de la frontera que de este ni era la única vida vagabunda que se marchaba en invierno y volvía en primavera. En cambio, muchos se quedaban allí, sin más, y tal vez eran ya más franceses que otra cosa. A mediados de los años cuarenta había en Francia 437.000 trabajadores italianos, de los cuales 120.000 se dedicaban a la construcción (sobre todo, albañiles profesionales y peones), y si se añaden a estas cifras las de las familias y las de muchos otros que habían adquirido la nacionalidad gala —como mínimo 150.000 a principios de la década, de acuerdo con el embajador Raffaele Guariglia—, resulta que más allá de los Alpes el número de personas procedentes de Italia era cercano al millón.[2] Difícilmente se puede pensar que esta población, en su mayoría de origen popular, fuese fascista, *in primis* porque, como ya he indicado, con frecuencia se trasladaba precisamente debido a que la vida se le había complicado a causa de su posición tibia hacia el régimen o incluso contraria a este: un capellán que se movió entre los trabajadores agrícolas italianos, primero en la Alta Silesia y más tarde en Austria, le comentó a Bermani que «la gente que se va a menudo lo hace porque no ha conseguido trabajo por diferentes razones, incluso políticas».[3] En segundo lugar, la presencia de antifascistas en la comunidad ítalo-francesa era enorme: Bermani insiste en la dificultad de distinguir entre unos y otros y llega incluso a defender que «casi todos los italianos en Francia [tenían], pues, una actitud crítica u hostil frente al fascismo», considerando, además, que los expatriados por motivos políticos —aunque no dispusiesen de un órgano de propaganda unitario—[4] eran, en una abrumadora mayoría, trabajadores.[5]

Sin embargo, es un hecho que en 1940 los italianos y los ítalo-franceses, más allá de sus convicciones más o menos marcadas, se convirtieron oficialmente en enemigos: su país de origen había atacado a Francia, atravesando los Alpes occidentales para asestar una puñalada por la espalda (*le coup de poignard dans le dos*) tras la ofensiva de su aliado nazi.[6] De nuevo el emigrante Vermicelli, que por aquel entonces llevaba ya diez años en Francia, relata lo siguiente:

> Llegó la guerra, Francia estaba en guerra con Alemania, y tú eras un operario procedente de un país neutral que hacía su trabajo. En cuanto la radio anunció que Italia le había declarado la guerra a Francia —yo estaba empleado en la fábrica Licorne, construía vehículos todoterreno para el ejército francés—, el jefe del departamento me llamó: «Ve al despacho». Me dieron cuatro perras y me mandaron a casa. Y lo mismo hicieron con todos los italianos que trabajaban allí porque, obviamente, no se puede dejar que en una fábrica militar trabaje un ciudadano de un país enemigo. En cuanto llegué a casa, me puse en contacto con los antifascistas que conocía. Esta era la directriz: «Vamos todos a alistarnos en el ejército». Sabíamos de sobra que jamás nos llamarían a filas. Pero también sabíamos que cualquier prefecto estúpido podía mandarnos a un campo de concentración. De hecho, justo después de que se declarara la guerra, los franceses enviaron a decenas de miles de italianos a campos de concentración.[7]

Otra guerra mundial, la segunda, empezaba así para aquellos desgraciados que, como Lorenzo, habrían debido hacer grande a Italia, según las intenciones de quien enviaba a los hombres a matar y a morir a Francia y, más tarde, a Grecia, a Yugoslavia y a la Unión Soviética. Desde Fossano, incluido el Burgué, partieron centenares de ellos para luchar en las guerras del Duce: la lista de caídos puede consultarse aún hoy detrás del monumento situado cerca del Bastione del Salice, es decir, de lo que queda de la muralla fortificada del siglo XVI.[8] Sin embargo, la tarea de rastrear la presencia de Lorenzo en 1940 dentro de un triángulo imaginario trazado entre Niza, Tolón y Embrun (en una entrevista póstuma Levi habló también de Lyon y de Toulouse, aunque reconocía que la memoria le fallaba)[9] sería (una vez más) titánica: solo el perímetro de esa figura mide casi cuatrocientos kilómetros. En cualquier caso, él era una de las miles de personas —no menos de 8.500—[10] que, de acuerdo con la reconstrucción de los hechos que realizaron Levi y Angier, fueron encarceladas:[11] cuando se asestó metafóricamente la puñalada, los franceses se defendieron como se hace en cuanto el enemigo cruza el umbral de lo que consideramos como «casa»: desconfiaron de cada persona en función del apellido que llevaba y del lugar en el que habían comenzado sus fatigas. Así pues, mientras los italianos sufrían uno de los reveses más humillantes de su historia militar,[12] Lorenzo disfrutaba de un respiro: en la celda, los hombres con callos en las manos y en los pies casi siempre sobreviven —al menos eso era lo que pensaba también él antes de llegar a «Suíss»— y, además, comen mejor que fuera. Pero esa tregua en su arrastrada existencia apenas duró unos días.[13] Porque cuando el 14 de junio los nazis, en parte a instancias de los italianos —que, tras unos primeros avances, se quedaron bloqueados cerca de las fronteras—, aplastaron a Francia y tomaron París, Lorenzo fue liberado y con él salieron también muchos compañeros, todos ellos brazos necesarios para la economía del Eje.[14] A principios de julio estaba ya con toda seguridad en Fossano, en los servicios de empleo, solicitando un subsidio de paro.[15] En adelante, volver a trabajar en Francia sería más complicado.

En aquella tierra de contaminaciones y contactos, el italiano, vecino y extranjero, había adquirido ya incluso a ojos de la gente corriente el estatus de enemigo: después de una meticulosa preparación, la frontera se había vuelto más rígida, hasta tal punto que se convirtió, literalmente, en un frente.[16] Los italianos como Lorenzo, aunque fuesen contrarios al fascismo, habían nacido en la patria de los futuros dominadores, que en los años siguientes ocuparían una amplia área del sur de Francia que coincidía, en buena medida, con las zonas a las que él se desplazaba para trabajar. El Eje quería conquistar el mundo, empezando por Europa, que se reduciría a escombros, aunque siempre habría en ella recursos de los que vivir; y como Primo Levi le hace decir a su *alter ego*[17] Libertino Faussone en *La llave estrella*, «siempre se aprende tarde a decir que no a un trabajo».[18] Así que hubo ocasiones para marchar, con o sin uniforme. No puedo saber cuántas veces regresó Lorenzo a Francia de manera irregular a principios de los años cuarenta:[19] aunque creo que es poco probable, puede incluso que saliese de allí a través de un circuito —al principio voluntario, después cada vez más forzoso— que llevaba a miles de trabajadores italianos hasta Alemania directamente desde el territorio francés. De nada valieron, por ejemplo, las presiones del Gobierno fascista para que los obreros italianos fuesen repatriados antes de enviarlos al Tercer Reich.[20] Eso sí, independientemente de en cuál de los tres territorios se encontrase empleo, lo cierto es que en todos ellos se estaba trabajando para el Eje. Además, volver a Italia podía ser peligroso, ya que, de hecho, los compañeros de quinta de Lorenzo ya habían sido movilizados.[21] Una parte de los 178.674 trabajadores que regresaron de Francia a Italia entre 1937 y 1942, en cualquier caso, volvió a partir hacia Alemania con contratos colectivos temporales.[22] Pienso que Lorenzo fue uno de ellos. De hecho, como certifica su documentación de trabajo, que se reproduce parcialmente en el expediente del Yad Vashem, este albañil de Fossano llegó a Auschwitz con la empresa italiana G. Beotti —de la que, por desgracia, no se aportan más datos que permitan identificarla con precisión—, y debió de conseguir ese puesto a través de un tío suyo, que lo invitó a Embrun, o bien a través de su hermano Giovanni, Barba Giuanin.[23] Primo Levi describe este episodio de una forma más vaga, indicando en *Lilit y otros relatos* que «su elección había sido muy poco voluntaria» (más adelante volveré sobre este aspecto), porque cuando los alemanes llegaron a Francia, después de su breve paso por la cárcel, «reconstruyeron la empresa y la trasladaron en bloque a la Alta Silesia».[24] Naturalmente, no hay que descartar que todo sucediera así, pero en la documentación de trabajo de Lorenzo consta que justo antes de marcharse a «Suíss» había trabajado durante más de un mes en una empresa de Tradate (una localidad de la provincia italiana de Varese, en la Lombardía), concretamente en unas obras de Levaldigi,[25] distrito de Savigliano que aún hoy es famoso por el aeropuerto del mismo nombre, que justo en aquellos meses se estaba sometiendo a unas gigantescas obras de ampliación, a costa de la expropiación de varias fincas de los alrededores, para acoger actividades militares.[26] El cliente de aquel proyecto, de hecho, era el Ejército del Aire de Italia, como revela el archivo histórico de la empresa.[27]

Las palabras de Levi dejan abierta una pista: parecen sugerir que Lorenzo tomó el camino más rápido y así se ahorró como mínimo unas decenas de kilómetros a pie. Él, que tanto caminaba: aparte de sus continuas idas y venidas como trabajador transfronterizo, sabemos con certeza que en 1945 recorrió, en cuatro —o más probablemente cinco— meses, 1.412 kilómetros siguiendo las vías del tren.[28] Pero esta es la última estación de nuestra historia, o casi. Para entenderla bien, tenemos que poner orden, aprender a conocer a Lorenzo y, sobre todo, averiguar cómo le fue dado en suerte a Primo cruzarse con él.

2

«Si un maestro de obras le hacía una observación, aunque fuera con la mejor de las intenciones, él se callaba, se ponía el sombrero y marchaba a otra parte»:[29] Levi evocó así los años de la vida de Lorenzo anteriores a su encuentro. Supongo que se trata de una imagen que conoció de primera mano o tal vez por otras vías, a partir de los familiares del albañil, que después, en todo caso, confirmaron este dato a Angier.[30] La escena es muy verosímil, dado el famoso carácter irascible de Lorenzo,[31] aunque aparezca envuelta en un aura hierática tal vez mitificadora. De la formulación que eligió Levi deduzco, siempre dentro de la prudencia, que esta reacción se dio más de una vez entre mediados de los años treinta y el 17 de abril de 1942, la fecha en la que finalmente el albañil de Fossano llegó a los márgenes de Auschwitz, donde trabajó en la Buna, creada en octubre de aquel mismo año con el objetivo de fabricar caucho sintético,[32] es decir, precisamente «buna» —palabra que constituye el acrónimo de *Butadien-Natrium-Prozess* (proceso de butadieno y sodio)—, gasolina sintética, colorantes y otros subproductos del carbón.[33]

Hay que decir, para ser exactos, que Lorenzo llegó al campo Leonhard Haag,[34] el *Lager* I, en el que se encontraban los italianos a los que el personal del Memorial y Museo de Auschwitz-Birkenau llama hoy, de manera oficiosa, los *Ausweis*, para distinguir a los *robotnicy cudzoziemscy* (los trabajadores extranjeros) de los prisioneros: a diferencia de estos últimos, los primeros conservaban su identidad gracias a que portaban un documento (el denominado *Ausweis*, precisamente) y una placa de metal, mientras que a los *Häftlinge* se les registraba en un documento (*Häftling-Personal-Karte*) que, sin embargo, no podían llevar consigo.[35]

El traslado de Lorenzo al territorio polaco fragmentado por la ocupación nazi en el que se levantó Auschwitz tuvo lugar, como ya hemos visto, a través de la empresa italiana G. Beotti: las tres cartas enviadas por Lorenzo desde territorio polaco que han llegado hasta nosotros y que hoy en día se conservan en el Archivo Primo Levi llevan en su membrete el nombre de esta sociedad.[36]

No sé si en sus recurrentes actividades en el territorio francés[37] Lorenzo se identificaba como albañil a secas (*maçon*), como *terrassier* (es decir, encargado de construir los cimientos de los edificios), como maestro cantero (*tailleur de pierre*) o como *scieur de long* (una especie de leñador que trabajaba en pareja con otro compañero para serrar los troncos, especialmente en las obras ferroviarias).[38] En cualquier caso, en Polonia sería simplemente un *Maurer*, un albañil, de acuerdo con las tarjetas de los Archivos Arolsen, donde se custodian treinta millones de documentos relativos a diecisiete millones y medio de personas perseguidas por el nacionalsocialismo.[39] Es como si toda la documentación aún localizable sobre la vida de Lorenzo orbitase impacientemente hasta converger en ese espacio de tiempo, a partir de mediados de los años cuarenta, que cambió la historia del mundo o, al menos, de su percepción, en una intrincada maraña de «circunstancias afortunadas»[40] que, casualidad tras casualidad, propició el encuentro con el que todo comenzó. Pero, evidentemente, se trata de una autosugestión: la documentación es despiadada, aséptica. Las fuentes que han aparecido gracias al trabajo de otros, al nuestro o al azar a menudo no tienen intencionalidad alguna, más allá de aquella de quien las elaboró.

Es probable, en cualquier caso, que pocas personas fuesen capaces de mantener el ritmo de Lorenzo al caminar, y no solo cuando avanzaba por la montaña. Con esto me refiero a que también en la vida hay quien posee la capacidad de caminar, sin más, y de permanecer en silencio incluso cuando alguien lo interpela. Y de comprender el sentido de las cosas que importan, incluso cuando todos piensan que eres exactamente como tu padre. Pienso que Giuseppe Perrone, en cualquier caso, debió de haber transmitido algo bueno a su hijo, al que adoraba en secreto (casi como si fuese una vergüenza amar a un hijo).[41] Porque, al fin y al cabo, Lorenzo salió de allí manteniendo intacta su pureza, caminando con tenacidad, en sentido inverso, a lo largo de la carretera que bordea la vía del tren que conducía a aquel lugar en el que «los hombres caen como insectos», como recordaría Jean Gotfryd, judío polaco que estuvo internado en Monowitz.[42]

Porque para 1.100.000 personas —cifra en la que no debemos pararnos salvo que queramos detenernos aquí y que la historia acabe como acabó para toda aquella gente, una gota de agua en medio de un aluvión que sumergía aldea tras aldea— la vida terminaba de repente, como de repente había empezado, en los primeros minutos, en los primeros días o en las primeras semanas dentro del campo de concentración. Porque para cuatro de cada cinco personas como Primo Levi, aquel fue un camino sin retorno.[43]

3

Supongo que en los primeros meses a Lorenzo le rechinaban los dientes con frecuencia, pero, por lo que sé, no hay noticias de que se le escapasen bofetadas, tortazos o patadas. Y, considerando para quién trabajaba, tal vez debería haberlas propinado. Es cierto que estaba «irritable y susceptible»,[44] según le contó a Thomson su hermano Secondo, que no era el segundo, sino el último. Pero Lorenzo no tenía intención de destruir. Estaba allí para ganarse la vida, sin una *fumna*[45]—una mujer— que lo esperase en casa: seguramente no se casó y nunca he encontrado ni una sola alusión a una relación estable en su vida. Estaba allí para trabajar. Y el trabajo hecho como el hombre manda o como el hombre indica, la dedicación que entraña, puede intoxicar como intoxica el poder o el ejercicio de los cometidos de un hombre uniformado: intoxica «como mínimo igual que el alcohol»,[46] advirtió Primo Levi, y dificulta cualquier relación humana. Y a Lorenzo, que tenía una relación más bien especial con la bebida, nada le importó más hasta 1942 que la construcción, que aquella profunda alegría que Levi describió en *Historias naturales* como la «felicidad [...] de crear, de sacar algo de la nada, de ver cómo nace delante de nosotros, poco a poco y como por ensalmo, algo nuevo, algo que antes no existía...».[47] Esa actividad que enseña «a ser íntegros, a pensar con las manos y con todo el cuerpo, a no amilanarse ante los días aciagos», «a conocer la materia y a hacerle frente»,[48] también entrañaba una «absurda honestidad» si se realizaba allí dentro, porque fuera «trabajar es decente y lógico»,[49] pero donde los seres humanos son un rebaño mudo y encadenado en la pendiente de la aniquilación no lo es en absoluto. Aquí resuenan como un contrapunto dramático[50] del trabajo que se le pedía hacer a Lorenzo las palabras con las que, en *La llave estrella* —una negativa a ceder a la demonización del trabajo incluso después de Auschwitz—,[51] Levi explicó lo bueno que aporta a quien lo realiza: es el «placer de ver crecer una criatura tuya, plancha tras plancha y perno tras perno, sólida, necesaria, simétrica y adaptada al objetivo, y una vez terminada la miras y piensas que tal vez viva más tiempo que tú, y que tal vez preste servicios a alguien que no conoces y que no te conoce. A lo mejor puedes volver a verla de viejo, y te parece bella, y qué importa si sólo te parece bella a ti, y te puedes decir a ti mismo: "Quizá otro no lo habría conseguido"».[52] Dudo de que, cuando al fin recaló en Auschwitz voluntariamente, Lorenzo lo viese así, y tampoco pienso que se hiciese preguntas sobre la coerción que puede implicar construir algo que formaba parte de la máquina del exterminio y estaba al servicio de la raza de los patrones, algo que él no volvería a admirar en su vejez y que tampoco le sobreviviría.[53]

4

El año que lo cambió todo fue 1943. En aquel verano las cosas se precipitaron: entre la caída del fascismo el 25 de julio y el anuncio del armisticio el 8 de septiembre se produjo la catástrofe e Italia, tras haber perseguido la gloria a lo largo y ancho de Europa y del planeta en llamas —Libia, África oriental, España, Albania, Francia, Grecia, Yugoslavia, la Unión Soviética: una media de una agresión armada cada dos años—, se encontró con la guerra en casa, con el nacimiento de la República Social Italiana y con la caza de los nazifascistas al hombre, a la mujer y al niño. Fue un «crudo despertar», como lo calificó Levi en *El sistema periódico*,[54] en el que un «enemigo de la violencia» como él se vio «obligado a actuar»:[55] se convenció de la «necesidad de la violencia opuesta».[56]

Levi, convertido ya en partisano, traicionado por un colaboracionista y capturado el 13 de diciembre de 1943 en «una espectral alba de nieve»[57] en el hotel Ristoro de Amay, en el Valle de Aosta, junto con otras dos judías de Turín, amigas de toda la vida —Luciana Nissim y Vanda Maestro, esta última también química—, y con Aldo Piacenza, fue trasladado a la ciudad de Aosta y, desde ella, al campo de Fossoli, desde donde partiría rumbo a Auschwitz.[58] Pero ¿quién era Primo Levi antes de convertirse en el químico y, sobre todo, en el hombre —el testigo, el escritor— que todo el mundo conoce?

Hace unos años —concretamente en 2010— se organizó una muestra, primero en Turín y después precisamente en Fossoli, con el título *A noi fu dato in sorte questo tempo* (A nosotros nos tocó este tiempo). Estaba comisariada por la historiadora Alessandra Chiappano y, en mi opinión, reconstruía con una fuerza sin precedentes la historia de aquel grupo de jóvenes judíos turineses —algunos de ellos unidos por vínculos de parentesco— a partir de su vida cotidiana.[59] Lo que salía a la luz, corroborando así las muchas páginas que dedicaron a sus primeros diecinueve años de vida tanto el propio Levi como sus biógrafos,[60] era una imagen de gran humanidad, amistad y —puede sonar como una blasfemia, pero no debería— felicidad. En ocasiones, las fotografías hablan de una manera bastante elocuente. Hay una que refleja la gran pasión de Levi como incansable alpinista:[61] es un retrato de él en la montaña, acompañado de cuatro amigos (más una persona al fondo), entre ellos Bianca Guidetti Serra —que no era judía— y Alberto Salmoni, que se casaron en mayo de 1945, después de sobrevivir a la guerra. Se trata de la instantánea de una generación radiante a la que más tarde la violencia fascista truncaría y, en apenas unas semanas, haría madurar «más que en los veinte años anteriores», como escribiría el propio Levi.[62]

Además de Levi, Nissim, Maestro, Guidetti Serra y Salmoni, de este grupo de amigos, nacidos todos ellos entre 1914 y 1920, formaban parte Emanuele Artom, Ada Della Torre, Eugenio Gentili Tedeschi, Franco Momigliano, Silvio Ortona, Franco Sacerdoti, Giorgio Segre y Lino Jona. Todo cambió y se hizo añicos —exceptuando, desde luego, su vínculo— con la vergüenza de las leyes raciales y, más tarde, de la persecución física: de los judíos que permanecieron en territorio italiano se libraron del exterminio Della Torre, Gentili Tedeschi, Momigliano, Ortona, Salmoni y Segre; Jona murió de tuberculosis en 1942 mientras prestaba ayuda a los judíos extranjeros en la provincia piamontesa de Asti, y Artom, que se hizo partisano, fue salvajemente asesinado por los nazifascistas el 7 de abril de 1944.[63] Aunque Primo Levi sobrevivió, como también lo hizo Luciana Nissim, dos compañeros de infortunios jamás regresaron de Auschwitz: se trata de Franco Sacerdoti, que después de estar en Monowitz con Levi moriría durante la fase de evacuación del campo, y de Vanda Maestro, que viajó con él.

Nadie podía saber qué había al final de aquellas interminables vías del tren.[64] De hecho, cuando lo capturaron, Levi se declaró «ciudadano italiano de raza judía» porque temía que reconocer su actividad política «habría supuesto la tortura y una muerte cierta»,[65] como de hecho le ocurriría a Artom. Pero la esperanza de la salvación se desvaneció pronto, en las vivencias y en su memoria inmediatamente posterior a aquellas semanas como prisionero. Resultan desgarradoras las páginas de *Si esto es un hombre* que, conociendo ya *a posteriori* lo que le esperaba,[66] confirman que lo único que habían conseguido era postergar esa certeza, abriendo el abismo ante los suyos y ante sus ojos: «Solo una minoría de ingenuos y de ilusos se obstinó en la esperanza: nosotros habíamos hablado largamente con los prófugos polacos y croatas y sabíamos lo que quería decir salir de allí».[67]

Así pues, el martes 22 de febrero de 1944 comenzó su viaje de deportación:

> Y llegó la noche, y fue una noche tal que se sabía que los ojos humanos no habrían podido contemplarla y sobrevivir. Todos se dieron cuenta de ello, ninguno de los guardianes, ni italianos ni alemanes, tuvo el ánimo de venir a ver lo que hacen los hombres cuando saben que tienen que morir.
>
> Cada uno se despidió de la vida del modo que le era más propio. Unos rezaron, otros bebieron desmesuradamente, otros se embriagaron con su última pasión nefanda. Pero las madres velaron para preparar con amoroso cuidado la comida para el viaje, y lavaron a los niños, e hicieron el equipaje, y al amanecer las alambradas espinosas estaban llenas de ropa interior infantil puesta a secar; y no se olvidaron de los pañales, los juguetes, las almohadas, ni de ninguna de las cien pequeñas cosas que conocen tan bien y de las que los niños tienen siempre necesidad. ¿No haríais igual vosotras? Si fuesen a mataros mañana con vuestro hijo, ¿no le daríais de comer hoy?[68]

«Hágase ladrón, es mucho más honrado»,[69] le espetó Levi, con desdén, a un policía antes de partir en aquel viaje que quedaría grabado para siempre en su memoria y en la de todos aquellos que sobrevivieron a la deportación.[70] Después de cinco días, medio muerto, medio vivo, llegó a Auschwitz, con veinticuatro años. Veintidós meses antes había llegado Lorenzo.

Ante sí vio un planeta de «fantasmas»,[71] que, igual que él, estaban «helado[s] de terror» y «grises e idénticos, pequeños como hormigas y grandes hasta las estrellas, apretados el uno contra el otro, innumerables, ocupando toda la llanura hasta el horizonte».[72] Arrancados por la fuerza de sus casas para trabajar y morir o para trabajar hasta morir o, sencillamente, para morir sin más historias. Ellos mismos eran «el hambre, un hambre viviente».[73] Y eran otros seres humanos quienes así lo habían querido.

De manera inconsciente, la biografía de Primo Levi lo puso en el foco de la historia: fueron aquellos meses entre finales de 1943 y 1945 los que lo convirtieron en una de las voces más nítidas del siglo XX. Desde Bolzano, desde aquel tren directo a tierras polacas, lanzó una nota, con fecha del 23 de febrero de 1944 y firmada también por Vanda y Luciana, para su amiga Guidetti Serra, con un texto («A vosotros, la antorcha»),[74] que parecía querer decir: «Ahora estamos en dificultades. Seguid luchando vosotros; nosotros tenemos que centrarnos en sobrevivir».

Y, como ya sabemos, él consiguió hacerlo gracias a una fragilísima telaraña de personas sensatas,[75] decentes, en el centro de las cuales parece estar precisamente Lorenzo, para quien tal vez el orden exacto de los acontecimientos no tenía tanta importancia: para él, «el tiempo contaba poco».[76] Y el propio Levi jugó todas sus cartas en este nivel de lectura, como lo declaró desde *Si esto es un hombre*: «La historia de mi relación con Lorenzo es al mismo tiempo larga y breve, sencilla y enigmática; es esta una historia de un tiempo y de unas condiciones ya borradas por la realidad presente, y por ello no creo que pueda ser comprendida sino como se comprenden hoy los acontecimientos de la leyenda y de la historia más remota».[77]

5

Cuando encontró a Primo, más de dos años después de haber llegado a «Suíss», Lorenzo estaba a punto de cumplir los cuarenta, pero por su espalda y su pelo gris aparentaba más, sin duda: parecía su padre;[78] un padre anciano, además. Esa es la impresión que tenemos al leer la descripción del primer encuentro en suelo polaco del viejo y humilde Tacca, salido de la necesidad, y del débil y joven químico, un burgués delicado hundido en la necesidad.

Convendría abrir aquí un paréntesis sobre la percepción acerca de las personas de cuarenta años que tendría Levi en su vida posterior de testigo y escritor: en *Si esto es un hombre*, que se publi-

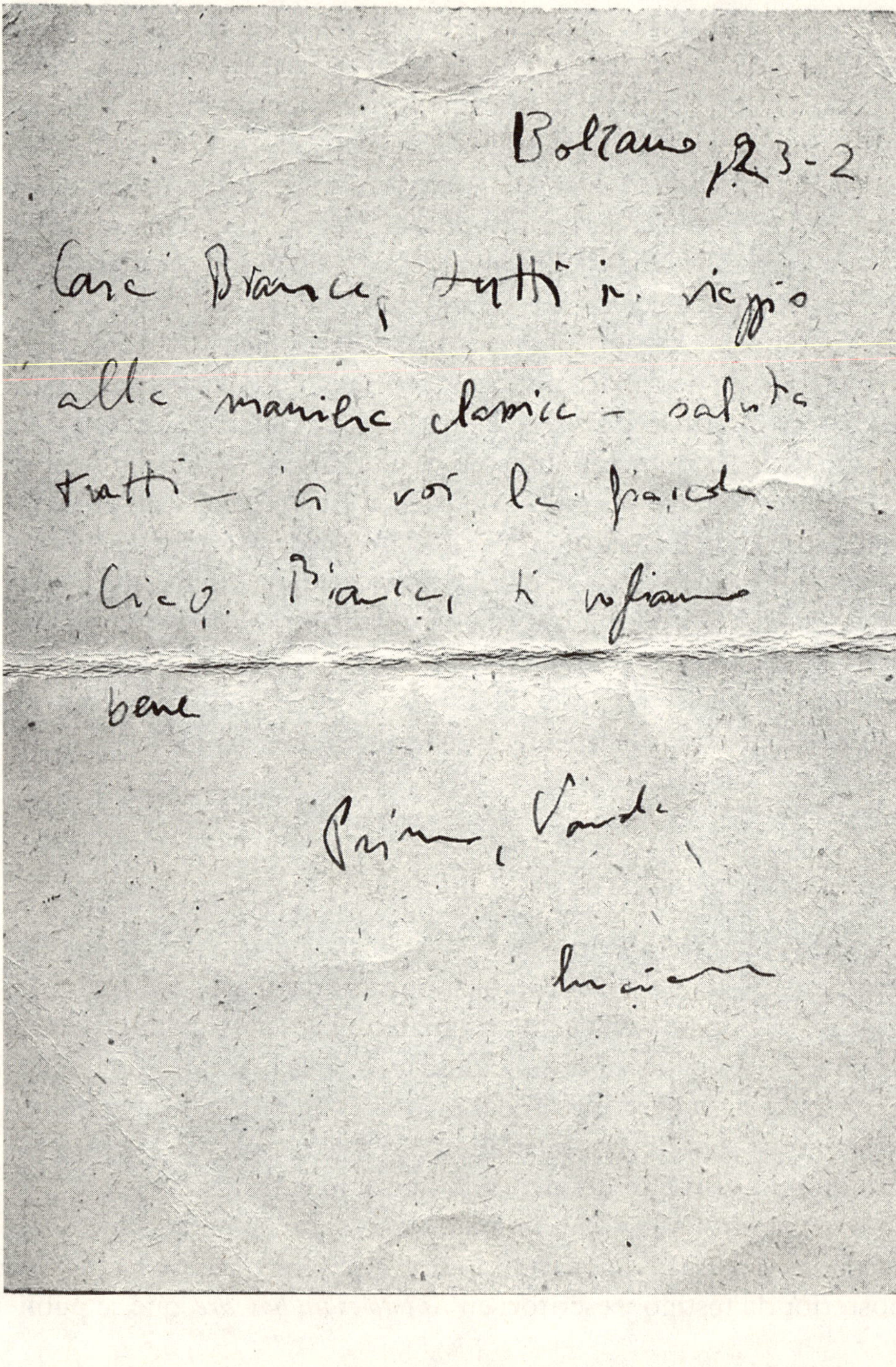

Bolzano 23-2

Cara Bianca, tutti in viaggio alla maniera classica — saluta tutti — a voi la fiaccola.

Ciao. Bianca, ti vogliamo bene

Primo, Vanda, Luciana

có en 1947, es decir, cuando él tenía veintiocho años, habla del «viejo Wertheimer», que, para salvarse de la cámara de gas, pensaba decir que tenía cuarenta y cinco años, aunque era evidente que tenía más.[79] Sin embargo, en el resto de sus obras, a pesar de que se publicaron cuando Primo tenía entre cuarenta y cuatro y sesenta y siete años, transmite una sensación distinta. Por ejemplo, en su novela sobre la resistencia *Si ahora no, ¿cuándo?*, de 1982, donde señala que «en tiempo de guerra se envejece pronto»,[80] habla de un aviador uzbeko aparecido en medio de unos matorrales que «no era tan joven como en las fotografías» que había colgadas en la pared de la cabina de su avión derribado: «Debía de tener unos cuarenta años».[81] En *La llave estrella* (de 1978), Faussone se refiere a una camarera «de unos cuarenta años, delgaducha y encorvada» como quien habla de un producto que hay que desechar,[82] y evoca el dicho popular que sostiene que la vida (re)empieza a los cuarenta.[83] No es este el lugar para ser exhaustivos al respecto, pero debemos señalar que la producción de Levi está llena de personas que «muestran» tener en torno a cuarenta años, con una perspectiva mejor o peor. Resulta difícil especificar cuándo el autor las considera viejas,[84] pero está claro que solo las presenta como jóvenes si es precisamente a esa edad cuando fallecen,[85] son asesinadas o se las deja morir.[86] En *Los hundidos y los salvados*, que se publicó poco antes de que el propio Levi muriera, Guido Dalla Volta —el padre, de cuarenta y cinco años de edad, de su inseparable amigo Alberto, al que conoceremos más adelante—, que murió en la cámara de gas en la gran selección que tuvo lugar en octubre de 1944, se califica de «viejo», con unas angustiosas comillas que en realidad remiten al punto de vista de los nazis.[87]

Conocemos cuál era el aspecto exterior de Lorenzo en aquel tiempo: lo hemos visto. Gracias a su pasaporte, sabemos que aún no tenía canas en 1939, cuando llegó la noticia de la guerra que estaba empezando precisamente en Polonia, con el ataque casi simultáneo de nazis y soviéticos,[88] ni tampoco en 1940, cuando pasó aquellos días (¿tres, cuatro?) en la cárcel francesa.[89] ¿Envejeció de golpe cuando se le declaró no apto para el ejército y se le licenció[90] o bien cuando, en 1942, llegó al fin a los márgenes de Auschwitz?

6

Cuando llegó allí, mientras esperaba, sin saberlo, el encuentro que desviaría la trayectoria de toda su existencia, lo único que llevaba consigo Lorenzo —todos estos detalles nos los brinda Primo Levi—[91] era la gamella alpina de dos litros de capacidad que lo acompañaba desde la época en la que había estado en el 7.º Regimiento de Brescia, así como un par de cubiertos, una esclavina de color gris verdoso, un jersey lleno de remiendos y otros objetos carentes de valor. Y también sus pocas palabras, que tenía que pronunciar con cuidado allí donde la vida estaba a punto de hundirse, en aquel tiempo y en aquellas condiciones «ya borradas por la realidad presente».

Estos son los hechos mezclados con la leyenda. A continuación viene la historia, que no puede prescindir de esta leyenda porque es una fuente irremplazable, magnética. O, al menos, viene el intento de buscar algo más acerca de aquel tiempo borrado por la realidad presente, si es que verdaderamente hay algo más.

FUERON LOS PRIMEROS

Los que vivís seguros
En vuestras casas caldeadas
Los que os encontráis, al volver por la tarde,
La comida caliente y los rostros amigos:
Considerad si es un hombre
Quien trabaja en el fango
Quien no conoce la paz
[...]
Quien muere por un sí o por un no.
[...]

PRIMO LEVI, *Si esto es un hombre*, 1947[1]

Patas arriba[1]

I

Nunca sabremos cuántas veces pasó Lorenzo clandestinamente a Francia antes de que la empresa G. Beotti lo incluyese entre sus empleados de Auschwitz en colaboración con la Interessen-Gemeinschaft Farbenindustrie AG, conocida como I. G. Farben. Sin embargo, es prácticamente seguro que no tenía ni idea de adónde se dirigía: su destino era Auschwitz III, que en los documentos industriales figura como «Auschwitz», a secas, y que en un principio se concibió como un satélite de Auschwitz I y del inmenso Auschwitz II, también conocido como Birkenau. Convertido oficialmente en Auschwitz III en diciembre de 1943 por orden de la Inspección de los Campos de Concentración, la imponente presencia de las fábricas Buna-Werke que la I. G. Farben había construido en noviembre de 1944 hacía de este *Konzentrationslager* un campo de concentración autónomo (el «KL Monowitz»)[2] tan grande como una ciudad. De él dependería la mayor parte de los subcampos del complejo,[3] que se extendían por una superficie de un centenar de kilómetros cuadrados.[4] Aproximadamente cuarenta de ellos eran *Interessengebiet*, «áreas de interés del campo». Dentro del recinto de la Buna «no [crecía] una brizna de hierba y la tierra [estaba] impregnada por los jugos venenosos del carbón y del petróleo, y nada más que las máquinas y los esclavos [estaban] vivos, y más aquellas que estos»,[5] escribiría Levi en *Si esto es un hombre*. En la práctica, la Buna era una ciudad donde morían, vivían y trabajaban decenas de miles de personas. Primo Levi —el menudo y, más adelante, inmenso Primo Levi— se encontraba donde dormían y morían los esclavos de los esclavos.

El historiador polaco Piotr Setkiewicz, el mayor experto en Monowitz, autor de una voluminosa historia del campo —de hecho, fue la primera que se escribió, ya en la primera década de nuestro siglo—,[6] fruto de veinte años de trabajo, explica que, con su presencia sobre el terreno, la I. G. Farben impulsó la transformación de lo que hasta aquel momento había sido un pequeño campo de concentración en el «centro neurálgico de la destrucción de los judíos europeos».[7] Lo hizo a través de la construcción de una de las mayores plantas industriales del continente y de la contratación de miles de trabajadores en casi todos los países ocupados o satélites,[8] mediante contratos firmados *ad hoc* y grandes inversiones. La Buna se convirtió en el principal «empleador» de la región.[9] El 16 de diciembre de 1941, los miembros del Consejo de Administración de la I. G. Farben decidieron asignar dos millones de marcos a la compra de materiales de construcción para ampliar el campo de concentración de Auschwitz. Al año siguiente, bajo la presión de los altos dirigentes nazis, esa partida se elevó hasta alcanzar 5.770.000 marcos. En este contexto, como Levi descubriría casi medio siglo después gracias al libro *The Crime and Punishment of IG-Farben*, de Joseph Borkin,[10] mientras los esclavos del campo «privado» de la I. G. Farben trabajaban denodadamente en la construcción del nuevo subcampo, las empresas subcontratistas pasaron de siete a finales de abril de 1941 a treinta y una en octubre de ese mismo año, y eran ya más de doscientas cincuenta en la primavera de 1944, como ha reconstruido escrupulosamente Setkiewicz.[11] En el caso italiano, la cooperación se basaba en una larga colaboración en los ámbitos agrícola e industrial entre la Italia fascista y la Alemania nazi, que comenzó en 1937 para mitigar el subempleo y el desempleo endémicos y que ya en 1939 se tradujo en la presencia de casi cien mil italianos en el territorio del Tercer Reich.[12] En 1940 se añadió, además, un acuerdo bilateral entre ambos países para la contratación de trabajadores de la construcción en sectores de importancia militar, por el que se estableció el envío de veinte mil empleados.[13] Esta cooperación alcanzó enseguida uno de sus hitos, con la celebración en Roma de un contrato entre el Gruppo Italiano —un conglomerado de cuarenta empresas que formaban parte de la Confederación Fascista de Industriales—, I. G. Farben y otra empresa alemana, documento que los historiadores conocen desde la segunda mitad de los años ochenta[14] y que certifica la existencia de un noveno acuerdo secreto entre Italia y Alemania,[15] impreso en la Imprenta del Gianicolo de Roma por encargo de la «Confederación Fascista de Industriales, Federación Nacional Fascista, Consorcio Alemania». Recibo una copia de este documento, que consta de 29 páginas, de la Biblioteca Alessandrina de Roma, donde se conserva uno de los ejemplares aún existentes.[16]

No aparece alusión alguna, ni siquiera entre líneas, a la relación profesional que los trabajadores deberían mantener con los esclavos y con los esclavos de los esclavos, a los que, obviamente, ni siquiera se menciona.

La noticia de la existencia de este contrato llegó más allá del entorno de los empleados. Por ejemplo, en 2001 aterrizó en las páginas del *Corriere de la Sera*, en un artículo de título bastante elocuente: «Obras italianas en el horror de Auschwitz».[17] Pues bien, en la página 4 del contrato, que reproducimos aquí, se indica que la «G.» corresponde a Giovanni, lo cual significa que el propietario de la empresa se llamaba Giovanni Beotti. Vivía en Piacenza, en el número 4 de *via* Pallavicino, y eso explica por qué, a diferencia de los colosos locales de la época, como las empresas Cravero Fea & C. o Mellano[18] —ambas serían depuradas más adelante—,[19] esta otra sociedad no les resulta conocida a los vecinos de Fossano.[20]

C) per il cantiere di *Auschwitz*

STOELCKER Ing. Rodolfo, Roma, Viale Regina Margherita 262
MARTINI Ing. Ugo, Roma, Via Antonio Cantore 5
PAGANI Ing. Alfredo, Roma, Via Rasella 55
PALERMO Ing. Romualdo, Roma, Via Arno 51
BEOTTI Giovanni, Piacenza, Via Pallavicino 4
Impresa A. E. S. (ANONIMA EDILE STRADALE), Roma, Via Lucrino 5

rappresentate per procura dal Sig.

Dott. Ing. AURELI Aurelio, Roma, Piazza SS. Apostoli 73

viene stipulato il seguente contratto:

Art. 1.

OGGETTO DEL CONTRATTO

Il Committente affida al Gruppo Italiano l'esecuzione di lavori di costruzione, ed in particolare di: costruzione e pavimentazione di strade; installazione di binari di raccordo; posa di cavi e tubazioni sotterranee; fondazioni e movimenti di terra in genere; gettate di calcestruzzo per fondazioni e pilastri; fondazioni in cemento armato per costruzioni metalliche, macchine e tubazioni; solai in cemento armato; muri di mattoni e Klinkerite; intonaci; rivestimenti per fognature; montaggio di costruzioni metalliche; copertura di tetti; installazioni di grondaie, docce, ecc.

Il Gruppo Italiano deve mettere a disposizione per l'esecuzione dei lavori ad esso affidati, i seguenti operai:

	Heydebr.	Blechh.	Auschw.	Totale
Maurer-Vorarbeiter Capo-muratori	65	100	20	185
Maurer-Facharbeiter Muratori	595	450	190	1235
Moertelmischer Calcinaroli	50	50	12	112
Zimmerer-Vorarbeiter Capo-carpentieri	200	140	20	360

Seis de estas empresas italianas se comprometieron el sábado 14 de marzo de 1942 a enviar allá arriba a 1.196 trabajadores, sobre todo albañiles profesionales y peones,[21] aunque la cifra supera los 1.200 si tenemos en cuenta que había también cuatro cocineros (tres pinches y un jefe de cocina) y tres intérpretes.[22] Pero estos solo eran una parte del total de 8.635 empleados (más otros 21, entre intérpretes y cocineros) que se iban a contratar en tres obras. Todos ellos acabaron involucrados en la órbita del planeta Auschwitz.[23] Lorenzo estaba precisamente en los márgenes de aquel planeta de la Europa del Este al que la gente llegaba para morir de privaciones y de gas, de hambre, de frío y de una serie de trabajos sobre los que, desde su posición, él nada podía saber —fuera de las «altas esferas», en la Europa occidental y del sur las noticias del exterminio aún eran escasas, vagas y confusas[24] en 1942, a diferencia de lo que ocurría en Alemania—.[25] Estaba al otro lado, no en el de los esclavos como Levi. Tanto era así que, según el contrato, se le debía proporcionar, como albañil, «1 espátula grande, 1 espátula pequeña, 1 martillo común, 2 cinceles (1 corto y 1 largo), plomada, cinta métrica, escuadra, regla y nivel topográfico».[26] Sin embargo, más tarde sus condiciones de trabajo y sueldo fueron mucho peores que las de los demás trabajadores distribuidos por toda Alemania.[27] Mientras tanto, las empresas italianas iban haciendo caja con los «voluntarios», los esclavos y los esclavos de los esclavos.

Los documentos hablan con bastante claridad sobre la renovada unidad de intereses de los industriales italianos y alemanes: no había pasado ni un año desde que se firmó el primer contrato en Roma, en febrero de 1943, cuando en un documento que localizó Thomson en el archivo de Auschwitz se estableció «la fusión de las sociedades italianas Stoel[c]kher, Colombo y Beotti con l[a] empres[a] aleman[a] Pitroff [&] Vertreter», consolidando así una alianza entre la Alemania nazi y la Italia fascista que iba más allá de lo político y lo bélico. Como demuestra el documento que recibo de ese archivo —y que se incluyó en los informes semanales de la I. G. Farben—, los italianos habían declarado que estaban en condiciones de proporcionar «1.100 especialistas» (*Fachbearbeiter*), entre ellos «conductores de buldóceres, soldadores, operadores de máquinas y albañiles»,[28] que partían *'mpresa* (deprisa) a trabajar, sin dar importancia a los rumores, insistentes y cada vez más numerosos, sobre aquel lugar. En una entrevista que concedió al historiador Cesare Bermani, Hans Deichmann, responsable de la I. G. Farben en Italia y que más adelante se convertiría en uno de los colaboradores alemanes más valiosos de la resistencia italiana,[29] confesó que cuando alguien llegaba allí se encontraba ante el abismo:

> En Auschwitz los italianos que iban a trabajar estaban en buenas condiciones: disponían de unos estupendos barracones, situados a una altura desde la que se podía ver, unos kilómetros más allá, el campo de concentración, ya con el humo de su crematorio. Se sabía que allí se encontraba el mayor campo de concentración de Alemania, pero no se sabía aún que, de hecho, aquel lugar estaba a punto de convertirse en una fábrica de la muerte. Y los trabajadores italianos, que en su mayoría no sabían ni una palabra de alemán, lo sabían todo acerca de aquello tan tremendo que veían ante ellos. Al principio, toda la información acerca de lo que estaba sucediendo allí me llegó a través de los italianos.[30]

Entre estos centenares de humanos enviados a los márgenes de «Suíss», en la primera oleada —la más inconsciente—, había llegado Lorenzo. Y, por lo que sé, a diferencia de otros empleados de su obra, jamás intentó escapar. Quién sabe cuánto se hablaba allí de las fugas, como, por ejemplo, la del peón Giovanni Busicchia, de Treviso, que había llegado unas horas antes que él con la empresa Martini pero que al cabo de un mes decidió huir, aunque al final fue capturado:[31] a diferencia de los trabajadores forzosos de Auschwitz (*Zwangsarbeiter*),[32] los extranjeros (*Fremdarbeiter*) «voluntarios» eran libres, pero no, desde luego, en el sentido en que podemos entenderlo hoy. Sea como fuere, el Tacca, el albañil de Fossano, se quedó. Nunca repitió aquel gesto suyo tan familiar: ponerse el sombrero y largarse.

2

Al final, y desde el principio, esta historia que estamos contando es una historia sobre los seres humanos: sobre su mezquindad, ante todo, pero también sobre su coraje, su imprudencia, su capacidad de ser maravillosos, aunque también terribles. Sobre su concreción, incluso corpórea. Pero, en paralelo, es una historia de vacíos que se estrellan contra su imposibilidad de llenarse, una historia de detalles aparentemente insignificantes que adquieren un significado vital. Es el caso de los zapatos, sobre todo. El calzado —empecé a darme cuenta de ello no sé en cuál de las ocasiones en las que releí las obras de Levi— es quizá el verdadero protagonista de *Si esto es un hombre*: está presente en dieciséis de los diecisiete capítulos de esta reelaboración literaria de la experiencia que vivió el autor en el campo de concentración.[33] También de *La tregua*, el relato de su picaresco regreso, y toda la obra del químico turinés se encuentra salpicada de referencias a lo fundamental que era, en el contexto en el que Lorenzo conoció a Primo, contar con un par de zapatos decentes. Pocos días antes de morir, Levi seguía insistiendo en que los zapatos podían ser determinantes para la supervivencia allá arriba: «La muerte empieza por los zapatos», escribió, lapidariamente, en la edición definitiva de *Si esto es un hombre*.[34] Los zapatos eran el último confín de la vida tal y como la conocemos: quienes vivían en libertad o daban órdenes en el campo los llevaban de buena calidad; los demás tenían míseros zuecos, a los que, en aras de la simplicidad, se aludía como *Schuhe* (zapatos, en alemán). En el lenguaje de aquella galaxia que era Auschwitz, zapato podía ser cualquier objeto que pudiese albergar un pie.

«Nos lanzaban un par de zapatos, bueno, en realidad no era un par de zapatos, eran dos zapatos desparejados, uno tenía tacón y el otro no; había que tener una constitución de atleta para aprender a caminar de este modo —recordaría Levi—. Un zapato era muy pequeño y el otro muy grande. Había que dedicarse a hacer complicados intercambios, y si se tenía suerte podía conseguirse un par casi a juego y había que conformarse. La mayor parte del tiempo los zapatos hacían heridas en los pies, y quien tenía pies delicados acababa contrayendo una infección.»[35] Entrar en aquel campo constituía ya un clarísimo golpe de escandalosa buena suerte, al menos desde el punto de vista de la supervivencia: de los 650 hombres, mujeres, niños y ancianos que fueron cargados en el mismo tren que Levi en aquel amanecer de febrero de 1944 que les había atacado «a traición»,[36] solo 96 entraron en Auschwitz.[37] Los demás habían sido deliberada e inmediatamente asesinados. Y después de las humillaciones, de la lluvia de patadas, de la desnudez y de la conversión en un rebaño, para aquellos 96 que pronto serían 95, 94 y así sucesivamente, allí dentro comenzó la lucha por la vida, en la que los que mataban era el hambre, el frío y el trabajo. Aquellos 94, aquellos 93, como todos en Auschwitz, podían morir debido a sus zapatos, como contaría Levi en el programa de televisión *Sorgente di vita* en 1983:

> Quien era sensible a las infecciones *moría debido a sus zapatos*, por culpa de las llagas de los pies infectadas que no sanaban.
>
> Los pies se hinchaban, y cuanto más hinchados estaban más apretaban los zapatos, y la gente acababa teniendo que ir al hospital, pero no los dejaban ingresar, ya que los pies hinchados no eran una enfermedad. Se trataba de un mal tan generalizado que quien tenía los pies hinchados iba directamente a la cámara de gas.[38]

3

El dueño de la empresa que a partir de 1942 intervino en las obras de Monowitz, con Lorenzo y centenares de otros albañiles y peones italianos, se llamaba, pues, Giovanni Beotti, y en 1942 vivía en Piacenza, en el número 4 de *via* Pallavicino. De esto deduzco que la empresa era de Piacenza, y por suerte encuentro su rastro en un inventario del Archivo Estatal de la ciudad, *Ingegneri e architetti piacentini 1870-1930*. En concreto, localizo la «declaración de la empresa Aquila e Beotti a efectos de la contratación de los trabajos por ejecutar».[39] Es una pista incierta, en parte porque, un siglo después de aquellas contrataciones, en la ciudad había varias personas que llevaban el apellido Beotti —como mínimo cuatro, si nos atenemos a los nombres que aparecen en las Páginas Blancas—, pero podría tratarse simplemente de un caso de homonimia. De hecho, en el Archivo Estatal de Piacenza no hay ni un solo documento sobre Giovanni Beotti. Sin embargo, en la serie correspondiente a la Oficina Técnica del Ayuntamiento de la localidad aparece un resultado que me conduce a otro nombre: descubro que los dos socios se llamaban Cesare Aquila y Paolo Beotti y que su empresa —Aquila e Beotti, precisamente— se encargó en la década de 1920 de realizar una serie de obras de pavimentación de las calles de Piacenza[40] y también en la Fossano de Lorenzo, que por aquel entonces tenía veinte años: era la época en la que el barro y el polvo iban siendo expulsados poco a poco de los núcleos habitados.

Lo averiguo gracias a documentos de 1925, es decir, diecisiete años antes de aquel acuerdo ítalo-alemán. Por tanto, ateniéndonos a los datos del registro, Giovanni Beotti podría ser (o, al menos, esta es una hipótesis no descartable) el hijo del patrón (o *capomastro*, como se denominaba en italiano en los años veinte a los empresarios), Paolo.[41] Sin embargo, en el Registro Mercantil de Piacenza (Registri delle Società Commerciali del Tribunale di Piacenza) me advierten de que en sus documentos no consta nada al respecto. «Durante los bombardeos de la segunda guerra mundial se destruyó mucha documentación», me explica una amiga abogada, que se involucra en mi búsqueda y me sugiere contactar con la Cámara de Comercio, aunque sin demasiada esperanza.[42]

4

No se trataba de una pista falsa: Giovanni era hijo (el primogénito, de hecho) de Paolo y también era topógrafo y aparejador[43] y casi dos años justos mayor que Lorenzo, ya que nació el 9 de septiembre de 1902.[44] Frecuentó el estudio del famoso arquitecto Luigi Moretti, que diseñó la Casa del Balilla, en Piacenza.[45] Anoto ambos nombres y consigo identificar a sus familiares precisamente gracias a una publicación acerca de Moretti y a una consulta a uno de sus autores, Ippolito Negri, mientras espero las posibles noticias de la Cámara de Comercio.

En los años treinta el aspecto de Piacenza ya había cambiado, como atestigua una muestra virtual organizada por la sede local del Archivo Estatal,[46] y Giovanni Beotti llevó a cabo varias obras en esta ciudad que evidencian que era «un buen y práctico aparejador de provincias», autor de edificios «estáticos, monolíticos, macizos».[47] En 1935 firmó un «proyecto sumamente profesional» para la ampliación de una fábrica de producción de cajas en Piacenza, que se demolería en los años setenta: su vallado «autárquico» se construyó en cemento armado, como descubro también en la publicación sobre Moretti, varias de cuyas obras, por cierto, fueron firmadas indebidamente por Beotti.[48] De la documentación fragmentaria que se encuentra disponible en las dependencias del Archivo Estatal de la ciudad se desprende, además, que los dos socios —Aquila y Beotti padre— se separaron a mediados de los años treinta, poco antes de que Giovanni sucediese a su padre: desde 1936, de hecho, solo aparece Cesare Aquila, que continúa su actividad de mantenimiento del viario público,[49] y en 1942, como ya hemos visto, Giovanni Beotti figura como el único propietario de la empresa de su mismo nombre que firmó el contrato con la I. G. Farben.

Por aquellas asombrosas coincidencias que a veces nos regala la investigación, recibo la llamada decisiva justo cuando estoy entrando en el cementerio en el que se encuentra enterrado Lorenzo, en un gótico día de primavera, con un frío que se cuela por debajo de la ropa. Desde la Cámara de Comercio me comunican que, aunque no aparece «nada acerca de la empresa Aquila e Beotti» ni de las fusiones entre las sociedades italianas y alemanas sobre las que había consultado, se sabe que Paolo Beotti cesó su actividad el 21 de enero de 1941, después de treinta años de trabajo, cuando aún no había pasado un mes desde la jubilación de su socio Aquila, que a su vez llevaba quince años en el sector.

Así pues, la actividad del primogénito Giovanni, que comenzó por su cuenta el 3 de diciembre de 1932 y se trasladó en 1936 al número 4 de *via* Pallavicino, era paralela a la suya. En los años posteriores la sede volvería a cambiar de domicilio en varias ocasiones y la empresa mantendría su actividad ininterrumpidamente hasta 1966, entre los metafóricos títulos de crédito de esta historia anclada en el corazón del siglo XX.[50] Pero volvamos ahora sobre nuestros pasos. Sea como fuere, el acuerdo entre la empresa que dirigía Giovanni Beotti y la I. G. Farben seguía una línea de una colaboración que había comenzado en 1937, como ya hemos visto, y que provocó que un caudaloso río de trabajadores italianos —cerca de medio millón hasta 1943—[51] fluyera hacia el territorio del Tercer Reich y hacia los territorios que más tarde ocupó o se anexionó. Entre 1941 y 1942, cuando los empleados extranjeros ya habían superado la cifra de dos millones,[52] aproximadamente la mitad de los trabajadores industriales de esas zonas eran del sector de la construcción. Pocos meses antes de que Lorenzo llegase a Auschwitz constituían más de un tercio de la mano de obra extranjera en Alemania dentro de ese segmento del mercado, como ha calculado el historiador Brunello Mantelli.[53] Gente ruda, sin pelos en la lengua, catapultada a lugares en los que, obviamente, no se admitía ningún tipo de oposición, y menos aún de abierta rebelión.

5

Sería como mínimo ingenuo esperar un gesto llamativo por parte de Lorenzo o de cualquier otro trabajador civil. Nada de patadas o bofetadas: estar con la cabeza gacha era la única opción si se quería sobrevivir. De lo contrario, desde los márgenes se pasaba directamente al infierno. El mismo peligro corría la población civil que vivía en la inmensa área de interés de Auschwitz. Sin embargo, a pesar de todo ello no faltaron los gestos heroicos, como el del campesino polaco Wojciech Basik, de Korbielów, un pueblo situado en las montañas, a más de setenta kilómetros de Monowitz, que encontró en una estación de tren a Robert Wolf, un judío checoslovaco que se había escapado, y lo escondió en su carro, se lo llevó a su casa, lo alojó en su granero y lo estuvo cuidando durante siete meses, sin traicionarlo en ningún momento, a pesar de que la Gestapo lo detuvo y lo torturó para arrancarle una confesión. Basik fue premiado por el Gobierno de Checoslovaquia en 1964 y se convirtió en Justo de las Naciones en 1993.[54] Wolf se había fugado a mediados de julio, cerca de un mes después del encuentro entre Lorenzo y Primo.

Sin embargo, aunque no es mi intención silenciar las historias de evasiones y revueltas, para despejar cualquier duda he de decir que, igual que ocurría en el caso de los trabajadores que orbitaban alrededor del campo de concentración y de los civiles que vivían en sus proximidades, el margen de acción —la posibilidad de rebelión— de los esclavos y de los esclavos de los esclavos se había reducido al mínimo. Que quede claro, desde luego, que se produjeron levantamientos. El más célebre de todos ellos es el de los últimos sesenta mil judíos del gueto de Varsovia, que organizaron una heroica revuelta en abril de 1943, después de que los nazis hubieran exterminado a casi medio millón de las personas encerradas en aquel lugar. Pero también los espacios creados específicamente para la aniquilación conocieron periódicamente protestas: las hubo en Treblinka y en Sobibor, el 2 de agosto y el 14 de octubre de 1943, y también en Birkenau —a siete kilómetros de Monowitz—, el 7 de octubre de 1944, cuando los hombres del *Sonderkommando*, que tenían ya la certeza de que su fin estaba próximo, combatieron con tenacidad a sus verdugos.[55] También las fugas se contaron por centenares y contribuyeron a que se filtraran las primeras informaciones acerca de lo que estaba ocurriendo. Pero, como Piotr M. A. Cywiński, director del Museo de Auschwitz-Birkenau —un hombre gigantesco, tanto física como intelectualmente, y capaz de una extraordinaria empatía—, subraya en un maravilloso libro que traduje y edité entre 2015 y 2017, los nazis contaban con dos potentes aliados: por un lado, la esperanza que conservaban siempre los deportados; por el otro, sus familias.

En la historia del Holocausto, observa Cywiński, cada vez que estalló una revuelta «fue en situaciones en las que ya no quedaba familia, cuando las personas solo estaban poniendo en riesgo su propia vida». Por lo general, los deportados querían quedarse con sus seres queridos hasta el último momento, «sosteniendo a sus padres ancianos y enfermos», ayudando a los niños a desvestirse, emparejando sus zapatos, tranquilizándolos. Pocos tenían el tiempo y la energía que se necesitan «para oponer resistencia, conspirar, escapar o combatir. Se asesinaba a familias enteras, con todos sus miembros juntos».[56]

Y esto es algo que no debemos olvidar.

Dicho todo ello, cabe recordar también que decenas de miles de judíos se incorporaron a los diversos grupos de resistencia europeos —el propio Levi les dedicó *Si ahora no, ¿cuándo?*, su primera y única novela en el sentido estricto del término—, desde la Europa del Este hasta la orilla norte del Mediterráneo,[57] y que algunos de ellos incluso organizaron asombrosas acciones de rescate. Entre los más conocidos se encuentran los hermanos Bielski, quienes crearon en los bosques bielorrusos una célula partisana y una verdadera comunidad que se echó literalmente al monte y logró salvar la vida de casi mil doscientas personas, que se protegieron mutuamente y libraron juntas una lucha armada contra sus perseguidores. Aquel fue un reto de supervivencia y humanidad, en un momento en el que la avalancha parecía imparable: *Defiance* (desafío) es el título de la película de Edward Zwick[58] (y del libro de Nechama Tec en el que se inspira)[59] que narra esta historia, reflejando así precisamente ese acto de rebelión, ese «desafío» que lanzaron los hermanos Bielski y del que salieron victoriosos.

Cuando el mundo se hunde en la oscuridad —por retomar el título de otro ensayo de Nechama Tec, *When Light Pierced the Darkness*, acerca del rescate de judíos por parte de cristianos en la Polonia ocupada— ¿cómo abrir en él un resquicio[60] y brindar a nuestros coetáneos un rayo de luz? ¿Es el resultado final lo que mide la magnitud de nuestras elecciones o podemos —y debemos— intentar actuar a toda costa y, en el peor de los casos, fracasar? Es difícil que Lorenzo se plantease explícitamente estas preguntas: cuando se encontró con aquel peón esclavo, el número 174.517, él era un trabajador más de los millones que se desplazaban de acá para allá por la negra Europa, y no sabía que estaba llamado a vivir en la luz que irradiaría la pluma de aquel débil hombre, por cuya supervivencia nadie habría apostado ni media pinta de vino tinto de la taberna Pigher. Lo que sí es seguro, en cambio, es lo que él vio o, al menos, intuyó, gracias a su habitual alergia al poder: el enjambre humano que después reaparecería en *Si esto es un hombre*.

> Los personajes de estas páginas no son hombres. Su humanidad está sepultada, o ellos mismos la han sepultado, bajo la ofensa súbita o infligida a los demás. Los SS malvados y estúpidos, los *Kapos*, los políticos, los criminales, los prominentes grandes y pequeños, hasta los *Häftlinge* indiferenciados y esclavos, todos los escalones de la demente jerarquía querida por los alemanes están paradójicamente emparentados por una unitaria desolación interna.[61]

En aquel lugar que era «la consagración del privilegio y de la desigualdad»[62] y que Lorenzo atisbó, ¿llevaba ya escritas Levi en su rostro «la vergüenza del mundo»[63] y «la vergüenza de ser un hombre»[64] porque se había dado cuenta de que estaba hecho de la misma pasta que los demás, de que nuestra naturaleza humana entraña todas las posibilidades, incluso la más terrible, incluso la más mezquina?[65] Todos, cada uno en diferente medida, estaban implicados en la aniquilación. Lo que no sé es si en la época de los hechos, en aquel verano, Lorenzo se había percatado de ello. Lo más probable, desde luego, es que con la mayoría de sus compañeros solo hablase de cuestiones relacionadas con necesidades concretas y urgentes. La petición de ayuda, aunque no fue pronunciada como tal, acabó llegándole a Lorenzo por diferentes vías. Una especie de malestar se abrió paso a través de la piel rugosa de aquel hombre envejecido antes de tiempo y acompañado noche y día por el hambre, que, a pesar del salario nada miserable que recibían los trabajadores civiles —eso sí, muy por debajo de un marco por hora: 0,76 en el caso de los albañiles, entre 0,56 y 0,62 en el de los peones—,[66] acababa robando en los campos o sisando de aquí y de allá para aliviar esa punzada en el estómago que no desaparecía ni aunque comiera.[67] Si bien al principio recibieron un trato correcto, tras la «traición» de Italia de 1943 los empleados de este país sufrieron un empeoramiento de sus condiciones, como revela Setkiewicz,[68] aunque también hay documentos que confirman que incluso antes de aquella fecha ya tenían que soportar las dentelladas del hambre. Así lo demuestra el caso de Busicchia, el peón de Treviso, al que se encontró «debilitado, anémico, con los omóplatos muy marcados, una circunferencia torácica de 72 cm y necesidad de tratamiento para restituir sus energías», según señala de manera implacable el informe de la visita que le hizo el médico a la cárcel de Treviso el 9 de junio de 1942,[69] que certifica el creciente malestar de todos los trabajadores «voluntarios» de Auschwitz, esos trabajadores que no estaban condenados a morir.

En cualquier caso, no lo dudó. Dos o tres días después de su primer encuentro, en junio de 1944 —el tiempo que necesitó para organizarse—, Lorenzo del Burgué se presentó en el trabajo con su gamella alpina de aluminio, que lo acompañaba desde hacía ya largo tiempo, y se la tendió a Primo sin decir ni una sola palabra al principio. La gamella estaba llena de sopa, y en ella había pellejos de salchichón y huesos de ciruela.[70] Finalmente dijo algo, pero solo una cosa.

Que se la devolviera, vacía, «antes del atardecer».[71]

El último de los Justos[1]

I

Todo aquel que lleve años estudiando estos temas tiene sus Justos «favoritos». O, al menos, entre las decenas de miles de casos descubiertos que nos cuentan una historia compleja y contradictoria de auxilio y condena, suele volver a algunos o, por decirlo así, tropezarse una y otra vez con ellos, y de ese modo, poco a poco, una búsqueda se va abriendo espacio en sus pensamientos y en su vida cotidiana. Naturalmente, eso mismo me ocurrió también a mí, sobre todo entre 2014 y principios de esta década, cuando, de manera rapsódica, estudié, recopilé y en ocasiones narré varios de estos casos, pero el de Lorenzo, como en corriente alterna, era el que me llamaba una y otra vez.

Los episodios colectivos tienen algo de asombroso:[2] en 1943, en Dinamarca, un grupo de hombres y mujeres de diferentes edades y orígenes sociales improvisaron una gigantesca operación de rescate por vía marítima y ayudaron a escapar hasta Suecia, en barcos pesqueros y embarcaciones de todo tipo a través del estrecho de Sund, a más de seis mil personas consideradas «de raza judía».[3] En paralelo, a principios de los años cuarenta los pueblos franceses de tradición protestante Le Chambon y Dieulefit acogieron a centenares y centenares de perseguidos.[4] Incluso en la Alemania nazi[5] es posible localizar dinámicas similares. Volviendo a la península Itálica, en Nonántola un grupo emprendió iniciativas parecidas en julio de 1942 y a partir del 8 de septiembre de 1943 se le sumó toda la comunidad local. En un congreso dedicado al análisis de este extraordinario proceso que permitió salvar a unas ochenta personas, entre niños y adolescentes, conduciéndolos a Suiza tras varias peripecias —lo que valió al sacerdote de este pueblo, el padre Arrigo Beccàri, y al médico del consultorio municipal, Giuseppe Monreali, el reconocimiento de Justos de las Naciones—,[6] este caso me llevó a plantear la hipótesis de que es posible hablar también de un «contagio» del bien, especular y opuesto al contagio del mal del que hablaba Levi, concepto que tomó a su vez de Alessandro Manzoni:[7] gracias a la red de unas treinta familias de la zona, todos aquellos menores se salvaron; todos menos uno, Salomon Papo, capturado y deportado a Auschwitz. Y, en aquel fatídico septiembre que preparó el terreno para el advenimiento de una época en la que hubo que elegir,[8] muchos habitantes de una docena de localidades de la provincia de Cúneo ofrecieron refugio y protección a los judíos que, en su huida a través de los Alpes —precisamente a los pies de aquel Colle delle Finestre que tantas veces había recorrido Lorenzo y del vecino Colle Ciriegia—, no habían conseguido continuar su camino hacia Suiza o hacia las zonas que ya habían liberado los Aliados.[9] Gracias a esta iniciativa, cerca de dos tercios de ellos pudieron salvarse de la masacre. En 2015, vi con mis propios ojos a los descendientes de los salvadores y de los salvados abrazarse en el pueblo de Limone Piemonte —o a unos cientos de metros de él, pero en suelo italiano, en cualquier caso—, entre lágrimas —las suyas, las mías—, con ocasión de la marcha conmemorativa «A través de la memoria», en la que se recuerda que las fronteras son lo que son: lugares de paso, de humanidad, de encuentro.[10]

Personalmente, además, después de estudiar e investigar también las oscilaciones y las controvertidas actitudes de los «hombres grises», como Benjamin Murmelstein, decano de los judíos del gueto de Theresienstadt, que cada día tuvo que llegar a acuerdos con los nazis,[11] o como Antonio M., el cabo mayor más humilde de la República Social Italiana, que con una mano salvaba a los perseguidos —lo que le valió que en el Piamonte se le reconociese informalmente como un Justo—[12] mientras que con la otra participaba en la caza al hombre, condenando a otros,[13] cultivo un amor incondicional por los casos límpidos. En parte se debe probablemente a una durísima intervención que hizo en 2016 el escritor Corrado Stajano, que, en esencia, me dijo que, al contrario de lo que sostenía Primo Levi,[14] comprender significa justificar.[15] Aunque yo no esté de acuerdo con él, es cierto que en los años siguientes tendí a refugiarme cada vez más en la luz, después de haber pasado mucho tiempo enredado en el gris. Con esto quiero decir que inicié una búsqueda constante de aliento en esas parábolas

—en el sentido concreto y en el simbólico—, en su mayoría bastante conocidas y grabadas en mi imaginario, que se extienden desde el océano Atlántico hasta el océano Pacífico y cuyo centro, naturalmente, se encuentra en la negra Europa de los años treinta y cuarenta. Hay una historia que simboliza la sorprendente capacidad que mostró una parte de la población europea al arriesgarlo todo para socorrer a los perseguidos en su huida: la de unos mil quinientos judíos a los que en 1945 se encontró ocultos en Berlín. Miles de berlineses, conocedores del enorme peligro al que se exponían, los ayudaron a esconderse durante años en el corazón mismo del Tercer Reich. El primero en revelármelo fue, en diciembre de 2012, Wolf Gruner,[16] un historiador alemán que en aquella época se encontraba en California como profesor invitado. Sus palabras, en el Memorial de la Shoah de París, marcaron profundamente mi percepción de los contornos de esta parte de la historia humana, tanto como lo hizo también, pero en un sentido opuesto, la lectura de *Aquellos hombres grises*, de Christopher R. Browning, que, en cambio, narra cómo un puñado de personas ordinarias puede convertirse rápidamente en un escuadrón de asesinos.[17]

En los años en los que estaba comenzando mi búsqueda del rastro de Lorenzo solía contar al menos dos de estas historias maravillosas. No se trata precisamente de dos casos con final feliz, así que portan en sí la «vergüenza del mundo»: el primero es el de Gustav Schröder, que comandaba el buque *St. Louis*. A finales de la primavera de 1939, este capitán intentó por todos los medios salvar a casi mil judíos conduciéndolos al otro lado del Atlántico, pero se vio obligado a dar media vuelta porque nadie en América quiso recibirlos. Ya entonces la historia tuvo un enorme eco en todo el planeta y resonó como una condena a muerte para la comunidad judía europea.[18] La primera vez que escuché este caso fue en 2009, en Cracovia, y pocos meses después lo vi expuesto en el Yad Vashem de Jerusalén[19] y, al año siguiente, en el Museo Conmemorativo del Holocausto de los Estados Unidos en Washington.[20] Apenas seis años más tarde —veamos ahora el segundo caso— me crucé con la historia del suizo Paul Grüninger, jefe de la policía del cantón de San Gallo, que lindaba con Austria. Tras el cierre de fronteras que ordenaron sus compatriotas, salvó ilegalmente a tres mil personas de las garras de los nazis. En su momento su país, que rechazó a uno de cada dos refugiados, lo destituyó y lo marginó —lo cual nos deja un desagradable e ineludible sabor amargo—,[21] pero hoy Grüninger se ha convertido en una especie de héroe nacional en miniatura. De hecho, han florecido las obras sobre su figura[22] y se han bautizado con su nombre un puente, el estadio de San Gallo y una esquina especial de la plaza mayor de la ciudad. Tuve la suerte de conocer todos estos lugares cuando, en 2016, propuse a la Rai contar su historia en un reportaje que rodamos precisamente en ellos: recorrí los espacios en los que el policía operó clandestinamente, entrevisté al abogado que, tras su muerte, logró con tenacidad que se revisara el proceso de su destitución y, finalmente, se le rehabilitara, fui en persona, junto con dos compañeros, al puente y a la plaza y en varias ocasiones entre 2018 y 2022 tuve ocasión de escribir y hablar acerca de este personaje.[23]

Una historia especialmente edificante y que, en mi opinión, establece un diálogo con la parábola de este policía suizo es la de Jan Karski —nacido como Jan Kozielewski— un militar polaco que, con una determinación impresionante, denunció a los Aliados el exterminio que se estaba llevando a cabo, aunque fue, básicamente, un testigo no escuchado (de hecho, ese fue el título que se eligió [*Il testimone inascoltato*] para la edición en italiano de la obra híbrida de Yannick

Haenel *Jan Karski*).[24] Ya he mencionado al empresario alemán Oskar Schindler —afiliado al Partido Nacionalsocialista— y al italiano Giorgio Perlasca, un fascista arrepentido —aunque nunca llegó a convertirse en antifascista—[25] que se hizo pasar por cónsul de España para poner en marcha una impresionante operación de rescate en Hungría, sobre la quc ya había caído la noche —casi medio millón de judíos de todo el país fueron deportados a Auschwitz en apenas unas semanas—, antes de que Budapest quedase sumido en la oscuridad: sus historias se conocen en el planeta entero desde hace más de veinte años. Es el caso también de la de Raoul Wallenberg,[26] el diplomático sueco que actuó de manera similar a Perlasca y salvó así a miles de judíos húngaros. Sin embargo, hasta que me estaba preparando para escribir este libro no se publicó la edición en italiano de la obra de Jan Brokken *De rechtvaardigen*, un ensayo de gran nivel narrativo, fruto de una ardua investigación, que pone definitivamente en primer plano las biografías de Jan Zwartendijk, cónsul de los Países Bajos en Kaunas, y de su homólogo japonés Chiune Sugihara, cuya historia había trascendido hacía ya tiempo,[27] y junto con ellos —al mismo tiempo y también después— las de muchos otros diplomáticos, como el conde polaco Tadeusz Romer, que ayudaron a miles de judíos fugitivos de la Europa del Este a emprender una odisea que pondría a la mayoría de ellos a salvo en Shanghái.[28] Entre 1963 y 1997, el Yad Vashem reconoció a todos estos hombres —a Wallenberg en 1963, a Grüninger en 1971, a Sugihara en 1984, a Schröder en 1993, a Zwartendijk en 1997—, y también a Perlasca (en 1988) y a Schindler (en 1993) como Justos de las Naciones. Karski obtendría ese nombramiento en 1982. Tal vez no deberíamos subestimar en exceso el hecho de que, en esta rápida sucesión de nombramientos de Justos, todos ellos de indudable estatura moral, Lorenzo fuera el último, aunque por poco: el prestigioso reconocimiento le llegaría el 29 de julio de 1998[29] y en su honor se celebró una ceremonia en Alba, una localidad situada a 35 kilómetros de Fossano, el miércoles 3 de febrero de 1999.[30] Pero, a pesar del incremento de los reconocimientos a los Justos italianos desde los años noventa,[31] esta tardanza puede considerarse, en líneas generales, de escasa relevancia: no hay que perder de vista que estamos hablando de un procedimiento complejo, que se inició en 1963,[32] que requiere una amplia documentación de apoyo y que, como es natural, refleja las intenciones de la entidad que lo fomenta y lo dirige: según indica el apartado del sitio web que expone los requisitos necesarios, *in primis* hay que demostrar, a través de documentos, que la persona candidata «arriesgó su vida, su libertad y su seguridad sin recibir por ello compensación monetaria ni ninguna otra recompensa» con el fin de salvar a uno o más judíos de la amenaza de muerte o de deportación. «Esto vale también para salvadores ya fallecidos.»[33]

El historiador Sergio Luzzatto —que conoce muy bien el proceso de las canonizaciones, ya que es autor de una amplia investigación sobre la figura del padre Pío—[34] sostiene que los métodos que se aplican para instruir y gestionar estos expedientes recuerdan a los que emplea el Vaticano, a través del Dicasterio para las Causas de los Santos, a la hora de certificar la santidad:

> Para identificar a los Justos se parte del testimonio directo o indirecto de una persona salvada (o sea, de una fama local de santidad, si se me permite la expresión) y se buscan rastros documentales que certifiquen la intervención de un «salvador» (palabra empleada por el Yad Vashem que tiene claros ecos cristianos). Si queremos llevar al extremo esta comparación, podemos decir que todo el mecanismo se basa en el principio de las «virtudes heroicas» de un Justo no judío que, de manera desinteresada y arriesgando su propia vida, salvó la vida a uno o varios judíos.[35]

Existen algunas críticas a este procedimiento, como señalaba también Luzzatto en 2013: «La filosofía del Yad Vashem gira en torno a la idea, si no ya de un milagro, sí al menos de un salvador», mientras que, a juicio de la historiografía mejor informada, «para salvar a los judíos, más que la intervención de una figura extraordinaria y aislada, se requería la colaboración de múltiples figuras a su manera ordinarias. Por eso, la mejor historiografía tiende hoy, en la línea de las investigaciones francesas, a describir los casos de los Justos como dinámicas de red». Y añade Luzzatto: «La figura del Justo se presta al énfasis y al espectáculo, como demostraron sobradamente en su momento el Perlasca de Enrico Deaglio y el Schindler de Steven Spielberg. En realidad, en la Europa ocupada por los nazis difícilmente se podía salvar a judíos actuando en solitario y obrando milagros dignos de un santo».[36] Indudablemente, es cierto: todas las personas mencionadas aquí pudieron contar, gracias a su posición privilegiada, con una discreta y prodigiosa «red». También se debe examinar el testimonio de Levi, como, de hecho, entre 1995 y 1996 solicitó a Angier el propio Yad Vashem, a través de Mordecai Paldiel,[37] aun cuando el químico turinés hubiese dejado poco margen para la interpretación, no solo en los escritos en los que recogía la experiencia vivida, sino también en sus declaraciones: sabemos que en varias ocasiones dijo aquello de «creo que si hoy estoy vivo es gracias a Lorenzo».[38] Pero más allá de los motivos por los que Levi se salvó —la historia obedece siempre a una pluralidad de causas, como tanto repitió él mismo—,[39] sigue abierta una pregunta: ¿por qué Lorenzo tiene una notoriedad relativamente escasa en una memoria pública, la del Holocausto, que hoy en día es patrimonio global?[40] ¿Por qué en la actualidad se le conoce tan poco?

Probablemente la explicación más pertinente es que a esas otras personas —hombres uniformados, industriales, diplomáticos,[41] individuos instruidos y con una buena «posición», en general—, como a todas las historias mencionadas hasta ahora, se les prestó enseguida una gran atención en todo el mundo (fue el caso de Wallenberg, desaparecido en extrañas circunstancias en 1945) o se les dedicaron libros y películas de enorme éxito, que rebasaron ampliamente las fronteras de sus países de origen. Se convirtieron, ellos sí, no solo en actores de la historia, sino también en personajes de narraciones edificantes, por decirlo de algún modo. Y aunque a veces destruyeran parte de las pruebas de sus acciones para proteger a las personas a las que habían salvado —pienso en Zwartendijk, que arrojó a las llamas la lista de los 2.139 judíos a los que había facilitado un «pseudovisado»,[42] asegurándose de que «hasta el último fragmento de papel quedase reducido a cenizas», como relata Brokken—,[43] muchos de ellos recogieron sus vivencias por escrito: es el caso de Perlasca, que incluso llevó un diario, que más tarde revisaría y que se encargaría de legar a las personas a las que juzgó capaces de contar su historia, aunque hubo que esperar más de cuarenta años para que saliera a la luz.[44] O bien fue su entorno el que recogió sus historias, como ocurrió en el caso de Yukiko Sugihara, que publicó las memorias de su marido, el cónsul japonés Chiune Sugihara, tras su fallecimiento,[45] o en el de Emilie Schindler, que haría lo mismo dos decenios más tarde, después del estreno de la película de Spielberg.[46] Karski, sobre el que existe una vasta bibliografía,[47] publicó un libro en diciembre de 1944, el último año de la guerra, con una increíble tirada: 360.000 ejemplares.[48] Otro caso pionero e inmediatamente posterior es el de las memorias que escribió poco después de los hechos Schröder: *Heimatlos auf hoher See* (Sin patria en alta mar), un librito con un mensaje esencialmente de denuncia, editado en 1949 y hoy casi imposible de encontrar, aunque he de decir que hace diez años localicé un ejemplar en una librería de viejo y desde entonces he intentado promover su publicación en italiano, sin éxito.[49] En Italia, desde una posguerra en la que «no hubo especial interés en conservar las huellas de lo que hicieron los vencidos, los anónimos o los aislados», como observa Enrico Deaglio,[50] Lorenzo, prácticamente analfabeto y procedente del Burgué, que se movía entre trabajadores transfronterizos, albañiles, hojalateros y chatarreros, con una vida jalonada por las peleas en la taberna Pigher y los litros de vino engullidos con una rabia casi ancestral, difícilmente habría podido hacerlo. O, al menos, nunca habló en público de lo que pasó una vez que llegó al umbral de aquel «termitero» que era «Suíss».[51] Ni tampoco creo[52] que lo hiciera en privado. Tal vez podríamos tomar prestada la lectura que hizo la hija del conde Romer de la acción de su padre: «Para él, echar una mano a quien lo necesitaba era el principio más importante al que había que aspirar; impresionar a los demás, el último».[53] Pero, sin querer restar nada a la grandeza de los gestos de los personajes aquí mencionados, hay que decir que la expresión «echar una mano» se queda realmente corta en el contexto de lo ocurrido en aquellos meses en Monowitz. Allí no se trataba de producir en cadena miles de visados o cartas para garantizar la protección de sus portadores, ni de organizar una acogida y trazar las vías de escape: lo que estaba en juego en este caso era la supervivencia cotidiana, en un lugar en el que los propios trabajadores «voluntarios» se iban debilitando visiblemente, día tras día.[54]

Solo ahora, cuando estoy intentando conectar entre sí estas rendijas por las que se cuela la luz, me doy cuenta de que tal vez es precisamente la naturaleza misma del contexto en el que actuó Lorenzo —durante el Holocausto y literalmente a dos pasos del epicentro del exterminio de los judíos de la Europa occidental— lo que en cierto modo lo acabó marginando, porque muchas de las historias que narramos y que nos reconforta escuchar se produjeron en la periferia del exterminio. Existen incómodas excepciones, que, por lo general, fueron las primeras en conocerse: por ejemplo, la del soldado británico Charles Coward,[55] conocido como el Conde de Auschwitz, que precisamente en Monowitz ayudó a centenares de prisioneros a escapar, fue nombrado Justo de las Naciones en 1963 e inspiró un libro de enorme éxito, *The Password Is Courage*, de John Castle.[56] O la de la enfermera polaca Irena Sendler (nacida con el apellido Krzyżanowska), que consiguió sacar a miles de niños judíos del gueto de Varsovia, se convirtió en Justa de las Naciones ya en 1965 y dio lugar a dos películas.[57]

Con la expresión «periferia del exterminio» me refiero a Budapest y a Cracovia, en el caso de Giorgio Perlasca y Oskar Schindler (cuya fábrica, por cierto, es hoy un magnífico museo, que en los últimos años he visitado decenas de veces): dos ciudades que, desde luego, fueron escenario de cazas al hombre y de fusilamientos indiscriminados, pero que en la práctica eran lugares en los que se reunía a la población que iba a ser deportada. Pienso también en el océano Atlántico, en el caso de Schröder, o, ya en el de Grüninger, en la Suiza neutral de finales de los años treinta, es decir, antes de que comenzase la aniquilación de los judíos de Europa. En definitiva, me refiero al espacio situado entre la rama extrema del mundo soviético de principios de la década de los cuarenta y el Pacífico de la odisea que narró Brokken. En suma, las historias que se desarrollaron antes de 1941, antes de la deportación o, en todo caso, lejos de los *Vernichtungslager* —los centros de exterminio de los judíos de Europa— no nos obligan a contemplar el gris más oscuro, ese que se asemeja a la pez y sobre el que el propio Levi escribió páginas a mi entender inigualables y que en su época dieron mucho que hablar.[58] En realidad, aquel era un tiempo en color,[59] pero pocos lo percibían entre las alambradas, allí donde ya no había ni un solo edificio del mundo civil, donde era imposible soñar con Suiza y mucho menos con el mar. En el corazón del exterminio resultaba difícil darse cuenta entonces de que afuera había un mundo libre, a miles de kilómetros de la guerra y de semejante ratonera. Al menos eso es lo que me ha parecido percibir al estudiar y recorrer aquellos páramos desolados —pienso en Auschwitz, pero también en Mauthausen, en Sachsenhausen, en Ravensbrück, en Theresienstadt— durante muchos años.

2

«Sería precioso escribir la historia de los "Lorenzos"», podemos leer en el periódico *Il Popolo Fossanesse*, que da cuenta de un coloquio acerca de *Si esto es un hombre* con Primo Levi —ya famoso— en la ciudad de Fossano. Pero como esos Lorenzos son «buenos y modestos, se sabe poco de ellos».[60] Por lo que conozco gracias al inestimable rastreo de Angier y de Thomson,[61] en este artículo de Domenico Romita, profesor de Historia en el instituto local de educación secundaria, se produce la primera —y durante dos decenios también la única— mención pública a Lorenzo en la prensa de la ciudad. Pero ya es algo, considerando que estamos hablando de un artículo del 15 de junio de 1963, es decir, posterior a la publicación de *La tregua*. Lorenzo había muerto hacía ya tiempo, es cierto, pero la suya era aún una historia reciente: estaba eclosionando un pasado vivo.

No era nada fácil que sucediera. Aquella historia que podría haberse perdido se arrancó con fuerza del olvido gracias a una prodigiosa confluencia de circunstancias. Y, aunque recorrer esta historia signifique tomar un camino sin asfaltar, con vastas zonas de penumbra en las que resulta complicado encontrar documentación de primera mano, lo cierto es que hoy en día Lorenzo es, al menos en parte, una celebridad en Fossano, una ciudad que puede contar otras historias de Justos, como la del padre Antonio Mana,[62] la de Maria Angelica Ferrari, directora del Instituto de los Dominicos, o la de la familia Grasso, de la parroquia de Loreto.[63] Entre aquel primer artículo de 1963 y los años veinte de nuestro siglo, es decir, en un espacio de sesenta años, han ocurrido muchas cosas. Por ejemplo, el padre Lenta, antiguo párroco de Fossano, volvió a escribir acerca de Lorenzo en 1982, cuando reivindicó con orgullo que, «entre las sugerentes páginas de la última recopilación de textos del famoso escritor [se refiere a *Lilit y otros relatos*][64] aparecía un albañil de Fossano, del casco antiguo», sobre el que al fin Levi podía volver, precisamente en aquella obra, porque se sentía «liberado de la prohibición»[65] que lo había frenado hasta entonces. De hecho, de todos los relatos que formaban parte de aquel libro, «El regreso de Lorenzo» era el único que hasta entonces no se había publicado.[66]

Así pues, en los años ochenta algo se había movido de verdad. Es evidente que hoy en día, gracias a la paciente labor de ciertas personas y de la vida asociativa del municipio, Lorenzo es una figura de referencia del panteón civil local. «Pero lo es solo desde hace poco», me confirma la presidenta de la delegación de Fossano de la Asociación Nacional de Partisanos de Italia (ANPI), Luisa Mellano,[67] y, además, únicamente para una parte de sus vecinos. De acuerdo con el octogenario bibliotecario Carlo Morra, que lo conoció de niño y que fue entrevistado por Samuele Saleri, autor de la única obra escrita hasta ahora acerca de Lorenzo —una tesis del curso académico 2017-2018, inédita en las fechas en las que redacto estas páginas—, la mayoría de los habitantes de la ciudad en este milenio no tienen ni idea de quién era Lorenzo,[68] y durante mucho tiempo ni siquiera sus familiares supieron o quisieron ver el valor de su gesto, hasta tal punto que Angier dedujo que a lo largo de cuarenta años sintieron incluso vergüenza, «porque el heroísmo —apunta—, sobre todo el verdadero, el que no ha recibido recompensas, puede ser eso: una gloria para la historia, pero un peso para el ser humano, y no solo para él, y no solo en la época en la que se produjo».[69]

En cualquier caso, en abril de 2015, en el colegio de Fossano que lleva el nombre del químico de Turín se plantó un pequeño olivo procedente de Jerusalén, símbolo de la paz, «también en recuerdo del vínculo entre Primo Levi y Lorenzo Perone» (con el apellido escrito con una sola erre).[70] Por aquellos mismos días, con ocasión del setenta aniversario de la liberación de la ciudad, se editó una publicación local conmemorativa. La primera sección de aquel volumen, *I fossanesi e la guerra*, comienza con un breve retrato de Lorenzo, el albañil —y *feramiù* o chatarrero, ¿y tal vez también contrabandista?—, nacido a principios del siglo pasado, que se consagra así como conciudadano a todas luces digno de atención por parte de las personas interesadas en aquel periodo.[71]

Las fuentes a las que Guillermo Vincenti, el autor de esta obra, recurrió fueron los textos de Primo Levi, algunos documentos del Yad Vashem a los que logró acceder a través del hijo del autor turinés, Renzo, y la única huella oficial que queda de Lorenzo en Fossano: una placa en el *viale* delle Alpi que se colocó —aunque hubo que esperar hasta el 25 de abril de 2004— a instancias del alcalde Giuseppe *Beppe* Manfredi, quien en 1993, es decir, cinco años antes de que Lorenzo se convirtiese en un Justo de las Naciones, ya le había dedicado un elogio de cuatro páginas en una impresionante obra de dos volúmenes en la que recorre la historia de la ciudad en el siglo XX.[72] La placa, para cuya realización se contó con la apasionada colaboración del bibliotecario local Giovanni Menardi,[73] asentaba ya oficialmente la ortografía «Perone» y dirigía el siguiente mensaje al «humilde y generoso hijo de Fossano»:

A Lorenzo Perone (1904-1952)

A lo largo de este paseo caminaste a menudo,
Lorenzo Perone de Fossano.
Eras hijo del casco antiguo, un albañil de pocas palabras.
En 1944, en la fábrica de Buna-Werke,
cercana al campo de exterminio de Auschwitz,
salvaste a Primo Levi en alma y cuerpo,
ofreciéndole a través de tu pan, y aun a riesgo
de perder tu vida, la esperanza.
Por eso te han concedido en Israel el título
de Justo de las Naciones.
Fuiste un humilde y generoso hijo de Fossano.
(B. M.)

Fue «un "descubrimiento" necesario, aunque tardío», como declaró Menardi a Saleri, al que le recordó también sus contactos con Yvonne Scholten, una directora de cine neerlandesa que quería rodar una película sobre Primo Levi, y con Carole Angier en la época en la que ella estaba trabajando en su meticulosa biografía.[74] Debemos tener claro que, más allá de las zonas de sombra que son inevitables en cualquier investigación, si hoy en día no fuese posible aferrarse a cuanto dejó el propio Levi —una mina inagotable, en principio—, escribir acerca de Lorenzo sería, con toda probabilidad, un fracaso asegurado, especialmente por todo lo que sucedió en el interior y en los alrededores del campo de concentración.

También la documentación que consta en el expediente de la instrucción de noviembre de 1995 que llevó a cabo el Yad Vashem a instancias de Angier[75] para incluir a Lorenzo entre los Justos de las Naciones —115 folios, cuya copia recibí en el verano de 2019, pocos días después del centenario del nacimiento de Levi— es crucial e insustituible, y nos permite mostrar la tridimensionalidad de un hombre cuya memoria, en otras circunstancias, habría podido desaparecer sin más.

Como nos recuerda Patrick Modiano en *Dora Bruder*, un obstinado intento de arrancar del olvido la historia de una víctima del Holocausto (intento logrado solo en una mínima parte desde el punto de vista de la investigación, pero con un gran valor literario), el mundo, de hecho, está lleno de «personas —muertas o vivas— a las que se clasifica en la categoría de "individuos no identificados"».[76] Aventurarse a escribir, sin disponer de una sólida documentación de base, acerca de este «albañil de pocas palabras», de este hombre que hizo «la primera contribución sustancial a la supervivencia del joven graduado piamontés» —como lo expresa Marco Belpoliti, editor de las obras de Levi, al trazar «a grandes rasgos» un esbozo de su vida—,[77] sería un duelo tenaz, pero vano, con una historia de cuya memoria, extirpada por los verdugos, no parece quedar nada. Lo mismo ocurre en el caso de la ruta atlántica de los esclavos que Saidiya Hartman reconstruye en su obra *Lose Your Mother: A Journey Along the Atlantic Slave Route*, en la que prácticamente prevalece una herencia que surge de las mismas lagunas. «La historia es el modo en que el mundo laico cuida a sus muertos»,[78] escribe la autora. En todo caso, un trabajo así sería poco más que un erudito entretenimiento, en la falsa línea de lo que ya ha intentado hacer (magistralmente) el historiador francés Alain Corbin al atreverse con el reto de escribir la biografía de un don nadie, un almadreñero elegido literalmente al azar en un archivo y que se convirtió en inspiración para un ensayo, *Le monde retrouvé de Louis-François Pinagot* (El mundo recuperado de Louis-François Pinagot), que lleva el subtítulo *Sur les traces d'un inconnu (1798-1876)* (Tras las huellas de un desconocido [1798-1876]). También se planteaba esta cuestión Bertolt Brecht en sus célebres *Preguntas de un obrero que lee*, a partir de la vorágine de vacíos que es la Antigüedad: «¿Quién construyó Tebas, la de las Siete Puertas? [...] ¿A dónde fueron los albañiles la noche en que fue terminada la Muralla China?».[79] Si el almadreñero Pinagot cayó en el olvido total y fue «resucitado» por Corbin, que recorrió íntegramente (y con gran esfuerzo) su existencia, trabajo este que definió no como una «biografía imposible», sino como una «evocación», como una «evanescente resurrección» de un hombre al que hasta aquel momento la historia había «engullido», «sin posibilidad alguna de dejar huella de sí mismo en el recuerdo de los seres humanos»,[80] el albañil Lorenzo, en cambio, corrió una suerte completamente distinta. Fue así porque le tocó nacer en el siglo siguiente —Pinagot murió el 31 de enero de 1876, mientras que Lorenzo vino al mundo veintiocho años más tarde— y, como ya hemos visto, porque tuvo la fortuna de cruzarse con una futura estrella de la cultura humana que recordaría fragmentos de su biografía, actos y hasta algunas palabras: mucho más de lo que cabría atreverse a esperar. Y, de hecho, como hemos podido observar hasta aquí, de su existencia ahora sabemos no poco, gracias, sobre todo, a las rapsódicas investigaciones que en los últimos años han arrojado luz sobre algunos fragmentos.

3

Gris era el crudo color «de la acción de la humanidad que quiere sobrevivir y que está dispuesta a todo tipo de concesiones para conseguirlo»,[81] sostiene Massimo Bucciantini. De hecho, fue precisamente este uno de los últimos aspectos en los que Levi indagó públicamente, en *Los hundidos y los salvados*, después de años de preparación.[82] Gris era el cielo polaco:[83] incluso en verano, aquella babel de zuecos ensangrentados y zapatos desparejados se ahogaba en el barro, en el polvo o entre los escombros y los ladrillos en los que —como hemos leído en su obra— no crecía ni una brizna de hierba, y el invierno de 1944 sería el más frío del siglo, con temperaturas de hasta veinte y treinta grados bajo cero.[84]

Hoy, si se va allí cuando el invierno está dando sus últimos coletazos o en primavera, ni siquiera se intuye ese gris: Auschwitz es —que se me perdone esta blasfemia— un lugar bellísimo, desgarrador pero maravilloso, y en él se distinguen a veces cervatillos a lo lejos, como de hecho me ocurrió hacia 2010 o 2011. La naturaleza trata de sepultar la más terrible manifestación de la cultura humana en las suaves primaveras del nuevo milenio, y los prados de Birkenau, cuyas plantas crecen en parte gracias a las cenizas de centenares de miles de asesinados, están en flor.[85] Pero la cruda verdad es que en aquel momento, antes de convertirse en abono, aquellos intocables *Häftlinge* se comían cualquier cosa que exhalase un olor a la vida anterior. Y desde el amanecer hasta el anochecer esos *Häftlinge* se iban asignando como piezas, por exhaustos que estuviesen, a los «voluntarios» de Beotti y de las demás empresas que colaboraban con la I. G. Farben, una de las principales sociedades responsables —junto con Thyssen-Krupp, Daimler y Siemens—[86] de la explotación de los internos del universo de concentración nazi. Estos internos, que en un principio se utilizaron también para continuar las obras de construcción de los campos, más tarde se emplearon de manera sistemática como trabajadores forzosos en empresas como las citadas o, en el caso de Mauthausen, en la Dest (Deutsche Erd- und Steinwerke GmbH), una sociedad perteneciente a las SS que producía materiales de edificación para el Tercer Reich y cuya facturación subió en cinco años de 133.000 a 14.822.000 marcos gracias al trabajo esclavo de los prisioneros. Como ha subrayado el historiador Gordon J. Horwitz en un libro fundamental sobre la complicidad de la población local —*In the Shadow of Death: Living Outside the Gates of Mauthausen*—, aquel campo, como muchos otros, no brotó «en un desierto»: los primeros internos que llegaron a Mauthausen, obligados a atravesar a pie la ciudad, «recordaban que se habían encontrado con escenas de indiferencia: la mirada de un hombre sentado a la mesa, almorzando; dos enamorados junto al Danubio».[87]

Más adelante se celebraron algunos procesos judiciales. Al final, en 1947, la propia empresa que llevó a la Beotti al territorio polaco fue también procesada, en la Alemania Occidental, en uno de los doce juicios secundarios de Núremberg, en concreto el I.G. Farben-Prozess.[88] En los años sesenta también se decretó la culpabilidad de la RDA en la muerte de 75.000 personas en Auschwitz.[89] En su época, en cambio, esta compañía contribuía a la definición de aquel gris que parecía eterno, inmutable, asfixiante.

De un color espantosamente similar al gris parecían también los «veteranos» del campo. Primo Levi se convirtió pronto en uno de ellos: estar vivo cinco meses después de la llegada era una hazaña allá arriba, considerando que un cuerpo humano necesita como mínimo dos mil calorías «para sobrevivir en un estado de absoluto reposo».[90] Y, sin embargo, la comida —si es que se puede llamar así— de «Suíss» les proporcionaba unas mil seiscientas, siempre y cuando tuvieran suerte y no sufrieran «robos a mitad del camino».[91] Con eso tal vez sea posible sobrevivir tumbados, pero, desde luego, es insuficiente y «era insuficiente para vivir trabajando».[92] Añade Levi, que disponía de muchas palabras, pero también sabía usarlas con moderación: «El desmantelamiento del ser humano: eso es el fascismo».[93] La sociedad nueva de los fascismos se tenía que levantar sobre montones de cuerpos asesinados, y la insuficiencia de calorías formaba parte de este plan, que Lorenzo, con aquel acto inicial, cambió.

Primo lo compartía todo con el amigo que siempre estaba a su lado, Alberto Dalla Volta, que no conocía la envidia; con Alberto, que era la alegría misma de vivir, con Alberto, el «inseparable»,[94] que se eleva, leve, sobre estas páginas meditadas[95] en las que se narra el triunfo de la muerte y del horror.[96] Y lo mismo hacía con la sopa de dos litros, una ración extra con respecto a la insultante bazofia que se distribuía en Monowitz (de ese momento disponemos también de la siguiente fotografía). Levi cuenta que se repartía la comida con Alberto y para ambos «echando cuentas, aquel litro de rancho de más servía justo para completar nuestra ración de calorías diarias básicas».[97] A ambos, dos humanos que habían perdido peso debido a que la cantidad de alimentos que ingerían estaba por debajo de sus necesidades, la sopa de Lorenzo, con esas cuatrocientas o quinientas calorías de más, «aún insuficientes para un hombre de corpulencia normal»,[98] les dio una energía inesperada. Y los dos jóvenes ancianos del campo, relativamente expertos en el arte de «organizar» (es decir, de incrementar sus posibilidades de sobrevivir, aunque fuese robando)[99] y de nutrirse (aunque estuviesen siempre boqueando como las anguilas en el río Stura para mantenerse en la superficie, donde aún es posible seguir existiendo), habían vislumbrado la posibilidad de no morir, la más vasta de todas. Aquel gesto de inesperada compasión que apareció allí, en el vado de la humanidad, había sido como una bocanada de oxígeno en un momento en el que se estaba desvaneciendo la esperanza de reflotar. Vital y punzante.

Aunque, como hago a veces desde hace años, deba hundirme más en el abismo de nuestra naturaleza humana común, tengo que escribirlo: en el fondo, esta es una historia que recuerda los tiempos pasados, esos que siempre adoptan colores más difuminados o más nítidos de los que tenían en realidad, y al compartir esta búsqueda de sentido espero entender mejor, dentro de mi cabeza, por qué la historia de Lorenzo puede convertirse en una obsesión. Tal vez sea por cómo acaba. Tal vez porque podría no haber comenzado nunca.

Llegados a este punto, es hora de retroceder un poco, de una manera vagamente aleatoria, para hacer un inventario de los fragmentos de todo este mosaico. De lo contrario, cada cual quedará deformado en ese papel que más tarde la historia —me refiero a esa que todo el mundo considera digna de ser recordada— le tiene reservado. Verdugos y víctimas, salvadores y cómplices, hundidos y salvados.

4

Es inútil ocultar que, cuando se escribe o se lee acerca de Auschwitz, el extremo centro de ese vórtice que el mal puede desencadenar, en ocasiones se siente la tentación de apartar la mirada, tal vez para buscar refugio en detalles que hagan más tolerable el contacto estrecho con el abismo. En los años en los que estaba surgiendo en mí una inconstante y voluble necesidad de dar forma a la urgencia de contar esta historia, a menudo necesité tomarme una pausa en medio de este horror al que es imposible acostumbrarse. Tener que reconocer que los seres humanos oscilan entre el bien y el mal[100] y que, por tanto, nadie, y desde luego tampoco nosotros, puede sentirse a salvo también quebranta nuestras convicciones. Así lo escribía Primo Levi: si se toma «una muestra de la humanidad más común»[101] y se la obliga a ponerse a prueba a diario durante meses, si no te hundes tú mismo lo hará algún otro. También por eso la historia «sencilla y enigmática» de Lorenzo es tan importante.

Lo es como historia de los márgenes del campo de concentración —que difiere en buena medida de la «periferia» del exterminio de la que hablábamos—, de los que se ha escrito muy poco, en parte porque los márgenes son como la propia «condición humana, que es enemiga de cualquier infinitud».[102] Es posible percibir algo nítido e inmensamente reconfortante en esa perspectiva desde abajo que nos puede brindar Lorenzo, a la altura del «repiqueteo de los diez mil pares de zuecos de madera»[103] desparejados, desgastados y titubeantes que cada día conectaban el mundo de los fantasmas con el suyo. Él estaba fuera de allí, es cierto, pero también es cierta una constatación que podemos hacer *a posteriori*: sintió que no podía estarlo del todo. No consigo evitar imaginarme sus piernas coriáceas temblando cada vez que se daba cuenta de que se encontraba, vivo, «en el umbral de la casa de los muertos».[104] Es obvio que por dentro hervía, que se estremecía de indignación. Eso fue lo que permitió que su perfil sobresaliera entre aquella multitud; eso fue lo que lo arrancó de las dispersiones naturales de la historia.

Porque en realidad esta historia, aunque comenzara en 1904 —a las «once antemeridianas» del 11 de septiembre, el momento en que nació Lorenzo—, habría sido, de no haber pasado de ahí, una vida como tantas otras, sepultada en algún archivo de datos sin sentido aparente. Un renglón en alguna parte —dos, a lo sumo—, que podríamos probar a imaginar:

> Lorenzo P., trabajador civil, empresa G. Beotti
> en Auschwitz (Monowitz), Katowice (Polonia).

En cambio, hasta allí, a apenas unos pasos de Katowice, por donde pasaban, rechinando, los trenes procedentes de toda Europa para llevar a la gente a morir de gas, de hambre, de frío, de trabajo y de zapatos, llegó Lorenzo a recomponer su tiempo, porque quien salva una vida salva al mundo entero, como reza el Talmud.

Por tanto, parece evidente que esta es una historia universal, que trasciende nacionalidades y fronteras y apela a la esencia misma de la mente humana, aunque tuviera lugar en espacios y tiempos muy concretos: la provincia de Cúneo y Francia, en un primer momento; la Polonia ocupada, después, y, por último, el camino de regreso. Acercarse a los detalles de lo que ocurre, allí donde resulte posible rescatarlos entre las frágiles huellas de aquellos meses, puede ayudarnos a comprender sus particularidades y, al mismo tiempo, arrojar luz sobre su carácter universal. Bien, empecemos con esos detalles: Lorenzo del Burgué no dijo exactamente aquello que Levi recogió en *Lilit y otros relatos* en 1981, porque cinco años más tarde el mismo químico-escritor, a pocos meses de su propia muerte, se corrigió y restituyó la *lectio* real de aquellas pocas palabras, que en realidad fueron más exiguas y secas y, sobre todo, se expresaron en dialecto piamontés: «*Ah's capis, cun gent' parei*». Levi respondió: «Pero eres italiano», y Lorenzo contestó: «*S'capis*» («Claro»).[105] «Yo nunca lo oí hablar en italiano», me confiesa su sobrina Emma, hija de Giovanna, que por aquella época estaba a punto de cumplir siete años,[106] lo que coincidía con lo que, dos años y medio antes, me había contado su primo Beppe.[107]

«*Ah's capis, cun gent' parei*» («Claro, con gente como esta...»): se entiende, o al menos se intuye, cómo hablaba Lorenzo —incluso cuando estaba lejos de casa—, las pocas veces que lo hacía. Y me atrevería a proponer la hipótesis de que en la descripción de Leonid, uno de los protagonistas de *Si ahora no, ¿cuándo?*, «un buen chico con mal carácter»,[108] tenazmente atrincherado tras un silencio que esconde con torpeza su angustia, Levi estaba pensando precisamente en Lorenzo: «Intentó hacerlo hablar varias veces. Solo había conseguido retazos, fragmentos de un mosaico que había que recomponer con paciencia, como un rompecabezas infantil».[109] Apoyándose en su relación especial —única, podríamos decir— con las palabras, él lo intentó con Lorenzo.

5

Primo, a diferencia de Lorenzo del Burgué, era el primogénito: tenía una hermana, Anna Maria. Y, al contrario que el albañil Lorenzo, no escatimaba palabras, aunque las medía por su calidad intrínseca. De hecho, sería tan buen «hablador» como químico, testigo o escritor:[110] «[...] yo no pertenezco a los taciturnos», escribió, definiéndose como uno de «los que hablan», por oposición a «los que se callan».[111] «Soy un hablador. Si se me tapa la boca, me muero», dijo en una entrevista.[112]

Sobre su segundo oficio, el de escritor, reflexionó largamente, reconociendo —en *La llave estrella*— que, al igual que Tiresias, se había topado «con dioses en disputa» y que había recibido «un extraño poder de palabra», que constituía una indudable fortuna, pero también, en cierto modo, una condena. Con todo, el peligro de escribir «una chapucería, una tontería una vez escrito, [...] [algo] que está cojo, o es excesivo o inútil» y tal vez ni siquiera darse cuenta de ello está siempre ahí para quien trabaja con el papel y con el lenguaje humano. Sin embargo, «el oficio de escritor, porque brinda (raramente, pero brinda al fin y al cabo) algún momento de creación, como cuando en un circuito apagado de repente pasa corriente y entonces se enciende una lámpara, o se mueve un inducido», en los días buenos puede «dar un sentido de plenitud»,[113] tanto como el trabajo manual «bien hecho».

De los días pasados allá arriba, difíciles y memorables, Levi hablaba y hablaba incluso cuando estaba enredado en el arte de sobrevivir, entre 1944 y 1945, porque mañana «podemos estar muertos o no volver a vernos», así que se aferraba a lo que cuenta, a lo que nos hace humanos que oscilan hacia el bien y se mantienen lejos de quien «hace el mal por gusto».[114] Primo Levi estaba convencido de que, para seguir siendo humano, hay que dar voz a lo más noble que lleva dentro de sí el ser humano. Así, la poesía y la prosa, las ciencias naturales, el saber hacer, el gusto de buscar y hallar la palabra más adecuada:[115] todo eso y muchas otras labores eran para él una forma de recuperar otras calorías. Encontraba por esta vía esos centenares que le faltaban para existir, aun cuando no deja de ser cierto que la sopa que Lorenzo les traía cada día —cada día— a Alberto y a él fuese objetivamente determinante para evitar su muerte. Pero para el ímpetu, para seguir sintiendo la necesidad de mantenerse vivo, eran y fueron cruciales las palabras, que estuvo a punto de perder ya en el viaje hacia el campo de concentración —«nosotros nos mirábamos sin decir palabra»—[116] y después, en el impacto contra Auschwitz —«entonces por primera vez nos damos cuenta de que nuestra lengua no tiene palabras para expresar esta ofensa»—.[117] Igualmente determinante fue la suerte, el primer sustantivo que aparece en *Si esto es un hombre*,[118] cuyo título iba a ser en un principio *Sul fondo* (En el fondo)[119] y que tendría que haber sido, en realidad, *Los hundidos y los salvados*, que fue el título elegido precisamente para su último libro.[120]

«Soy un hombre normal de buena memoria que tropezó con un vórtice, que ha salido de él más por suerte que por virtud y que desde entonces conserva una cierta curiosidad por los vórtices, grandes o pequeños, metafóricos o materiales»: esta célebre definición que dio de sí mismo —en la introducción de octubre de 1986 a su obra *Racconti e saggi*—[121] el químico, testigo y escritor turinés, que hoy ocupa, además, un lugar destacado en la página de inicio del Centro Internacional de Estudios Primo Levi,[122] nos da una idea de la relación que mantuvo con los recuerdos, con las palabras y con la realidad. Levi pedía también al lector que no buscase «mensajes. Es un término que detesto porque me hace sumirme en una crisis, porque me viste con ropajes que no son los míos, que pertenecen a un tipo humano del que desconfío: el profeta, el adivino, el vidente».[123] Un legado considerable de alguien que trabajó y pulió durante cuarenta años las palabras.

De las muchas diferencias que existían entre Primo, el primogénito, y Lorenzo, el segundo hijo, para el que la acción era lo prioritario, la más evidente residía, ante todo, en la relación que establecían uno y otro con esas palabras también allá arriba, allá en el fondo, un lugar que en nuestros días, con el vocabulario del que disponemos, nos resulta difícil describir aunque solo sea en líneas generales, porque no ha nacido el «nuevo lenguaje áspero»[124] que anunciaba Levi: «Si el *Lager* hubiese durado más, un nuevo lenguaje áspero habría nacido, y se siente necesidad de él para explicar lo que es trabajar todo el día al viento, bajo cero, no llevando encima más que la camisa, los calzoncillos, la chaqueta y unos calzones de tela, y, en el cuerpo, debilidad y hambre y conciencia del fin que se acerca».[125] No es una cuestión de juicios de valor: el lenguaje forja el pensamiento y la realidad, y a su vez se forja a partir de ella, y puede ser una señal de crueldad. Lo mismo cabe decir del silencio. Los seres humanos no pueden ser absueltos o, por el contrario, ser condenados en función de estos aspectos, que, si los comparamos con la acción, resultan marginales: más allá de aquella babel de zuecos se podían percibir atroces gestos cometidos en el silencio más absoluto o entre gritos. A veces, los esclavos de los esclavos se sentían «como en un acuario»;[126] otras veces, en un barullo infernal, pero en ambas circunstancias todos recibían sus golpes. La cuestión era la relación que se mantenía con el poder, aunque fuese mínima y evanescente, y, por tanto, con la posibilidad de permanecer anclados en la propia manera de concebir el mundo, con una paciencia que no difería de la que se requiere cuando se va al río Stura para aferrarse a la dignidad de estar vivos, sin que otros se ahoguen en tu lugar.

De hecho, en el contexto del planeta Auschwitz y, de un modo más general, de la aniquilación de los judíos de Europa, Primo Levi habría absuelto, incluso «sin darle demasiadas vueltas al caso» a «aquellos cuya colaboración en la culpa ha sido mínima y sobre quienes ha pesado una situación límite».[127] Habría buscado durante largo tiempo, y desde dentro del campo, el cabo de la madeja del mal y del bien. En este sentido, con la excepción tal vez del primer y traumático momento de aquel «*Ah's capis, cun gent' parei*» que pronunció Lorenzo con una pizca de repulsión mal disimulada, lo que ocurrió después en la relación entre ambos fue más bien límpido. Más allá de la manera en la que aquello se expresó en su momento y de las huellas que puedan conducirnos hasta ese instante.

La verdad —y lo afirmo bloqueado por la necesidad de aferrarme yo también a las palabras, en este caso a un sustantivo sin duda alguna molesto que ya he usado en otras partes de este libro—, la verdad es que de esta historia que se desarrolló durante esos seis meses allá arriba solo tenemos materia gris, elaborada con cuidado por el propio Levi, y poco más. Me refiero a la relación humana que nació con aquel puñado de palabras, y no al Burgué, a la vida de los trabajadores transfronterizos, a la Fossano del siglo XX, a los trabajadores civiles de Auschwitz, a las muchas «treguas», a los regresos a casa, a las pesadillas que asaltan de noche y de día, al intento de comunicar el propio dolor. Quiero decir que su relación humana de aquellos meses permanece envuelta en las palabras de Levi, conservada como *in vitro*, y no hay nada más allá de esto y de algunos testimonios colaterales que pueda devolverle la vida. Es obvio: en cualquier caso, se trata de una imagen de humanidad totalmente opuesta a las «anticipaciones del futuro» que constituían estos campos, porque «si el fascismo se hubiese impuesto, toda Europa se habría transformado en un complejo sistema de campos de trabajos forzados y de exterminio»[128] y «hoy nos encontraríamos en un mundo dividido en dos: "nosotros", los señores, por una parte, y todos los demás, a nuestro servicio o exterminados».[129]

Lorenzo —quién sabe qué papel le habría tocado desempeñar en ese mundo— pronunció tan pocas palabras que, por lo que sabemos, la pregunta sobre hasta qué punto era consciente del alcance de aquellos primeros gestos suyos queda sin respuesta. Para intentar captar la esencia de su carácter, tendremos que agarrarnos a lo que podamos. En este punto, viene a nuestro auxilio una extraordinaria novela ambientada en el Berlín de los años treinta: *Menschen neben dem Leben* (Personas junto a la vida), de Ulrich Alexander Boschwitz. Este autor, unos diez años más joven que Lorenzo, murió cuando nuestro albañil acababa de llegar a «Suíss». En su novela, describe a un viejo mendigo, Fundholz, que «veía la vida cada día tal y como era y no tenía el más mínimo interés en verla como habría podido ser»: «No estaba hecho para vivir en compañía de otros. Le molestaba tener que hablar. Para hablar hacía falta pensar, y él no tenía ganas de pensar. Había perdido la costumbre de tener pensamientos o analizar problemas. Vivía con lo mínimo necesario. Algo que llevarse a la boca, dinero para un trago, un lugar en el que dormir: no le importaba nada más».[130]

Pero hay que plantear una pregunta —y llego ya a ella: se trata de algo que va más allá de un mero interrogante seco—, aunque solo sea para corresponder a la inmensidad de esta historia, aunque nos guardaremos de extraer de ella un «mensaje». En cualquier caso, si la sopesamos con la perspectiva que nos da el tiempo y que nos brinda una imagen dulcemente distorsionada de aquel pasado oscuro, podemos extraer conclusiones, como escribe Brokken: «Hay algo que encuentro en todos los Justos: la voluntad de hacer algo de verdad. Los mortales comunes de conciencia elástica se quedan mirando, mano sobre mano, o giran la cabeza hacia otra parte».[131]

¿Había comprendido el propio Lorenzo que allá arriba lo que estaba en juego, más que el presente, era la imagen del futuro? ¿«Detestaba a Alemania, a los alemanes, su comida, su lenguaje, su guerra» —como evocó Levi en *Los hundidos y los salvados*—[132] hasta tal punto que estaba dispuesto a arriesgarlo todo con tal de obstaculizar sus planes de dominio? ¿Había comprendido que, se le olvidase o se le recordase, se le homenajease o se renegase de él, contribuiría a que la historia se escribiese recogiendo mucho más que «lo mínimo necesario»? ¿Había decidido lanzar su piedra contra el engranaje del exterminio, gritarle al mundo, desde aquel abismo, su muda rabia de los márgenes, de la frontera y del fango, su rabia de siglos, de generaciones? No creo que haya una respuesta a este cúmulo de preguntas. Lo único que sé es que ya por aquel entonces había muchas maneras de no permanecer a los pies de los señores, porque en la historia de nosotros, los humanos, nadie está destinado a nada. Y es imposible que este Lorenzo, con su capacidad de acción, no lo supiera: fue como una gota que cada día —cada día— caía.

Trabajar en «Suíss»

I

La mirada está aún a ras del suelo, al nivel de la tierra,[1] refugiada en la metáfora de ese surtidor, tal vez porque no me atrevo a enfrentarme de manera directa a la inmensidad de este páramo desolado una vez más, después de haberlo hecho durante años, en un cómodo presente que reduce aquel pasado a memoria, historia e historias, conmemoración; «mensaje», quizá. Esta es una historia «desde abajo», como se decía antaño. En aquel 1944 sus zapatos —si es que se puede utilizar esta palabra para aludir a aquellos «zuecos desparejados y enormes»[2] que él y otros como él calzaban— daban a Primo Levi el aspecto de un anciano que se agarra a todo lo que ve para no derrumbarse y que, aun así, cada dos pasos se desploma. Aquí están sus dos zapatos, llamémoslos así para entendernos: titubeaban en el barro, mientras él procuraba, por encima de todo, evitar tropezarse con los de delante e impedir que los que cojeaban por detrás arrastrasen consigo aquel calzado. Los zapatos pasaban por encima de cables y, en el vacío que habían dejado las flores marchitas, rozaban los charcos viscosos que siempre obstaculizaban su camino.

«Bamboleantes y chorreantes» —como su dueño y como aquel

rebaño de esclavos pálidos y enjutos que marchaban con él—,[3] los zuecos de Levi eran, en realidad, «insoportablemente ruidosos y llenos de capas superpuestas»[4] de aquel barro pegajoso y de la grasa de la máquina que, de acuerdo con el absurdo reglamento de Auschwitz, cada mañana había que aplicar a los zapatos para darles lustre. Todos tenían que pasar revista, empezando precisamente por los zapatos, y al hacerlo corrían un considerable riesgo: dejar de pasar desapercibidos.

En el mundo de fuera aún hoy es costumbre «medir»[5] a los seres humanos —juzgarlos, en definitiva— por aquello que llevan en los pies. Allí las cosas no diferían mucho en este sentido. En la frontera entre el mundo en el que morían los esclavos de los esclavos y aquel en el que sobrevivía Lorenzo, en cualquier caso, no habría sido en absoluto acertado aplicar este criterio de juicio: en vista de las úlceras y de las heridas infectadas que se extendían más allá de aquella madera desgastada, no puede decirse que los zapatos que calzaban los esclavos fuesen una elección, un hábito deliberado. De entrada, eran inapropiados, inadecuados para realizar una tarea tan ingrata como marchar con cada movimiento del sol, trabajar a todas horas, apurar hasta la última gota de energía, sobrevivir al infierno presente y al invierno que se aproximaba. Sin duda alguna, el propio Primo Levi, como prisionero débil y destinado a morir —igual que todos, exceptuando a unos pocos, poquísimos— aunque tuviese varios golpes de suerte, consideró instructivo descubrir —dejándose llevar por la curiosidad que después reivindicaría durante decenios—[6] la importancia que adquiría allá arriba el calzado. Ya el primer impacto con el campo y con su inicial imposición de hábitos fue sobrecogedor: se les ordenó que se quitasen los zapatos y tuviesen mucho cuidado de que no se los robaran. «Robárnoslos ¿quién? ¿Por qué iban a querer robarnos los zapatos?», se preguntó, atónito, Levi.[7] Pronto lo descubriría: solo unos zapatos propios de cura, «de piel finísima»,[8] con un tejido cuya calidad garantizase su adherencia y su correcto cierre, podían hacer tambalearse a la muerte casi segura que, antes o después, llegaba para llevarse a aquel rebaño de esclavos. Era un dato brutal en aquella realidad al revés que era la del campo de concentración: quien no se preocupaba por los zapatos no era más que «un estúpido»[9] hecho y derecho. Si «no tener zapatos» constituía «una falta muy grave»,[10] tenerlos demasiado pesados, desgastados, indignos o aunque solo fuese sucios no era una falta mucho menor.

Así lo había comprendido cada *Blockältester* o preso encargado de barracón, incluido el número 48, en el que a duras penas sobrevivía Primo Levi junto con Alberto. Así lo habían comprendido también los nazis, que apenas se dejaban ver en el campo, ya que habían constatado cómo el contagio del mal se iba extendiendo de una sección a otra del *Lager*, de un camastro a otro. Obviamente, lo habían comprendido a su manera, sarcástica y humillante, porque el reglamento sin sentido que estaba vigente en la Buna establecía que todas las mañanas había que embetunar y sacar brillo a los zapatos, incluso a aquellos que inspiraban piedad y que ya habían condenado a muerte a su propietario, y aun cuando no se hubiese previsto ninguna asignación periódica de betún para aquella operación. Por otra parte, el dinero, allí dentro, servía de poco. Se optaba por un mecanismo diferente: cada barracón recibía por las noches «una asignación de potaje», que era «un poco mayor que la suma de las raciones reglamentarias». El *Blockältester* repartía el excedente, procurando, en primer lugar, «las atenciones para sus amigos y protegidos; en segundo, las compensaciones debidas a los barrenderos, a los guardias nocturnos, a los inspectores de piojos y a todos los demás funcionarios prominentes de la barraca». Lo que sobraba se utilizaba para las «compras», entre las que destacaba precisamente la del material empleado para lustrar el calzado, aquellos zuecos desproporcionados y desparejados, malolientes y precedidos por su fama de infortunio, que periódicamente se untaban con «grasa o [...] aceite de máquina» o con «cualquier sustancia negruzca y untuosa» que se considerara «adecuada al fin» y que se había apartado cuidadosamente en una escudilla. Cada barracón disponía de su «abastecedor habitual», con el que se tenía «pactada una compensación fija diaria»,[11] siempre y cuando, eso sí, les garantizase un flujo constante de grasa para el calzado. Aun cuando la persona que los portaba careciese del derecho a vivir, la norma prestaba una especial atención a los zapatos. Qué crueldad tan humana, como humano era también cada recoveco del *Lager*...

Sea como fuere, desentrañar la mente de los seres humanos es siempre complejo, incluso en el caso de aquellas personas que han dejado muchas pistas tras de sí. No sé hasta qué punto Levi era capaz de odiar. Lo cierto es que se trataba de una emoción que él consideraba «animal y torpe»,[12] y que la palabra «odio» —legítima, en aquel contexto—, que, con todas sus variantes, utiliza decenas de veces en su obra, aparece en *Si esto es un hombre* para designar la mirada de los esclavos —como ha puesto de manifiesto Domenico Scarpa, crítico literario y exégeta de los textos de Levi—,[13] pero no hacia los verdugos —y menos aún hacia los «alemanes»—, ni siquiera hacia una persona concreta, sino hacia el tajo.

Hacia ese tajo en el que también Lorenzo, con la insigne empresa Beotti de Piacenza, trabajaba:

> La Torre del Carburo, que surge en medio de la Buna y cuyo pináculo es raramente visible entre la niebla, la hemos construido nosotros. Sus ladrillos han sido llamados *Ziegel*, *briques*, *tegula*, *cegli*, *kamenny*, *bricks*, *téglak*, y el odio los ha cimentado; el odio y la discordia, como la Torre de Babel, y así la llamamos: *Babelturm*, *Bobelturm*, y odiamos en ella el demente sueño de grandeza de nuestros amos, su desprecio de Dios y de los hombres, de nosotros los hombres.[14]

2

Los historiadores lo saben: el rescate de los judíos perseguidos no fue una prioridad para los movimientos europeos de resistencia, aunque es cierto que en algunos casos protegieron a esta población.

El 13 de enero de 2017, en el pabellón belga de Auschwitz, conocí una historia que nunca antes me habían contado. Se llamaban Joura Livschitz, Robert Maistriau y Jean Franklemon, y eran tres críos. Armados con un revólver, detuvieron un tren cerca de Wespelaar, en Bélgica.

Fue Robert Maistriau, un joven al que en 1944 se le reconocería como Justo de las Naciones, el que abrió un vagón y ayudó a escapar a diecisiete hombres y mujeres que iban rumbo a la deportación. Desde hace años me sentía obsesionado con una pregunta, que decidí lanzar ese mismo día desde mi perfil de Facebook: si este tipo de episodios se hubiesen contado por cientos o por miles, ¿qué historia estaríamos narrando ahora? Es un interrogante que también se planteó el propio Levi en *Los hundidos y los salvados*, donde se preguntó si es posible «resistirse a la fascinación de los caminos que se bifurcan» y manifestó que si hubiesen sido más numerosos los alemanes capaces de al menos un «modesto valor [...] la historia de entonces y la geografía de hoy hubiesen sido diferentes».[15] Es una pregunta que me planteo, siguiendo la estela de aquella que también formuló Hannah Arendt en *Eichmann en Jerusalén: un estudio sobre la banalidad del mal* —y que más adelante retomaría Deaglio en el epílogo de su obra *La banalidad del bien*—, cuando la filósofa explica que, en el transcurso del proceso Eichmann, se evocó en la sala del tribunal, a propósito de los «alemanes buenos»,[16] la historia del sargento de la Wehrmacht Anton Schmid, que ayudó a los partisanos judíos (y no lo hizo a cambio de dinero). En aquel momento, el tribunal se quedó en silencio, como si «la multitud hubiera decidido espontáneamente guardar los tradicionales dos minutos de silencio en memoria del sargento Anton Schmid»:

> Y en el transcurso de estos dos minutos, que fueron como una súbita claridad surgida en medio de impenetrables tinieblas, un solo pensamiento destacaba sobre los demás, un pensamiento irrefutable, fuera de toda duda: cuán distinto hubiera sido todo en esta sala de audiencia, en Israel, en Alemania, en toda Europa, quizá en todo el mundo, si se hubieran podido contar más historias como aquella.[17]

3

En mis decenas de visitas al museo que se ha construido en la antigua fábrica de Oskar Schindler en Cracovia jamás pensé en tomar apuntes de aquellas historias, distribuidas como manchas de leopardo sobre la pared de la última sala, con forma de cúpula. Probablemente porque se trata de episodios descontextualizados; sin atribución y sin fecha, cumplen su cometido: provocar una última sacudida en el visitante antes de que regrese a su vida cotidiana. No sabemos de quién hablan esas historias ni cuándo se produjeron exactamente, a diferencia de lo que ocurre, por ejemplo, con la del farmacéutico Tadeusz Pankiewicz, el único polaco que se quedó en el gueto de Cracovia (situado a pocos minutos de aquella fábrica y a menos de ochenta kilómetros de Monowitz) durante dos años y medio y que ayudó de todas las formas posibles a los judíos perseguidos: también él fue reconocido, en 1983, como Justo de las Naciones. Treinta y cinco años antes había publicado sus memorias, que lograron una amplia difusión, y su farmacia es hoy una etapa recurrente en los viajes de la memoria.[18] En cambio, los retazos de humanidad que se recogen en el cercano museo son deliberadamente genéricos porque tratan de dejar un «mensaje» al visitante.

Por fortuna, alguien los reconstruyó por mí, porque en un momento dado sentí la necesidad de apoyarme en estos «pequeños gestos» que, en lo bueno y en lo malo, permitieron que la persecución y el exterminio se extendieran o se frenaran en toda Europa. Lo hicieron el antropólogo Alberto Salza y su amiga socióloga Elena Bissaca, en un libro titulado *Eliminazioni di massa. Tattiche di controgenocidio*. La primera es una historia microscópica que se mueve sobre un peligroso acantilado:

> Íbamos a la misma clase. En el camino de vuelta a casa, charlábamos y les dábamos de comer a los cisnes del río Vístula. La perdí de vista cuando se prohibió a todos los judíos que fueran al colegio. Un tiempo después me crucé con ella por la calle. Llevaba en el brazo derecho un brazalete blanco con una estrella de David de color azul. Giré la cabeza. Fingí que no la había visto. Todavía hoy no sé por qué no la saludé.

La segunda es el contrapunto natural. Se trata del testimonio de un niño judío: «Llevábamos un rato retirando con palas la nieve de la calle. Los demás niños se reían de nosotros y nos tiraban piedras. Él los echó de allí y nos ofreció un té». ¿Quién era él?, se preguntan Salza y Bisacca.[19]

4

Estaba previsto que el estreno nacional se produjese en Prato, pero debido a la inundación que sufrió Florencia el 4 de noviembre de 1966 hubo que trasladarlo a Turín. Entre el público asistente al teatro Carignano se encontraba la hermana de Lorenzo, Giovanna, acompañada de su hija Emma: Levi las había invitado personalmente.[20] El espectáculo —permítaseme pasar en este paréntesis al presente histórico— se presenta el 18 de noviembre de ese año en la ciudad natal del químico: la versión teatral de *Si esto es un hombre* de la temporada 1966-1967 del teatro Stabile de Turín, firmada por Primo Levi y Pieralberto Marché (pseudónimo de Pieralberto Marchesini), es la apoteosis de los *alter ego*. En ella, Lorenzo cambia de nombre y se convierte en Pietro, y lo encarna el actor Pietro Nuti.[21] Levi, por su parte, adopta el pseudónimo de Aldo, también químico.

Einaudi publica el texto de la obra al mismo tiempo que se representa en los escenarios, con una introducción de Levi en la que el autor explica que ha «intentado conservar, para cada uno de los personajes, su carga humana original, aunque erosionada por el conflicto permanente con el ambiente salvaje e inhumano del campo».[22] Tanto en el espectáculo como en el texto Levi hace hablar al albañil, que dice cosas que se supone que le contó más tarde o que realmente pronunció en ese momento y que no figuran en las ediciones de 1947 y de 1958 de *Si esto es un hombre* ni en ningún otro de los textos que escribió Levi.[23] Por ejemplo, estas palabras fulminantes:

> ALDO: ¿Y tu mujer?
> PIETRO: No tengo. (*Pausa.*) Este mundo... no está enderezado. No quiero traer a este mundo a más desgraciados.
> ALDO: Y entonces ¿para qué vives?
> PIETRO: Yo no he pedido nacer.[24]

Han pasado ya más de veinte años desde la liberación de Europa, y Lorenzo —que se fue de este mundo hace más de un decenio— adquiere una nueva vida. Y, sobre todo, habla, y no poco. Las siguientes líneas corresponden al momento de la pieza teatral en el que el Tacca, rebautizado como Pietro, entra en escena y dialoga con Aldo y con el imprescindible Alberto. En un momento dado, aparece rápidamente también Elias Lindzin, el gigante, otro personaje inolvidable de *Si esto es un hombre*.

5[25]

Al fondo, proyectada, una parte del tajo bombardeado. En el escenario, una pared a medio construir. Un andamio formado por dos caballetes y un tablero sobre ellos. En el andamio, Pietro, con palustre y espátula. En el tablero hay un barreño para la cal. Aldo llega por la derecha, empujando una carretilla en la que transporta una pala. Se detiene a los pies del andamio. Con la mano en la que sostiene la espátula, Pietro le indica que remueva con la pala la cal del barreño. Aldo lo mira sin entenderle.

PIETRO: *Los, aufheben.*
(Aldo toma la pala y la sumerge torpemente en la cal.)
ALBERTO: (*Entra por la izquierda, empujando una carretilla; ve a Aldo y se detiene un instante a su lado.*) Ah, ¿te han puesto como peón? Pero así no se hace. Mira. Es así. (*Realiza la operación.*) ¿Ves?
PIETRO: Pero entonces ¿sois italianos?
ALBERTO: (*A Aldo.*) ¡Caramba, todo lo bueno te pasa a ti! Un albañil italiano. ¡No desaproveches esta oportunidad, ¡por Dios! Ese de allí ya me está esperando con la carretilla. (*Se marcha, aunque se gira una vez para mirar atrás.*)
PIETRO: Se ve que no eres del oficio. Pero hay que terminar el trabajo, de todas formas. (*Mira a su alrededor, con prudencia, y desciende sin prisa del andamio.*) Déjame hacer a mí. (*Pasa unas paladas de cal de la carretilla al barreño y después le devuelve la pala a Aldo.*) Toma. Finge que sigues trabajando. (*Sube de nuevo y aplica la argamasa entre los huecos de los ladrillos de la pared.*)
ALDO: (*Permanece unos instantes estupefacto. Después, en tono humilde y con cierto rubor:*) Gracias. (*Pietro sigue trabajando sin responder.*) ¿De dónde eres?
PIETRO: (*Sin prisa.*) De Fossano.
ALDO: ¿Por qué estás aquí?

PIETRO: (*Se encoge de hombros. A continuación, flemáticamente:*) Soy voluntario. Me han mandado a Alemania como voluntario.

ALDO: ¿Cómo que voluntario? ¿Pero tú querías venir o no?

PIETRO: Ya sabes, nosotros, los albañiles, viajamos por el mundo. Estaba en Francia, con una empresa. Vinieron los alemanes y nos trajeron aquí. (*Encogiéndose otra vez de hombros.*) Como voluntario...

ALDO: ¿Y qué tal te va?

PIETRO: Da lo mismo un sitio que otro. Poco pan, muchas patatas, nada de vino. Estamos en el barracón. Los domingos tenemos permiso para salir. Como en la mili. No como vosotros.

ELIAS: (*Atraviesa el escenario de derecha a izquierda con un saco a la espalda: deja un momento el saco en el suelo y mira a los otros dos, que están trabajando.*) ¡Qué bueno este italiano![26] (*Uniendo los índices de las manos en paralelo, con tono alusivo.*) ¡*Combinazia*![27] (*Vuelve a cargarse el saco a la espalda y se marcha.*)

ALDO: Yo soy de Turín... Para nosotros es distinto.

PIETRO: (*Mirando alrededor con prudencia y hablando cautelosamente.*) Sí, lo sé. Pero estos no saben nada. Yo he visto lo que os hacen... (*Pausa. Después, mientras sigue trabajando.*) Y el camino de Birkenau... (*Otra pausa.*) Yo no tengo estudios, pero para mí un judío es como cualquier cristiano. (*Pausa. Sigue trabajando.*) Es mejor que nos pongamos de acuerdo ya, porque aquí estamos como aves de paso. Hoy trabajamos en este sitio y mañana ni se sabe dónde estaremos. Ponte todas las mañanas, al segundo toque de sirena, junto a la pila grande. Sabes dónde es, ¿no? Enfrente del *Bau 930*, en la esquina de la *H-Strasse*. Lleva una escudilla vacía. Después encontrarás una llena. Intenta que no te vean. Aunque eso tampoco hace falta que te lo diga... Ese sí es un oficio que todos sabéis hacer.

ALDO: ¿Y tú no estarás allí?

PIETRO: Tampoco me deben ver a mí. Ya sabes lo que nos hacen si nos pillan juntos fuera del trabajo: tú, al gas, y yo, al *Lager*, como vosotros.

ALDO: Vamos al grano: nadie se arriesga a cambio de nada. Mira, yo aquí no tengo nada que ofrecerte. A lo mejor en Italia, más adelante, si me las apaño...

PIETRO: Déjate de discursos. Yo no te he pedido nada. Cuando hay que hacer algo, se hace. (*Baja del andamio y observa una pared con un ojo cerrado para comprobar si está recta.*)

ALDO: (*A punto de echarse a reír.*) Como las paredes.

PIETRO: (*Serio, sin darle más importancia.*) Eso mismo. (*Vuelve a subir para rematar el enlucido.*)

EL MUNDO AL REVÉS

[...] dijo otra cosa, en un tono, para su propia sorpresa, de lo más calmado.
—Evidentemente, para mí tampoco es una decisión fácil, pero creo que es lo mejor. Un hombre debe sopesar bien sus posibilidades. —Con toda intención, añadió—: Y sus palabras.
Leonid no respondió. [...]

PRIMO LEVI, *Si ahora no, ¿cuándo?*, 1982[1]

Mensajes

I

«Soy voluntario. Me han mandado a Alemania como voluntario», afirma el albañil Pietro en la obra de teatro en la que Lorenzo habla a través de su *alter ego*, creando así una imagen a modo de oxímoron que chirría un tanto ante el concepto de voluntariedad. «Pero ¿tú querías venir o no?», lo presiona un Aldo que, en la versión dramática de *Si esto es un hombre*, se muestra serenamente irritado y proporciona respuestas sabias, ambiguas, formuladas solo a me-

dias, tal vez para sugerir la sospecha de que allá arriba, en el agujero del culo del mundo (el *anus mundi* de Levi),[1] en aquel contexto con poco pan, muchas patatas y «nada de vino», los voluntarios no lo eran tanto, después de todo. Las comidas indicadas en la tarjeta personal que le permitía acceder al comedor confirman que el mísero «menú» se componía de pan y de sopa.

Las cinco últimas veces en las que he hablado de «voluntarios» en este libro he escrito esta palabra siempre entre comillas, como haría el propio Levi diez años después, al reflexionar sobre las múltiples circunstancias que le permitieron salvarse, entre las que destaca su encuentro con el albañil «libre», un adjetivo respecto al que toma distancia mediante este recurso.[2] La sensación de una forma totalmente velada de coacción debió de ser constante entre 1943 y principios del verano de 1944, cuando Lorenzo conoció al fin al prisionero número 174.517: aunque en agosto de aquel año había, según se calcula, 7.651.970 trabajadores extranjeros en Alemania, entre civiles y prisioneros (más de la cuarta parte de la mano de obra total),[3] pocos meses antes el *Gauleiter* (jefe de distrito) de Turingia, Fritz Sauckel, había declarado que «de los cinco millones de trabajadores extranjeros que han venido a Alemania, no llegan a doscientos mil los que no han venido de manera voluntaria».[4] En la Fossano de Lorenzo, por ejemplo, los dirigentes fascistas de la República Social Italiana recomendaban elegir a los «voluntarios» entre los «vagos» y los «exmilitares», como revela un documento de abril de 1944,[5] y en aquella época se amenazaba ya con aplicar represalias a las personas que incumplieran sus deberes:[6] no era nada fácil encontrar a gente dispuesta a marcharse. De un modo más general, como ha subrayado Bermani en *Al lavoro nella Germania di Hitler*, solo algunas decenas de miles de los 82.517 trabajadores italianos que se marcharon al Tercer Reich después del 8 de septiembre de 1943 se pueden considerar «voluntarias» («las comillas son imprescindibles», señala este historiador).[7] Y en este mundo «vasto e intrincado»[8] de explotación, los italianos, a los que primero se contrataba y después se les impedía volver a su patria, asumieron un papel «a medio camino entre rehenes y trabajadores forzosos», como ha revelado Mantelli en su estudio «*Camerati del lavoro*»: cerca de cien mil ciudadanos quedaron así bloqueados en el Tercer Reich.[9] En aquellos meses también permanecieron en Monowitz los trabajadores civiles italianos, confundidos entre casi ochenta mil personas —en agosto había entre Auschwitz III y las fábricas de I. G. Farben 30.539 presos esclavos, unos 35.000 trabajadores civiles y cerca de 1.000 prisioneros de guerra británicos—[10] y aturdidos por los continuos bombardeos de los Aliados.[11] Se encontraban, pues en una condición totalmente comparable a la de los trabajadores forzados, como también ha puesto de manifiesto recientemente la historiadora Laura Fontana en su obra *Gli italiani ad Auschwitz*, un exhaustivo ensayo editado por el Museo de Auschwitz-Birkenau en el que dedica un capítulo a los trabajadores civiles y un par de páginas al albañil de Fossano.[12] Algunos de ellos, como demuestran los Archivos Arolsen, pasaban directamente a la I. G. Farben, como fue el caso de Pietro Cademartiri, un albañil de Piacenza diez años más joven que Lorenzo.[13]

En cualquier caso, ya se hubiesen presentado de manera espontánea, como el Tacca, o hubiesen sido reclutados por la fuerza, los trabajadores «libres» de Monowitz se encontraron en una situación bastante complicada al cabo de unos meses. En su pormenorizadísima obra sobre la historia de aquel campo, el historiador polaco Setkiewicz cuenta cómo en poco tiempo las condiciones de trabajo se volvieron mucho más dramáticas de lo que habían vaticinado los responsables de la contratación, lo que provocó, por ejemplo entre los franceses, una congestión de trabajadores «voluntarios» que fingían estar enfermos.[14] Algunos intentaron escapar, y hubo una fuga, en concreto, que salió bien: se trata de la de un antiguo trabajador civil belga que, según recoge el historiador Martin Gilbert, consiguió huir de Monowitz, llegar al Reino Unido y proporcionar allí a los servicios de inteligencia aliados información sobre el complejo industrial para que lo bombardeasen en el segundo semestre de 1944.[15]

Volviendo ahora a la obra de Setkiewicz, en el caso de los trabajadores italianos este historiador expone que al principio recibieron un trato correcto, pero en 1943, como ya hemos adelantado, sus condiciones empeoraron, aun cuando no consten documentos que demuestren que sufrieran persecuciones o discriminaciones particulares.[16] Es cierto que negarse a trabajar podía dar lugar a una detención o a la repatriación para evitar que ese gesto influyese en los demás extranjeros, pero las consecuencias de intentar ayudar a los prisioneros del campo de concentración iban mucho más allá. No está claro si aquello se hizo explícito y recurrente, pero de lo que no hay duda es de que la mera posibilidad de acabar «al otro lado»[17] constituía de por sí un potentísimo elemento disuasorio. No para Lorenzo, claro está, porque «cuando hay que hacer algo, se hace».[18]

A partir de aquel encuentro entre escombros que tuvo lugar en junio de 1944, como ya hemos visto, todos los días la comida que traía llegó a Primo y a Alberto: desde ese momento «nunca me faltó el rancho, acompañado de vez en cuando de una rebanada de pan», como recordaría Levi en «El regreso de Lorenzo»;[19]«mientras estuve trabajando de ayudante suyo, no hubo dificultad para la entrega». Sin embargo, «unas semanas después, él (o yo, no recuerdo bien) fue trasladado a otra parte del tajo, y el peligro aumentó»:

> El peligro consistía en que nos vieran juntos. La Gestapo tenía ojos en todas partes y a cualquiera de nosotros que se le veía hablando con un «civil» por causas no justificadas se le instruía un proceso por espionaje. En realidad, la Gestapo temía otra cosa; a saber, que, a través de los civiles, se filtrara al exterior el secreto de las cámaras de gas de Birkenau. Los civiles también corrían sus riesgos: el que resultaba sospechoso de mantener contactos ilegales con nosotros acababa en nuestro campo de concentración. No por tiempo indefinido, como nosotros, sino a corto plazo, durante unas semanas solamente, con fines de *Umschulung*, de reeducación. Yo mismo puse al corriente a Lorenzo de este peligro, pero él se limitó a encogerse de hombros.[20]

Lorenzo era quien más riesgo corría, obviamente —«ya sabes lo que nos hacen si nos pillan juntos fuera del trabajo: tú, al gas, y yo, al *Lager*, como vosotros», según sus palabras en la versión teatral de *Si esto es un hombre*—, pero para garantizar a los dos esclavos de los esclavos aquellas calorías vitales, cada noche recorría las mesas del refectorio y recogía las sobras de sus compañeros, a los que les había explicado que entre los judíos de Auschwitz había dos italianos. Por eso la sopa era especialmente extraña: en una ocasión Primo y Lorenzo encontraron dentro incluso «un ala de ave con todas las plumas»; otra vez, «un fragmento de periódico italiano», según escribió Levi.[21] Ante Nicola Caracciolo, en la emisión *Il coraggio e la pietà* que ha constituido nuestro punto de partida, recordó qué periódico en concreto se había «cocinado» entonces: se trataba del diario *La Stampa*, de su Turín natal.[22]

Levi tuvo palabras de agradecimiento igualmente para los «compañeros» de Lorenzo, ya que «también ellos pasaban hambre, aunque no tanta como nosotros, y muchos se las apañaban para cocinarse en privado cosas que robaban en los campos o que encontraban aquí y allá». Con el tiempo, Lorenzo, que, por lo que sabemos, hizo caso omiso de los terribles peligros a los que se exponía, perfeccionó el arte de apañárselas para ayudar a los demás y empezó a llevarse «directamente de la cocina de su campo cuanto sobraba en las grandes marmitas; pero, para conseguirlo, debía ir a la cocina a escondidas, cuando todos dormían, a las tres de la madrugada».[23] Aquella cooperación para salvar a Primo y a Alberto obligó al burgués de Turín y al albañil de Fossano a idear un plan: «Para evitar que nos vieran juntos acordamos que, cuando él llegara por la mañana a su puesto de trabajo, dejaría la gamella en un escondite convenido, bajo una pila de mesas. La cosa funcionó durante unas semanas».[24]

Su apoyo se hizo tan macroscópico que pronto Primo y Alberto tuvieron dificultades para transportar aquella comida adicional. Ya lo había narrado Levi en *Si esto es un hombre*:

> Para resolver el problema del transporte hemos debido procurarnos lo que se llama una *menaschka*, es decir, una escudilla fuera de serie de chapa de zinc, más parecida a un cubo que a una escudilla. Silberlust, el hojalatero, nos la ha hecho con dos trozos de canalón a cambio de tres raciones de pan: es un espléndido recipiente, sólido y capaz, con el característico aspecto de un utensilio del Neolítico.
>
> En todo el campo solo algún griego posee una *menaschka* más grande que la nuestra. Esto, además de las ventajas materiales, ha acarreado una sensible mejora de nuestra condición social. Una *menaschka* como la nuestra es un título de nobleza, es un blasón heráldico: Henri se está haciendo amigo nuestro y habla con nosotros de igual a igual; [Alfred] L. ha adoptado un tono paternal y condescendiente; en cuanto a Elias, está constantemente encima de nosotros, y mientras por una parte nos espía con tenacidad para descubrir el secreto de nuestra *organisacja*, por la otra nos abruma con incomprensibles declaraciones de solidaridad y de afecto y nos atruena con una letanía de portentosas obscenidades y blasfemias italianas y francesas que ha aprendido quién sabe dónde y con las que se ve claramente que cree honrarnos.[25]

En esta historia de seres humanos enraizada, como las plantas de los pies, en su mortalidad, en nuestra condición material y primitiva que se refleja sin piedad en las jerarquías del campo de concentración, debemos, sin embargo, volver al significado profundo de estos gestos repetidos con impresionante dedicación, como si aquellos hombres estuviesen en un lugar distinto en el que se hubiese concedido un espacio, aunque fuese mínimo, a la humanidad. En su célebre capítulo de *Los hundidos y los salvados* centrado en «la zona gris», Levi describió el devastador impacto —el «mayor de los traumas»—[26] que había supuesto entrar en aquel mundo «vuelto del revés»[27] que era el universo de concentración:

> El ingreso en el *Lager* era [...] un choque por la sorpresa que suponía. El mundo en el que uno se veía precipitado era efectivamente terrible, pero además indescifrable: no se ajustaba a ningún modelo, el enemigo estaba alrededor, pero dentro también, el «nosotros» perdía sus límites, los contendientes no eran dos, no se distinguía una frontera sino muchas y confusas, tal vez innumerables, una entre cada uno y el otro. Se ingresaba creyendo, por lo menos, en la solidaridad de los compañeros en desventura, pero éstos, a quienes se consideraba aliados, salvo en casos excepcionales, no eran solidarios: se encontraba uno con incontables mónadas selladas, y entre ellas una lucha desesperada, oculta y continua. Esta revelación brusca, manifiesta desde las primeras horas de prisión —muchas veces de forma inmediata por la agresión concéntrica de quienes se esperaba fuesen los aliados futuros—, era tan dura que podía derribar de un solo golpe la capacidad de resistencia. Para muchos fue mortal, indirecta y hasta directamente: es difícil defenderse de un ataque para el cual no se está preparado.[28]

Bien mirado, es como si, a modo de espejo, la presencia de Lorenzo volviese a enderezar, con una desgarradora conciencia, aquel mundo de antes ya desaparecido o, al menos, contribuyese a evitar que se derrumbase del todo. Y es lo más parecido a una paradoja que se puede encontrar. Precisamente él, que había crecido —envejecido— en un mundo miserable y agresivo, apañándoselas entre privaciones y esquivando los golpes de la violencia sistemática que la realidad asesta sobre las espaldas curvadas de quien se mata trabajando; precisamente él, que tenía todas las papeletas para ser un hombre de pocas palabras y mucho rencor, prematuramente envejecido mientras cultivaba y acariciaba la esperanza de vengarse en alguien que estuviese por debajo, en alguien sobre el que, por una vez —la primera, una de muy pocas—, pudiese ejercer poder; precisamente él, que debería tener marcada a fuego aquella regla que expresó Levi al borde de la muerte —«el privilegio, por definición, defiende y protege al privilegio»—,[29] precisamente él escupió sobre aquel privilegio. Lorenzo el irascible, el albañil dispuesto a entrar en cualquier pelea, el hombre que probablemente blasfemaba sobre el universo entero en cuanto tenía ocasión de hacerlo, el hombre que, en el fondo, habría tenido todos los motivos para, sencillamente, mirar hacia otra parte cuando vio a dos personas que hasta unos meses antes disfrutaban de una fortuna con la que él no habría podido siquiera soñar, no lo hizo.

No sé si esto es un «mensaje» —intento mantenerme en la senda que trazó Levi—, pero tal vez es lo que más se acerca a este concepto, con toda franqueza. Se explicita en «El regreso de Lorenzo», cuando se repasan los acontecimientos de aquel verano que se desvaneció rápidamente en un gélido otoño:

> Alberto y yo estábamos asombrados del comportamiento de Lorenzo. En el ambiente violento y abyecto de Auschwitz, era incomprensible que un hombre ayudara a otros hombres por puro altruismo. Lo considerábamos como un salvador caído del cielo, aunque, todo hay que decirlo, un salvador ceñudo, con el que resultaba muy difícil comunicarse. Le ofrecí hacer llegar una suma de dinero a su hermana, que residía en Italia, en compensación por lo que estaba haciendo por nosotros; pero él se negó a darnos la dirección.[30]

Con toda sinceridad, cada vez que releo estas palabras, dentro de mí hay algo que se rompe al pensar que el mundo era y es repugnantemente injusto demasiado a menudo, pero que en toda vorágine de abuso y dolor, si se observa con atención, se puede encontrar a un Justo, a alguien de una limpieza que no nos atrevemos siquiera a imaginar.

2

Ya he presentado pormenorizadamente las únicas divergencias importantes que existían, en la memoria estratificada de Levi, en lo relativo a la apariencia de Lorenzo y a las palabras que pronunció en una serie de episodios en los que solo podemos contar con su testimonio. Pero tal vez convendría volver a ellas. Por una parte, están los sencillos datos personales: salvando el pseudónimo de la versión teatral de *Si esto es un hombre*, entre 1947 y 1981 Lorenzo figura siempre con su nombre de pila real, y sabemos también que en una conversación que mantuvo en noviembre de 1976 Levi declaró: «¡Ah, Lorenzo! [...] Yo lo llamaba Antonio», en alusión a san Antonio, que daba de comer a los hambrientos.[31]

También hemos visto que quedó constancia de su aspecto físico en la burocracia italiana entre los años veinte y principios de los cuarenta. Pero si nos fijamos en la obra de Levi, comprobaremos que no dio descripción alguna de él en las ediciones de 1947 y de 1958 de su primer testimonio, que se mantuvo intacto en los pasajes referidos a este albañil.[32] En realidad, no trazó un retrato general hasta que superó los sesenta años de edad. En «El regreso de Lorenzo», publicado en 1981 dentro de la recopilación *Lilit y otros relatos*, el albañil que alimenta al burgués entre las dentelladas del hambre es «alto, un poco encorvado, de pelo gris».[33] Cinco años más tarde, en *Los hundidos y los salvados*, se convierte en «un albañil anciano, casi analfabeto», «el albañil de Fossano que me salvó la vida», en aquel momento ya mencionado en varias ocasiones en la obra de Levi.[34] Como me ha comentado Saleri,[35] sigue estando poco clara la dinámica por la que, en el último libro que publicó este autor, Lorenzo perdió su nombre propio —¿tal vez porque era portador de un «mensaje» universal? ¿O porque a esas alturas el nombre estaba ya ligado a los hijos de Levi?— y se transformó irremediablemente en un «anciano» en la memoria, ese «instrumento maravilloso, pero falaz»,[36] según el escritor, cuyo recuerdo del albañil, sin embargo, no podía haberse diluido demasiado en ese tiempo. Sin embargo, dado que el propio Levi, en *Los hundidos y los salvados*, remite a los dos textos precedentes, cabría pensar que, simplemente, no quería resultar redundante.

En cuanto a sus palabras, que constituyen un elemento bastante más importante en nuestra investigación, fueron, como ya hemos visto, objeto de una «corrección» en el último tramo de la vida de este químico de Turín, que les restituyó así su *lectio* piamontesa. Levi concedió una entrevista a *Paris Review* en aquellos mismos meses —en concreto, en julio de 1985, aunque la entrevista se publicó tras su muerte— en la que, tras declarar que Lorenzo era «prácticamente iletrado», añadió que «casi nunca habló con él»; «era un hombre silencioso. Rechazaba mis agradecimientos. Casi no respondía a mis palabras. Simplemente, se encogía de hombros: coge el pan, coge el azúcar. Quédate callado, no hay necesidad de hablar».[37]

Por tanto, han llegado hasta nosotros poquísimas palabras pronunciadas y recuperadas que apuntalaran aquella ayuda concreta: «Claro, con gente como esta...» (*Ah's capis, cun gent' parei*) son las únicas que aparecen en los textos que publicó Levi entre 1947 y 1986 (es decir, en las dos ediciones de *Si esto es un hombre*, en el cuento «El regreso de Lorenzo», dentro de *Lilit y otros relatos*, y en *Los hundidos y los salvados*). Se pueden localizar algunas más, por ejemplo las que aparecen en el diálogo fulminante evocado por Levi en una entrevista en televisión poco antes de morir, que abren este libro y que nos resultan ya familiares: «Y yo le dije: "Mira que, si hablas conmigo, te vas a poner en peligro". Y él respondió: "Me da igual"».[38] O en esas otras que encontramos en la transcripción de aquella misma entrevista, cuando Levi recordó que le advirtió: «Mira que esto es peligroso, te voy a meter en líos», y él le contestó: «Me importa un pimiento».[39]

O en esas otras, mucho más numerosas, que, como hemos visto, aparecen en la obra teatral de la temporada 1966-1967, en la que un Pietro que se siente libre para atreverse a actuar (¿tal vez porque aparecía bajo un pseudónimo?) habla muchísimo. Sobre todo, de su trabajo. El diálogo, que dejamos suspendido en su momento, continúa así:

> ALDO: (*Sorprendido.*) ¿Te gusta trabajar?
> PIETRO: A mi edad uno ya no sabe hacer otra cosa. Además, no es un mal oficio. (*Con cierto orgullo.*) ¡Levantar una bóveda de protección! ¡Hoy no hay muchos que sean capaces de hacerlo! ¡También trabajé en la restauración del castillo de Stupinigi! Y en Francia, en ese otro castillo grande, junto al mar.
> ALDO: ¿Qué castillo?
> PIETRO: ¡Vaya si me acuerdo! Íbamos en invierno, cuando en casa no había trabajo. (*Pausa, haciendo memoria.*) A Tolón. Íbamos a pie, sin documentación, de contrabando. ¡Siete días caminando!

Intercala después una serie de reflexiones sobre el mundo, que «no está enderezado», y sobre el hecho de que él no había «pedido nacer», y a continuación Pietro/Lorenzo rodea sus actos con palabras para subrayar su valor. «Uno tiene que estar a lo que está. Tiene que trabajar lo mejor que pueda y, si surge la ocasión, hacer un poco el bien», sostiene prosaicamente. «¿Un poco el bien? ¿Aquí, en Auschwitz?», le pregunta Aldo/Primo atónito, tal vez incrédulo. «Justamente. Aquí no faltan las ocasiones», responde con sequedad el albañil antes de bajar del andamio y observar, satisfecho, su propio trabajo.[40] Las tres páginas impresas que recogen el texto definitivo de la versión teatral de *Si esto es un hombre* contienen, pues, una verbalización explícita de la acción de este mismo albañil «casi analfabeto» y «prácticamente iletrado». El lenguaje es sobrio y limpio; el contenido, nítido. Por tomar prestado lo que se decía en la Fossano en la que Lorenzo había crecido a principios del siglo XX, en Auschwitz «se hacía lo que se podía», lo que, en la práctica, significaba fundamentalmente que el albañil les llevaba a los dos veteranos del campo de concentración «todas las tardes tres o cuatro litros de potaje de los trabajadores civiles italianos», prácticamente un tesoro de valor incalculable.[41] Los esclavos de los esclavos —como trata de enseñarle Levi a un «discípulo» suyo, a un recién llegado (*Zugang*) húngaro que conviene que recordemos—, para salir adelante, tienen que «andar espabilado[s], procurarse comida ilegal, echar el hombro fuera, buscarse amigos influyentes, esconderse, esconder el propio pensamiento, robar, mentir», porque «quien no actuaba así moría pronto».[42] Mientras tanto, él, un trabajador «libre», pensaba en sus proyectos de construcción y en ayudar, siempre que fuera compatible con las circunstancias. Pero también podríamos expresarlo de otro modo, tomando prestadas las reflexiones que aparecen en *Remembering Survival: Inside a Nazi Slave-Labor Camp*, del historiador Christopher R. Browning. En este libro, que es al mismo tiempo un ensayo, una investigación y una denuncia sobre el campo de trabajo nazi de Starachowice y sobre los responsables de aquellos crímenes, se trata de definir el «sistema moral» que estaba en boga entre aquellos trabajadores esclavos, parte de los cuales acabaron en Auschwitz; un sistema basado en una «jerarquía de obligaciones morales, y no en una imposible universalidad o una total eliminación de las mismas»: no se trataba de «una afirmación descarada del interés personal propio»,[43] sino precisamente de una valoración de las circunstancias caso a caso. Eso es, evidentemente, lo que hizo Lorenzo, sin andarse demasiado por las ramas, incluso después de que el destino lo alejase de Primo (fue a Lorenzo a quien trasladaron, según leemos en *Si esto es un hombre*, y no a Levi).[44] Su gesto supuso un conmovedor contrapunto —¡tres o cuatro litros cada tarde!— al comportamiento paradójicamente casi brutal de unos trabajadores civiles con respecto a otros, como relató el propio Levi: el hecho de que los esclavos fuesen *Kazett*, «neutro singular», no impedía «a muchos de ellos echarnos a veces un mendrugo de pan o una patata, o confiarnos, después de la distribución de la *Zivilsuppe* en la cantera, sus escudillas para que las raspemos y se las devolvamos lavadas»:

> Los induce a ello el haber captado de paso alguna importuna mirada famélica, o bien un impulso momentáneo de humanidad, o la simple curiosidad de vernos acudir de todas partes para disputarnos el bocado los unos a los otros, bestialmente y sin recato, hasta que el más fuerte se lo zampa, y, entonces, todos los demás se ven afrentados y renqueantes.[45]

En Auschwitz no faltaban «ocasiones» para hacer el bien, asegura el albañil, que en la época de los hechos debía de tener ya, en sentido estricto, una visión de conjunto: dado que el campo de los trabajadores italianos se encontraba en una colina que daba «a los caminos de Birkenau, por un lado, y a los muertos vivientes de Monowitz, por el otro», según ha observado Angier, tanto él como sus compañeros «comprendieron exactamente qué estaba sucediendo y sufrieron por ello».[46] En los días despejados, como quedó grabado en la memoria de Levi, desde la Buna se veían «las llamas del horno crematorio».[47] En 1978, el responsable de la I. G. Farben en Italia, Deichmann, describió así la perspectiva concreta que tenían los albañiles como Lorenzo:

> Los trabajadores italianos de la construcción se alojaban en un asentamiento levantado sobre un pequeño cerro con vistas panorámicas sobre todo el terreno del gigantesco tajo, por un lado, y, por el otro, sobre el campo de exterminio, que, envuelto en la bruma y en el humo de su siniestra chimenea, parecía el infierno mismo.[48]

Así pues, Lorenzo observaba, evaluaba rápidamente y pasaba a los actos concretos, intentando, en la medida de lo posible, tener cuidado, porque cerca del punto acordado para la entrega periódica de la comida se encontraba la Oficina Italiana del Trabajo (Italienisches Syndikats-Buro), que, como recordaría Thomson, «estaba plagada de espías».[49] La memoria de Levi se revela infalible, coriácea, precisamente en este aspecto, es decir, en un dato perceptible:

las acciones de Lorenzo, sobre las que vuelve en *Lilit y otros relatos*, pero que ya registró ampliamente en *Si esto es un hombre*. Lo que al fin y al cabo cuenta es lo que uno hace. Y esto no es solo algo que suena a viejo adagio, sino un rasgo destacado de mucho de aquello sobre lo que escribió Levi: el valor de un hombre «depende de lo que se espere de él»,[50] sentencia el relojero Mendel, protagonista de *Si ahora no, ¿cuándo?* (en el que Levi «puso mucho de sí mismo», de acuerdo con sus biógrafos y exégetas[51] y de acuerdo con sus propias declaraciones),[52] y, sobre todo, de cómo se comporta. Un personaje del relato de ciencia ficción «Sicofante» —publicado en *Defecto de forma*, edición original de 1971—, Miranda, dice, por ejemplo, que «interesa lo que uno hace, no lo que uno es. Uno es sus actos, pasados y presentes, y nada más».[53] Este es un relato «redactado en términos irónicos y divertidos», desde luego, pero los amigos que se encuentran en sus páginas, a los que se dirige Miranda, eran, como recordaría Bianca Guidetti Serra, «en cierto modo sus viejos amigos», el círculo de Levi, en esencia.

> Todos nosotros, y tal vez más en concreto los miembros de un grupo que empezó a brotar en 1938 —el momento en el que se adoptaron las leyes raciales que impusieron, incluso a los no judíos, la obligación ineludible de decidir de qué lado estaban— y que desde entonces siguió floreciendo.[54]

Ahora bien, quizá el dato que más sorprende es que Lorenzo —que, como es evidente, decidió de qué lado estaba— no se limitó a sostener a Primo en sus necesidades vitales y primarias, sino que fue más allá. Ya me he referido al detalle de que el nombre de la empresa de Piacenza G. Beotti, para la que trabajaba el albañil de Fossano, aparece en las tarjetas postales que envió y que aún se conservan en el Archivo Primo Levi.[55] Muchos otros empleados civiles italianos de los márgenes de Auschwitz enviaban mensajes a casa, como ha descubierto Fontana gracias a los Archivos Arolsen (la mayor parte de sus treinta millones de documentos se encuentran disponibles en línea: un trabajo demencial) y a varias circunstancias fortuitas que nos permiten rastrear una fracción infinitesimal de ellos: algunos de estos textos se han puesto a la venta en los últimos años a través de eBay, mientras que otros —¿miles, cientos de miles?— permanecen en los archivos familiares o en los sótanos de media Europa.

En cualquier caso, estuvieran más o menos alfabetizados, los «brazos» al servicio del Reich se comunicaban con sus seres queridos. Por ejemplo, el albañil Pietro Lusa, de la región italiana de Friul, cinco años más joven que Lorenzo y contratado por la empresa Pagani,[56] que mandó a su mujer, Giuseppina, una postal con doce renglones bien apretados en los que la tranquilizaba asegurándole dos veces que se encontraba bien de salud, lo cual da pie a sospechar que no le iba en absoluto bien; o el mecánico auxiliar Bruno Mioni, de Padua, de la misma edad que Levi, que confesó a su padre, Umberto —en los mismos días en los que el escritor conoció al albañil de Fossano—, que estaba «muy triste» y que sentía «mucha nostalgia de mi casa, de mis seres queridos y de mi tierra».[57] Sin embargo, que yo sepa Lorenzo jamás escribió a casa, ni siquiera por alguna necesidad imperiosa o para dar señales de vida. Quién sabe: tal vez porque «eran tiempos en los que incluso la esperanza podía infundir miedo», como comentó, lacónicamente, Guidetti Serra en sus memorias, tituladas *Bianca la rossa*.[58] No existen huellas documentales de cartas enviadas por el albañil a sus padres —que en aquellos años aún vivían— ni a sus hermanos o hermanas, ni tampoco mención alguna en la memoria familiar que haya llegado hasta nosotros o que yo haya conseguido localizar.[59] Y si esto, como pienso, es así, resulta un dato muy interesante. Porque las tarjetas postales que envió Lorenzo las escribió para Primo después de que él intentara hacerlo personalmente, pero fuese descubierto.[60]

Lo explica el propio Levi en el cuento «Un discípulo», que ya he mencionado, publicado en *Lilit y otros relatos*: «En junio [de 1944], con asombrosa inconsciencia, y con la mediación de un albañil "libre" italiano, había escrito un mensaje para mi madre, es-

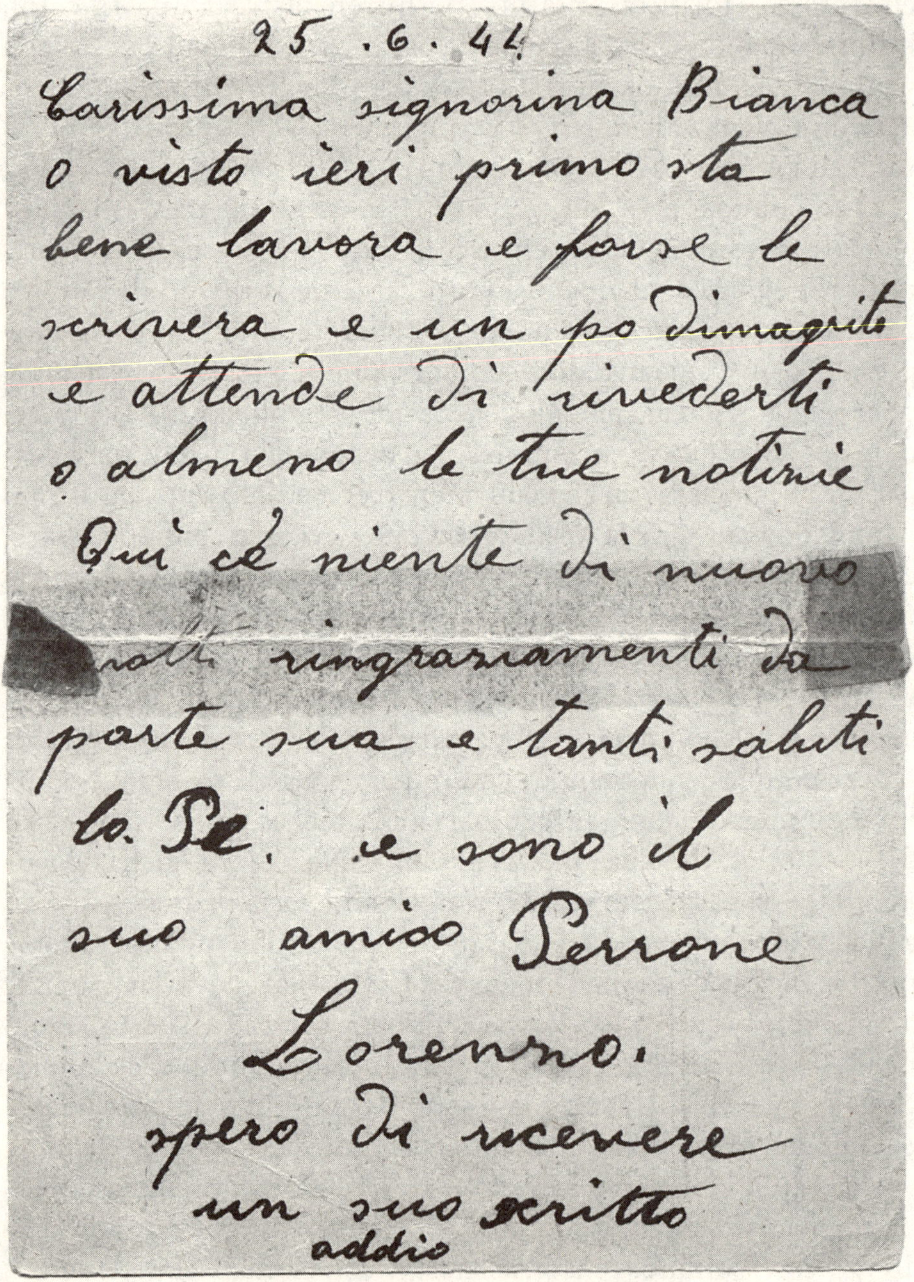
25 . 6 . 44

Carissima signorina Bianca
o visto ieri primo sta
bene lavora e forse le
scrivera e un po dimagrito
e attende di rivederti
o almeno le tue notizie
Qui cè niente di nuovo
molti ringraziamenti da
parte sua e tanti saluti
lo. Pe. e sono il
suo amico Perrone
Lorenzo.
spero di ricevere
un suo scritto
addio

condida en Italia», y se lo había enviado a Bianca. «Había hecho todo esto como quien ejecuta un ritual, sin esperar prácticamente resultado alguno.»[61] Y, sin embargo, aquella tarjeta con una caligrafía sorprendentemente cuidada le llegó a su amiga.[62]

3

Entre las acciones atribuibles al albañil de Fossano, pues, destaca especialmente una por las indelebles huellas que dejó tras de sí. Además, la firmó como «Perrone» (con dos erres), como ya habían hecho su padre y su tío en su partida de nacimiento de aquel lejano septiembre de 1904.[63] Así pues, repitámoslo, él, «Lo. Pe.», al que Primo denominaba «san Antonio» y que con toda probabilidad no aprovechó para sí aquel privilegio —un privilegio en comparación con los esclavos de los esclavos, se sobrentiende—, lo utilizó, en cambio, para otra persona, y al hacerlo no se limitó a copiar el texto,[64] sin más, sino que no dudó en presentarse como «su amigo». No es posible imaginar hasta qué punto este gesto suponía un peligro para quien lo realizaba. Sabemos, desde luego, que era una práctica habitual entre los trabajadores «libres» franceses,[65] por ejemplo, con los que naturalmente Lorenzo se entendía gracias a su trayectoria como trabajador transfronterizo. Sea como fuere, para quienes se beneficiaban de él era un acto vital, irremplazable. A los judíos, «enemigos por antonomasia», les estaba prohibido comunicarse: en *Los hundidos y los salvados* Levi escribió que de ello nació «una mortal impresión de abandono», porque «en el gran continente de la libertad, la de la comunicación es una provincia importante. Como sucede con la salud, sólo quien la pierde sabe cuánto vale».[66] Para los prisioneros, de hecho, «las cartas eran más importantes que cualquier otra cosa: daban un sentido, aunque fuese escaso, a su vida, representaban un vínculo con el mundo perdido», recordaría Thomson.[67] Todo sucedió —una vez más— bastante deprisa para aquellos tiempos. En la tarjeta postal, que, como hemos visto, llevaba la fecha del 25 de junio, el sello de la oficina de correos de Auschwitz corresponde al día siguiente. El remitente es Perrone Lorenzo, Grupo Italiano, empresa Beotti, Auschwitz... Alemania.

Las palabras con las que Lorenzo transmitía, en el territorio de Polonia, el mensaje de Primo llegaron también a su destino en un plazo relativamente breve —tres semanas, en un contexto en el que las cartas de los italianos solían tardar varios meses—,[68] y permanecieron durante dos días bajo el felpudo de Bianca Guidetti Serra —esa queridísima amiga que, al no ser judía, se encontraba en una situación menos delicada—, en el número 15 de *via* Montebello, en Turín.[69] Cuando vio aquella tarjeta, Bianca no conocía la «enormidad» de lo que les estaba ocurriendo en Auschwitz a Primo y a todos, en general, y lo único que sintió fue «un gran alivio»[70] al saber que estaba vivo. Él, por su parte, admitiría después ante Thomson que había sido «un irresponsable»: «No tenía ni idea de lo peligroso que era enviar cartas a casa».[71] Además, al actuar así había puesto en peligro a su «cómplice» italiano, como narró él mismo en el relato «El prestidigitador».[72]

Otra amiga del grupo a quien también «le tocó en suerte» aquel tiempo, Ada Della Torre, prima de Levi, se estaba quedando en aquellos días, por pura casualidad, en casa de la madre del autor —Ester Luzzati, a la que conocían como Rina—. De repente, tuvo un pálpito, fue a Turín y telefoneó a Bianca, cuya criada la apremió: «¡Venga enseguida!».[73] De ese modo, la tarjeta llegó a manos de los familiares de Primo Levi.

Y la respuesta partió y recorrió el trayecto inverso. En aquellos primeros días de la segunda quincena de julio, la madre respondió «por la misma vía», supongo que inmediatamente, mientras a casi mil cuatrocientos kilómetros de distancia Levi estaba intentando enseñarle a su discípulo, Bandi —diminutivo de Endre Szántó, nombre que se pronuncia más o menos como la palabra «santo»—,[74] el arte de la organización, pero el húngaro recién llegado no parecía querer rendirse a la moralidad centrifugada del campo.

Entonces «llegó agosto con un regalo extraordinario para mí: una carta de casa, hecho inaudito», evocaría el propio Levi. Sabemos que la madre firmó como «señora Lanza»[75] y que él vivió aquel momento iluminado por la presencia de dos «santos»: el que lo hizo posible y el que llevaba con ligereza aquel nombre que tanto evocaba el concepto:

> La carta del dulce mundo me estaba quemando el bolsillo. Sabía que era prudencia elemental callar, pero no podía resistirme a hablar de ella.
>
> En aquel tiempo limpiábamos cisternas. Bajé a mi cisterna; conmigo estaba Bandi. A la débil luz de la bombilla leí la carta milagrosa, traduciéndola apresuradamente al alemán. Bandi me escuchó con atención. No podía entender demasiado, ya que el alemán no era ni mi lengua ni la suya, además de que el mensaje era escueto y reticente. Sin embargo, él comprendió lo que era esencial que comprendiese; a saber, que aquel trozo de papel, que me había llegado tan precariamente y que iba a destruir antes del anochecer, era, a pesar de todo, una fisura, una laguna del universo negro que nos atosigaba, y que a través de esa fisura podía pasar la esperanza. O, al menos, creo que Bandi, el «novato», comprendió o intuyó esto, pues, acabada la lectura, se me acercó, se registró los bolsillos durante un buen rato y finalmente sacó, con amoroso cuidado, un rábano. Me lo dio, enrojeciendo intensamente, y me dijo con tímido orgullo: «He aprendido. Es para ti: es lo primero que robo».[76]

4

Partieron otras dos tarjetas, de nuevo escritas por Lorenzo de su puño y letra y firmadas también por él.[77] Mientras tanto, un paquete de comida y ropa que había enviado Bianca desde la oficina de correos de Sassi —un pueblo situado a las puertas de Turín, justo antes de la zona de las colinas—, que se admitió con fecha del 9 de agosto,[78] recorría Europa en plena guerra, rumbo a Auschwitz. La primera tarjeta se escribió el 20 de agosto y se envió un día más tarde: a través de su intermediario, Lorenzo, Primo explicaba que se encontraba bien («la salud se manti[e]ne perfecta además con la llegada de la buena estación me siento mejor») y que estaba haciendo progresos en la lengua alemana, lo cual era «una gran ventaja para el trabajo» —así en casa entenderían que estaba trabajando, como observa Angier—.[79] Además, trataba de tranquilizar a su familia, también en relación con las dificultades de las comunicaciones, que tardaban un mes en llegar: «No te preocupes por mí intenta darme noticias de todos y tener tanto valor y esperanza como yo recibe un cordial saludo y un fuerte abrazo de este que siempre te recuerda. Tuyo, Lorenzo».[80]

Entonces Bianca volvió a localizar a la madre y a la hermana de Levi, Anna Maria, que, por ser judías, tenían que vivir escondidas, y corrió, eufórica, a su encuentro: «¡Tengo que daros una noticia magnífica! ¡Primo ha escrito!».[81] Aquella vez lo hizo en primera persona. En sus memorias, publicadas en 2009, se confundió y afirmó que este momento tuvo lugar un mes antes, haciéndolo coincidir así con la primera comunicación que había llegado a los familiares de su amigo a través de la prima de Levi, Ada Della Torre. Thomson, después de entrevistarla (en 1993), reconstruyó así lo sucedido en aquel intercambio epistolar entre el 21 de agosto y septiembre de 1944:

> La respuesta de Levi a su madre, transcrita por Lorenzo Perrone con mano inexperta y enviada otra vez a Bianca Guidetti Serra, pasó la censura de Auschwitz el 21 de agosto [...]. Bianca recibió aquella tarjeta seis semanas más tarde (a mediados de septiembre de 1944) y consiguió entregarla a la madre de Levi en Turín. «Jamás olvidaré la expresión de la cara de Ester cuando se dio cuenta de que tal vez Levi aún estaba vivo». Pero después de aquel júbi-

lo, Ester observó que el mensaje se había enviado un mes y medio antes, y entretanto podía haber ocurrido cualquier cosa. Ester estaba atormentada de angustia por su hijo mayor. Llevaba más de trece meses sin ver a Primo.[82]

Pero al final de todo aquello volvería a verlo, en parte gracias a la «rarísima fortuna»[83] de haber podido comunicarse con él, un privilegio absolutamente infrecuente. «Los sobrevivientes somos una minoría anómala además de exigua: somos aquellos que por sus prevaricaciones, o su habilidad, o su suerte, no han tocado fondo.»[84] De ese modo sintetizaría Levi en *Los hundidos y los salvados* el conjunto de causas que permitieron a algunos de ellos salir de allí. Unas páginas después, en el capítulo titulado, precisamente, «La comunicación», recuerda que el aislamiento del mundo y, en general, la comunicación «fallida o difícil» hacía sufrir a los presos y que «la carencia de sufrimiento, la aceptación del eclipse de la palabra, era un síntoma fatal: señalaba que la indiferencia definitiva se estaba aproximando».[85] Por eso la contribución de Lorenzo al establecimiento del contacto con «el mundo perdido para siempre»[86] fue tan decisiva como los litros de sopa —varios centenares, si los sumamos— que les llevó a Primo y a Alberto: «Sé que eso ha sido uno de los factores que me han permitido sobrevivir; pero, como antes he dicho, cada uno de quienes hemos sobrevivido somos, en muchos sentidos, una excepción; cosa que nosotros mismos, para exorcizar el pasado, tendemos a olvidar».[87]

De los tres factores de salvación de la «aristocracia lastimosa» que logró sobrevivir —los más fuertes, los más astutos, los más afortunados, como se refirió a ellos en *Si ahora no, ¿cuándo?*—[88] en los que insistiría en todas sus obras, es decir, la prevaricación, la habilidad y la fortuna, esta última está representada fundamentalmente por Lorenzo, que fue su verdadero «golpe de suerte»,[89] cuya historia tal vez habría podido perderse. Queda pendiente una pregunta a la que no es posible dar una respuesta definitiva: ¿por qué lo hizo Lorenzo y por qué fue tan tenazmente constante? Después de esta avalancha de palabras, probablemente conviene adelantar ya lo que el padre Lenta le diría muchos años después a Thomson, porque la suya es una explicación directa, tal vez incluso muy obvia: «En la época de Lorenzo, los albañiles y los pescadores de Fossano se esforzaban al máximo para ayudar a los más débiles de la comunidad».[90] Quizá ahí reside el núcleo de la historia de Lorenzo, que salvó a Primo, el punto más elevado y evidente en este intento de recorrer su vida y sus acciones y de adivinar algunos de sus pensamientos. Porque más adelante —pero necesitaremos tomarnos un tiempo para asimilarlo— llegará el momento de profundizar en todo ello.

La imagen de Auschwitz y de sus márgenes como una «comunidad» puede parecernos monstruosa y seguramente nos chirríe, pero al mismo tiempo nos aporta una confianza en la mente humana a la que era posible aferrarse en aquella época y aún es posible hoy: el mal no contagiaba a todos ni en todas partes; también allá arriba había quien tenía (como decía Levi en *Defecto de forma*) «la razón, la piedad, la paciencia, el valor» para combatirlo.[91] Entre el gris, siempre había algo que brillaba: se podía encontrar «el otro cabo de la madeja», «una persona amiga».[92] Y, con toda probabilidad, existen, sepultados entre millones de documentos archivados y entre millones de palabras dichas, leídas o escritas, muchos otros hombres y mujeres —¿centenares?— como Lorenzo. Aunque, como siempre, solo conozcamos a algunos de ellos.

5

Mientras en toda la fortaleza de la Europa nazi que se estaba desmoronando otros trabajadores «libres» y «voluntarios» eran ejecutados por centenares, en castigo por haberse «organizado»,[93] y mientras otras decenas de personas escapaban de los lugares escogidos en el acuerdo ítalo-germano para usarlas como «brazos» (sobre todo Heydebreck y, en parte, Blechhammer, en mucha menor medida Monowitz),[94] Lorenzo, corriendo un enorme peligro, seguía transportando litros de sopa y enviando tarjetas, aun a riesgo de acabar a su vez al otro lado de la alambrada, entre los futuros hundidos y los poquísimos salvados.

En paralelo, Primo y Alberto debatían acerca de los efectos beneficiosos de aquella protección inesperada, «tropezando de un charco a otro, entre la negrura del cielo y el fango del camino. Hablamos y caminamos. Yo llevo las dos escudillas vacías, Alberto el peso de la *menaschka* agradablemente llena»:

> Hablamos de nuestro proyecto de comprarnos una segunda *menaschka* para alternarla con la primera, de modo que nos baste con una sola expedición al día al rincón remoto del taller donde trabaja ahora Lorenzo. Hablamos de Lorenzo y de la manera de pagarle; después, si volvemos, sí, claro que haremos cuanto podamos por él, ¿pero de qué sirve hablar ahora de esto? Tanto él como nosotros sabemos muy bien que es difícil que volvamos.[95]

No creo que Primo y Alberto intentaran en ningún momento idear con Lorenzo planes de fuga. Por otra parte, en Monowitz era casi imposible. Es cierto que, como ya hemos visto, el «Conde de Auschwitz», el soldado británico Charles Coward, asistió a centenares de prisioneros en su fuga con una estratagema sumamente inteligente: como recordó el Yad Vashem en un tuit el 8 de noviembre de 2020, Coward «recogía chocolate y cigarrillos de sus compañeros de cautiverio y los cambiaba con los guardias por cadáveres, que después sustituía por internos judíos, a los que ayudaba [así] a escapar».[96] Pero la suya era una posición de absoluto privilegio, ya que los prisioneros de guerra tenían la posibilidad de recibir paquetes de la Cruz Roja.[97] Incluso osó quejarse a los alemanes (que, de hecho, le pidieron disculpas)[98] y pudo contar con un «equipo», la dinámica de red de la que ya hemos hablado. Quitando a Coward, sin embargo, solo queda otro caso «acreditado» de un Justo de las Naciones que actuó en Monowitz o en la zona más cercana a este campo. Se trata del campesino polaco Józef Wrona, que vivía junto a su madre, Anna, y sus hermanos, Helena y Eugeniusz, en Nowa Wieś, en la comarca de Kęty. También él estaba contratado en la Buna y entró en contacto con dos prisioneros judíos. Ayudó a escapar a los esclavos de los esclavos Jacob Max Trimmer (que en lo sucesivo se llamaría Max Drimmer) y Mendel Scheingesicht (en adelante Herman Shine). Precisamente en la época en la que Bianca y Ester leían las palabras tranquilizadoras de Primo escritas por la pluma de Lorenzo y este le llevaba a diario la *menaschka* repleta de sopa, más concretamente el 21 de aquel septiembre de 1944, Wrona cortó el alambre de espino que rodeaba el campo, sacó a Jacob Max y a Mendel y los escondió en su casa, donde permanecieron cerca de dos meses. Después, antes de que lo descubrieran —que era algo muy probable—, consiguió trasladarlos a casa de una conocida suya, en la que se quedaron hasta la liberación del territorio.[99] «La única vía de salvación» de los judíos fuera del campo de concentración, explica el historiador Jan Tomasz Gross en un capítulo en el que aborda la importancia de los márgenes del Holocausto, «pasaba por el contacto con la población local».[100] El Yad Vashem nombró a Wrona Justo de las Naciones el 13 de marzo de 1990, y el 12 de diciembre de 2006 haría lo mismo con sus familiares.[101] Otros dos prisioneros, probablemente dos alemanes, consiguieron después utilizar el hueco que había abierto Józef en la alambrada para escapar también.[102] Y él no fue el único trabajador polaco que ayudó a los internos.[103] Mientras tanto, dentro de Monowitz continuaba la lucha «desesperada, oculta y continua» por la supervivencia, la «guerra ininterrumpida de todos contra todos», la de las «mónadas selladas» en aquel mundo de esclavos.[104]

Calculo que fue en el mes de octubre —Lorenzo ya había cumplido cuarenta años— cuando llegó un duro golpe, como recogería Levi en *Lilit y otros relatos*:

> [...] alguien me debió de espiar y seguir, pues un buen día no encontré en el escondite ni gamella ni rancho. Alberto y yo nos

> sentimos humillados por esta contrariedad, y además aterrorizados, pues la gamella era de Lorenzo y sobre ella se hallaba grabado su nombre. El ladrón podría denunciarnos o, más probablemente, chantajearnos.[105]

Y aquí tenemos ya otras palabras de Lorenzo —pocas, como de costumbre—, que, aunque se reproducen en estilo indirecto, nos reconstruyen otro jirón de la historia:

> Lorenzo, a quien denuncié acto seguido el hurto, contestó que no le importaba en absoluto la desaparición de la gamella; que ya se procuraría otra. Pero yo sabía que eso no era cierto. Era su gamella desde los tiempos lejanos en que hiciera el servicio militar y la había llevado con él en todos sus desplazamientos; era obvio que sentía un gran aprecio hacia ella.[106]

No sé si Lorenzo se dirigió en estos términos a Primo cuando le habló, pero, en vista de lo que aparece escrito en la tarjeta que llegó al cabo de tres semanas, no puedo por menos que imaginar esta respuesta, pronunciada con la cabeza gacha, escondidos ambos en vaya uno a saber qué barracón, y apartando la mirada: «No me importa en absoluto, amigo».

La noche que no quería acabar

I

Lorenzo permaneció, con los pies bien plantados, durante más de dos años y ocho meses en los márgenes del infierno. No nos es posible saber si planificó fugas. En cualquier caso, solo en los primeros meses de 1944, antes de que conociese al prisionero número 174.517,[1] hubo unos quinientos trabajadores que se escaparon. Tampoco podemos averiguar, pasados ya varios decenios y teniendo en cuenta lo insondable que, en líneas generales, puede llegar a ser la mente humana, por qué se quedó.

¿Lo hizo por miedo? ¿Porque apreciaba el trabajo «bien hecho» y, además, decentemente retribuido? ¿Porque estaba acostumbrado a vagar de acá para allá sin preocuparse de las fronteras trazadas en los mapas? ¿Porque no tenía un vínculo suficientemente fuerte —*'na fumna*, una mujer— que lo «llamase» desde casa? ¿Porque estaba auxiliando a aquellos dos burgueses que lo enredaban en sus necesidades, en ese nudo inextricable que surgía entre quien ayudaba y quien era ayudado?[2] Tal vez —podemos especular— por una intrincada maraña de todas estas razones.

Sabemos, desde luego, que en «Suíss» tenía un amigo, aparte de Primo. No lo he presentado cuando he hablado del primer encuentro entre escombros porque aquella era una escena fundamental y no quería introducir en ella ruido de fondo. Pero en aquel paisaje lunar devastado por los bombardeos en el que Lorenzo conoció al prisionero número 174.517 estaba también él: estaba también «Peruch», si es que este era su apellido real. No conocemos su nombre de pila. Durante mucho tiempo, como yo ya estaba familiarizado con esa costumbre de Levi de introducir elementos de ficción en su narración y cambiar el nombre de no pocos de sus «personajes», no investigué nada sobre Peruch, al que el propio Levi sitúa deliberadamente más en el plano de la leyenda que en el de la historia:

> Peruch era friulano y estaba con Lorenzo como Sancho Panza con Don Quijote. Lorenzo se movía con la dignidad natural de quien no se asusta del riesgo. Peruch, pequeño y recio, era en cambio inquieto y nervioso y no paraba de girar la cabeza a uno y otro lado. Era bizco: sus ojos divergían fuertemente, como si en su permanente temor se esforzara por mirar al mismo tiempo delante de él y a ambos lados, como hacen los camaleones.[3]

Aparte de su procedencia —venía de la región italiana de Friul— y de esta descripción física, que cae en lo caricaturesco, no sabemos nada más de Peruch. Levi escribió sobre él únicamente en el relato que dedicó a Lorenzo en 1981. Que yo sepa, no proporcionó ningún dato más y el único elemento concreto que añade en estas páginas es el siguiente, que lo sitúa a medio camino entre la ayuda incondicional que presta Lorenzo y las escenas especulares de quien alivia las dentelladas del hambre ajena por el deseo de perder de vista las miradas famélicas, por un impulso evanescente de humanidad o por curiosidad macabra. Peruch auxiliaba, pero no lo hacía de manera sistemática porque estaba aterrorizado:

> También él llevó comida a prisioneros italianos, pero a escondidas y sin norma, pues tenía demasiado miedo del mundo incom-

prensible y siniestro que le había tocado vivir. Dejaba la comida y se alejaba a toda velocidad, sin ni siquiera esperar las gracias.[4]

En un determinado momento, tal vez demasiado tarde, me llega el impulso de echar un vistazo a los millones de documentos de los Archivos Arolsen: ¿cuántos Peruch dejarían rastro de sí en aquella Europa sometida a la pesadilla del dominio del Eje? Bastantes, de hecho. Procedo por exclusión y al final dos de ellos llaman mi atención: el primero, Ettore,[5] nació en 1908 en el municipio friulano de Chions, pero según los documentos alemanes no podía estar en Auschwitz en marzo de 1944; el segundo se llamaba Antonio,[6] también era de Friul —en concreto, de Caneva, cerca de Pordenone, si es que he descifrado bien la caligrafía—, tenía prácticamente la misma edad que Lorenzo (nació el 22 de abril de 1906) y trabajaba para la empresa Colombo (cuyo dueño era Mario Colombo, ingeniero de Roma),[7] que era una de las que firmaron el contrato al mismo tiempo que la Beotti, junto con la que participó en la fusión ítalo-germana de 1943.[8] Pero a principios de 1945 consta como prisionero en Dachau, lo cual sería incompatible con los datos de los que, gracias a Levi, disponemos. Además, las numerosas llamadas telefónicas que realizo a varias personas que podrían ser sus descendientes no me llevan a ninguna parte. Peruch sigue siendo poco más que una sombra, sin asideros reales a los que agarrarse, ya que en el archivo de Auschwitz no existen listas de empleados civiles italianos y la documentación que queda sobre ellos es muy escasa.[9] Pero este elemento nos permite hacernos una idea de la envergadura de la tarea de buscar, a menudo a tientas, entre millones de nombres de trabajadores —esclavos, forzados y obligados, «voluntarios» y «libres»— que abarrotaban el Tercer Reich en aquellos años: no es fácil arrancarlos uno a uno del olvido. En algunos casos esta labor roza lo imposible.

2

El propio Levi, en varios momentos críticos, llegó incluso a admitir su propia impotencia (relativa) como hombre de letras ante el poder tridimensional de lo real, a partir de su dimensión más íntima, la psicológica. En «Auschwitz, ciudad tranquila», texto publicado inicialmente en *La Stampa* en marzo de 1984, confesó, por ejemplo, que, aunque había leído decenas de libros sobre la psicología de los verdugos, ninguno de ellos lo había satisfecho, y añadió que «es probable que se trate de una insuficiencia esencial del texto documental; este no tiene casi nunca el poder de restituirnos el fondo de un ser humano: a tal efecto, más idóneos que el historiador o el psicólogo son el dramaturgo o el poeta».[10] Por no hablar de la relación entre lenguaje y acciones: «[...] el oficio de revestir los hechos con palabras [está] condenado al fracaso por su misma esencia»,[11] escribió al final de «Carbono», la última de las «historias de química militante»[12] contenidas en *El sistema periódico*; «[...] es imposible transformar una persona de carne y hueso en un personaje, es decir, escribir una biografía objetiva y sin distorsiones», insistió diez años después en *El oficio ajeno*.[13]

En este sentido, el relato «Hierro», dedicado a Sandro Delmastro, quien, por cierto, en esta trasposición literaria aparece como el hijo de un albañil (aunque en la vida real no era así), resulta revelador.[14] Se podría afirmar que Delmastro, amigo desde los tiempos de la Facultad de Química y compañero de excursiones en una delicada etapa en la que el alpinismo se había convertido para Levi en sinónimo de libertad y en un espacio para el ejercicio, fue uno de sus maestros de vida: «Tal vez, de un modo oscuro, sentíamos la necesidad de prepararnos para los acontecimientos que se iban a producir», declaró Levi en referencia a las numerosas escaladas que emprendieron juntos.[15] Con él aprendió a sobrevivir a pesar de la fatiga, del estrés, del peligro, del frío, del hambre: adquirió esa capacidad en su «entrenamiento», en un momento en el que, naturalmente, no podía prever el campo de concentración, según expuso en la emisión *Bookmark* de la BBC en 1985.[16]

En el transcurso de una de aquellas excursiones, que relata precisamente en «Hierro», ambos se encuentran en una situación relativamente difícil, porque, según Sandro, «no valía la pena tener veinte años si no se podía uno permitir el lujo de equivocarse de camino». En respuesta a su amigo, que estaba preocupado por cómo regresar, Delmastro le anunció: «Para bajar ya veremos», y añadió misteriosamente: «Lo peor que nos puede ocurrir es que tengamos que probar la carne de oso».[17]

«Pues la probamos, sí señor, la carne de oso, a lo largo de aquella noche que se nos hizo interminable», relató Levi: «Y ahora que han pasado tantos años, me arrepiento de haber comido poca, porque entre todo lo que la vida me ha concedido de bueno, nada ha tenido ni de lejos el sabor de aquella carne, que es el sabor de sentirse fuertes y libres, libres incluso de equivocarse, y dueños del propio destino».[18] Eran aquellos unos años en los que «lentamente, confusamente, se iba abriendo camino en nosotros la idea de que estábamos solos, de que no teníamos aliados con los que contar, ni en la tierra ni en los cielos, de que la fuerza para resistir tendríamos que encontrarla dentro de nosotros mismos», como evocaría en el relato siguiente, «Potasio».[19] Y él, agradecido a Sandro Delmastro por haberlo «metido en apuros conscientemente [...] y por algunas aventuras, insensatas solo en apariencia, [que, ahora lo sé con certeza, me servirían] más tarde»,[20] admitió entonces los límites a los que se enfrenta cualquiera que quiera devolver a la vida a un hombre de hechos —en su caso, un hombre de acción— para contar su trágico final. Delmastro fue asesinado en abril de 1944, «de una descarga de metralleta en la nuca, disparada por un monstruoso niño-carnicero, uno de aquellos desgraciados esbirros de quince años que la República de Salò había reclutado en los reformatorios», escribió Levi. Su muerte fue el pistoletazo de salida para el exterminio de casi todo el Comité Militar Regional del Piamonte.[21] Y estas son sus palabras sobre la relación entre realidad y ficción, sobre la escritura como «manipulación» más o menos voluntaria,[22] al menos en el perímetro trazado para cada uno de sus «personajes»:

> Hoy sé que es una empresa sin esperanza recubrir a un hombre de palabras, hacerlo revivir en una página escrita, y particularmente a un hombre como Sandro. No era de esas personas de las que se pueden contar cosas o a las que se pueden levantar monumentos, con lo que él se reía de los monumentos. Vivía por entero en sus acciones, y una vez terminadas estas, de él ya no queda nada. Nada más que las palabras, precisamente.[23]

No se trata de una cuestión de memoria, que Levi abordaba con gran prudencia y profesionalidad. En el último tramo de su vida, al referirse al tiempo pasado en Monowitz, del que, según decía, se acordaba «con una precisión patológica»,[24] admitió que «extrañamente, con el pasar de los años, esos recuerdos no empalidecen ni se desvanecen, al contrario, se enriquecen de nuevos detalles que creía olvidados, que tal vez cobran sentido a la luz de los recuerdos de otros, de cartas que recibo o de libros que leo».[25] Y, como escribe en el cuento que antecede al de Lorenzo en *Lilit y otros relatos*, «El regreso de Cesare»,[26] «sobre largas distancias, la memoria humana es un instrumento errático, sobre todo si no está reforzada por souvenirs materiales y está, en cambio, intoxicada por el deseo [...] de que la historia contada sea bella».[27] Esto puede aplicarse, al menos en parte, a Lorenzo, un hombre tenazmente callado, concentrado en las acciones y posteriormente recubierto de numerosas palabras, y que se presenta en *Lilit y otros relatos* con una formulación parecida:

> También sobre Lorenzo he contado cosas en otro lugar, si bien en términos deliberadamente vagos. Lorenzo vivía aún cuando escribí *Si esto es un hombre*, y ya se sabe que la empresa de transformar a una persona viva en un personaje ata la mano de quien

> escribe. Ello ocurre porque tal empresa, aun cuando sea realizada con las mejores intenciones y sobre una persona estimada y amada, suscita la violencia privada y no es nunca indolora para quien es su objeto. Cada uno de nosotros se construye, de manera más o menos consciente, una imagen de sí concreta; pero esta es fatalmente distinta de aquella o, mejor dicho de aquellas, a su vez distintas entre sí, que se forman los que nos rodean, y hallarse retratados en un libro con rasgos que no son los que nos atribuimos resulta traumático, como si el espejo nos devolviera de repente la imagen de otra persona, tal vez más noble, pero al fin y al cabo una imagen que no es la nuestra. Por este motivo, y por otros más obvios, es buena la norma de no escribir biografías de personas vivas, a no ser que el autor no escoja de manera abierta las dos vías opuestas de la hagiografía o el panfleto, que divergen de la realidad y no son desinteresadas. Por lo demás, cuál es la imagen «verdadera» de cualquiera de nosotros es una pregunta sin mucho sentido.[28]

Me parece evidente en este punto que Levi muestra una particular cautela, que adoptó tras una de estas «transformaciones» imprudentes:[29] me refiero al personaje de Piero/Cesare, el «pícaro ingenioso» de *La tregua* en el que el hombre en el que Levi se inspiró —Lello Perugia— no se pudo reconocer.[30] O también al de Endre Szántó, «el discípulo» del relato homónimo, sobre el que Levi esperaba que «se identificara» con las páginas que le dedicó.[31] O a la familia de Sandro Delmastro, a la que no le gustó el retrato que había hecho de él el autor.[32]

En cualquier caso, en este pasaje, en el que Levi contiene a duras penas el cariño que, de manera implícita, expresa por Lorenzo —una de esas personas «estimadas y amadas»—, parecería que el autor hubiese hecho suyas precisamente las palabras del albañil que ya hemos leído y que unos años después evocaría ante Gabriel Motola, en una entrevista que se publicaría tras su muerte: «Quédate callado, no hay necesidad de hablar».

3

Supongo que fue también en octubre de 1944 cuando Alberto empezó a buscar por Monowitz al ladrón de la gamella de Lorenzo, hasta que lo encontró. Se le ocurrió ofrecerle a Elias tres raciones de pan a plazos para que este recuperase «por las buenas o por las malas» aquel objeto tan querido para el albañil de Fossano. También en «El regreso de Lorenzo» Levi explicó que Elias aceptó porque «le gustaba hacerse valer», que se encaró con el ladrón —polaco, como él— y que, tras diez minutos de pelea, le arrebató la gamella. «Desde entonces se hizo amigo nuestro», concluye Levi.[33] Así, Lorenzo la recuperó.

Y fue en octubre de 1944 cuando llegó el frío. Las páginas que describen la pesadilla inminente son de las más desgarradoras de *Si esto es un hombre*. Quien las haya leído y releído las habrá sentido retumbar de cuando en cuando entre sus tímpanos: aquel era un frío que no tenía nada que ver con lo que puede sentir un ser humano en libertad; era un frío asesino, que el rebaño de esclavos del que Levi se hizo testigo, se hizo cantor, recibió en medio del silencio más insoportable. Los deportados estaban convencidos de que serían capaces de hacer frente a aquel invierno que estaba a las puertas:

> Con todas nuestras fuerzas hemos luchado para que no llegase el invierno. Nos hemos agarrado a todas las horas tibias, y a cada puesta de sol hemos procurado sujetar el sol en el cielo todavía un poco, pero todo ha sido inútil. Ayer por la tarde el sol se puso irrevocablemente en un enredo de niebla sucia, de chimeneas y de cables, y esta mañana es invierno.
>
> Sabemos lo que quiere decir, porque estábamos aquí el invierno pasado, y los demás lo aprenderán pronto. Quiere decir que, en el curso de estos meses, de octubre a abril, de cada diez de nosotros morirán siete. Quien no se muera sufrirá minuto por minuto, día por día, durante todos los días: desde la mañana an-

tes del alba hasta la distribución del potaje vespertino deberá tener constantemente los músculos tensos, dar saltos primero sobre un pie y luego sobre el otro, darse palmadas bajo los sobacos para resistir el frío. Deberá gastar pan para procurarse guantes, y perder horas de sueño para repararlos cuando estén descosidos. Como no se podrá comer nunca al aire libre, tendremos que consumir nuestro pienso en la barraca, de pie, disponiendo cada uno de un palmo de pavimento, y apoyarse en las literas está prohibido. A todos se nos abrirán heridas en las manos, y para conseguir una venda habrá que esperar toda la tarde durante horas y de pie en la nieve y al viento.[34]

Siete de cada diez morirían, los demás sufrirían cada minuto de vida que pudieran arrebatarle a la muerte. No habría margen alguno para el lujo de equivocarse. Y continúa:

> Del mismo modo en que se ve desvanecerse una esperanza, así ha llegado el invierno esta mañana. Nos hemos dado cuenta cuando hemos salido del barracón para ir a lavarnos: no había estrellas, el aire oscuro y frío olía a nieve. En la plaza de la Lista, bajo la primera luz, al reunirnos para el trabajo, nadie ha hablado. Cuando hemos visto los primeros copos de nieve, hemos pensado que si el año pasado en esta época nos hubiesen dicho que íbamos a ver otro invierno en el *Lager*, nos habríamos dirigido a tocar el tendido eléctrico, y también lo haríamos ahora si fuésemos lógicos, si no fuese por este insensato y loco residuo de inconfesable esperanza.[35]

Pero en Auschwitz y en el resto de los campos de exterminio, donde la esperanza —incluida la inconfesable— y la familia se convertían en aliadas de los asesinos —sin perder de vista que el suicidio inducido es, en la práctica, un homicidio[36] y que la cuestión aún se encuentra abierta, a falta de datos seguros—,[37] lo cierto es que el suicidio no constituía una práctica tan frecuente como cabría imaginar.[38] Por lo general, los presos estaban demasiado ocupados en aferrarse a la vida[39] o, como alternativa y de manera especular, en hundirse.

4

En aquella extraordinaria relación que se estaba consolidando entre Primo, Alberto y Lorenzo —¿y tal vez también Peruch, a pesar de su terror?—, durante las últimas semanas del año ocurrieron, entre otras muchas cosas, dos especialmente importantes que acabarían dando la vuelta a aquel mundo fuera del mundo.

La primera, realmente milagrosa para los esclavos de los esclavos, es que llegó un paquete desde Italia. Como contó Levi en «Última Navidad de guerra», donde situó aquel episodio varias semanas más tarde,[40] el envío procedía de su hermana, Anna María, y de su madre, Rina, escondidas en Italia «por medio de una cadena de amigos: el último eslabón de la cadena era Lorenzo Perrone, el albañil de Fossano de quien hablé en *Si esto es un hombre*».[41] Y añadió:

> El paquete contenía chocolate autárquico, galletas y leche en polvo, pero para describir su valor efectivo, la impresión que produjo en mí y en mi amigo Alberto, el lenguaje ordinario resulta defectuoso. Comer, alimento, hambre, eran los términos que en el *Lager* significaban cosas completamente diferentes de las habituales: ese paquete, inesperado, improbable, imposible, era como un meteorito, un objeto celeste, cargado de símbolos: de valor inmenso y de inmensa fuerza viva.
>
> Ya no estábamos solos: se había establecido un vínculo con el mundo de fuera.[42]

No es necesario insistir en el «valor inmenso» de aquel envío que había iniciado su camino unos meses atrás, pero merece la pena tomar prestadas las palabras de Angier, que calificó estos productos de «mercancías sin precio, que ya nadie recordaba en Auschwitz», para después subrayar, con un fervor tal vez excesivo, que «con la *menaschka* de sopa que les había ofrecido Lorenzo, Primo y Alberto estaban ya entre los salvados».[43] Lo cierto es que muy pronto alguien les robó casi la mitad de aquel valioso regalo, pero lo que quedó de él les ayudó a ambos a mantenerse vivos:

> Nos dividimos el contenido de los bolsillos de Alberto, que seguía indemne, y él exhibió sus mejores recursos filosóficos. Más de la mitad del paquete lo habíamos consumido nosotros, ¿no es cierto? Y el resto no se había malgastado del todo; algún otro hambriento estaba celebrando la Navidad a expensas nuestras, quizá bendiciéndonos. Y, en cualquier caso, de algo podíamos estar seguros: esa era la última Navidad de guerra y de cautiverio.[44]

Aunque probablemente consumieron su contenido mucho antes de la llegada efectiva de la Navidad, se deja constancia de primera mano de la existencia de aquel envío prodigioso en la tercera y última tarjeta que escribió y mandó Lorenzo el 1 de noviembre de 1944, que consiguió llegar a su destino y en la que se habla en plural:

> Queridísima: Finalmente hemos recibido lo que llevábamos largo tiempo esperando imaginaos qué alegría la salud sigue siendo buena a pesar de los primeros fríos y el ánimo se mantiene estable por favor informa a la familia dellavolta [*sic*] de brescia por favor siempre siempre sueño contigo me paso las noches enteras soñando contigo y con nuestra casa y con la vida que llevábamos antes y esperamos que Dios quiera que pronto volvamos a vernos por favor haz lo que puedas porque confío muchísimo en ti. Recibe un cordial saludo de quien siempre te recuerda. Tuyo con mucho cariño.
>
> Lorenzo. Adiós, *ciau*[45]

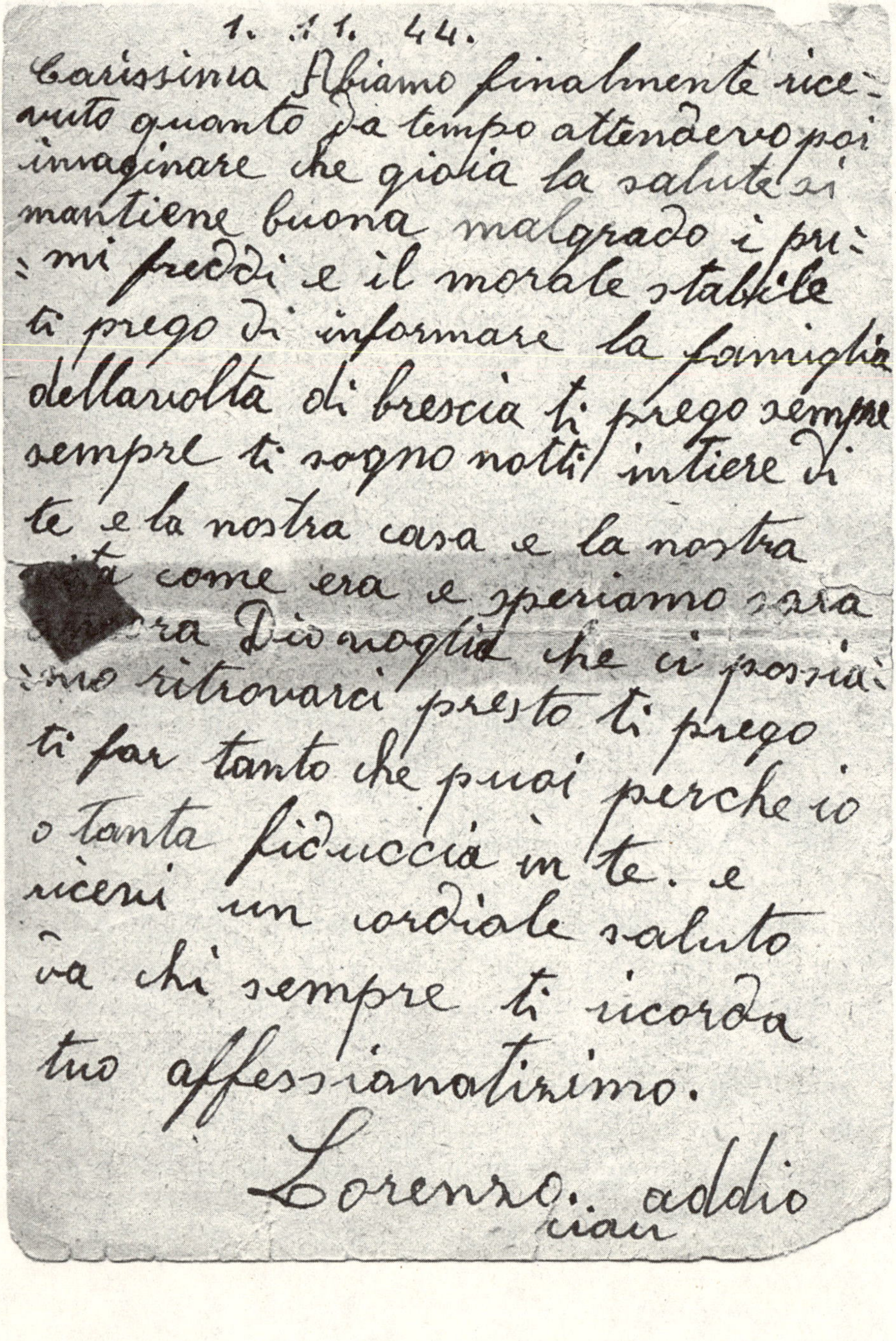

1. 11. 44.
Carissima Abiamo finalmente rice-
vuto quanto da tempo attendevo poi
immaginare che gioia la salute si
mantiene buona malgrado i pri-
-mi freddi e il morale stabile
ti prego di informare la famiglia
dellavolta di brescia ti prego sempre
sempre ti sogno notti intiere di
te e la nostra casa e la nostra
vita come era e speriamo sara
ancora Dio voglia che ci possia-
-mo ritrovarci presto ti prego
ti far tanto che puoi perche io
o tanta fiduccia in te. e
riceni un cordiale saluto
da chi sempre ti ricorda
tuo affessionatissimo.
Lorenzo. addio
ciau

El segundo episodio asombroso tiene que ver directamente con Lorenzo. Ya he hablado de él en las primeras páginas de este libro y, de hecho, es uno de esos acontecimientos —no tan frecuentes en el caso de la biografía del albañil, en realidad— que podemos superponer a lo que escribió Levi treinta y cinco años más tarde y, de ese modo, cotejarlo. En *Si esto es un hombre* tenemos el relato sobre lo ocurrido: se narra precisamente lo que pasó en vísperas de la Navidad y se recoge el testimonio indirecto de un diálogo entre Primo y Alberto:

> Habría que hacer algo ya; podríamos probar a hacer que le arreglasen los zapatos en la zapatería de nuestro *Lager*, donde las reparaciones son gratuitas (parece una paradoja, pero, oficialmente, en los campos de aniquilación todo es gratuito). Alberto lo intentará: es amigo del zapatero jefe, quizás baste un litro de potaje.[46]

Pero aquí no se explica cómo terminó el episodio. No fue hasta *Lilit y otros relatos*, es decir, más de media vida después, cuando Levi se detuvo sobre lo que ocurrió en aquel último tramo de 1944, inmediatamente después de haber explicado que Lorenzo se había negado rotundamente a darles a sus dos amigos esclavos la dirección de su hermana porque no quería recibir nada a cambio:

> No obstante, para no humillarnos con esta negativa, aceptó de nosotros otra compensación más en consonancia con el lugar. Sus zapatos de trabajo, que eran de cuero, estaban rotos; en el campo no había zapatero y en la ciudad de Auschwitz la reparación costaba muchísimo. En nuestro campo de concentración, sin embargo, quien tenía zapatos de cuero podía conseguir que se los repararan gratis, dado que (oficialmente) ninguno de nosotros tenía dinero. Así pues, un día nos cambiamos los zapatos: él anduvo y trabajó durante cuatro días con mis zapatos de madera, y yo mandé a reparar los suyos a un zapatero de Monowitz; entretanto, de manera provisional, me habían dado un par de zapatos.[47]

Nos toca ahora imaginar esas pocas horas en las que Lorenzo se encontró literalmente en los zapatos del otro, o mejor aún el día en el que tuvo que hacer equilibrios sobre aquellos zuecos desparejados que lastimaban la piel y que le habían provocado a Primo unas úlceras cuyas cicatrices conservaría el resto de su vida,[48] antes de encontrarse otra vez calzado con sus zapatos de piel, ya reparados, que nadie sabe en cuántos tajos de Italia y Francia habría utilizado antes. Porque precisamente en aquella ventana temporal en la que se puso en los zapatos del otro, día arriba, día abajo, Levi descubrió que podía salir de allí.

En esta historia en la que se caminaba a ras del suelo, en la que la vida y la muerte dependían (también) de los zapatos, además de las sopas aguadas, las tarjetas enviadas y los paquetes recibidos, en esta sorprendente historia de supervivencia, a Levi le tocó la escandalosa buena suerte[49] —precisamente en aquellos días de frío glacial, a mediados de noviembre—[50] de ser elegido. No para una selección, sino para trabajar al fin —era un rumor que llevaba meses circulando—, y después de pasar un «examen» en toda regla el 21 o el 22 de julio,[51] en un laboratorio: el laboratorio de polimerización que se encontraba en el edificio (*Bau*) 939 y que necesitaba profesionales. Y Levi fue escogido como tal y entró en el laboratorio, donde bastó el olor para hacerle «sobresaltar como un latigazo: [...] Durante un instante, evocada con violencia brutal y en seguida desvanecida, la gran sala semioscura de la universidad, el cuarto curso, el aire suave de mayo en Italia». Stawinoga, un joven germanopolaco que dirigía el laboratorio, les asignó los puestos de trabajo a él y a los demás esclavos seleccionados. No le gustaba hablar con ellos, pero llamaba a cada uno *Monsieur*, un detalle que a los ojos de Levi resultaba «ridículo y desconcertante».[52] Angier evoca así de manera tangible el contexto: con los rusos a ochenta kilómetros del campo, la Buna en ruinas y envuelta en un silencio de ultratumba, «los trabajadores civiles franceses [que] caminaban con la cabeza alta» y los prisioneros de guerra británicos que hacían a los *Häftlinge* el signo de la victoria para indicarles que el fin era inminente, Levi acabó bajo techo, en un lugar en el que presumiblemente no iban a golpearle y en el que habría «nuevas cosas maravillosas que robar», resume Angier. «Si ya no fuese un viejo prisionero, incluso podría empezar a sentir esperanza»,[53] comenta.

La última «fortuna»[54] para Levi, unos días más tarde, fue enfermar de escarlatina —Alberto, en cambio, la había pasado de niño—:[55] ni demasiado pronto, porque entonces habría entrado en la categoría de los sacrificables y habría sido asesinado, ni demasiado tarde, porque su estado de salud le permitió evitar por los pelos la marcha de la muerte: casi todos los demás esclavos, evacuados a toda prisa, desaparecieron entre otros millones de personas, como le ocurrió a su viejo amigo Franco Sacerdoti.[56] Enfermó «una sola vez, pero lo hizo en el momento justo», le diría a Philip Roth.[57]

Para este esclavo de los esclavos —ahora «químico esclavo»—,[58] la inesperada incorporación al laboratorio a finales del año 1944 fue, en efecto, otro ingrediente decisivo, que se suma a los que ya hemos analizado hasta aquí. Y precisamente en aquellas primeras semanas protegido del frío ocurrió por fin lo que tenía que ocurrir: el último encuentro entre ambos, Primo y Lorenzo, aún vivos, en el umbral de la «casa de los muertos».[59]

5

«No todos hemos nacido para héroes», reconoció Levi en su relato «Vanadio», la primera vez que formula públicamente su concepto de «zona gris»,[60] que más de diez años después utilizaría para describir de una manera insuperable el espacio que separa a los perseguidores de los perseguidos:

> Sólo una retórica esquemática puede sostener que tal espacio esté vacío: nunca lo está, está constelado de figuras torpes o patéticas (a veces poseen al mismo tiempo las dos cualidades) que es indispensable tener presentes si queremos conocer a la especie huma-

> na, si queremos poder defender nuestras almas en el caso de que volvieran a verse sometidas a otra prueba semejante.[61]

En «Vanadio», Levi indagó en la mente de un hombre —Lothar Müller, que en realidad representa al ingeniero Ferdinand Meyer,[62] del que, sin embargo, no hay ni rastro en los archivos de Auschwitz—[63] al que conoció precisamente en el laboratorio de polimerización de la Buna y con el que volvería a entrar en contacto dos decenios más tarde, en la segunda mitad de los años sesenta, momento en el que lo apremió a reflexionar sobre su responsabilidad y su inercia. La descripción de este hombre, al que Levi no consigue arrancarle ni una condena clara ni una orgullosa reivindicación de su oscuro pasado, es al mismo tiempo magnánima, implacable y magnética:

> Ni infame, ni heroico. Dejando aparte la retórica y las mentiras de mejor o peor fe, lo que quedaba era un ejemplar humano típicamente gris, uno de los no escasos tuertos en tierra de ciegos. [...] Ni lo amaba, ni tenía ganas de verlo. Y sin embargo me despertaba un conato de respeto; ser tuerto no debe resultar cómodo. No era un cobarde ni un sordo ni un cínico, no se había adaptado, estaba ajustando cuentas con el pasado y las cuentas no le salían; se esforzaba por hacerlas coincidir, aunque fuera haciendo algunas trampas.[64]

Dejando aparte el hecho de que, como el propio Levi reconoció, había decidido «acumular en el personaje de Müller un extra que era el carácter de la burguesía alemana en su conjunto»,[65] no tenemos motivos para dudar de que esta fue su posición frente a la realidad o, mejor dicho, frente a aquella que le resultaba más deseable: un mundo en el que «toda la gente fuera como él, es decir, honrada e inofensiva, sería tolerable, pero [...] ese mundo es irreal». Y, sin embargo, como añadió Levi en la reelaboración literaria de su primer intercambio epistolar con aquel alemán implicado en la maquinaria de explotación y exterminio, «en el mundo real la gente que lleva armas existe, construye Auschwitz y deja que los honrados e inofensivos le allanen el camino».[66]

Por otra parte, no faltaron casos concretos de apoyo que, por comparación, hacían difícil perdonar a esa gente «honrada e inofensiva»: como señala Marco Belpoliti, Levi citó en una carta de 1967 no incluida en «Vanadio» dos ejemplos de alemanes que habían

> actuado y pagado en primera persona: un miembro del Departamento de Polimerización llamado Grober, que facilitaba pan a un judío holandés y que desapareció repentinamente en noviembre de 1944, tal vez porque lo enviaron al frente ruso, y Stawinoga, que se llevó consigo a Levi a un búnker cuando sonó una alarma aérea y en cierta ocasión se pegó con un «triángulo verde» alemán

(es decir, con un delincuente común) para defenderlo.[67] Así pues, navegando entre realidad, «invención» de los personajes y transfiguraciones[68] (el propio Levi empleó esta palabra con esta acepción),[69] lo que urge subrayar aquí es el modo en que, en las dos batallas que el autor había tratado de librar —«por un lado, contra la inercia, la mala conciencia y las ofensas hacia el prójimo; por otro, contra las mismas culpas dentro de sí»—,[70] blandió en varias ocasiones a Lorenzo, una de las poquísimas personas que dentro del planeta Auschwitz fueron capaces de embotar «las armas de la noche».

Esta de «las armas de la noche» es una metáfora que sonaría «hipócrita y desentonada» si la repitiesen hombres como Müller/

Meyer,[71] así que pueden surgir dudas a la hora de utilizarla. Pero debemos subrayarlo: el albañil de Fossano, por el que Levi había tenido la cautela de especificar que preguntarse cuál es la imagen «verdadera» de cada uno de nosotros «es una pregunta sin sentido», da la impresión, por momentos, de adquirir el papel de contrapeso natural de la mezquindad y de las bajezas de muchos «otros» que estaban allá arriba y también de cada uno de nosotros. Aun cuando «la perfección no está en las vicisitudes que se viven, sino en las que se cuentan», añade Levi en «Vanadio»,[72] Lorenzo está muy cerca de alcanzarla. Parece la encarnación del bien, contrapuesta a las manifestaciones del mal absoluto cuyo emblema es Auschwitz, ese lugar en el que proliferaban incesantemente.

Pero —se podría objetar— él es un personaje que aparece en no pocas páginas de Levi, de manera fragmentaria, sí, pero con una vida propia literaria, por decirlo de algún modo. Esto tiene parte de verdad, lo hemos visto, aunque esa verdad se matiza si consideramos las diversas intervenciones que corresponden más bien al ámbito del testimonio, como es el caso del diálogo que Levi mantuvo en abril de 1986 con el profesor Alvin Rosenfeld, en Indiana: en él, el autor recordó a Lorenzo como un hombre de cultura católica, pero no creyente, «muy simple, no instruido»; «era una persona realmente fuera de lo común», movida «por un impulso irrefrenable de ayudar [...] por razones puramente morales». «Apenas sabía escribir —añadió entonces—, pero se sentía moralmente obligado a ayudar a las personas que lo necesitaban.»[73]

Resulta difícil —en parte por la documentación desorganizada de la que disponemos— imaginar a este personaje redondeado y limado con respecto a la persona real, por lo general callada y con la cabeza gacha. En el planeta Auschwitz, al contrario que el ingeniero alemán y su proyección literaria, Lorenzo no era tuerto —de hecho, veía de maravilla— y era diligente, atento y empático. Estaba terriblemente inadaptado, eso sí, porque no se rindió a las lógicas siniestras de aquel mundo al revés, ni siquiera cuando habría tenido todo el derecho de hacerlo. En vista de sus gestos limpios

—bruscas desviaciones que daban alas a aquello que representaba una continua excepción, en un escenario en el que la norma era prevaricar—, podemos pensar que tal vez estaba, al menos en parte, inadaptado a vivir en el mundo en general. Así nos lo revela —si es que aún necesitamos confirmarlo— el último encuentro entre ambos, que tuvo lugar, supongo, el 26 de diciembre de 1944,[74] cuando las fábricas de la I. G. Farben sufrieron un nuevo ataque aéreo del ejército estadounidense:

> A finales de diciembre, poco antes de que yo contrajera la escarlatina que me salvaría la vida, Lorenzo volvió a trabajar cerca de nosotros, y pude retirar de nuevo la gamella directamente de sus manos. Lo vi llegar una mañana, envuelto en su esclavina verdegris, en medio de la nieve, al tajo devastado por los bombardeos nocturnos. Venía caminando con su paso largo, seguro y lento. Me alargó la gamella, que estaba algo torcida y magullada, y me dijo que el rancho estaba un poco sucio.[75]

Dentro de aquella gamella había «tierra y piedrecillas», pero cuando su amigo Primo le preguntó por qué, Lorenzo «sacudió la cabeza y se fue». Levi no descubriría hasta un año más tarde que «aquella mañana, mientras él recogía las sobras, su campo había sufrido una incursión aérea. Una bomba había caído junto a él y explotado en la tierra blanda, sepultando la gamella y reventándole un tímpano. Pero él tenía un rancho que entregar y había venido al trabajo igualmente»,[76] según contaría en 1981 en «El regreso de Lorenzo». Cinco años más tarde le explicó a Rosenfeld que el propio albañil había terminado, como el rancho, «en el cráter que había abierto la bomba» y que la tierra que la explosión había removido y que había saltado hasta la gamella le había perforado el tímpano; «aquel día estaba medio sordo», pero no se lo confesó;[77] se lo guardó para sí. Para la entrevista de Caracciolo, que Levi concedió en aquellos mismos meses, trató de recordar cuáles habían sido las palabras exactas de Lorenzo. En piamontés, claro.

Lorenzo, «Lo. Pe.», «san Antonio», el Don Quijote de Levi —porque eso era para él—,[78] pronunció entonces unas pocas palabras, tal vez las últimas que le dirigió a Primo en aquel mundo vuelto del revés: «Paciencia —se disculpó—: *ah l'è 'n po' sporca eh la zuppa*» (la sopa está un poco sucia, ¿eh?).[79] Después, imagino, vendría la despedida: «*Ciau*, amigo». Y en ese momento, unas pocas horas o unos pocos días después, junto con su fiel Sancho —el friulano Peruch—, se marchó.

Caminar

I

Aquello que se puso en movimiento en enero de 1945 y se mantuvo al menos durante tres estaciones era un caudaloso río: «Pasaban hombres a pie, muchas veces descalzos y con los zapatos al hombro para no gastar las suelas, porque el camino era largo; con uniforme o no; desarmados o armados; unos cantando alegremente, otros fúnebres y agotados».[1] Así lo recordaría Levi en *La tregua* —obra publicada en 1963—, en la que describió sus días en Staryje Doroghi, un limbo en el que pasó los dos meses centrales del verano de 1945, después de escapar de la masacre, asistir a la llegada de los soviéticos e iniciar su errar geográficamente ilógico y literariamente picaresco.

En aquel momento Lorenzo se encontraba ya lejos: había encadenado, paso a paso, los interminables kilómetros que lo llevarían hasta el Piamonte, 1.412, según dice hoy Google Maps. Caminaba, sin más, probablemente con la cabeza gacha y pronunciando solo las palabras estrictamente necesarias. Dudo que se hubiese puesto el sombrero antes de partir (que yo sepa, no se lo llevó consigo allá arriba), pero sí la esclavina de color gris verdoso, que, sin duda, habría hecho todo lo posible por conservar. En cambio, ya no llevaba consigo su jersey lleno de remiendos, casi un harapo, «*a rag of clothing*», en palabras de Angier.[2] Se lo había regalado a su amigo Primo para que se lo pusiese debajo de su uniforme de *Häftling*, aunque no sabemos cuándo se lo dio exactamente. Seguramente cuando llegó el invierno, junto con aquel «insensato y loco residuo de inconfesable esperanza» que lo acompañaba, es decir, entre finales de octubre y finales de diciembre, supongo. Me gusta pensar que aquel fue su último gesto en los márgenes del infierno, pero no descarto, ahora que lo conozco un poco, que fuese en realidad la primera idea que se le vino a la cabeza cuando la cizalla del hielo se cerró en torno a la Buna.

El último recibo del pago de la nómina de Lorenzo data del 15 de enero de 1945 y corresponde a la empresa Colombo,[3] lo que indica que el albañil había cambiado de empleador en la etapa final de su estancia en «Suíss», aunque seguía dentro del cauce del tristemente famoso acuerdo ítalo-germano. Tal vez se puso en camino antes de que lo autorizaran a hacerlo.[4] Incluso pudo protagonizar una fuga o, al menos, una partida algo prematura. Lo que es seguro es que el 21 de enero, seis días antes de la llegada del Ejército Rojo y tras la «orden Lothar» (es decir, la orden de evacuación del *Lager*), que se había dado un día antes, Lorenzo había salido del campo Leonhard Haag, igual que todos los trabajadores varones, según me confirma Setkiewicz.[5] Si nos atenemos a lo que cuenta Levi en «El regreso de Lorenzo», el albañil se marchó a toda prisa de Monowitz porque «sabía que los rusos estaban a punto de llegar; pero a ellos les tenía miedo. Probablemente no sin razón. Si los hubiera esperado, habría regresado a Italia mucho más tarde, como ocurrió de hecho con todos nosotros».[6] Así, a principios de enero de 1945, Lorenzo se puso en camino junto con Peruch, aunque tanto él como sus compañeros solo «tenían una idea muy vaga de la ubicación geográfica de Auschwitz».[7]

> Los dos partieron a pie. Se habían llevado de la estación de ferrocarril de Auschwitz uno de esos mapas esquemáticos y distorsio-

nados en que solo aparecen indicadas las estaciones, unidas por los trazos rectilíneos del ferrocarril. Caminaban de noche, dirigiendo los pasos hacia el Brennero y guiándose por este mapa y por las estrellas. Dormían en los establos y comían patatas que robaban en los campos. Cuando se cansaban de andar se paraban en las aldeas, donde siempre había algún trabajo de albañilería que hacer. Se reposaban trabajando y se hacían pagar en dinero o en especie. Caminaron durante cuatro meses seguidos.[8]

Casi me parece estar viéndolos, a Lorenzo y a Peruch, quemando suelas y fronteras, avanzando con la cabeza gacha, acompañados de alguna que otra sílaba pronunciada por su Sancho, en friulano, y por el albañil, en piamontés. *'Ndôma, 'mpresa* (Vamos, deprisa). El camino es largo, amigo. Adelante, *bôgia,* apresúrate, *date n'andi.* Lorenzo del Burgué, que antes de la guerra recorría las rutas del contrabando para trabajar en Francia junto con su hermano Giovanni, Barba Giuanin, caminaba.

Es difícil no ceder a la tentación de superponer de nuevo la imagen del Moro, ese albañil de Verona que Levi encontró por segunda vez en *La tregua*, a la de Lorenzo, que, podemos suponer, avanzaba como él, «regular y potente como una máquina de vapor» en su «mítica marcha [hacia] el horizonte opuesto a aquél por donde había emergido».[9] O bien podemos imaginárnoslo recuperando fuerzas en uno de los muchos lugares espectrales que recorrió en su camino, o acampando al aire libre, en patios invadidos por la hierba, instalado igual que «millares de extranjeros en tránsito como nosotros que pertenecían a todas las naciones de Europa».[10] Dos italianos —un albañil medio analfabeto que «encima parecía mudo», llegó a decir Levi,[11] y un titulado en Química que más tarde viviría de las palabras—, dos piamonteses que habían acabado en Auschwitz y en sus márgenes por razones diferentes y complementarias, se elevan así hasta convertirse en dos arquetipos de «cientos de miles de italianos, hombres y mujeres, militares y civiles, asalariados y esclavos, que habían trabajado en los talleres y campos del destruido Tercer Reich», evocados por Levi en el capítulo de *Si ahora no, ¿cuándo?* dedicado a los meses de julio y agosto de 1945.[12] Es bastante improbable que Lorenzo se encontrase entre aquellos «que habían trabajado (voluntariamente o no) en las fábricas alemanas» ubicadas en Rawicz,[13] una ciudad al noroeste de Auschwitz: según la documentación que manejamos, podemos deducir que su recorrido, en dirección al suroeste y a través del territorio checoslovaco, primero, y del austriaco, después, guiado por el mapa esquemático y distorsionado, fue desde el principio claramente más lineal. Demasiado lineal, incluso, por lo que recordaría Levi en su diálogo con Rosenfeld (en el que, además, planteó la hipótesis de que Lorenzo tuviese miedo de los rusos «tal vez porque lo había subyugado la propaganda nazi»):[14]

> Los dos caminaron durante cuatro meses, por las noches, guiándose por las estrellas y escondiéndose de día para evitar que los alemanes volvieran a atraparlos. Se orientaron de una curiosa manera. Habían robado un mapa en una estación. Pero ya sabe cómo están hechos esos mapas: muestran líneas rectas entre una y otra estación. No están pensados para orientarse haciendo un uso normal de ellos. Por eso caminaron tanto: por sus continuos errores de interpretación y por la necesidad de detenerse durante el día para descansar y buscar algo que comer.[15]

En este sentido, hay ciertos documentos fundamentales que recopiló Angier, que no se incluyen en el expediente del Yad Vashem, sino en su propio archivo, actualmente conservado en el Centro Internacional de Estudios Primo Levi y que llegó a Turín tras varias peripecias en marzo de 2022, es decir, justo veinte años después de que se publicase en inglés su biografía sobre el autor.[16] Resulta fabuloso poder unir los fragmentos del mosaico gracias a estas nuevas incorporaciones precisamente ahora que estoy escribiendo la segunda mitad de esta historia. Además de varias confirmaciones que me había resultado imposible encontrar en la selección de fuentes que Angier envió al Yad Vashem para la tramitación de su reconocimiento —en efecto, en enero de 1945 Lorenzo llevaba varios meses trabajando para la empresa Colombo: de hecho, la última nómina que le pagó la sociedad Beotti, de la que rápidamente se hizo cargo su empresa gemela, data del 9 de mayo de 1944—,[17] entre estos documentos, naturalmente fragmentarios, se pueden rastrear detalles cruciales. Por ejemplo, que al menos en una ocasión, entre diciembre de 1942 y principios de 1943, Lorenzo regresó a casa, para volver después a Alemania entre el 27 y el 29 de enero;[18] o que en los dos años largos que pasó en aquel lugar como albañil se le pagaban 0,76 marcos por hora, sí, pero de manera variable e inconstante (a veces semanalmente, a veces mensualmente),[19] y que la propia Angier tiene el cuidado de escribir entre comillas, igual que el propio Levi y que Bermani, el «carácter voluntario» de su situación («trab. vol.»).[20] O, como sabemos gracias a la documentación de trabajo que he reproducido aquí íntegramente, a diferencia de lo que se recoge en el expediente del Yad Vashem, en el trayecto de ida, en marzo de 1942, Lorenzo pasó por Tarvisio, pero la cualificación que se le reconoció entonces era la de *betonier* (por *bétoneur*, trabajador del hormigón):[21] el hecho de que esta palabra aparezca en francés en medio de otros datos idénticos escritos en italiano nos lleva a pensar que Levi tenía razón: así pues, ¿la empresa Beotti fue a contratarlos personalmente, a él y a otros compañeros, en Francia? La escasa documentación que finalmente, después de meses de espera y solicitudes, me llega de la Cámara de Comercio de Piacenza no resuelve este enigma.[22] Tampoco hay pistas de anuncios de la empresa Beotti en el periódico local *La Fedeltà* en los días 18 y 25 de marzo.[23]

En cualquier caso, dado que Lorenzo estuvo en la comisaría de Cúneo el 30 de marzo y el 14 de abril, y que el 16 recibió en Treviso el visado para «desplazarse a Alemania a través del paso de Tarvisio» en un plazo de tres días, es indudable que pasó al territorio francés.[24] La biógrafa de Levi sí que consiguió, con gran tenacidad, reconstruir parte del trayecto de regreso de Lorenzo y Peruch, que resumió así en su obra: «A finales de abril estaban en Bruck-an-der-Mur, en Austria, donde recibieron visados para salir del Reich pasando por Arnoldstein, cerca de Villach».[25] La documentación en la que basa su trabajo demuestra, en efecto, que Lorenzo estuvo en Bruck-an-der-Mur desde el 28 de abril hasta el 10 de mayo de 1945.[26] Si aceptamos, pues, que el viaje se inició entre el 1 y el 15 de enero, que es la fecha de su última nómina, el trayecto tuvo que durar cinco meses, y no cuatro.

Tal vez Levi hizo alguna que otra «trampa» y situó el cruce de la frontera no en el paso de Tarvisio, donde tuvo lugar en realidad, sino doscientos cincuenta kilómetros más hacia el oeste —en el paso de Brennero, donde él mismo había cruzado la frontera a la ida, en febrero de 1944, y a la vuelta, en octubre de 1945— y «justo» en la fecha del 25 de abril, cuando se levantó el norte de Italia y los angloestadounidenses y los soviéticos se dieron un apretón de manos en una Berlín en llamas, donde ya estaban participando en los combates los niños y pocos días después ondearía la bandera roja.[27] Entre finales de abril y principios de mayo, en la frontera italiana, Lorenzo estuvo a punto de perder la vida: un tanque de las fuerzas armadas alemanas en fuga disparó contra ellos, pero no llegó a alcanzarles.[28] Finalmente, en la segunda quincena de mayo, cuando su amigo Primo se encontraba aún encallado en su «itinerario laberíntico»[29] por el centro-este de Europa (Bielorrusia, Ucrania, Rumanía, Hungría, Checoslovaquia, Austria, Alemania y de nuevo Austria),[30] Lorenzo ya debía de estar de regreso en Italia.

2

«Si volvemos, sí, claro que haremos cuanto podamos por él, ¿pero de qué sirve hablar ahora de esto? Tanto él como nosotros sabemos muy bien que es difícil que volvamos»,[31] se decían Primo y Alberto, pensando y hablando en plural. En los días en los que Lorenzo inició su mítica marcha desde la Buna con Peruch, en Monowitz había 9.792 prisioneros vivos, 9.054 de los cuales eran judíos.[32]

La cifra de fallecidos de años anteriores era de casi 1.670, pero no incluía las «selecciones» sistemáticas por las que los más débiles o los considerados, por las razones más variopintas, no aptos para el trabajo habían sido enviados a las cámaras de gas en Birkenau, un campo que Levi jamás conoció como prisionero y que en agosto de 1944, como recordaría, llegó a matar a 24.000 personas en un solo día.[33] Los cálculos de Setkiewicz, basados en un trabajo de varios decenios y en un impresionante cruce de datos, consiguen incluir los muchos miles de prisioneros a los que se mandó a aquellas cámaras. De acuerdo con él, el total de víctimas de Monowitz asciende a cerca de diez mil, y este es un cálculo prudente, que nos revela solo una parte del horror, en concreto el de las fábricas de la I. G. Farben.[34]

Unos datos para dar una vaga idea del desierto que los veteranos tenían a sus espaldas: solo en el día en que el albañil de Fossano llegó a Italia —a través de Tarvisio—, es decir, el 17 de abril de 1942, se habían incorporado a Auschwitz más de 1.000 deportados, de los cuales habían muerto 50; el día en que se marchó, en el Crematorio V de Birkenau se fusiló a 100 polacos y a 100 polacas, y mientras daba sus primeros pasos siguiendo las vías del tren, en el mismo campo había 11.493 mujeres y niñas, más otros 202 niños, de acuerdo con los documentos oficiales del *Lager*.[35] Si ampliamos nuestra mirada para contemplar toda la historia del «planeta Auschwitz», comprobaremos que, como ya hemos dicho, en cuatro años y ocho meses se asesinó a 1.100.000 personas, aproximadamente el 90 % de ellas judías.[36] Aquellos «afortunados», esos «uno de cada cuatro» que sobrevivieron a la selección en el momento de la llegada y al devastador impacto con el campo de concentración, fueron, antes de morir, los esclavos de los esclavos, como le ocurrió a Primo Levi, el número 174.517, uno de los pocos salvados. Gracias a la escarlatina que acababa de contraer, se quedó en el hospital del campo, junto con otros ochocientos presos más.[37] Sin embargo, los demás, entre ellos Alberto Dalla Volta, se fueron: «Se despidió de Primo con un gesto un tanto torpe ("Adiós, suerte") y salió para poner rumbo hacia la muerte», evocaría Thomson.[38] Y Alberto, «el inseparable», acabó separado entre los hundidos. Una mónada confusa en aquel «gris ejército de hormigas»[39] que se arrastró a lo largo y a lo ancho de las heridas de un Tercer Reich ya arrodillado, próximo a la derrota, después de haber compartido una última vez el pan con Primo «a través de la confianza y la amistad» que les unían:

> En cuanto a Alberto, se marchó a pie con la mayoría, cuando la línea del frente estaba ya muy cerca. Los alemanes los hicieron caminar durante días y noches por la nieve y el hielo, fusilando a todos los que eran incapaces de continuar. Luego los cargaron en vagones descubiertos, que se llevaron a los escasos supervivientes hacia un nuevo capítulo de la esclavitud, a Buchenwald y Mauthausen. Los que sobrevivieron a aquella marcha no pasaron de la cuarta parte.[40]

3

La única carta que envió a Italia durante su viaje de regreso, un folio y medio escrito a lápiz a la atención de Bianca Guidetti Serra, está fechada el 6 de junio de 1945 y procede de Katowice.[41] «Estoy vivo de milagro —informaba Levi, que explicó cómo lo habían salvado la escarlatina y, probablemente, la fortuna, porque no hubo tiempo para asesinarlos a él y a los demás que se habían quedado en el hospital—. Después, el 27 de enero, llegaron los rusos.» En aquello que definió como un campo «de espera», Levi observó, abatido, que tan solo quedaron cinco de quienes habían partido junto con él desde Fossoli, poco más de un año antes, y añadió —después de comunicar que Vanda Maestro había muerto con total seguridad— que «de nosotros, los 95 del campo de Monowi[t]z, 75 murieron allí de hambre o enfermedad; 14 fueron deportados por los alemanes durante su fuga» y «corren rumores bastante preocupantes» acerca de su suerte, incluida la de Alberto. De los 650 que habían salido de Fossoli en febrero de 1944 y que se irían convirtiendo en 96, 95, 94, 93... volvieron juntos 3;[42] los supervivientes, al final, fueron 24.[43]

«No te creas lo que te haya podido escribir desde Monowi[t]z», se preocupa de advertir, como si realmente fuese necesario hacerlo, y recuerda que el número que llevaba tatuado en el brazo izquierdo sería siempre «un documento de infamia no para nosotros, sino para esos que ahora empiezan a pagarlo».

Y, en una extensa posdata, añade, entre otras cosas, lo siguiente:

> Estoy vestido como un pordiosero, tal vez llegaré a casa sin zapatos; a cambio, he aprendido alemán, un poco de ruso y de polaco, y también a apañármelas en muchas situaciones, a no perder el valor y a resistir al sufrimiento psicológico y físico. Me he vuelto a dejar la barba para ahorrar en barberos. Sé preparar sopa de coles y de nabos, y cocinar las patatas de muchísimas maneras distintas, todas ellas sin condimentos. Sé montar, encender y limpiar estufas. He desempeñado una cantidad increíble de oficios: peón de albañil, cavador de zanjas, barrendero, botones, sepulturero, intérprete, ciclista, sastre, ladrón, enfermero, traficante, cantero... ¡incluso químico! Se me olvidaba: he perdido el rastro del maravilloso Lorenzo Perrone, pero es probable que esté a salvo. ¿Habéis localizado a su hermana? Creo que vive en Turín, en el número 15 de *via* Francesco da Paola (o d'Assisi). Nadie sabe lo mucho que le debo a ese hombre: jamás podré saldar mi deuda con él.[44]

El hombre al que, si lo pensamos bien, Levi le debía bastante más que una parte de su salvación se presenta aquí, en caliente, nada menos que como el «maravilloso Lorenzo», porque no se limitó a darle un apoyo concreto, incansable, sin pensar en el peligro, permaneciendo anclado a una dimensión terrenal. Esta no es una historia que pueda sintetizarse —como poco después haría Levi en *Si esto es un hombre*— en unas cuantas líneas, de la manera siguiente:

> En términos concretos, se reduce a poca cosa: un obrero civil italiano me trajo un pedazo de pan y las sobras de su rancho todos los días y durante seis meses: me dio un [jersey] suy[o] llen[o] de remiendos; escribió para mí una carta a Italia y me hizo recibir la respuesta. Por todo esto no pidió ni aceptó ninguna recompensa, porque era bueno y simple, y no pensaba que se debiese hacer el bien por una recompensa.[45]

No, no fueron solo el rancho, el jersey, las cartas. Nada más lejos de la realidad, como ya hemos visto. De hecho, Levi se apresuró a dejar constancia de ello en su primer libro: Lorenzo «era un hombre; su humanidad era pura e incontaminada, se encontraba fuera de este mundo de negación. Gracias a Lorenzo no me olvidé yo mismo de que era un hombre».[46] Y en aquellas páginas, insistamos en ello, ciñó el perímetro de esta historia —¿su «mensaje»?— del siguiente modo, con palabras que tal vez ahora adquieren una mayor consistencia:

> Por el sentido que pueda tener tratar de explicar las causas por las que mi vida, entre millares de otras equivalentes, ha podido resistir la prueba, diré que creo que es a Lorenzo a quien debo el estar hoy vivo, y no tanto por su ayuda material como por haberme recordado constantemente con su presencia, con su manera tan llana y fácil de ser bueno, que todavía había un mundo justo fuera del nuestro, algo y alguien todavía puro y entero, no corrompido ni salvaje, ajeno al odio y al miedo; algo difícilmente definible, una remota posibilidad de bondad, debido a la cual merecía la pena salvarse.[47]

Pero, llegados a ese punto, ¿era humanamente posible saldar semejante deuda?

4

Aún recuerdo cuando fui al cine con mi padre a ver la película *La tregua*, de Francesco Rosi.[48] Era 1997 —lo compruebo—, el año en el que este largometraje se estrenó. Yo tenía, pues, catorce años. Probablemente ya había leído el libro homónimo, dedicado al largo viaje de regreso. Y también había leído, como mínimo una vez, *Si esto es un hombre*. Al igual que muchas personas de las generaciones que nacieron tras la guerra, crecí con los textos de Levi, empezando por estos dos, que leí y releí en varias ocasiones desde la educación secundaria y a los que se añadió más tarde (demasiado tarde: debió de ser ya en 2008) *Los hundidos y los salvados*. Después, poco a poco, llegaría el resto. Una vida leyendo y releyendo a Levi, siempre atrapado en un vórtice en el que el testimonio, la literatura y la «investigación antropológica»[49] —etológica, cabría escribir: él mismo insistió mucho en que era un ejemplar del «animal-hombre»—[50] se entrecruzan constantemente, de modo que nos mantienen vinculados con la realidad y, al mismo tiempo, nos ayudan a comprenderla con el «pensamiento conceptual».[51] Sin embargo, yo mismo no tengo memoria de ningún «encuentro» con Lorenzo de niño o de adolescente. Es una observación que se agrava si consideramos que mi propio padre tuvo la extraordinaria fortuna de ir con Levi a un curso de alemán en el Instituto Goethe justo antes de que yo naciese (Levi estuvo asistiendo a él durante cinco años,[52] desde finales de 1978),[53] e incluso llegó a recogerlo y llevarlo en coche varias veces en 1980 y 1981. Son escenas que me ha contado en diferentes ocasiones.

Advertí la figura del albañil de Fossano en un momento determinado, mucho tiempo después. Una vez más, demasiado tiempo después. Seguro que no soy el único al que le ha ocurrido esto, pero a menudo me pregunto cómo ha podido ser así. Y no he dejado de interrogarme sobre los motivos por los que esta historia ha permanecido durante tanto tiempo sumergida en la conciencia colectiva, a pesar de que la obra de Levi esté cuajada de referencias a este hombre de pocas palabras y movido «por un impulso irrefrenable» de ayudar a quien lo necesitaba. Como si, sencillamente, fuese uno de los personajes «menores» de esta historia, en lugar de aquel que, en el fondo, la hizo posible. «Era técnicamente imposible» sobrevivir sin «una ayuda externa», llegó a afirmar Levi en junio de 1986.[54]

La tarea de tratar de descodificar o siquiera intuir los caminos que llevan a los seres humanos a realizar gestos de semejante altura resulta titánica, pero no es menos cierto que las historias similares a esta permanecen envueltas en un peculiar halo de misterio. Basta quedarse con la parábola de la supervivencia del propio Levi para entenderlo. Se me vienen a la cabeza al menos dos de estas historias, cuyos protagonistas, en cambio, tuvieron mucha menos suerte.

La primera de ellas: en *La tregua*, Levi cuenta como, en el limbo de Staryje Doroghi, volvió a ver a una mujer llamada Flora, «la italiana de las cantinas de Buna, la mujer del *Lager*, objeto de mis ensueños y los de Alberto durante más de un mes, símbolo inconsciente de la libertad perdida que no esperábamos volver a tener», la mujer «encontrada hacía un año, y parecían ciento».[55] «Flora era una prostituta de provincia, que había terminado en Alemania con la Organización Todt. No sabía alemán y no sabía hacer ningún trabajo, así que la habían puesto a barrer los suelos en la fábrica de Buna», recordaría Levi. Les había ayudado, y no de manera esporádica, sino con una cierta regularidad:

> Era la única mujer que veíamos hacía meses, y hablaba nuestra lengua, pero a los *Häftlinge* nos estaba prohibido dirigirle la palabra. A Alberto y a mí nos parecía guapísima, misteriosa, etérea. A pesar de la prohibición, que de alguna manera multiplicaba el encanto de nuestros encuentros añadiéndole el sabor pungente de lo ilícito, cambiamos con Flora algunas frases furtivas: nos di-

mos a conocer como italianos, y le pedimos pan. Se lo pedimos un poco de mala gana, conscientes de estar envileciéndonos nosotros mismos y envileciendo la calidad de aquel delicado contacto humano: pero el hambre, con la que es difícil transigir, nos obligaba a no desperdiciar la ocasión.

Flora nos llevó pan en muchas ocasiones: nos lo entregaba con aire desvalido, en las esquinas oscuras del subterráneo, sorbiéndose las lágrimas. Tenía compasión de nosotros, y habría querido ayudarnos también de otras maneras, pero no sabía cómo y tenía miedo. Miedo de todo, como un animal indefenso: puede que de nosotros también, no directamente sino en cuanto personajes de aquel mundo extranjero e incomprensible que la había arrancado de su pueblo, le había puesto una escoba en la mano y la había confinado bajo tierra, a barrer suelos ya barridos cientos de veces.[56]

Más parecida, sin duda alguna, a Peruch y a los demás compañeros temerosos y vacilantes que a Lorenzo, Flora había sentido, pues, piedad, y, a pesar de su miedo, la había sentido «en muchas ocasiones». Para saldar su deuda, Primo y Alberto le regalaron «solemnemente» un peine que había encontrado Alberto, pero más tarde descubrieron, con «un gran dolor, un absurdo e impotente ataque de celos y de desengaño», que refleja en buena medida una visión de la mujer que era demasiado frecuente en aquel tiempo, «que Flora se citaba con otros hombres». Sin duda, por desesperación, por necesidad, por imposición o quién sabe por qué otra razón, seguía ejerciendo su oficio «sobre el heno, en una conejera clandestina organizada en el hueco de una escalera por una cooperativa de *Kapos* alemanes y polacos»:

No era necesario mucho: un guiño, una señal imperiosa con la cabeza, y Flora dejaba la escoba y seguía dócilmente al hombre del momento. Volvía sola, pocos minutos después; se arreglaba la ropa y volvía a barrer sin mirarnos a la cara. Luego de este desdichado descubrimiento el pan de Flora nos supo amargo; aunque no por ello dejamos de aceptarlo y de comérnoslo.[57]

Y así, cuando volvió a verla en Staryje Doroghi, aunque se sintiese «sucio, andrajoso, cansado, dolorido, extenuado por la espera», Levi sabía también que era «joven y [estaba] lleno de posibilidades y vuelto hacia el porvenir», mientras que Flora «no había cambiado»: «Ahora vivía con un zapatero bergamasco, no conyugalmente sino como una esclava». Él no se dio a conocer, «por caridad hacia ella y hacia mí mismo», porque «frente a aquellos fantasmas, a mi fantasma de Buna, a la mujer del recuerdo y a su reencarnación, me sentía cambiado, intensamente "otro", como una mariposa junto a una larva».[58] Fue una manera de dar la espalda, desde luego bruscamente, a aquel mundo de allá arriba, donde había tocado fondo. Y nos deja un nudo en la garganta la imagen de esta mujer, Flora —¿era ese su verdadero nombre? Angier plantea la hipótesis de que se llamara Maria—,[59] aún en algún meandro de la historia y de la memoria, aún perdida. Aquí no hay «mensaje», pero debemos observar amargamente que no todos los salvados lo fueron de verdad, ni siquiera aquellos que, además de salvarse, ayudaron a otros a hacerlo.

La segunda historia revela con más nitidez aún la ambigüedad de ciertas personas que, si bien pertenecen más al terreno de la larva que al de la mariposa, casi sostuvieron a Levi en aquel mundo vuelto del revés donde había quien en medio del gris se sentía como pez en el agua. Es una historia miserable y, como tal —naturalmente—, humana. Se trata del caso de un tal Cravero, que aparece con esta denominación tanto en *La tregua* como en el cuento «La metralleta bajo la cama», que se publicó en *La Stampa* más de veinte años después, concretamente en 1986, lo que lleva a Angier a deducir que tal vez este era su apellido real.[60] En los Archivos Arolsen aparecen decenas de Cravero, así que renuncio desde el principio a la búsqueda, en parte también por el carácter especialmente mezquino de este personaje. Estamos a finales de la primavera de 1945, en esos días en los que Levi envió aquella página y media a Bianca y en los que, sin duda, Lorenzo había atravesado ya la frontera después de haber escapado de la muerte que le podría haber provocado el tanque. «Nadie pensaba que el servicio polaco de correos funcionaría», recuerda Angier de aquella etapa.[61] Por eso, cuando Cravero trató de huir de Katowice, Levi le entregó una carta para su madre, Rina, y su hermana, Anna Maria, que había formado parte de la resistencia y que por eso tenía, literalmente, una metralleta bajo su cama. Cravero llegó a Turín «en el tiempo récord de un mes»,[62] es decir, en julio de 1945. Aquella fue «mi única señal de vida que en el espacio de nueve meses llegó a su destino», y se tradujo en un intento de extorsión «para regresar a Polonia a buscarme»:[63] «Si mi madre le entregaba doscientas mil liras, en dos semanas o tres me podría llevar a casa sano y salvo», sostuvo Cravero. La madre y la hermana no se fiaron de él, que, mientras se iba, probablemente enfurecido, después de intentar en vano que le entregasen la metralleta robó la bicicleta de Anna Maria.[64] Poco después acabaría en la cárcel, quién sabe por qué delito.[65]

5

Mientras Flora se quedaba como congelada en su condición de esclava y mientras Cravero intentaba lucrarse aprovechándose de la esperanza y la angustia de los demás, Lorenzo —ya hemos aprendido a conocerlo—, en cambio, parecía ser inmune a las bajezas y, en el fondo, libre. Después de entrar en un campo de refugiados el 19 de mayo,[66] probablemente dos semanas más tarde, es decir, a principios de junio —cuando estaba partiendo de Katowice la carta de Levi para Bianca, que también es la única huella que queda de esta parte del viaje, como sabemos gracias al trabajo de Angier[67] y a su archivo—,[68] llegó a Turín. Allí flotaba aún la sombra de la guerra: en los primeros días del mes se produjo un pico de matanzas.[69] Era la fase aguda de la violencia inercial de los francotiradores fascistas y de los ajustes de cuentas, incluidos los privados.[70]

¿Qué aspecto tenía Lorenzo en aquel momento? Además de las dos fotografías en blanco y negro que ya hemos visto, la primera de veinte años antes y la segunda presumiblemente de esta época, contamos con varios detalles más. El archivo de Angier nos proporciona, de hecho, una descripción física del 30 de marzo de 1942, pocos días antes de que partiera hacia el Tercer Reich: de tono de piel «rosado», con ojos y cabello castaños cuando se expidió el pasaporte —por tanto, fue así: justo antes de «Suíss» aún no había una traza clara de gris—, resulta sorprendente descubrir que Lorenzo medía un metro y setenta y un centímetros, una estatura nada despreciable para la época, pero, desde luego, no era precisamente la que me esperaba.[71] He decidido revelarlo aquí porque los

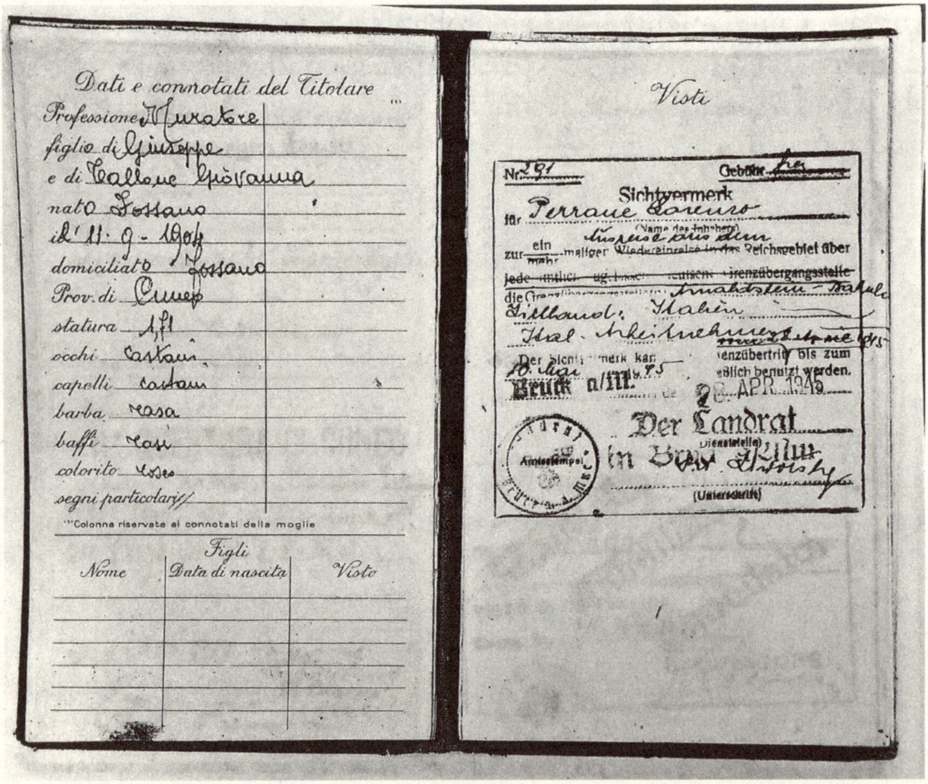
Dati e connotati del Titolare
Professione Muratore
figlio di Giuseppe
e di Tallone Giovanna
nato Fossano
il 11-9-1904
domiciliato Fossano
Prov. di Cuneo
statura 1,71
occhi castani
capelli castani
barba rasa
baffi rasi
colorito roseo
segni particolari //
*Colonna riservata ai connotati della moglie
Figli
Nome | Data di nascita | Visto

Visti
Nr. 291 Gebühr
Sichtvermerk
für Perrone Lorenzo
(Name des Inhabers)
zur ein mehr -maligen ... Reichsgebiet über
die Grenzübergangsstelle
Der Sichtvermerk ... bis zum ... benutzt werden.
Bruck a/Mur, den 28. APR. 1942
Der Landrat
in Bruck a/Mur
Amtsstempel
(Unterschrift)

datos se confirman con los que constan en el registro de varones que se habían presentado para realizar el servicio militar, donde aparecen otros detalles más: en aquel momento se indicó que sus ojos eran grises y que su tórax medía 85 cm.[72]

Por tanto, si el Tacca no era un gigante, entonces es que su complexión debía de transmitir de alguna manera esa impresión a todos los que se cruzaban con él y, en especial, a Levi («pequeñito y delgadísimo»,[73] siempre entre los más bajos y menudos de las fotografías en las que aparece)[74] y en los recuerdos de sus compañeros de cautiverio.[75] Tres años después de haber cruzado la frontera en Tarvisio en dirección a Polonia, sin embargo, la imagen de Lorenzo había cambiado. Es indudable que a su regreso tendría el aspecto de la «miseria negra»:[76] según los numerosos testimonios que conocemos, pesaba como máximo cuarenta kilos.[77] Su pelo, con poco más de cuarenta años, ya era canoso, y su aspecto resultaba a todas luces repulsivo. Pero no estaba enfermo: el certificado médico que se le extendió en el campo de refugiados no deja constancia de ingresos hospitalarios ni de problemas de salud ni informa de que antes de que volviera a casa se le entregase ropa.[78]

Desde luego, no era el único que en aquellos meses atravesó Europa en dirección a Italia en semejante estado. Era uno de los muchos que regresaban del «infierno alemán», una «marea de pordioseros hambrientos», como evidencia Ricciotti Lazzero en su libro *Gli schiavi di Hitler*.[79] «Vuelven a pie, se agarran a trenes y camiones, avanzan por pequeñas etapas, mendigan, duermen como buenamente pueden, caminan como sonámbulos hacia el paso del Brennero, hacia Tarvisio, hacia los siete mil municipios italianos», puede leerse en un artículo publicado en *L'Epoca* el 23 de mayo de aquel año 1945:[80] «Son, entre soldados y obreros, cerca de un millón de hombres».[81] Pese a estar acostumbrado a pasar clandestinamente a Francia, en aquella ocasión Lorenzo viajó de forma regular: de hecho, su pasaporte, renovado dos veces en Breslavia, tenía validez hasta el 24 de mayo de 1945.[82] En cualquier caso, Lorenzo llegó a la capital del Piamonte un mes antes que Cravero y localizó a la familia de su amigo Primo, a la que no supo mentir:

> Atravesado el Brennero, Peruch se consideró ya prácticamente en casa y dirigió los pasos hacia levante. Lorenzo prosiguió la marcha, siempre a pie y en una veintena de días llegó a Turín. Tenía la dirección de mi familia, y encontró a mi madre, a la que quería llevar noticias mías. Era un hombre que no sabía mentir o que tal vez pensaba que mentir era fútil, ridículo, después de haber presenciado el horror de Auschwitz y el desmoronamiento de Europa. Dijo a mi madre que yo no volvería: todos los hebreos de Auschwitz habían muerto en las cámaras de gas o en el trabajo o bien, finalmente, rematados por los alemanes en fuga (lo que era casi al ciento por ciento verdadero). Además, había sabido por mis compañeros que en el momento de la evacuación del campo de concentración, yo me hallaba enfermo. Era mejor que mi madre se fuera resignando.[83]

Los estudios posteriores confirman el episodio que Levi narró de esta forma, con algunas cómicas diferencias y algunos detalles añadidos: según Thomson, Lorenzo se dirigió a Ester con gesto «tímido y torpe», y aquellos acontecimientos se produjeron unos días antes de lo que calculaba Levi.[84] Estas fueron las palabras del albañil, de acuerdo con lo que el autor turinés le contó a Rosenfeld: «Sí, lo vi, lo ayudé, le di pan, comida, pero está enfermo, no creo que consiga volver».[85] Era un hombre «andrajoso, cadavérico, cuya honestidad y sufrimiento se captaban al vuelo», y transmitió a la madre de Levi aquella «noticia tan terrible con una voz que apenas le salía de la garganta». Rina debió de sentirse conmocionada, escribe Angier,[86] pero «no lo mostró». Así, «lo invitó a sentarse a la mesa y le preparó una comida, acompañada de muchas copas de vino».[87] Después le ofreció dinero para que hiciese en tren «al menos la última etapa», hasta Fossano. Pero él —ya nos lo imaginábamos— lo rechazó: «Llevaba cuatro meses caminando, quién sabe cuántos miles de kilómetros, y ya no valía realmente la pena tomar el tren», explicó Levi en «El regreso de Lorenzo».[88]

«Vengo de muy lejos, he caminado durante cuatro meses. ¿Para qué voy a coger un tren hacia mi pueblo, que está tan cerca?», parece que le dijo literalmente a Rina.[89] Después, se dispuso a recorrer a pie los sesenta últimos kilómetros. Doce horas de ruta, según Google Maps. Primero fue a ver también a Anna Maria, en la sede del Comité de Liberación Nacional, en *via* Maria Vittoria: estaba «increíblemente deteriorado» y se sentía «tan inhibido en mi presencia que casi no conseguía hablar», le contó la hermana de Levi a Thomson el 19 de octubre de 1992.[90]

Al final puso rumbo a casa y en Genola —escenario de una tremenda carnicería de los nazifascistas el 28 de abril de 1945—[91] se encontró a un viejo amigo, Cino Sordo,[92] que iba en una carreta, como supo después Angier gracias a su hermano Secondo y como confirmó más adelante el cronista local Menardi.[93] Se encontraba ya a una hora y media escasa de su casa de *via* Michelini. Cino —que Levi recuerda, por error, como primo de Lorenzo— lo invitó a subirse, «pero él declinó la invitación por la misma razón. Así pues, Lorenzo llegó a casa a pie, como había viajado siempre, a lo largo de toda su vida»,[94] leemos también en «El regreso de Lorenzo». No lo olvidemos: «Para él, el tiempo contaba poco».[95] Efectivamente. En cualquier caso, Cino se dio prisa para llegar a Fossano y dar la noticia de que Lorenzo estaba vivo; bastante deteriorado, sí, pero vivo. El Tacca había vuelto.

En aquellos días también su amigo Primo, que se encontraba recobrando fuerzas a una distancia de más de mil kilómetros, mantenía una relación complicada con el tiempo: vivía en el exilio y en la inactividad, en el cese del trabajo y del tormento. En aquel limbo percibía «la respiración pesada de un sueño colectivo», de ese momento en el que «nada defiende al hombre contra sí mismo; tal vez porque en él se percibía la impotencia y la nulidad de nuestra vida y de la vida, y el perfil giboso y torcido de los monstruos engendrados por el sueño de la razón».[96] Hay que insistir en ello, aun a riesgo de resultar repetitivos, porque nos será útil tenerlo en cuenta para el final de esta historia: donde muchos se perdían a sí mismos, donde perdían el sentido de la justicia y del error, Lorenzo no lo hizo. Después de haber caminado durante tanto tiempo no aprovechó la situación, no aceptó siquiera que lo llevasen en carro y no supo esconder la realidad, ni siquiera en aras de un bien superior, ni siquiera para aliviar el dolor. Levi se lo explicó así a Rosenfeld: «Era tan sencillo que no podía ni concebir que a veces se deba mentir por hacer un bien».[97]

Sin embargo, esta transparencia suya no fue suficiente para proporcionarle una vía de salida más allá de aquellos mapas «esquemáticos y distorsionados» que lo habían conducido físicamente hasta casa y que, con toda probabilidad, tiró a la basura en cuanto llegó al Piamonte:[98] él también había conocido el perfil giboso y torcido de aquellos monstruos. Y el mundo, después de tanto horror, se estaba enderezando, dejando atrás a quien debía quedarse atrás. Porque, después de una brusca sacudida, en el año 1945 los «perros de los trineos»,[99] como lo había sido Levi, fueron irguiéndose poco a poco,[100] mientras que Lorenzo siguió caminando con la cabeza gacha: todo iba volviendo a su lugar. Más o menos.

UNA SIMPLE NECESIDAD DE DECENCIA

—Pero hay otros modos de vencer el dolor, este dolor. Hay otras batallas que cada cual debe combatir con sus propios medios, sin ayuda exterior. El que las gana demuestra que es fuerte y al hacer eso se vuelve fuerte, se enriquece y mejora.

—¿Y el que no las gana? ¿Y el que cede de golpe o poco a poco? ¿Qué dirías tú, qué diría yo, si también nosotros nos pusiéramos a... caminar hacia poniente? ¿Seríamos capaces de alegrarnos en nombre de la especie y de aquellos otros que hallan en sí la fuerza de invertir el camino?

PRIMO LEVI, «Hacia occidente», en *Defecto de forma*, 1971[1]

Nosotros, los pocos vivos[1]

I

No debemos pensar que un albañil, un albañil que regresa vivo y a pie en el año 1945 después de haber caminado más de mil kilómetros, se encontrará con algún tipo de fanfarria de bienvenida a su llegada. Tampoco que regresará con la cabeza alta, sobre todo teniendo en cuenta su costumbre de avanzar con la cabeza gacha. Sin embargo, debemos alzar la mirada para tener una visión de conjunto de este hombre que, más de tres años después de marcharse con la empresa Beotti y casi dos años y medio después de aquella Navidad que pasó en casa, vuelve al fin, tras un largo tiempo sin haber dado noticias;[2] o, mejor dicho, llega precedido del anuncio de su amigo Cino. Supongo que este se quedó bastante impactado al contemplar el aspecto físico del albañil: un buen mozo reducido a cuarenta kilos —puede que incluso menos, según le contaron a Angier sus familiares—[3] debió de provocar cierto efecto en él, por contraste con aquella propaganda nazifascista —y con aquellos que creían o habían creído en ella— que aseguraba que los trabajadores «voluntarios» estaban bien pagados, alimentados y nutridos.[4] Un hombre de la estatura de Lorenzo debe pesar más o menos casi el doble. Pero entonces pesaba menos que Levi cuando tenía quince años (por cierto, la delgada figura de Levi, que mantendría a lo largo de toda su vida, fue otro ingrediente fundamental para su salvación).[5] A su regreso, Lorenzo presentaba también una vistosa cicatriz en el muslo: por lo que parece, su amigo Primo en Monowitz no solo había conseguido encontrar a alguien que le reparase los zapatos, sino también a alguien que pudiese proporcionarle medicamentos «organizados» para evitar el riesgo de que una grave herida, que el Tacca se había hecho con el alambre de espino, acabase infectándose.[6]

Salvando los pocos y decisivos pasajes de documentos que nos han permitido reconstruir a grandes rasgos su trayecto —además de los recuerdos de la madre y de la hermana de Primo y del fugaz encuentro con Cino en Genola—, nada sabemos, en cualquier caso, de aquella epopeya de Lorenzo que duró cerca de cinco meses y que podría haber tenido en Levi un gran cantor. Pero ahora que lo tenemos a punto de llegar a casa, probablemente en la primera quincena de junio de 1945, ha llegado tal vez el momento de describir su hogar tal y como era en la posguerra.[7]

Dentro de aquella casa —que, como hemos visto, «cubría» entonces dos números de calle, el 4 y el 6, de *via* Michelini,[8] aunque en la actualidad presente una numeración más alta—, en junio de 1945 estaban con toda seguridad el padre, Giuseppe, la madre, Giovanna, y la sobrina, Emma, a punto de cumplir ocho años. Ignoro si el día en que Cino Sordo se lo cruzó en Genola estaban también los tres hermanos —Giovanni, Michele y Secondo— y la hermana Caterina. Lo que es seguro es que Giovanna se encontraba en Turín.[9] Sea como fuere, en cuanto Cino llegó a toda prisa a casa de Giuseppe, este «tomó el carro y el mulo y se dirigió a Genola para traer a casa a su hijo»,[10] como ha evocado Angier.

Pero Lorenzo, que se había pasado a ver a otro amigo a las afueras de Genola, se negó, una vez más, a subir. «Iría a pie, y cuando le apeteciera»,[11] indica Angier. Casi me parece estar viéndolo, apartando al padre con un gesto de enojo y algunas sílabas farfulladas en piamontés. *Gaute*, vete, padre. Ya voy, *un moment*.

Por otra parte, también Giuseppe se expresaba principalmente con un lenguaje no verbal, y así lo hizo en aquel instante crítico. Añade Angier:

> Tal vez Giuseppe no oyó a su mujer decir que el hijo no quería volver a casa o tal vez no habló de esto con ella, porque siempre había sido alguien de pocas palabras y ya era demasiado tarde para cambiar. O tal vez esta historia no es más que una leyenda de familia, dramatizada y medio inventada, que ofrece una imagen tan potente que enseguida se toma por verdadera. Así es como sigue el episodio: al final, Lorenzo regresó al número 4 de la *via* Michelini, demacrado, gris, con los zapatos destrozados y los pies cubiertos de llagas. Depositó en el suelo su bolsa repleta de piojos. Su sobrina Emma lo miró aterrorizada. Giovanna, la madre de Lorenzo, preguntó bruscamente: «¿Quién anda ahí? ¿Qué quiere?». «Mamá —respondió él—. Soy Lorenzo.»

Esta es una historia de los Perone y, por tanto, en ella no se especifica si Giovanna llegó a llorar. Solo cuenta que ella seleccionó algunos de los objetos que llevaba en la bolsa, incluida la escudilla de estaño abollada, y después quemó el resto.[12]

«*Còsa vol chiel?*», fueron las palabras exactas que pronunció la abuela Giovanna, según lo recuerda su nieta Emma,[13] con la que me reúno setenta y siete años más tarde.

«*Ma Mama, son Lurenz*», respondió él.

2

Los zapatos destrozados, las llagas, los piojos;[14] la bolsa de yuta en llamas. En aquel momento había que hacer realmente *tabula rasa*: todo a la basura, pues. Eso sí, Lorenzo conservó la gamella. Quién sabe: tal vez escondía en ella aquel hermoso recuerdo —parece increíble, pero él también conservaba bellos recuerdos, como veremos más adelante— de los tiempos en los que Primo y Alberto la perdieron y después, gracias a Elias, la recuperaron para su amigo Lorenzo. Pero ahora entraban en juego cuestiones sanitarias surgidas en tiempo de paz. La vida humana estaba empezando a adquirir, de nuevo, un cierto valor. No como ocurría allá arriba.

Por eso, en la primavera de 1945 el nivel de alerta era elevado, en general y también en la Granda (la provincia de Cúneo, en piamontés). Para evitar la difusión de enfermedades infecciosas, cuando Lorenzo y Peruch aún no habían alcanzado la frontera ítalo-austriaca, las autoridades sanitarias de esta provincia habían recomendado «el saneamiento de las personas y de la ropa»[15] de los repatriados llegados desde Alemania. En toda Europa, los departamentos de higiene llevaban meses trabajando a destajo: había que estar aún atentos ante la posible propagación de epidemias y brotes. Mientras tanto, la frágil paz empezaba a convertirse en una realidad cotidiana. Con sus naturales claroscuros.

En Fossano, ya en los primeros días de mayo, se había retomado el trabajo en fábricas y empresas y habían reabierto los comercios por orden del Cuerpo de Voluntarios de la Libertad (la estructura de coordinación general de la resistencia).[16] A finales de junio el alcalde establecía categóricamente que los prófugos y los desplazados durante el periodo bélico tenían que regresar de inmediato a sus localidades de origen,[17] y a principios de julio el semanario *La Fedeltà* escribía que, «un día tras otro, tenemos la alegría de celebrar el retorno de algunos de nuestros conciudadanos desde Alemania», confiando en que el número de estos repatriados seguiría aumentando. Por otra parte, los retornados tenían derecho a recibir una «recompensa» de cinco mil liras y «un conjunto de ropa hecho a medida», con excepción de quienes «se desplazaron voluntariamente a Alemania», en cuyo caso debería comprobarse su «conducta política» y sus «condiciones económicas».[18] «La mayoría de los veteranos de Alemania —escribía a finales de mes el Comité de Liberación Nacional a un oficial sanitario— se encuentran en un lamentable estado de salud y necesitan un aporte nutritivo máximo»,[19] y en su informe de conclusión recordaría que el órgano del que saldría la nueva clase dirigente estaba «sumamente preocupado por el problema inherente a la alimentación pública» y a las «dificultades de las clases menos pudientes».[20] En la carpeta de este Comité de Fossano que se conserva en el archivo local, en la que se incluyen numerosas investigaciones relativas a los antecedentes de muchos de los vecinos, entre miles de papeles con peticiones, declaraciones, denuncias e interrogatorios, no he conseguido encontrar ni rastro de posibles ayudas que Lorenzo solicitase u obtuviese. No puedo descartar del todo que accediese a alguna —o que ignorase incluso que existían estos dispositivos de apoyo—, pero, tras haber tenido ocasión de conocer en estos años su perfil, aunque sea de manera general, creo que puedo sostener que no habría estado muy dispuesto a permitir que alguien sondease su «conducta política» o sus «condiciones económicas». Ni siquiera hay huella de que recibiese algún objeto o alguna suma de dinero del «grandioso» Banco de

Beneficencia que se organizó el domingo 16 de septiembre de 1945: ni su nombre ni su firma aparecen entre los centenares de recibos que aún se conservan.[21] De un listado de representantes de diversas categorías de trabajadores que aparece como anexo a la documentación del Comité de Liberación Nacional de Fossano relativa a aquella iniciativa, que se anunció el 28 de agosto, y en el que sí aparece inscrito a mano su hermano Giovanni —como «albañil [est]acional»—, deduzco que el Comité le pidió a aquel primogénito junto al que Lorenzo había recorrido centenares de kilómetros que donase «alimentos, ropa» o «contribuciones en forma de dinero».[22] El fiero y legendario orgullo del albañil de pocas palabras, pues, podría haber crecido por aquel hecho coyuntural: en una realidad delimitada como el Burgué, que un hermano pidiese ayuda a una entidad en la que se encontraba implicado el otro hermano podría haber dado lugar a habladurías y rumores difamatorios.[23] Tampoco cabe excluir que al menos una parte de la comunidad considerase a Lorenzo un colaboracionista por haber trabajado para los alemanes.[24] Supongo que, protegido entre sus cuatro paredes de *via* Michelini, él seguía con su hambre y con los dos trapos que poseía.

Pero los problemas materiales, por asfixiantes que fuesen, no eran más que una cara de la moneda. En determinados aspectos, esta cara era también la más tranquilizadora, por ser tangible. Se estaba saliendo de veinte años de dictadura, de cinco de conflicto en Europa y de veinte meses de guerra, también civil, en suelo patrio. De hecho, de nuevo el periódico (católico) *La Fedeltà*, sin olvidarse de homenajear a los 38 caídos de la resistencia de Fossano,[25] invitaba a «desintoxicarse» del imperativo de «hay que odiar» que había estado vigente en los años anteriores: «Durante cinco largos años hemos respirado odio», decía uno de sus artículos, y, dirigiéndose también a quienes se habían rebelado, advertía: «Algo ha quedado en nuestros pulmones. Se trata de gérmenes patógenos que han invadido nuestro organismo y que tenemos que quitarnos de encima cuanto antes».[26] No había verdad más grande en el caso de Lorenzo.

Porque el Tacca no solo había cambiado físicamente, no solo estaba enjuto, sucio y herido. Algo en él era diferente: de hecho, ya casi no comía, se vestía de cualquier manera y su silencio era especialmente obstinado, impenetrable.[27] De todas formas, le habría sido difícil comunicar lo que había visto: se sabía muy poco del crimen que se acababa de cometer, las imágenes de los horrores de los campos de concentración aún no habían alcanzado una difusión significativa[28] y hasta la prensa local caía en una gran confusión —era natural, porque aún no se conocían a fondo los hechos— al mezclar los lugares en los que se producía la aniquilación a través del trabajo —como Dachau y Mauthausen— y los campos de exterminio destinados a la «solución final».[29]

Muchos años después —en 1992—, su hermano Secondo, nacido el último, que ya sabía del horror que encerraba Auschwitz, aquel nombre que en su momento había sonado exótico,[30] le contaría a Thomson lo siguiente: «Cuando le pregunté a Lorenzo dónde demonios había estado, él se negó a responderme y se alejó, tambaleándose, junto a un compañero de borracheras. No quería hablar con nadie acerca de Auschwitz y de lo que había visto».[31] En aquellas mismas semanas también el alcalde Manfredi, tras charlar con el hermano Michele, el *Tacca el tulè bel*, el hojalatero que con el tiempo se había convertido en fontanero del ayuntamiento,[32] y con el propio Secondo, escribió en un periódico local que Lorenzo «nunca hablaba de aquello que le había sucedido en Alemania [*sic*]».[33] «Lorenzo jamás le dijo a su familia qué había hecho en Auschwitz», confirmó Angier, la persona que más ha indagado entre los recuerdos de sus familiares para escribir su biografía de Levi.[34] «Si antes era ya solitario y difícil, después lo fue mucho más aún», le escribió en 1997 a Mordecai Paldiel, del Yad Vashem, en la época en la que impulsó la tramitación del proceso para que se le nombrase oficialmente Justo de las Naciones.[35] Había regresado, sí, pero no de verdad. Uno de aquellos primeros días en casa, que, según los cálculos de Thomson, debían ser del mes de mayo —aunque resulta más probable que se situasen en torno a mediados de junio—, Lorenzo «fue encontrado en mitad del campo, desvanecido por el aguardiente y la fatiga».[36]

3

Eran días difíciles para todos, días en los que aún se producían periódicamente asesinatos, días en los que la ilegalidad general era la norma, en parte por la ausencia de certezas sobre el futuro. Luigi *Gino* Bima, alcalde de la época —precedió en el cargo a Manfredi— trataba en vano de «sofocar de una vez por todas la plaga de robos de leña y de ataques a las fábricas, cometidos por individuos que preferían el hurto y la apropiación indebida al trabajo y al esfuerzo diario». Al mismo tiempo, prometió dar un empleo «al mayor número posible de personas», en un proyecto de reconstrucción que, como reconocía él mismo, sería «lento y arduo».[37] En un listado que preparó el Comité de Liberación Nacional de Fossano para los Aliados en cuanto llegaron a la ciudad, sin fecha, aunque con toda probabilidad de mayo de 1945, pasaba lista a los daños del municipio: un puente sobre el río Stura —concretamente en la carretera provincial Fossano-Salmour— destruido y otro dañado, varios edificios, iglesias o arcadas hechos añicos, derribados o deteriorados y «cristales rotos en las ventanas de numerosas construcciones».[38] Como ilustran también las fotografías de la época —por ejemplo, la que aparece en la siguiente página, que muestra el puente de San Lazzaro—, aunque el núcleo habitado hubiese salido básicamente indemne si se comparan sus daños con las destrucciones que sufrieron las grandes ciudades del centro-norte de Italia, en cualquier caso había mucho trabajo por delante. Sin embargo, seguramente en las semanas posteriores a su llegada Lorenzo no trabajó.[39] Tenía otras cosas en las que pensar.

El primer acontecimiento documentado de importancia que tuvo que vivir fue la muerte de su padre, pocos días después de su encuentro en Genola. El martes 3 de julio de 1945 aquel hombre brutal y violento, que probablemente jamás les hizo una carantoña a sus hijos y que pensaba que los gestos de ese tipo eran vergonzosos, expiró al fin. Sin embargo, Lorenzo no fue a comunicar aquel hecho al ayuntamiento; en su lugar, firmaron sus dos hermanos menores, ambos hojalateros: Michele, de treinta y siete años —que escribió «Perone», con una sola erre— y Secondo, de treinta y dos. Ambos declararon que su padre, Giuseppe, de sesenta y ocho años de edad, de profesión chatarrero, había fallecido a las nueve horas y treinta minutos de la mañana.[40] El semanario *La Fedeltà* informó de la noticia unos días más tarde, como solía hacer cada vez que nacía o moría alguien.[41] Sigue siendo un absoluto misterio el hecho de que ambos hermanos —¿tal vez no leyeron lo que habían firmado?, ¿no se entendieron con el encargado del Registro Civil?— declararan que su padre era «viudo de Tallone, Giovanna», cuando en realidad su madre viviría ocho años más.[42]

Sostener que Lorenzo no se prestó a aquella tarea burocrática porque había madurado un rencor sereno o inquieto hacia su «viejo» sería una especulación indebida. Tal vez sea más honesto desde el punto de vista intelectual admitir que, a pesar de todo, puede que se sintiese vinculado a su padre. Pero creo que este no es el punto clave. Sencillamente, no me parece verosímil la imagen de un Lorenzo aliviado por esta muerte. Eso sí, puede que la viviese como una sarcástica coincidencia, porque su relación con el abuso, con la prevaricación, con la violencia —incluso con la violencia justificada, me atrevería a decir— había cambiado radicalmente.

Porque, si ampliamos el alcance de nuestra mirada para englobar también aquellos primeros años entre las reyertas de la taberna Pigher o de cualquier otro lugar, en los que se replicó un automatismo que se transmitía de generación en generación, el dato que más salta a la vista es que después de «Suíss» todo aquello parecía haberse desvanecido. Es un hecho —si es que aquí cabe hablar de hechos, porque para dar cuenta de él debemos confiar en la memoria familiar— que había un aspecto en el que había cambiado, y tal vez la inmediata partida de su padre lo ayudó en este sentido. Aquella violencia atávica que lo había acompañado desde su nacimiento, aquella de los últimos, de las patadas dadas y de las patadas recibidas, de las peleas y —quién sabe— de los palos y los cuchillos, aquella rabia de siglos y de generaciones se había ido con su padre. Era aún un hombre de pocas palabras, un hombre triste, tristísimo —tal vez ya desesperado—, atrapado en el alcohol y los comportamientos autodestructivos, pero se había liberado de la capacidad de hacer daño a los demás, incluso en caso de que tuviese motivos justificados para ello.

Tal vez no sea cierto que Lorenzo dispusiese de una visión de conjunto desde el principio: si lo dije en su momento, fue una manera de intentar arrancar esta historia, aunque al escribirla yo ya sabía cómo terminaría y conocía los hitos que alcanzaría. Pero seguramente ahora sí: ahora que había vuelto, todo parecía más claro. Y dolía. Y, digámoslo aquí, al fin: con toda probabilidad al principio yo me estaba equivocando. Existía alguien que lo había conocido de verdad, y era tan obvio, maldita sea... Pero solo se podía llegar a esta conclusión después de haber leído y releído centenares de veces lo que había escrito esa persona y después de haber intentado interceptar cualquier pequeño jirón de testimonios que hubiese dejado acerca de Lorenzo. Alguien sí que lo había conocido: era su amigo Primo.

4

«El episodio de Lorenzo Perone es tal vez el punto culminante del testimonio de Primo Levi»,[43] escribió Carole Angier a la sobrina de Lorenzo, Emma, en 1995, cuando habían pasado cincuenta años desde el regreso de ambos. Lo descubro en el archivo de Angier, que se custodia en el Centro Internacional de Estudios Primo Levi. «El propio Primo Levi convirtió la historia de Lorenzo Perone en el centro de mesa de su investigación sobre el Ser Humano.»[44] No es una afirmación menor, considerando que procede de una de las personas que mejor conocen la faceta visible de Levi y que más esfuerzos han dedicado a descubrir su faceta oculta, privada, íntima.[45] Si tomamos físicamente en nuestras manos las ediciones italiana e inglesa de las biografías de Angier y de Thomson (ambas ordenadas en función de la evolución cronológica de los acontecimientos) y realizamos una especie de media ponderada, nos impactará comprobar que en 1945, cuando Levi aún no había recorrido ni la mitad del camino de su vida —tenía entonces veintiséis años y viviría cuatro decenios más—, ya hubiese intuido en el fondo todo lo que había que comprender de aquel hombre que, a sus cuarenta y un años, ya era un anciano. Lo comprendió hasta el punto de convertirlo en el «centro de mesa» de su investigación de la naturaleza humana, que es el sentido íntimo de toda su obra, desde *Si esto es un hombre* y su título mismo.[46]

Lo diré con prudencia: tal vez Levi había visto en Lorenzo algo que estaba a medio camino entre una figura fraterna (volveré sobre ello más adelante) y la de un tío adoptivo (de hecho, en su familia el apelativo *zio* o «tío» podía tener un sentido cariñoso, sin que existiera forzosamente ese vínculo concreto de parentesco),[47] y, dado que Rina era bastante más joven que su marido, los tres tíos de Levi por parte materna (dos tíos y una tía, esta última la menor de los hermanos) tenían prácticamente la misma edad que Lorenzo, ya que habían nacido, igual que él, a principios de siglo. En cambio, el albañil del Burgué, quince años mayor, quizá consideraba a su amigo, aquel joven de Turín, más bien como el hijo que no había tenido. Cesare Levi, padre de Primo, que estaba en la cuarentena cuando este nació, había sido un progenitor ausente y distante,[48] al que le gustaba «diferenciarse del vulgo»[49] y que murió durante la guerra (el 24 de marzo de 1942),[50] cuando el albañil de Fossano estaba a punto de cruzar la frontera en Tarvisio y su hijo, químico, estaba a punto de plantearse tomar las armas contra los nazifascistas. Y en el único periodo en el que Levi había «vivido» —y viviría— lejos de su casa de Turín (quitando un breve paréntesis en Milán entre 1942 y 1943),[51] aunque creo que él no lo sabía, Lorenzo se ocupó de él como solo un padre sería capaz de hacerlo. O, al menos, esta es la impresión que da si observamos a distancia su relación: distinguimos a un hombre de más edad, auténtico, genuino, imperfecto como todos, claro que sí, pero que, arriesgando su propia vida, se convierte en una roca a la que es posible agarrarse cuando todo parece perdido. Se aprecia con nitidez esa mano que, de repente, aparece de la nada, asoma entre la niebla o entre los escombros y, firme, te sujeta; te rescata del vacío en el que estabas cayendo.

Y, a su regreso, uno de los primeros pensamientos de Levi fue encontrar a Lorenzo, después de que en los días de la liberación de Auschwitz, como reveló en una entrevista descubierta por Thomson, «de repente tu vecino ya no era un enemigo en la lucha por la vida, sino un ser humano que tenía derecho a recibir ayuda. Esto, para nosotros, fue verdaderamente una especie de despertar. La sensibilidad y la disponibilidad a ayudar a los demás renacía en nosotros y alrededor de nosotros».[52] También en las páginas finales de *Si esto es un hombre* se cuenta cómo recuperó «el sentimiento de humanidad» junto a sus dos compañeros franceses de cautiverio, Charles Conreau y Arthur Ducarne, ayudando a enfermos y moribundos[53] y reencontrándose con la piedad, que hasta ese momento había sido «ineficaz» y que, entre las dentelladas del hambre, «se disipaba tan pronto como nacía».[54] Sin embargo, Lorenzo, aunque desde los márgenes, jamás perdió esa sensibilidad, y Primo lo sabía cuando, el 19 de octubre de 1945, llegó a casa.

La escena final de su propia «tregua» quedaría grabada para siempre en la memoria de sus seres más queridos. Sobre todo en la de Bianca Guidetti Serra, que, junto con otros amigos, corrió hacia la casa de Primo —donde él estaba ya con su madre, Rina, y con su hermana, Anna Maria— en cuanto se enteró de la noticia. Se estrecharon la mano diciéndose «¡hola!»: en aquella época y en aquel entorno social la gente no se abrazaba, como recordaría la vívida y alegre voz de Bianca en un documental británico titulado *The Memory of the Offence*.[55] «Yo creo que jamás llegué a abrazar a Primo», admitió, entre risas, en un documental francés.[56] Por otra parte, Levi tampoco recibió nunca un abrazo ni de su propia madre.[57] Levi le dio las gracias a Bianca por haber ayudado a Rina «y por haberle llevado la carta de Lorenzo», reconstruye Angier, y recuperó «la alegría liberadora de poder contar»:[58] «Había encontrado la misión que desempeñaría el resto de su vida».[59]

Tenía la barba larga, estaba sucio e hinchado, como él mismo escribió en el final de *La tregua*.[60] Llevaba seis meses comiendo únicamente patatas, según recordó (también él entre risas, casi aliviado) en otro programa de televisión en presencia de su hermana Anna Maria,[61] y muchos no lo reconocían. En aquellas primeras semanas, sin embargo, su arraigada timidez se quebró. Empezó entonces a hablar con todos: se estaba convirtiendo en un narrador. En realidad, siempre había sido un oyente de pura raza. «Yo soy una persona a la que los demás le cuentan muchas cosas», escribiría en *El sistema periódico*, y añadió: «[...] y no me quejo en absoluto».[62] El judío alsaciano Jean Samuel (el *Pikolo*), prisionero número 176.817 en Monowitz, que había vivido con él y con Alberto en el mismo *Kommando*, en el mismo barracón, sostuvo en varias ocasiones que Primo tenía la gran virtud de «hacer hablar» a la gente, de escucharla y, después, de recordar.[63] Del «arte de escuchar»[64] el propio Levi diría, muchos años después de su regreso, en el programa de la Rai *Sorgente di vita*: «Yo soy un hombre que habla y que escucha. El lenguaje de los demás me conmueve mucho». Y más adelante, en esa misma época crítica: «Es muy importante entenderse. Entre la persona que se hace comprender y la persona que no se hace comprender existe una diferencia abismal: una se salva y la otra, no. Esta es también una experiencia del campo de concentración: la experiencia fundamental y la importancia que tiene comprender y ser comprendidos».[65] Pero quizá con Lorenzo no lo consiguió. Es probable, en cualquier caso, que uno de sus objetivos fuese «hacerle hablar». ¿Sobre qué? No se sabe, pero desde ese momento pasaron juntos no poco tiempo, me atrevería incluso a decir que bastante tiempo.

Tres o cuatro meses después del regreso del albañil y, como máximo, un par de semanas después del suyo, tal vez ya a finales de octubre —según le dijo a Caracciolo—[66] y con toda seguridad no más tarde del 3 de noviembre de 1945,[67] Levi fue a Fossano. Aquella era una etapa en la que «la sensibilidad y la disponibilidad a ayudar a los demás» se encontraban, tal vez, a su máximo nivel. No en el caso de todos, evidentemente, pero en general reinaba una atmósfera de apoyo mutuo. Aquellos eran los días en los que empezó a organizarse la Jornada de Solidaridad a instancias del partido Democracia Cristiana y a la que se sumó el resto de las formaciones políticas de la Italia libre. En ella se pedían donaciones de dinero, ropa, alimentos, de «todo aquello que pueda aliviar de alguna manera la miseria, las penurias, las privaciones, las angustias de tantas familias desposeídas y desvalidas».[68] Eran los días en los que la Entidad Municipal de Asistencia de Fossano repartía ciento cincuenta kilos de madejas de lana a precio reducido entre las familias *necesitadas*, consideradas como tales de acuerdo con criterios *indiscutibles*.[69] De nuevo Angier sintetiza lo que le contó la familia de Lorenzo.

> Esta es una historia de Primo Levi, y no solo de los Perone. Pero ninguna de las dos, naturalmente, relata el momento del encuentro. Los Perone se limitan a decir que el señor Levi le llevó a Lorenzo un jersey de punto para darle las gracias por aquel otro que él le había regalado en el campo de concentración. Era blanco, con un ribete rojo en el cuello, de lana de cabra. Lorenzo lo conservó hasta su muerte, pero (se intercambian una sonrisa) era tan áspero y picaba tanto que tal vez nunca se lo puso.[70]

Este episodio del jersey es cardinal, considerando todo lo que acababa de acontecer: no es casualidad que el archivo Angier —en el que se guardan las notas de sus entrevistas y las cartas a los familiares de Lorenzo— revele una especie de obsesión contagiosa por los detalles de esta prenda.[71] Era de lana de cabra blanca y tenía un ribete rojo en el cuello. Tal vez era una manera de contrarrestar el gris que se cernía sobre sus vidas paralelas y cruzadas allá arriba, en Monowitz. O tal vez era sencillamente un jersey blanco, cálido, pero incómodo. Me parece conmovedor y lógico que Lorenzo lo conservara hasta su muerte, aunque probablemente no se lo pusiera nunca. Si probamos a situarnos en la perspectiva del salvado, es imposible no formularse en paralelo la siguiente pregunta: ¿acaso nosotros no habríamos hecho lo mismo después de sobrevivir? Un jersey para el invierno, de color blanco: el giro perfecto del hombre que antes se encontraba enredado en la necesidad y que ahora, casi como un samaritano, le tiende a su salvador la mano y, con ella, un regalo simbólico, sencillo, potente. Lo ha descrito bien Samuele Saleri en su tesis, aún inédita, sobre Lorenzo:

> Un gesto de reconocimiento, casi un símbolo que se sobrepone a la chaqueta llena de remiendos que había permitido al prisionero

> resguardarse del frío. Un jersey para el invierno, intacto y entregado de hombre libre a hombre libre. Ahora ambos pueden ser amigos, pueden reunirse sin obligaciones ni prohibiciones, pueden hablarse y preguntarse recíprocamente «¿cómo está?».[72]

Desde luego. «¿Cómo está, Lorenzo?»: eso es lo que, supongo, le preguntó su amigo Primo mientras le tendía la mano, ahora que, por fin, podía hacerlo.

5

La mirada apenas levantada se posa sobre sus manos. ¿Se las estrecharon la primera vez que se vieron y que pudieron hacerlo? Las delicadas manos del químico[73] y las rugosas manos del albañil ¿sellaron así aquella amistad o midieron la distancia que acababa de restablecerse? Y después, los ojos. Los del albañil, castaños, según el pasaporte; grises, según los documentos militares.[74] Los de Levi, azules.[75] ¿Cómo se miraban Lorenzo y Primo, vigilados por los vecinos de Fossano, a los que seguramente les fue imposible no percatarse de aquella anomalía del sistema y no cotillear sobre ella?

Por cierto, a propósito de manos, de miradas y de ser al fin e inesperadamente libres: justo después de haber visto a Lorenzo al menos en una ocasión, Primo envió a la imprenta un texto suyo que es tal vez su estreno absoluto, lo primero que publicó (salvando un poema sin relevancia de sus tiempos de estudiante):[76] apareció en una revista el 22 de junio de 1946, pero estaba fechado el 28 de diciembre de 1945, que, se piensa, es el dato verdadero. Seguramente es la primera vez en la que Levi escribió acerca de Auschwitz pensando en un público, y lo hizo en forma de poesía. Lo mismo ocurrirá con *La tregua*, como reveló la experta en literatura Sophie Nezri-Dufour con ocasión del centenario del nacimiento de Levi, en 2019: en su testimonio, la poesía precedió a la prosa,[77] y él mismo se pronunciaría en ese sentido,[78] pese a que más adelante escribiría pocos poemas.[79]

Este se titula *Buna Lager*:

> Pies llagados y tierra maldita,
> larga fila en grises mañanas.
> Humea el caucho por mil chimeneas,
> nos espera un día como los demás.
> Terribles, al alba, las sirenas:
> «Vosotros, turbas de rostro apagado,
> sobre el horror monótono del fango
> nace otro día de dolor».
> Te veo en el corazón, compañero cansado,
> leo tus ojos, compañero doliente.
> Tienes en el pecho frío, hambre, nada.
> Roto llevas dentro tu último apoyo.
> Compañero gris, fuiste hombre fuerte,
> a tu lado caminaba una mujer.
> Compañero hueco, ya no tienes nombre,
> hombre desierto ya sin llanto
> tan pobre que ni mal te queda,
> tan cansado que ni espanto tienes,
> hombre gastado que fuiste fuerte:
> si volviésemos a vernos
> allá abajo, en el mundo subsolar,
> ¿con qué rostro nos miraríamos?[80]

No debemos descartar que la autosugestión nos conduzca a la exageración, por supuesto, teniendo en cuenta que esta poesía se dirige fundamentalmente a los muchos hundidos y, desde luego, no a los trabajadores «libres». Pero yo diría que entre estos versos podemos encontrar algunas huellas de Lorenzo, considerando que ya se habían reencontrado. O tal vez en ese momento de reencuentro Levi se hizo consciente de la ausencia de muchos, de demasiados, que habían desaparecido allá arriba. Yo, en cualquier caso, veo algo de Lorenzo: los «pies llagados», el «compañero cansado», al que Levi ve «en el corazón», el hombre «gastado» que había sido fuerte, y también esa pregunta a modo de conclusión: «Si volviésemos a vernos / allá abajo, en el mundo subsolar, / ¿con qué rostro nos miraríamos?».

Ambos, el trabajador «voluntario» y el esclavo de los esclavos, más adelante químico esclavo, tuvieron la suerte de hacerlo, y muchas veces, además. En aquel dulce «mundo subsolar» recuperado los dos hombres se miraron a la cara: uno se iba hundiendo —transformándose en larva, por darle la vuelta a la asombrosa metáfora de Levi—; el otro se asomaba a la luz de aquel sol. Con todo, Levi necesitó muchos meses para perder la «costumbre de andar con la mirada fija en el suelo, como buscando algo que comer o meterme en el bolsillo apresuradamente para cambiarlo por pan», como escribiría en las últimas líneas de *La tregua*.[81]

Y se estrecharon las manos; la de Lorenzo era, sin duda, callosa; la de Primo, un órgano noble descuidado,[82] más adelante una «fiel colaboradora del cerebro», como contaría en *El oficio ajeno*.[83] De hecho, pocas semanas después, Levi empezaría a escribir también en prosa, y ya nunca dejaría de hacerlo, comenzando así aquello que Belpoliti denomina su «aventura de narrador y hablador».[84] Porque los elementos se entrelazaban: sus libros de testimonio nacían de los relatos escritos y *Si esto es un hombre* cobró vida «a la inversa»,[85] a partir de las muchas palabras que pronunció un joven que se estaba abriendo antes de iniciar el proceso de escritura, a finales de aquel mismo 1945.[86]

Il Rapporto sulla organizzazione igienico-sanitaria del campo di concentramento per ebrei di Monowitz (Auschwitz - Alta Slesia), que firmó junto con un compañero suyo de cautiverio, el médico cirujano Leonardo De Benedetti, «un hombre bueno»[87] —quien después se convertiría en uno de los personajes de *La tregua*—,[88] apareció en el número de julio-diciembre de 1946 de *Minerva medica*,[89] la revista más importante de este ámbito por aquel entonces.[90] En

Lilit y otros relatos Levi compartió los siguientes recuerdos de Lorenzo, correspondientes al tiempo que pasó entre la redacción y la publicación de aquel texto, que era una especie de matriz «fáctica» de *Si esto es un hombre*. Corría el año 1946, en el que terminaría febrilmente esta obra maestra, aunque no en un arrebato, sino de manera meditada:[91]

> Cuando volví yo también, después de cinco meses tras mi largo viaje por Rusia, fui a verlo a Fossano con la intención de darle un buen jersey para el invierno. Me encontré con un hombre cansado; no cansado del camino, sino cansado mortalmente, con un cansancio sin retorno. Fuimos a beber algo al bar y, por las pocas palabras que conseguí arrancarle, comprendí que su margen de amor a la vida se había sutilizado, había casi desaparecido. Ya no ejercía de albañil. Andaba con un carrito de caserío en caserío, comprando y vendiendo chatarra. Ya no aguantaba más normas ni amos ni horarios. Lo poco que ganaba lo gastaba en la taberna. No bebía por vicio, sino para salir del mundo. Ya había visto bastante mundo: no le gustaba; lo veía precipitarse hacia la ruina. Ya no le interesaba vivir.
>
> Pensé que le vendría bien cambiar de ambiente y le encontré un puesto de albañil en Turín, pero él lo rechazó. Ya se había hecho a la vida nómada: dormía donde le sorprendía la noche (también en el crudo invierno del 1945-1946). Bebía, pero seguía lúcido. No era creyente; no sabía mucho sobre el Evangelio, pero me contó entonces una cosa que en Auschwitz yo no había sospechado.[92]

Aquí tenemos que interrumpir por un instante la lectura del único testimonio escrito de Levi que nos cuenta qué fue de Lorenzo tras el verano de 1945 (aunque encontraremos más fragmentos de esta narración en varias entrevistas, así como en la documentación). La interrumpiremos solo por un instante, para adelantar que, por lo que hemos podido descubrir cotejando otras fuentes, todo lo que había contado Levi en «El regreso de Lorenzo» corresponde casi íntegramente a la verdad. No hay indicios de que el albañil firmara ningún contrato laboral entre 1945 y 1946,[93] y por lo que dicen todas las personas que recuerdan algo de él, se dedicaba a vender chatarra (era un *feramiù*, como su padre). Exponía su mercancía los miércoles, junto a la entrada del cine Iride, según evocó el padre Lenta tras sus «indagaciones entre algunos ancianos de Fossano, entre empresarios y albañiles que habían vivido antes de la guerra en el casco antiguo».[94] Todos los hermanos y demás parientes a los que Thomson y Angier entrevistaron en los años noventa confirmaron que Lorenzo había dejado de trabajar. También lo corroboran los cronistas locales, los guardianes de la memoria de la comunidad.[95] Y, sin embargo, al menos durante varias semanas tuvo un trabajo: así lo revela un importante descubrimiento de la biógrafa de Levi en un archivo. En una breve carta a Emma Dalla Volta (madre del inseparable Alberto) de fecha del 3 de noviembre de 1945, el propio Lorenzo cuenta lo que le había ocurrido, probablemente en el mes de septiembre: «Me caí cuando estaba cortando leña y me hice mucho daño y tuve que estar un mes en el ospital [*sic*] y ahora voy cojeando cosas que pasan en esta vida».[96] Pero seguramente su actividad principal fue la chatarrería. De esto no hay duda.

Michele Tavella, vecino del barrio nacido en 1940, ha recopilado decenas de fotos del Burgué y de sus habitantes a lo largo del siglo XX. Me muestra una de aquellos años, en la que se puede ver a un chatarrero que tira de su carro, con el sombrero calado hasta los ojos. A su espalda, dos chicas sonríen al fotógrafo. El hombre está posando y su rostro no se ve. Pero estoy seguro de que no se trata de Lorenzo. Con todo, esta imagen me permite ver, literalmente, aquellos pequeños carros de dos ruedas. Como da a entender otro relato de Levi, «El valle de Guerrino», no hay que descartar que Lorenzo durmiese «ocasionalmente» en aquella carretilla.[97] Estaba aturdido, exhausto, desesperado. ¿Hablaba de su desesperación? ¿La verbalizaba? Por lo que sabemos gracias a diferentes entrevistas, a su amigo Primo, al que en aquella carta para la madre de Alberto calificó de «buen chico»,[98] sí.

A Caracciolo el propio Levi se lo explicaría así, con los ojos brillantes:[99]

> Decía «en un mundo como este no merece la pena vivir». Y él, que era albañil, que era un gran albañil, había dejado de trabajar como albañil. Se dedicaba a la chatarra, compraba y vendía hierro, y lo poquísimo que ganaba se lo bebía. Yo, que iba de vez en cuando a verlo en Fossano, le preguntaba: «Pero ¿por qué vives así?», y él, con mucha frialdad, me decía... «No merece la pena vivir; bebo porque prefiero estar borracho que sobrio».[100]

Y a Rosenfeld le declaró:

> Cuando regresó a su casa no volvió a trabajar de albañil porque era un hombre herido. No físicamente: estaba herido moralmente. Lo que había visto en Auschwitz, eso mismo que hoy deja indiferentes a tantas personas, lo había herido. Y ya no tenía ganas de seguir viviendo. Empezó a beber. Intenté, en vano, disuadirlo, pero me dijo, con mucha frialdad, «¿y por qué iba a tener que seguir viviendo en este mundo?». Por culpa del alcohol empezó a tambalearse, en invierno se caía en la nieve. Se cayó borracho en la nieve varias veces.[101]

Y a Motola, en cuya entrevista encontramos una alusión inédita y sorprendente al ambiente atómico que se estaba viviendo durante la Guerra Fría, le contó:

> Una vez me preguntó, muy lacónicamente: «¿Para qué estamos en este mundo si no es para ayudarnos los unos a los otros?» Fin. Punto. Pero él tenía miedo del mundo. Haber visto a la gente caer como moscas en Auschwitz lo había convertido en un hombre desdichado. No era judío ni había sido prisionero. Pero era

muy sensible. Después de su regreso a casa, empezó a beber. Iba a verlo —no vivía lejos de Turín— para intentar convencerlo de que debía dejar de beber. Había abandonado su oficio de albañil y se había puesto a comprar y revender trozos de hierro para conseguir alcohol. Se bebía hasta la última lira que ganaba. Le pregunté por qué y me respondió con sinceridad: «Ya no tengo ganas de vivir. He tenido bastante... Después de haber visto esta amenaza de la bomba atómica... Creo que ya lo he visto todo...». Había entendido muchas cosas, pero nunca supo dónde había estado: en lugar de «Auschwitz» decía «Au-Suíss», como «Suiza». Su geografía era confusa. No conseguía vivir con un horario. Se embriagaba y se quedaba dormido en la nieve, completamente borracho de vino.[102]

Lorenzo, el albañil, tenía «miedo del mundo» y había perdido el interés por vivir. Por otra parte, él «no había pedido nacer». Además, y es aquí donde todo se desmorona, ya no tenía ganas de construir.

6

Sin embargo, antes de leer lo que Levi ni siquiera había «sospechado» en Auschwitz —sé que he dejado suspendida esa parte, pero es demasiado importante: se trata de la clave de bóveda de esta historia y es necesario llegar a ella en el momento adecuado—, conviene que intentemos imaginarnos sus encuentros y ubicarlos en aquellos meses que Lorenzo pasó en la taberna, sin trabajo formal, revendiendo chatarra para sacar un par de liras que se bebería al minuto siguiente.

Existen algunas huellas de este tiempo que pasaron juntos, aunque sean indirectas. Las veremos todas. Entre las que quedaron en la memoria familiar de quienes en ese momento eran adultos y a los que hoy ya me resulta imposible consultar, hay una que me resulta impactante en la obra *Primo Levi. Una vita*, de Thomson: el hermano Secondo recuerda que la primera vez que Primo llegó desde Turín, Lorenzo, «con gesto antipático», «esquivó la cuestión de Auschwitz y, con la ferocidad de los alcohólicos, ordenó a Levi que se fuera».[103] No es inverosímil que aquello ocurriera, naturalmente, y Thomson resume así el «regreso»:

> Aquel que en sus tiempos había sido un joven atleta de tórax vigoroso y había pertenecido al selecto cuerpo militar de los Bersaglieri ahora era un borrachuzo, y Levi reconoció en su aliento el olor del aguardiente barato. Perrone se gastaba hasta la última moneda en aguardiente y se quitaba la resaca durmiendo en zanjas o en setos helados. Levi consiguió encontrarle un empleo como albañil en Turín, pero su antiguo oficio le resultaba ya odioso. Perrone solo pensaba en la verbena de Santa Ana, del 26 de julio, donde podría beber gratis para olvidar.[104]

Lo cierto es que trabajó en Turín, al menos durante unos días: su sobrina, Emma, que se había mudado a la capital —en aquella época estudiaba primaria y se sentía muy vinculada a su tío Lorenzo—, recuerda que fue con su madre a recogerlo a la estación de trenes, en Porta Nuova.[105] Pero supongo que la mayoría de los encuentros entre Levi y él tuvieron lugar en Fossano. Hay otra huella, débil, inédita, que descubro también entre los extraordinarios papeles de Angier, entre sus apuntes magnéticos, mitad en italiano, mitad en inglés, que resultan milagrosamente descifrables para mis ojos: por lo que recordaba también Secondo, el hermano de Lorenzo, Primo Levi llamaba a la madre de ambos «*mamma*».[106]

7

La pregunta ahora es: ¿de qué hablaban Lorenzo y Primo?

Podemos dejarnos llevar por las numerosas imágenes que se encuentran en los diferentes textos de Levi. Para empezar, en *La llave estrella*, donde Faussone —recordémoslo: el *alter ego* de Levi, según declaró él mismo—,[107] que no hace más que hablar, en un determinado momento, «en contra de lo que era habitual en él», interrumpe su discurso y camina «silencioso a mi lado, con las manos cogidas por detrás de la espalda y los ojos clavados en el suelo».[108] Casi parece que es la imagen de Lorenzo la que, de repente, se impone. Haber compartido experiencias intensas puede dejar impactados a sus protagonistas en el momento del regreso y romper la magia de las improbables relaciones humanas: este conocimiento forma parte del patrimonio de la conciencia colectiva. O bien —y en este sentido las escenas que ideó pocos años después en *Si ahora no, ¿cuándo?* resultan impresionantes para todo aquel que desee acercarse a una representación vívida de sus horas compartidas— puede ocurrir lo contrario. De estos dos personajes Levi escribe que «permanecían largo rato callados, saboreando este silencio distendido y natural fruto de la confianza recíproca; cuando se han compartido experiencias fuertes no se siente la necesidad de hablar».[109] De nuevo, un *alter ego* de Levi, el relojero Mendel, y su doble, Leonid, que ya he abordado aquí, asociándolo precisamente a Lorenzo (aunque el personaje de Leonid no era un gran bebedor, como tampoco lo era Mendel, por otra parte), cierran una puerta de acceso a esos momentos que han dejado como única huella —la hemos encontrado en las entrevistas, y volveremos sobre ella— algunas frases pronunciadas entre dientes. En *Si ahora no, ¿cuándo?*, Leonid acaba de contar su desdichada parábola familiar, que ha terminado así: «Y yo, ahora, ya no puedo más. No puedo seguir andando hacia quién sabe dónde. No puedo con la sangre y las ranas. Quiero parar, quiero morir». Llegados a este punto, el narrador Levi escribe:

> Mendel no respondió; comprendía que sus palabras no podían reconfortar a Leonid. Tal vez nadie con una historia como la suya podía ser reconfortado con palabras. Y, sin embargo, se sentía

culpable, en falta, en deuda con él, como quien contempla a alguien que no pide auxilio mientras se ahoga en poca agua y, al ver que no pide auxilio, lo deja ahogarse. Para ayudarlo, era necesario entenderlo y, para entenderlo, era necesario que Leonid hablase; pero él siempre hablaba así, cuatro palabras seguidas de silencio, acompañado de una mirada que rehuía la suya.[110]

Y muchas páginas más adelante, después de una «fuga» destartalada y fallida y poco antes de su muerte, causada por una voluntad suicida, se dice de Leonid, aquel «buen chico con mal carácter»,[111] que «empezó a sufrir mucho antes que nosotros» y que lo que necesitaría «es un tratamiento».[112] Es difícil que Levi no haya vertido en este personaje muchos de aquellos silencios y de aquellas palabras en la Pigher y en el Burgué, precisamente en los años en los que Lorenzo habló y escribió no poco. Y es probable que esto haya ocurrido también en la construcción del personaje de Mendel, movido por «una simple necesidad de decencia»[113] y que de cuando en cuando fantaseaba, sumido en el cansancio, en la «vacuidad» y en el «deseo de una nada blanca y tranquila, como una nevada de invierno».[114]

Ya cuando llegó el frío del año 1945, a 1.412 kilómetros de allí donde Lorenzo le había ofrecido un jersey a Primo, cada pieza se recolocó en el lugar que correspondía. Ahora el Tacca estaba en casa y Primo lo había encontrado, lo que prueba el vínculo que se crea entre quien ayuda y quien es ayudado,[115] incluso después de los hechos. Por lo que sabemos, se citaban con frecuencia —tal vez con mucha frecuencia— en la Pigher, donde, según parece, Lorenzo tenía una mesa reservada.[116] O bien se dirigían juntos a la casa de *via* Michelini. ¿Cómo iban vestidos? Tenemos alguna idea de la indumentaria de Lorenzo. A Levi me lo imagino tal y como aparece representado en la obra teatral que Antonio Martorello dedicó al Tacca, *Io vi comando*, representada en dos ocasiones en Fossano en marzo de 2022:[117] elegante, como se estilaba en la época, especialmente en el caso de un químico que estaba iniciando su carrera, y con los zapatos bien lustrados. Y, sin embargo, perdido. Fuera de lugar. ¿Quién podría imaginarse a Levi, pese a lo mucho que le gustaba rodearse de gente corriente —«obreros, empleados del sector del vino, mecánicos metalúrgicos», escribiría Thomson—,[118] sentado entre las pobres mesas de la Pigher mientras se bebía litros y litros de vino o simplemente un par de copas?

La taberna Pigrizia («Pereza») se llamaba así por el apodo de su propietario: Tavella, vecino del barrio, me cuenta que le decía a su mujer, sin dignarse a moverse: «*Porta il mes stup*» (lleva media botella de vino). De ahí el apodo *pigher*, propio de la provincia de Cúneo y que significa, precisamente, perezoso.[119] En Fossano —como, desde luego, ocurre habitualmente también en otros lugares— los motes acaban fagocitando a los verdaderos nombres (como ocurrió con Tacca, claro está) y aún predominan en el Burgué: el propio local de la Pigher pasaría más tarde a manos de Slans,[120] llamado así por lo lento que caminaba.[121] En la Pigher se charlaba, se jugaba a las cartas, especialmente al juego de tresette,[122] se cantaba acompañándose de la guitarra, como era costumbre también en las casas de la gente corriente,[123] y se bebía vino tinto. Una *purcaria* (una porquería),[124] pero siempre tomado en buena compañía, por supuesto.

En los tiempos de aquellos encuentros entre Lorenzo y Primo, incluso Francesco Bertotti, sacerdote que ya había superado los sesenta años, si quería reunirse con los hombres y las mujeres «del pueblo» tenía que interceptarlos en la Pigher, donde se sentaba a su lado: «Venga, padre, tómese una copita con nosotros», le decían a *don Bertott* aquellos cuerpos cuyas almas él buscaba.[125] Lo tenemos en la descripción del cantor de la comunidad de Fossano, el alcalde Manfredi, «invitado de la Pigher»: el lugar en el que

> albañiles y pescadores de lengua bien dispuesta y humor lascivo constituían la bandera popular, franca, burda, insensible al poder y a las conveniencias, y en el que la vida era miserable y fatigosa; era el reino del padre Bertotti, el sacerdote que conocía las mise-

rias y las grandezas de su gente [...] Era el mundo sin tabúes de las mujeres sonrientes y trabajadoras, de las lavanderas, que bajaban a la Rocheis, la fuente que les servía de lavadero, para golpear la ropa sobre la piedra dura...[126]

En la Pigher se cantaba, se tocaba y se gritaba, cuenta también Manfredi, que suaviza así, al menos un poco, la cruda realidad: como ilustra una fotografía que publicó él mismo unos años más tarde, el local estaba y habría estado repleto de «albañiles, operarios, pescadores, gente sencilla, franca, ruda, que puede darse un par de guantazos en la cara, pero después es más amiga incluso que antes: basta con que medie una copa de vino».[127]

No sabemos qué bebía Primo Levi. Seguramente era moderado en su consumo, como confirmó, implícitamente, en *La búsqueda de las raíces*, donde imaginó un imposible encuentro con el poeta del siglo XVIII Giuseppe Parini, al que definió como «uno de aquellos hombres al que, a través de los siglos, desearías conocer personalmente y visitar a menudo; cenar con él a la orilla de un lago, bebiendo vino añejo con moderación».[128] Pero, en paralelo, definía el alcohol como el «espíritu», el *usía* «que alegra el ánimo y calienta el corazón» (así lo expresa en «Potasio»).[129] Conocía, naturalmente, sus efectos excitantes,[130] embriagadores[131] y narcóticos,[132] por experiencia sabía que el alcohol es «necesario», porque en las alturas, donde «pierde el mordiente», «alivia el cansancio, distiende los miembros y los hace entrar en calor, e induce un humor fantástico» (aquí en «Carne de oso», un relato sobre la montaña publicado en 1961).[133] También en el campo de concentración se encontró una manera —letal— de embriagarse mediante el metanol, como leemos en un artículo que escribió para *La Stampa* un año antes de morir.[134] También conocía, obviamente, la sensación de haber «bebido bastante» un vino «turbio, viscoso y acidulado», y el efecto de quedar un poco «alterado» (habla de nuevo Faussone),[135] así como esa sensación que describió magistralmente como narrador también en *La llave estrella*:

> A mí el vino nunca me ha sentado bien. Aquel vino, en particular, me sumió en un desagradable estado de humillación e impotencia. No llegué a perder la lucidez, pero sentí cómo iba debilitándose paulatinamente mi capacidad de tenerme de pie, por lo que temía el momento en que tuviera que levantarme del banco. Notaba la lengua cada vez más trabada; sobre todo, sentí fastidiosamente restringido el campo de visión, y asistía como a través de un diafragma al solemne balanceo de las dos orillas del río, o mejor dicho, sentí como si tuviera delante de los ojos uno de los minúsculos anteojos que se usaban en el teatro el siglo pasado.[136]

De Lorenzo, como si estuviésemos ante una especie de conmutador transfigurador y deformante que de repente convirtiese a Faussone en su *alter ego*, podemos imaginar que, al menos en ciertos momentos críticos, el alcohol no llegó a velar «su lucidez, pero lo había despojado, había resquebrajado su coraza de circunspección. Nunca lo había visto tan taciturno, si bien, curiosamente, su silencio acercaba en vez de alejar. Vació un vaso más, sin avidez ni placer, antes al contrario, con la amarga pertinacia de quien engulle una medicina»,[137] escribiría. Acerca de Sante, un personaje de un magnífico relato, «Huéspedes», en el que da la impresión de que Levi quiere poner lo mejor de sí mismo o, en general, del ser humano, observa que «hacía muchísimo tiempo que no iba a la taberna con calma. Para él, entrar, beberse una copa y salir pitando era como si no se hubiera entrado».[138] De hecho, la necesidad de Lorenzo, que al caminar quemaba suelas y fronteras, parece más «una necesidad metabólica, como el agua en el llano»,[139] que otra cosa. ¿Quién no conoce los efectos del alcohol? Desde luego, Levi (que tenía un whisky preferido, de un estilo muy «británico»: el Ballantine's),[140] sabía describirlos bastante bien, *in primis* porque partía de su legendaria capacidad de observación. El capitán soviético de *La tregua* Iván Antonovič Egorov, borracho perdido y «metido en unos pantalones enormes cuya cintura le llegaba a los sobacos, mientras los faldones barrían el pavimento», se describe como «presa de una tristeza alcohólica desconsolada» y hablaba «con voz sepulcral», alternando «sollozos sonoros y estallidos de llanto».[141] Que cada cual vea en esta presentación tal vez deslavazada los retazos del aspecto físico de Lorenzo que desee, pero a mí me da la impresión de que pueden encontrarse muchos de ellos aquí.

Por otra parte, está la cuestión de la lengua: Levi entendía el dialecto piamontés,[142] claro está —«es el mío, el de mi infancia, el que mi padre utilizaba con mi madre y mi madre con los tenderos»,[143] recordó— y lo hablaba bastante bien, creo,[144] pero tenía perfectamente clara la diferencia entre esta lengua y el italiano (o el francés, el inglés y el alemán):[145] el dialecto, de hecho, es un «lenguaje esencialmente hablado», mientras que el italiano «marmóreo», es «propio de lápidas», escribió.[146] Aquí habla acerca de otro personaje, pero el punto de vista es el suyo:

> Hablaba piamontés, cosa que me hizo sentirme inmediatamente a disgusto. No es de buena educación contestar en italiano cuando te hablan en dialecto, es algo que te confina enseguida al otro lado de una barrera junto con los aristócratas y con la gente respetable, con los *luigini* para decirlo con frase de un ilustre homónimo mío.[147] Pero mi piamontés, aunque correcto en cuanto se refiere a la forma y al tono, es tan plano y tan sin nervio, tan modesto y lánguido, que resulta poco auténtico. Más que un genuino atavismo, se diría el fruto de un diligente estudio de codos, a la luz de una lámpara, sobre gramática y léxico.[148]

Así, en la Pigher, es decir, donde caen todas las máscaras,[149] este hombre «estudiado» y sereno, elegante y correcto, incapaz de utilizar un lenguaje procaz,[150] se sienta frente a Lorenzo, rudo, pero auténtico. Terriblemente real. Ese Levi que siempre estaba entre los primeros de la clase, que estudió química para tratar de poner un orden en el caos, ese ejemplar humano «fabulosamente estacionario»,[151] que caminaba y escalaba, pero por elección, y no por necesidad, que nunca había aprendido a «dar puñetazos» ni siquiera con fines defensivos,[152] sino que más bien encajaba golpes, «no por santidad evangélica ni por aristocracia intelectualista sino por incapacidad intrínseca» (así lo dijo claramente al final de su vida),[153] después del paréntesis de Auschwitz estaba allí, sentado en la taberna. Y estaba ante un hombre que no había pasado del tercer curso de primaria, que había empezado a trabajar a los diez años y que, cuando Levi estaba entre semana en el laboratorio y durante los fines de semana desafiaba a las cumbres de las montañas, él se pasaba semanas caminando, a veces clandestinamente, escupiendo rabia y cansancio para ir al servicio del patrón de turno, maldiciendo al universo entero. Allí estaba el «legendario» Primo Levi «que nunca se enfada[ba]» ya desde los tiempos del colegio,[154] uno de los hombres más serenos, discretos y pacíficos a los que ha dado lugar la cultura humana. Aunque lo suyo era una cuestión de autodisciplina, y no de equilibrio innato:[155] Levi era inquieto, severo y capaz de ser despiadado, pero con las palabras. Estaba frente al Tacca y eso era todo. Y Lorenzo, como ya hemos visto, hablaba, sorprendentemente. Es probable que hablara «como no lo hace nadie», igual que Delmastro, que hablara «solo de lo esencial».[156] Fue en estas ocasiones cuando Levi memorizó gran parte de aquello que sabemos hoy. En una de ellas, por ejemplo, Lorenzo le contó el trasfondo del episodio de la gamella sucia de tierra y pequeñas piedras, cuando se le había reventado el tímpano, pero, aun así, le había llevado la comida. Tal vez «la conversación no se animaba, se avivaba un momento y luego se apagaba como un fuego de leña húmeda» (como dice uno de los relatos de Levi en *Defecto de forma*).[157] O tal vez tenían temas de los que hablar.

A propósito, hasta ahora no he revelado un detalle que tiene su importancia, y un poco más adelante explicaré por qué: Levi, en Fossano, era en cierto modo un vecino más.[158] Aunque en algunas entrevistas llegó incluso a decir que los orígenes de su familia se hallaban en esta ciudad («[Lorenzo] era de Fossano y mi padre era de Fossano, y, además, teníamos conocidos comunes»),[159] en realidad sus antepasados venían de otro lugar, aunque no demasiado lejos (tampoco) de aquella zona: en concreto, procedían de Bene Vagienna, a pocos kilómetros de la localidad; catorce minutos, según Google, con la aldea de Salmour a medio camino, formando una especie de triángulo imaginario. Precisamente los conocidos comunes fueron uno de sus temas de conversación, uno de los primeros que tuvieron, de hecho, allá arriba.[160] Levi recordó en varias ocasiones, por ejemplo en una conversación con Caracciolo, que «para mayor fortuna, una de las ramas de mi familia se encuentra en Fossano, cerca de Cúneo, y también teníamos conocidos comunes, y este albañil que se llamaba Lorenzo Perrone conocía a las tías de mi padre».[161] De estas tías del padre, casi míticas, queda una enorme huella en el único texto público de Levi en el que aparece el apellido de «Perrone». Lo escribió pocos meses antes de su muerte[162] y se trata de una especie de divertimento acerca de cuestiones lingüísticas, que al químico escritor le encantaban, hasta el punto de considerar que la filología era su «oficio frustrado».[163] El relato se titula «La ardilla», y aparece en la recopilación *El oficio ajeno* (1985). Apenas ocupa unas páginas, que comienzan así: «Hace algunos años les presenté a dos tías mías bastante ancianas que vivían en provincias a un señor llamado Perrone. Las tías tradujeron inmediatamente el apellido por Prùn, y durante toda la conversación siguieron dirigiéndose a él como *Munssü Prùn*: éste, por otra parte, aceptó la cosa como natural». Y un poco más adelante: «El caso [...] me sorprendió, porque la distancia fonética entre Perrone y Prùn es grande, y porque yo, urbanita, no sabía que el *prùn* era la ardilla». El relato continúa con un delicioso reconocimiento etimológico y con una serie de anécdotas sobre las ardillas, pero lo esencial no es eso. Gracias a otra emisión de 1985 (una entrevista de Giorgio Bocca), podemos tener la certeza de que Levi les presentó a sus tías a Lorenzo, y que «estas ancianas tías, sordas, incultas, provincianas», reconstruyeron «inmediatamente el verdadero apellido del señor Perrone; Perrone era un apellido falso: el verdadero era Prùn».[164] Pero la cuestión fundamental es otra: en la anécdota final del relato «La ardilla», Levi habla de uno de estos animalitos, que se encontraba en un laboratorio de bioquímica. Estaba en cautividad, dentro de una jaula que se movía describiendo una lenta rotación, lo que la obligaba a caminar continuamente «para evitar que ésta [la jaula] la arrastrara», ya que «en ese laboratorio se realizaban experimentos sobre los problemas relacionados con el sueño». Escribe Levi:

> La ardilla estaba exhausta: movía pesadamente las patitas en aquel camino sin fin, y me recordaba a los remeros de las galeras, o a aquellos condenados a trabajos forzados en China, obligados a caminar durante días y días dentro de unas jaulas parecidas a las que se usan para sacar el agua de los canales de irrigación. En el laboratorio no había nadie. Yo apagué el interruptor del motorcillo, la jaula se detuvo y la ardilla se durmió al instante.[165]

Más allá del final con la típica ironía que este autor se aplicaba a sí mismo[166] («Quizá sea culpa mía, pues, si sobre el sueño y el insomnio se sabe aún tan poco»),[167] lo que impacta de esta descripción que cierra un relato centrado en la figura de Lorenzo (es él quien constituye el episodio desencadenante y el pretexto) es precisamente su anécdota final, esa en la que se presenta a un animal obligado a realizar un esfuerzo propio de Sísifo, que en aquel momento crítico se corresponde íntegramente con su existencia. Para Lorenzo, sin duda alguna, fue así. En otra entrevista, de 1978, Levi declaró lo siguiente: «Empezó a beber y a mí, que lo iba a visitar a menudo, me decía con mucha frialdad que ya no quería vivir, que ya había visto suficientes cosas».[168] Estaba melancólico porque ya no era útil. Así lo escribió con total claridad al Yad Vashem la biógrafa de Levi, tal vez la persona que mejor ha conocido a Lorenzo, a pesar de no haberse cruzado con él jamás: si se dejó ir no fue porque hubiese visto demasiado el mal, sino porque ya no podía hacer el bien. Angier lo explica así en inglés:

> *Not just because he had seen too much evil,*
> *but because he could no longer do good.*[169]

Llega al fin el momento de revelar aquella verdad que eclosionó ante los ojos y la mente de Levi en uno de sus encuentros tras el regreso, tal vez el primero. Para ir sobre seguro, digamos que fue en noviembre de 1945. Si hasta ahora he jugado con la fábula y la trama y no he querido revelar antes la cuestión de las tías y de los parientes de «Bene» (así llamaban todos a la localidad de Bene Vagienna)[170] y de los conocidos comunes es porque no quería inducir a error: cualquiera podría haber pensado que en realidad Lorenzo ayudó a Primo porque era un compatriota, porque era piamontés, porque los dos eran prácticamente paisanos y, aunque un poco desde lejos, «Lorenzo sentía especialmente cercana a aquella mano de obra masculina no cualificada» (sé que esto lo he escrito yo mismo; que se me perdone la autocita). Cualquiera, incluso vosotros, lectores, podría haber pensado que, aunque tendamos a ayudar al prójimo que se encuentra en dificultad, seamos o no creyentes, lo cierto es que algunas personas nos parecen, a la manera de Orwell, más prójimas que otras. Que con ellas la tentación del bien es más evidente. Pero Lorenzo era diferente, y esto es algo que su amigo Primo no descubrió hasta su regreso. Antes ni siquiera lo había sospechado:

> Allí no me había ayudado solamente a mí. Tenía otros protegidos, italianos y no italianos; pero le había parecido mejor no decírmelo. Se viene al mundo para hacer el bien; no para vanagloriarse de ello. En «Suíss» él había sido rico, al menos respecto a nosotros, y había podido ayudarnos. Pero ahora ya se había acabado: no tenía más ocasiones.[171]

Lorenzo el Tacca, «Lo. Pe.», «san Antonio», Don Quijote, Munssü Prùn, tenía pocas palabras: sus manos estaban demasiado ocupadas en ayudar. Sin embargo, en ese momento, al igual que Leonid, se estaba ahogando sin pedir ayuda. Tal vez hablaba como él («cuatro palabras seguidas de silencio, acompañado de una mirada que rehuía la suya») o probablemente, en parte porque no podía cargar semejante peso sobre los hombros de su amigo químico, no era de esas personas a las que se pueda reconfortar con palabras.

Después de haber consumido toda su energía y de haber arriesgado la vida centenares de veces por el prójimo —próximo o distante, daba igual—, Lorenzo empezó a removerse, pero poco a poco, como aquella ardilla que quería evitar verse arrastrada. Y mientras su amigo Primo buscaba obstinadamente el sentido profundo de toda su existencia, él perdía sin remedio el sentido de la suya.

Esta, de hecho, es una historia de Lorenzo, no de Primo Levi. No de aquella nueva vida que estaba empezando, sino de aquella que, inexorablemente —aunque nunca haya nada inexorable en la historia y en las parábolas humanas—, terminaba.

De quien siempre se acuerda de usted[1]

I

La empresa Beotti, con la que se había marchado Lorenzo, continuó su actividad. A finales de aquel año trasladó su sede y sus oficinas al número 2 de *via* Tempio, también en Piacenza, y menos de doce meses más tarde inició las obras de «reconstrucción de un edificio» en Milán, concretamente en *via* Pontaccio.[2] Como ya hemos visto, cesó su actividad en 1966.[3] Merece la pena que volvamos al contrato que firmaron en 1942 las sociedades Beotti y Colombo, ya que, en el anexo sobre las cualificaciones y las funciones de los obreros, se indicaba que los albañiles —como Lorenzo, que lo era formalmente, según he confirmado consultando su documentación de trabajo íntegra—[4] debían «ser capaces de realizar enlucidos y levantar paredes, incluso con revestimiento de tipo Klingerit».[5] Puede parecer superfluo señalarlo, pero las habilidades como las suyas eran fundamentales en la Italia de los primeros momentos de la posguerra. Considerando el pueblo lleno de escombros que tenía ante sí,[6] no le debía de ser difícil encontrar empleo. Sin embargo, en su documentación de trabajo, emitida en 1937 y que recoge la última fase de su vida, consta como parado durante largos periodos, prácticamente ininterrumpidos. Ya me he referido al hecho de que no existen indicios de que se le contratara en 1945 ni al año siguiente, pese a su mención a la caída cortando leña y el recuerdo de su sobrina Emma, que podría corresponderse con una fase más bien breve. De hecho, aparece inscrito de manera continuada en los servicios de empleo de Fossano. En el pasado, solo había estado apuntado a ellos una vez, en julio de 1940, lo que, deduzco, debió de coincidir con el momento en el que tuvo que regresar a toda prisa a Italia después de la «puñalada por la espalda» que había dado el pistoletazo de salida a la guerra fascista.[7] Incluso si se tiene en cuenta que tradicionalmente los albañiles de Fossano solían trabajar a jornal y que su profesión era típica de la franja de varones de entre dieciséis y cuarenta años, edad a partir de la cual las contrataciones experimentaban un descenso natural (ya a principios del siglo xx más de siete de cada diez albañiles de la ciudad tenían entre once y cuarenta y cinco años),[8] lo cierto es que este vacío, sobre el que no hay ninguna duda, resulta sorprendente.

Su experiencia era innegable: conocía el oficio, pero ya casi no lo ejercía. Y además de recoger chatarra con su carretilla de dos ruedas, supongo que haría algunos pequeños trabajos de albañilería: en la caótica posguerra la gente no atendía demasiado a formalidades. Pero considerando la densa maraña de empleos que desempeñó formalmente entre 1942 y 1945 —con Saporiti en el aeropuerto de Levaldigi, con Beotti y Colombo en Monowitz—, llama la atención esta condición suya de parado crónico. Incluso en el campo de concentración, como ya hemos abordado en parte, «el trabajo podía, por el contrario, convertirse a veces en una defensa». Lo era —como escribió Levi en *Los hundidos y los salvados*, refiriéndose principalmente a los esclavos— para aquellos que

> conseguían insertarse en su propio oficio: sastres, zapateros, carpinteros, herreros, albañiles. Estos, al encontrar su actividad habitual, recuperaban, en cierta medida, su dignidad humana. Pero también era una defensa para muchos otros, como ejercicio mental, como evasión del pensamiento de la muerte, como ma-

nera de vivir una jornada; por lo demás, es un hecho conocido que las preocupaciones cotidianas, aunque sean penosas o fastidiosas, ayudan a apartar la mente de amenazas mayores pero más lejanas.[9]

Sin embargo, Lorenzo no quería defenderse o, al menos, no quería hacerlo así: no bastaba con el «trabajo bien hecho» para engañar a su mente, para apartar aquel pensamiento. Él, que en el pasado no había perdido su dignidad, ahora, con la cabeza gacha, sufría.

En los primeros tiempos de la posguerra «los viejos callaban y los jóvenes vivían», explicó el bibliotecario Menardi a Saleri.[10] Y las fotografías de la época se rinden a esta evidencia, tal vez banal y, en cualquier caso, intrínseca a la naturaleza humana. Basta con contemplar a los jóvenes del Burgué en los años cuarenta: nos da la impresión de que su vitalidad casi nos impregna la piel.

De acuerdo, pero ¿acaso Lorenzo, con cuarenta y un años recién cumplidos, era ya viejo? Dejando aparte todo lo que hemos visto acerca de la percepción que tenía su amigo Primo sobre las personas de cuarenta años, lo cierto es que a los ojos brillantes de los jóvenes de su barrio probablemente sí lo era. De hecho, es como si en el tiempo que pasó en casa después de «Suíss» su figura se hubiese evaporado. Tavella, el vecino del barrio y futuro decorador

que en la época de este largo regreso de Lorenzo comenzó a ir, como Emma, a la escuela primaria, recuerda a la perfección a todos los hermanos: Giovanni *barba Giuanin* —que, según me cuenta, padecía un problema respiratorio en esos años—, los hojalateros Michele y Secondo, con el que después trabajaría («él me quería mucho») y también la hermana Caterina. A Giovanna, en cambio, no la recuerda. Es natural, porque se había marchado de Fossano con su hija, Emma. De Lorenzo, con el que es imposible que no se cruzase en aquellos años —vivía y vive a veinte metros escasos de la casa en la que él vivió—, Tavella no tiene ningún recuerdo: «Se dice que no salía, que no tenía muchas relaciones», me explica.[11] Es un hecho que, mientras a los albañiles de Fossano no les faltaba el trabajo, él, el Tacca, «casi nunca salía de casa», como me confirmó en 2020 su sobrino Beppe.[12] Puedo imaginármelo agitando su cabeza entre sus manos, tambaleándose y diciéndose a sí mismo —más que a los demás— «*mi son frustame*». Me consumí allá arriba.

2

Primo Levi cumplió todo lo que él y su inseparable Alberto se habían prometido hacer: lo hizo todo, pero realmente todo, por Lorenzo. No es que yo, personalmente, tuviese alguna duda al respecto. Pero he encontrado las pruebas que lo demuestran. Las huellas están en una de las cartas que Lorenzo le escribió a Primo, en la que confiesa el abismo que se había abierto en su corazón: «Siempre recordándolo, les envío mis saludos más sinceros a usted y a su querida mamá y a su hermana y soy su amigo Perrone Lorenzo adiós». Es la primera, la más escueta.[13] Se trata de una tarjeta postal en la que se ve una imagen panorámica de su Fossano. La fecha del sello está medio borrada, pero se envió desde Cúneo el 27 de febrero (o tal vez el 27 de julio) de 1946, para el «Sr. Primo Levi».

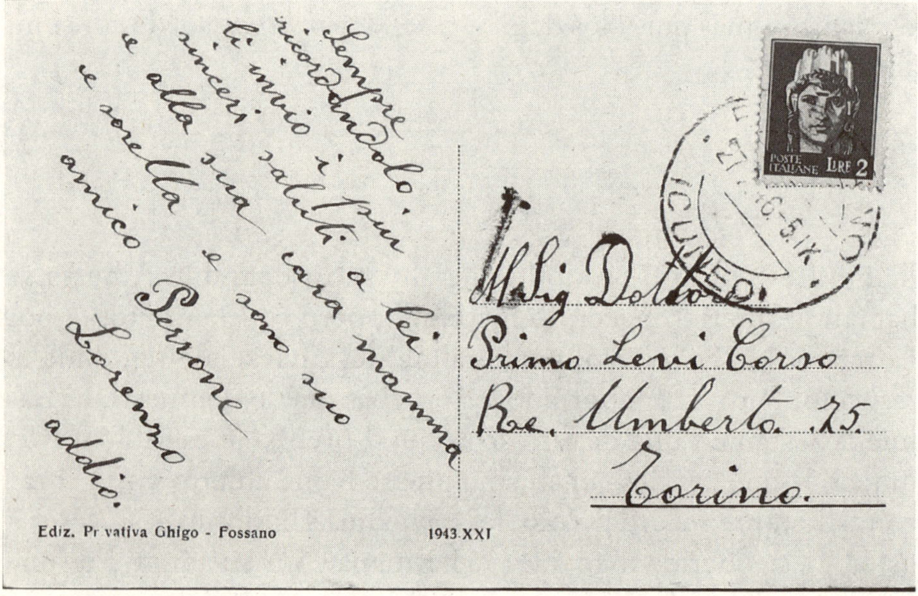
Sempre ricordandolo. Li invio i più sinceri saluti a lei e alla sua cara mamma e sorella e sono suo amico Perrone Lorenzo addio.

Ill.mo Sig Dottore
Primo Levi Corso
Re Umberto 25
Torino

POSTE ITALIANE LIRE 2

Ediz. Privativa Ghigo - Fossano 1943-XXI

Ingenuamente, no había pensado que Lorenzo tratase de usted a Primo, pero esta era una relación asimétrica,[14] como muchas otras que cultivó Levi: «Como químico, siendo experto en las afinidades entre elementos, me siento un inútil ante las afinidades entre individuos. En este terreno todo es verdaderamente posible; basta pensar en ciertos matrimonios improbables y duraderos, en ciertas amistades asimétricas y fecundas», escribiría en el volumen *La búsqueda de las raíces*,[15] con el que hizo pública su antología personal de autores fundamentales en su vida, y que elaboró prácticamente al mismo tiempo que apareció en las librerías «El regreso de Lorenzo», en *Lilit y otros relatos*. Habría podido imaginármelo, en cualquier caso. Sabía que se habían escrito, sabía también que no queda nada de las «docenas de cartas» que Primo Levi le mandó a Lorenzo y que ya en los años noventa Angier intentó localizar, sin éxito:[16] solo encontró las que el albañil le envió a Emma Dalla Volta y que hoy forman parte de su archivo.[17]

Pero lo que no imaginé jamás es que iban a aparecer las que Lorenzo le envió a Primo. La sensacional noticia me llega desde el Centro Internacional de Estudios Primo Levi, el día que comienza el verano de 2022, como si así, de una manera perfecta, se cerrara el invierno del que ambos acababan de salir, el primero de la posguerra. Si estamos a finales de febrero de 1946, todo encaja; si estamos a finales de julio, no. Sea como fuere, estas cartas existen, fueron escritas y se han conservado, y constituyen un ancla documental para el año 1946, el primer año de paz, al menos en este trozo de Europa.[18]

Y si de Lorenzo solo tenemos estas pocas —pero maravillosas— líneas del año 1946, Levi, por el contrario, era un caudaloso río: «Hablar es una medicina segura», leemos en el relato «El desafío de la molécula».[19] Levi sintió que escribir en el campo de concentración lo «alivió»,[20] que fue «terapéutico».[21] Es decir, que se curó con las palabras. En el duro enero de 1946, cuando «todavía la carne y el carbón estaban racionados, nadie tenía coche, y nunca se habían respirado en Italia tanta esperanza y tanta libertad», Levi malvivía: «Todas las cosas que había visto y sufrido me quemaban dentro. Me sentía más cerca de los muertos que de los vivos, y avergonzado de ser hombre, por ser los hombres quienes habían edificado un lugar como Auschwitz. Auschwitz se había tragado a millones de seres humanos, muchos amigos míos, y a una mujer que yo llevaba en el corazón». Pero él ya había encontrado la clave para salir de aquello, como recordaría en el relato «Cromo», de *El sistema periódico*:

> Me daba la impresión de que si lo contaba me purificaría, y me sentía como el viejo marinero de Coleridge, que va agarrando por el camino a todos los invitados que acuden a la fiesta para imponerles su cuento de maleficios. Escribía poemas concisos y sangrientos; hacía, unas veces por oral y otras por escrito, narraciones vertiginosas, tanto que poco a poco criaron luego un libro. Cuando escribía, encontraba un breve lapso de paz y sentía que volvía a convertirme en hombre, un hombre como los demás, ni mártir, ni infame, ni santo. Uno de tantos que forman una familia y, más que hacia el pasado, miran hacia el futuro.[22]

Además, en aquellos días el destino tenía reservado para Levi «un regalo diferente y único: el encuentro con una mujer, joven y de carne y hueso, dejándome sentir a través de los abrigos su calor contra mi costado, alegre en medio de la niebla húmeda de las avenidas, paciente, sabia y segura mientras caminábamos por las calles aún flanqueadas de escombros».[23] En el mes de septiembre del año siguiente, Lucia Morpurgo se convertiría en su mujer,[24] y así, «en pocas horas», se sintió «nuevo y lleno de potencias nuevas, limpio y curado del largo mal, dispuesto por fin a entrar en la vida con alegría y vigor. También de repente se había curado el mundo que me rodeaba, y se había exorcizado el nombre y el rostro de la mujer que descendiera conmigo a los infiernos para no volver a salir de ellos nunca»,[25] es decir, de Vanda Maestro.

> Hasta mi misma dedicación a la escritura se volvió una aventura distinta; dejó de ser el itinerario doloroso de un convaleciente y aquel mendigar compasión y rostros amigos para convertirse en

una construcción lúcida en la que ya no me sentía a solas. Era la obra de un químico que pesa y reparte, mide y emite juicios sobre pruebas evidentes, y se afana por contestar a los por qué. Junto al alivio liberador propio del veterano de guerra cuando se pone a contar, experimentaba ahora un placer complejo, intenso y nuevo al escribir, similar al que había sentido de estudiante al entender el orden solemne del cálculo diferencial.

Era arrebatador buscar y encontrar, o crear, la palabra adecuada, es decir, proporcionada, breve y poderosa; extraer las cosas del recuerdo, y describirlas con el máximo rigor y el mínimo embarazo. Paradójicamente, mi bagaje de memorias atroces se transformaba en riqueza, en simiente. Al escribir, me parecía estar creciendo, como una planta.[26]

Así es como se consumó la divergencia perfecta entre los dos amigos: uno que se abre y el otro que se apaga. Cumpliendo su promesa, Levi trató de ayudar a Lorenzo, proporcionándole «algo de dinero» y «ropa», pero parecía que no había nada que hacer, como le confesó a Caracciolo: estaba «realmente demacrado», «traumatizado por lo que había visto allí, en Auschwitz», y, al ser «un hombre extremadamente sensible, aunque casi nunca hablara», se había quedado «profundamente herido y ya no quería vivir».[27]

A Levi, en cambio, le parecía estar escribiendo acerca de «un pasado remoto».[28] *Si esto es un hombre* se publicó el 11 de octubre de 1947, cuando aún no habían pasado dos años de su regreso,[29] aunque algunas de sus partes habían aparecido ya en el periódico *L'amico del popolo* y en la revista *Il Ponte* entre marzo y agosto de aquel mismo año.[30] En cuanto los primeros ejemplares de *Si esto es un hombre* salieron de la imprenta, le llevó uno a Lorenzo. Lo mismo hizo con Bianca Guidetti Serra, que conservó su copia de aquella primera edición, dedicada: «Para Bianca, Primo».[31] Quién sabe qué dedicatoria le escribió a Lorenzo; tal vez la misma, tal vez añadió algo más. Sin embargo, aunque puede que esa copia aparezca en un futuro próximo o lejano, lo cierto es que hoy por hoy está desaparecida. Para la madre de Lorenzo la pérdida de su marido había supuesto una dura prueba. Su hermano Giovanni estaba «completamente encerrado en sí mismo», y Caterina, «la más orgullosa» de la familia, se puso al frente de aquella casa, como cuenta Angier. Fue precisamente Caterina quien conservó las fotografías de Lorenzo y sus documentos de trabajo, «porque para ella Lorenzo era su trabajo, o la parte no corrompida de él». Pero se deshizo de todo lo demás: de ese modo desaparecieron «la escudilla de estaño con la que les había llevado la sopa a Primo y a Alberto, la ropa, incluido el famoso jersey blanco de lana de cabra, y los libros, entre ellos su ejemplar de *Si esto es un hombre*, con la dedicatoria de Primo».[32] No tiró a la basura las cartas de Levi en un primer momento, «tal vez porque demostraban que alguien más había querido a Lorenzo» y había luchado por él:

> Pero aquellas cartas demostraban algo más: que Lorenzo se había entregado a la autodestrucción, que bebía porque quería morirse. Al final, la vergüenza provocada por la correspondencia de Primo fue creciendo hasta sobrepasar el poco consuelo que les proporcionaba a Caterina y también a los demás Perone, temerosos de Dios e inflexibles. Caterina o algún otro miembro de la familia destruyó aquellas cartas poco después de su muerte, igual que en 1945 Giovanna quemó la bolsa que Lorenzo se había traído de Auschwitz y, con ella, todo lo que contenía.
>
> Es una triste pérdida para un biógrafo, evidentemente. Pero es aún más triste para Lorenzo y para su familia.[33]

Hemos indagado pormenorizadamente en todas las palabras que Levi dedicó en público al albañil —por escrito, verbalmente—, así que tal vez es justo que se haya desvanecido la memoria de aquellas líneas íntimas y personales. O tal vez es más probable que esta sea una de esas historias que nos contamos para consolarnos cuando algo se ha perdido sin remedio.

3

Primo Levi se trasladó por trabajo a Avigliana —en el tramo bajo del valle de Susa—, pero después dejó aquel empleo para vivir al abrigo de su antigua casa, situada en el *corso* Re Umberto, en Turín. Se había referido a sí mismo como un «caso extremo de sedentarismo»:[34] tras su muerte, Bianca Guidetti Serra recordaría, además de las largas caminatas con él por las montañas y las colinas, las «interminables conversaciones en su salón, en la misma habitación en la que había nacido».[35] Levi era un hombre estático —exceptuando sus paseos por el campo y sus excursiones— y estable, y se había vuelto bastante locuaz. Justo lo contrario de Lorenzo, que estaba siempre en movimiento, replegado sobre su dolor y su rencor. Pero no vertió sobre los más débiles aquella rabia de generaciones, de siglos, tan antigua como la historia misma: la convirtió —permítaseme utilizar una vez esta palabra inmensa— en amor: «[...] sin el amor, ¿qué valor tiene la vida?», se pregunta el poeta de Levi en su diálogo con un doctor.[36] Es un amor que brota directamente de las líneas manuscritas de Lorenzo para Primo. Es el amor que solo un hombre bueno puede sentir. Es una voz que deriva del verbo amar, de esa palabra que, sorprendentemente, no existe en piamontés.[37]

La carta que el Tacca le envió a Primo desde Fossano el 14 de diciembre de 1947, redactada en dos hojas de cuaderno, aún no es desesperada, pero deja entrever un «dolor sin fin».[38] Si he descifrado bien la letra, en ella escribe «Auschwiss» (Auschwitz) y habla de los «hermosos momentos» que pasó con su amigo Primo «allí»; y le manda un fuerte abrazo, que en realidad casi busca para sí mismo, porque «es mejor olvidar»: al recordar esos instantes, el vello se le *riattrissa* (se le eriza), pero no se aprecia aquí ni un ápice de rabia.

> Estimado señor Primo Levi:
>
> Vengo por estas pocas líneas a informarle de que estoy bien de salud como espero que lo estén también usted su mujer y su

> madre debo decirle que todavía no he podido leer el libro que me ha mandado porque en cuanto me llegó me lo q[u]itó de las manos otra persona que quería leerlo también así que soy el último espero leerlo esta misma semana cuando usted habla de Auschwiss se me eriza el vello y es mejor olvidar a veces todavía sueño por las noches con aquellos hermosos momentos que pasamos allí. Sin más les saludo de todo corazón y les deseo unas felices Navidades a toda la familia y reciba un fuerte abrazo de quien siempre se acuerda de usted su amigo Lorenzo Perrone adiós.[39]

No tengo ni idea de si más adelante Lorenzo leyó *Si esto es un hombre*. El caso es que no lo mencionó en sus cartas, y aquello que, llegado el caso, se dijeron de viva voz acerca del texto seguirá siendo un vacío en esta historia. Pero alguno de los miembros de su familia habrá reconocido aquellos pasajes, dentro de los capítulos «Los acontecimientos del verano» y «El último», en los que se hablaba del Tacca.

No creo que Lorenzo pudiese albergar ese sentimiento de vanidad que empujaría prácticamente a cualquiera a «buscarse» entre aquellas páginas, pero pienso que también es plausible que, vivo y desempleado, no llegase a saber nunca qué había escrito su amigo Primo sobre él en aquellas doscientas cincuenta líneas escasas (cinco páginas impresas, en total)[40] en las que se condensa la historia de su relación humana, aquella historia que le recordaría constantemente a Levi que aún existía «una remota posibilidad de bondad» por la que merecía la pena sobrevivir.

4

Sin embargo, no debemos caer en la trampa de pensar que en aquel año 1947 Primo Levi era ya Primo Levi. Me explicaré, y pido disculpas de antemano si subrayo una obviedad: *Si esto es un hombre* se encontró con el rechazo inicial de la editorial Einaudi, que lo ignoró varias veces más, aunque unos años más tarde daría marcha atrás en su decisión (incluso entonces imprimió un número de copias inferior al de la primera edición de la obra: dos mil).[41] La primera tirada, a cargo de la editorial Francesco De Silva, fundada por Franco Antonicelli,[42] tuvo una difusión bastante modesta para la época. Levi no alcanzó el «estatus» de testigo hasta finales de los años cincuenta, una vez que Einaudi publicó la obra en 1958. A finales de 1959 el autor presentó su libro dos veces, ante un público compuesto por mil trescientas y mil quinientas personas, respectivamente, y comenzó así un compromiso que marcaría, en fases alternas, su misión como testigo.[43] Sin embargo, más de diez años antes, en 1947, la edición de *Si esto es un hombre* circuló solo en su entorno y poco más, como evocó el propio Levi en *Los hundidos y los salvados*:

> Se publicó por primera vez en 1947, con una tirada de 2.500 ejemplares que fueron muy bien acogidos por la crítica, pero que sólo se vendieron en parte: los 600 ejemplares que quedaron, depositados en Florencia en un almacén de libros no vendidos, se anegaron en las inundaciones del otoño de 1966. Después de diez años de «muerte aparente», volvió a la vida cuando lo aceptó el editor Einaudi en 1957. Muchas veces me he planteado una pregunta inútil: ¿qué hubiese pasado si el libro hubiera tenido una buena difusión de entrada? Tal vez nada de particular: es probable que yo hubiese continuado mi cansada vida de químico que se convertía los domingos en escritor (y ni siquiera todos los domingos); o quizá me hubiese deslumbrado y, quién sabe con qué fortuna, hubiera izado la bandera de escritor, de tamaño natural. La pregunta, como decía, es ociosa: el oficio de reconstruir un pasado hipotético, qué habría ocurrido, está tan desacreditado como el de adivinar el porvenir.[44]

Levi escribió principalmente para dar testimonio y para liberarse de la angustia,[45] no para convertirse en escritor, pese a que era muy consciente de que estaba dando un paso decidido en aquella dirección.[46] Y, por lo que parece, funcionó, tal vez precisamente gracias a este decenio de suspensión, de relativo «fracaso» en el que *Si esto es un hombre* recibió una acogida superficial, como el testimonio de un veterano de guerra, poco o nada más. Pero el interrogante que se había atrevido a poner por escrito sobre su obra en general, ese «qué habría ocurrido», es inevitable también en el caso específico de Lorenzo y de esas doscientas cincuenta «líneas memorables» —en palabras de Cavaglion—[47] que, a partir de 1958, leerían decenas de miles de personas primero, centenares de miles después, y que hoy constituyen un patrimonio global al alcance de millones de lectores prácticamente en cualquier rincón del planeta. Sus actos, que arrojaron una luz casi cegadora e inesperada sobre aquel planeta gris, solo fueron revelados a algunos centenares de personas cuando él aún estaba vivo. Personas que, además, no podían conocer la cara ni el apellido de Lorenzo.

5

Imagino que a partir de la primavera de 1948 Lorenzo y Primo se vieron menos. A principios de abril, Primo empezó a trabajar sin descanso[48] en la empresa Siva (Società industriale Vernici e Affini),[49] una fábrica de barnices de Turín situada en *corso* Regina Margherita, número 274 (aunque en 1953 se trasladó a la localidad de Settimo Torinese). Su nuevo lugar de trabajo estaba situado a unos cinco kilómetros de la casa de Levi, pero a la misma distancia de Fossano que el anterior, en Avigliana, en cuyos alrededores dormía.[50] Creo que el principal motivo de que aquellos encuentros se fueran haciendo cada vez menos frecuentes era que su mujer, Lucia, estaba embarazada: de hecho, el 31 de octubre de aquel año nació Lisa Lorenza,[51] su hija mayor, a la que Levi quiso dar el nombre de su amigo albañil[52] al que estaba intentando ayudar.

Así, Lorenzo le envió una tierna postal de Navidad, con un paisaje de montañas nevadas en una de las caras y «dos límeas [*sic*] para la pequeña Lisa Lorenza», «deseándoles unas felices fiestas y una buena entrada deaño [*sic*] y que el cielo les ayude adiós. Lorenzo».[53] Pero eso no fue todo: al mismo tiempo, envió una carta. No era extensa, pero tampoco breve. En ella descubrimos que no se encontraba bien: a las puertas del invierno, padecía una bronquitis crónica. Ahora ha llegado el momento de contener la respiración y leer de corrido el testimonio más dulce y sobrecogedor de Lorenzo —y no de su Lorenzo— que ha llegado hasta nosotros.

Está escrito de su puño y letra, dos días antes de la Navidad de 1948, la primera que su amigo viviría como padre. Ahora que hemos alcanzado ya este punto de su historia y de su parábola humana, tal vez no tiene sentido añadir ningún comentario más.

Esta es la carta. Decir que es descorazonadora es quedarse cortos.

Estimado señor Primo:

le respondo a su carta me ha encantado saber que usted aún se acuerda de mí solo que yo no puedo acordarme de usted porque

cuando uno es pobre siempre será pobre pero este año he sido rico en salud aunque usted ya sabe cómo es mi enfermedad cuando se acerca el inbierno [*sic*] siempre me da un poco de bronquitis y así será hasta que me muera. me a [*sic*] encantado saber que hace dos meses su señora dio a luz a una niña el regalo más grande que usted ha podido hacerme es haberle puesto el nombre de Lisa Lorenza así llevará también mi nombre pero pido al Señor que no tenga que llevar también los sufrimientos que he padecido en mi vida. por favor salude a su señora y a su madre y a toda la familia de mi parte y su amigo De Benedetti. y le deseo una feliz Navidad y una buena entrada deaño [*sic*] a toda la familia y que reciba un destello del corazón de quien siempre lo recordará su amigo Perrone Lorenzo adiós

Le confirmo que necesitaría muchas cosas pero usted ya ha hecho mucho por mí y hasta me da vergüenza pedir. ya está bien.[54]

Y restituirán[1]

I

Esperaba poder encontrar a alguno de ellos aún vivo. La última empresa que contrató a Lorenzo, el 13 de septiembre de 1949 —acababa de cumplir cuarenta y cinco años—, con un salario de 45,60 liras por hora,[2] se llamaba Dutto Antonio & figli y era de la localidad de Spinetta Cuneo. Después de llamar por teléfono decenas de veces a varios Dutto de media provincia —se trata de un apellido bastante común en la zona de la Granda— e iniciar los trámites en el archivo de la ciudad y en la Cámara de Comercio local, decidí lanzar una especie de búsqueda colectiva difundiendo a través de las redes sociales el sello de la empresa y los datos básicos que había obtenido sobre ella a través de algunos fragmentos de conversación con supuestos parientes y descendientes. Al mismo tiempo, seguía descartando los numerosísimos casos de homonimia. Fue así como descubrí que a uno de los dos hijos de Antonio, de nombre Aldo, se le conocía con el apodo de El Dutturin[3] (tal vez este mote se aplicaba a toda su familia)[4] y, después de unas decepciones iniciales —los albañiles del lugar no recordaban esta empresa—,[5] gracias a la ayuda incansable de Vera Masoero, de la sede de la central sindical CGIL en Cúneo, me enteré de que la familia de El Dutturin está enterrada en el cementerio de la parroquia de Spinetta.

El albañil Antonio Dutto, «patrón» (*capomastro*), según el Anuario General de Italia de 1935,[6] aparece con ese cargo en todos los documentos[7] hasta principios de los años cincuenta, momento en el que empezó a utilizarse la denominación «empresario».[8] Tenía ocho años más que Lorenzo. Había nacido en 1896 en Peveragno, a unos treinta kilómetros de Fossano, y lanzó su actividad en dos ocasiones, como demuestran los expedientes que se conservan en el archivo histórico y telemático de la Cámara de Comercio de Cúneo. Empezó en Spinetta, entre 1931 y 1939, hasta poco más de dos meses antes de que estallase la segunda guerra mundial, y retomó su proyecto inmediatamente después del conflicto, en 1946, mientras estaba reparando un edificio de su propiedad que había quedado dañado por los combates.[9] En septiembre de 1950 la empresa se trasladó por fin a Cúneo, y a día de hoy no consta oficialmente como disuelta, pero es posible que el Registro Mercantil cancelase su inscripción de manera automática tras el fallecimiento de su propietario, que se produjo en 1958, como demuestra su certificado de defunción anexo al asiento de la sociedad en ese registro.[10] Fue esta nueva empresa, que se dedicaba «exclusivamente» a la actividad de la «industria de la construcción», la que intervino en 1949 en unas obras de Fossano. Así lo certifica el sello que aparece en la documentación de trabajo de Lorenzo, al que contrataron para ese proyecto. Sobre ese sello firmó el propio Aldo, como podemos comprobar si cotejamos la firma con la de otro expediente de aquel mismo año, relativo a unos trabajos de ampliación de una propiedad de su familia.[11] Esta era una fase en la que, en parte gracias al plan de construcción de viviendas sociales (el Piano Fanfani), que preveía la edificación de casas para los trabajadores, el periódico *La Fedeltà* de Fossano celebraba la apertura de nuevas obras, que traerían «una cantidad no despreciable de trabajo que aliviará el problema del desempleo».[12]

Sin embargo, no hay nadie que recuerde a Lorenzo, dado que incluso los hijos de Antonio, que se supone que trabajaron con él en aquel año 1949, han fallecido ya. En el fondo de mi corazón confiaba en encontrar a alguien, pero todas mis investigaciones me han conducido únicamente a fríos datos empresariales o a gélidos nombres y fechas inscritos en lápidas. Además de Antonio, que murió en el año en que se publicó la nueva edición de Einaudi de *Si esto es un hombre*, sus hijos, Aldo —El Dutturin— y Oreste murieron en 2002 y en 2020, respectivamente, como certifica, implacable, el panteón familiar en Spinetta. También su hermana, Caterina, falleció en 2008. Evidentemente, era una débil esperanza esta de encontrar a alguien que en aquella época tuviese unos veinte años —con lo que hoy pasaría ya de los noventa— y que guardase algún recuerdo de Lorenzo. Era tal vez una vana ilusión, pero valía la pena intentarlo. Ahora ya no nos queda más que dejar este vacío y continuar, poniendo rumbo hacia el final de esta historia.

Sin embargo, se me queda grabada una imagen, tal vez superflua y seguramente bastante floja como base documental; una vacua sugestión, más que otra cosa: se trata de la fotografía de Antonio Dutto que aparece en su lápida, en el cementerio.

Cuando lo observo, el rostro del último empleador del Tacca parece tener un aire reconfortante, o tal vez simplemente es lo que quiero creer: de un conflicto en torno a la construcción de varias leñeras en el que estuvieron implicados sus vecinos de la localidad de Tetti Bovis y el departamento técnico del Ayuntamiento de Cúneo y que se estuvo arrastrando durante más de un año se deduce que el empresario Antonio Dutto era más bien persuasivo en sus «charlas».[13] No sé si fue él quien convenció a

Lorenzo para que trabajase en su empresa y, en tal caso, cómo lo hizo o, a la inversa, si el empresario se decidió a darle una oportunidad. Lo único que sé con seguridad, como también sabría sin duda el patrón Dutto, convertido ya en empresario con una cierta experiencia, es que de esa forma aceptó hacerse cargo de un barco a la deriva. Porque el destino del albañil —aunque es fácil decir esto a toro pasado, lo cierto es que en aquel momento había indicios de sobra para saberlo— ya estaba escrito.

2

Lorenzo se encontraba enfermo. Así se lo escribió a Primo en la Navidad de 1948, como ya hemos visto: «usted ya sabe cómo es mi enfermedad cuando se acerca el inbierno [*sic*] siempre me da un poco de bronquitis y así será hasta que me muera». Quizá sufrió una recaída a finales de 1949, cuando llevaba dos meses trabajando para la empresa Dutto Antonio & figli y llegó un nuevo invierno. Lo cierto es que el 14 de enero de 1950, cuatro meses después de que se lo contratara para las obras de Fossano, se había inscrito de nuevo en el registro de desempleados.[14] Ninguna pista documental relevante de Lorenzo me ha permitido reconstruir decentemente sus dos últimos años de vida (sí sé que fue al menos en una ocasión a visitar a Levi, y no a la inversa, según lo que recordaba la mujer de este, Lucia),[15] salvando, una vez más, las palabras de su amigo Primo y de quien ha cultivado, de cerca y de lejos, su memoria. Empecemos por quien lo conoció de verdad. Si seguimos los testimonios de Levi por orden cronológico y los cotejamos con cuidado, hay algo que aflora. En la entrevista de 1978 (que se publicaría tras su muerte) en la que el autor sostiene que Lorenzo ya no quería vivir, que «ya había visto suficientes cosas», también afirmó que el albañil había regresado «mucho más desesperado que yo», que se sentía «aterrorizado por lo que había visto, asustado, herido» y que había contraído la tuberculosis.[16] En «El regreso de Lorenzo» (de 1981, recordémoslo) escribe simplemente, sin más detalle, que «se puso enfermo», aunque añadió que «gracias a mis amigos médicos conseguí que lo internaran en un hospital. Pero, como allí no le daban vino, se escapó».[17] En otra entrevista de 1983 se confirma la enfermedad: era tuberculosis, alias «Tbc».[18] «Enfermó de tuberculosis», le repetiría después a Motola, en 1985, y a Rosenfeld, en 1986.[19] A este último le explicó lo que ya había escrito cinco años atrás, añadiendo una dramática alusión a su propia impotencia: «Lo enviaron al hospital, pero allí no le daban vino, así que se escapó. Intenté ayudarlo a recuperarse, pero fue en vano».[20] En la entrevista de Caracciolo, también en 1986, apareció un lugar al que nunca antes había hecho referencia: «Se emborrachaba y dormía al aire libre. Se cogió una pulmonía. Yo lo mandé a Savigliano, al hospital, pero allí no le daban vino y se escapó. Más tarde lo encontraron moribundo en un canal, donde estaba durmiendo, borracho».[21]

Es como si Levi, en el decenio que precedió a su propia muerte, en el que concedió la gran mayoría de las entrevistas que dio a lo largo de su vida y que en buena parte se publicaron como diálogos póstumos[22] —en ellas se repitió a menudo, con alguna que otra variación,[23] y mostró que empezaba a sentir miedo de perder la memoria—,[24] hubiese querido esparcir, uno tras otro, todos los elementos esenciales para que sus lectores pudiesen saber qué le había sucedido a Lorenzo, aunque sin aportar fechas precisas. Lorenzo, pues, enfermó de tuberculosis —¿tal vez todo empezó con una pulmonía? ¿O viceversa? ¿Y la bronquitis sobre la que le escribió a Primo?— y fue ingresado en un hospital de la cercana ciudad de Savigliano gracias a sus amigos médicos, pero huyó porque necesitaba beber. De acuerdo, pero Levi, que estaba algo familiarizado con el trabajo de los historiadores y con sus implicaciones más profundas,[25] habría tenido que saber que las huellas se disipan, se evaporan, se desvanecen. Porque, por desgracia, no hay forma de comprobar todos estos datos a más de setenta años de distancia: en aquella época, el hospital de Savigliano contaba con una de las pocas áreas para tuberculosos de la región,[26] pero el historial médico de Lorenzo, que sería la ayuda más valiosa, es literalmente ilocalizable, y es posible que ni siquiera llegase a existir, ya que en Italia no fue obligatorio que los médicos elaborasen sistemáticamente este documento hasta que se aprobó la reforma sanitaria Mariotti, entre 1968 y 1969. Por cierto, ¿quiénes eran estos amigos de Savigliano? No he conseguido llegar al fondo de esta cuestión. A veces las cosas acaban así, y uno se ve obligado a condensar meses enteros de búsquedas infructuosas en las que, como en este caso, han participado como mínimo seis personas, entre archiveras y archiveros y funcionarias y funcionarios —a las que estas búsquedas les han requerido quién sabe cuántas horas de trabajo— en un exiguo párrafo desarmado, que certifica que, hasta que se demuestre lo contrario, aquí existe un vacío documental. Los agradecimientos están en parte para eso, tal vez sobre todo para eso: para que quien ha asumido la responsabilidad de dirigir las excavaciones pueda expresar su gratitud a quienes se han llenado las manos de polvo durante días e incluso semanas, y lo han hecho por él.

A setenta años de distancia se ha buscado el historial clínico por todas partes, en el archivo del hospital de Savigliano, que se conserva en Vignolo desde el año 1951: entre los años 1938 y 1949 la documentación se trasladó al Archivo Histórico de la Ciudad (estos son también los imprevisibles obstáculos con los que se topa cualquier excavación) y todos los expedientes llegan como máximo a los años cuarenta.[27] En cualquier caso, se ha procedido a realizar la correspondiente búsqueda en Vignolo: enfermedades infecciosas, medicina, cirugía, incluso datos sobre maternidad y obstetricia, por si acaso. Pero no ha aparecido nada de nada. Según me explican, no es tan infrecuente que sea imposible localizar historiales tan antiguos, si es que existen. Por desgracia, el personal no sanitario no tiene derecho a acceder a estos archivos, así que tal vez valdría la pena hacer un intento con los registros de ingresos hospitalarios de aquel doloroso bienio, al menos a partir de 1950,[28] año en el que debió de comenzar la lenta agonía de Lorenzo. En sus memorias privadas,[29] el doctor Francesco Fruttero, hijo del fundador y director de este hospital —que en el siglo XIX era un lazareto—, Enrico (fallecido en 1940), trabajó en este centro entre 1945 y 1953, pero no menciona ni a Levi ni a Perrone. No obstante, es posible que ni siquiera supervisase el área de tuberculosos,[30] y seguramente tampoco era, pese a lo que yo esperaba, el «contacto» de Levi.[31] Tampoco lo es la otra familia «histórica» de médicos de Savigliano.[32]

Entonces ¿cuándo comenzó la historia clínica de Lorenzo, su caída gradual hacia una situación cada vez más crónica, cada vez más desesperada? De acuerdo con lo que le contó Carlo Morra, bibliotecario de Fossano nacido en 1935, a Saleri, Lorenzo era ya un *ciucatun* (un alcohólico) enfermo desde 1950 o 1951. Pero estamos ante unas débiles huellas en una memoria insegura y que expresa una autocrítica:

> Mis recuerdos de Lorenzo Perone son pocos y hoy también bastante borrosos. Creo que la primera vez que lo vi fue en 1950 o 1951, cuando iba con un tío mío que debió de trabajar ocasionalmente con él. Cuando le pregunté quién era aquel señor en tan malas condiciones me respondió que se trataba de un albañil (un «albañil no especializado», como se diría ahora), enfermo, que ya trabajaba poco y que era más fácil encontrarlo en la taberna.
>
> Lógicamente, mi recuerdo es muy vago y se mezcla con lo que más adelante leí en Primo Levi.[33]

Aunque no tenga ningún recuerdo de Lorenzo, que no era más que uno de los muchos tuberculosos que entraban y salían del «departamento Tbc», el doctor Giovanni Niffenegger, nacido en 1927, empezó a trabajar ocasionalmente en el hospital de Savigliano justo en 1950 y dos años después se convirtió en empleado fijo de este centro. «Estos son recuerdos de mi juventud, aún son vívidos —me dice—. Fui allí tantas veces...» Suspira al recordar a los tuberculosos, que «iban y venían» y que «expulsaban bacilos por millones», hasta tal punto que aún están vivas en su memoria las muertes de una enfermera y de una monja, infectadas por aquellos pacientes.[34]

El histórico alcalde Manfredi, que en la época del «regreso» de Lorenzo (por cierto, igual que Morra, él sostiene que Perone se escribía con una sola erre) tenía entre diecinueve y veinticinco años, recordó a principios de los noventa que en aquella fase de su vida el albañil iba de una taberna a otra hasta que en los establecimientos se negaron a darle de beber; que se escapó «por las orillas del Salmour» y lo «encontraron moribundo», y que en ese momento Levi «hizo que lo trasladaran al hospital de Savigliano, donde tenía a varios conocidos», reproduciendo con toda probabilidad, al menos en parte, lo que poco que antes había declarado Levi.[35]

Y, naturalmente, de nuevo en los años noventa, Thomson y Angier empezaron a intentar reconstruir, cada uno por su cuenta y con similar tenacidad, los últimos meses de vida de Lorenzo: el primero corrobora que había contraído «una tuberculosis agravada por una broncopulmonía»,[36] lo que, teniendo en cuenta también lo que escribió Lorenzo a finales de 1948, confirma que los datos que Levi «esparció» posteriormente son correctos. Sin embargo, en su archivo conservado en la Wiener Holocaust Library de Londres no hay rastro de ningún documento escrito en el que consten las causas de la muerte, aunque sí aparecen otras fuentes primarias, como el certificado de nacimiento y la partida de bautismo.[37] En sus conversaciones de aquellos años, Thomson consiguió, no obstante, conocer una escena más, de gran valor documental:

> Una noche, bajo el efecto del aguardiente, Lorenzo estuvo charlando con un expolicía, de nombre Araglia, que, como se descubriría después, además de ser un sintecho también sufría de tuberculosis. Perrone lo invitó a su casa a tomar otra copa y el policía se quedó dormido en el suelo, junto a los cinco hermanos y hermanas de Perrone. Como alcohólico, Perrone era más vulnerable frente a la tuberculosis. Al cabo de unas semanas, empe-

zó a toser sangre. Levi consiguió para él una cama en el hospital de Savigliano, no lejos de Fossano, donde conocía a un médico. Le compró jerséis de lana y unos pantalones de invierno y se sentó junto a su cabezal, sosteniendo su mano entre las suyas. Perrone empezó a tener alucinaciones: ratas, leones y, de acuerdo con lo que contó su hermano Secondo, «bestias aladas».[38]

Es habitual que el alcoholismo y la tuberculosis vayan de la mano. Antes se creía que las causas de ambos estaban relacionadas con la miseria y las precarias condiciones de vida; hoy en día se tiende a subrayar la relación tan estrecha que existe entre los dos cuadros, casi como si formasen una espiral. Aunque es cierto que en ocasiones el alcoholismo va ganando espacio en los hábitos de los pacientes que quieren aliviar el dolor que les provoca la tuberculosis, en el caso de Lorenzo, como ya hemos visto, la dependencia del alcohol estaba ya claramente asentada cuando contrajo la Tbc. Desde hace decenios somos conscientes de que, como escribió a principios de los noventa el croata Vladimir Hudolin, neurólogo, psiquiatra, especialista en alcoholismo y uno de los mayores expertos mundiales en los problemas vinculados con el alcohol, cuando aparecen en un mismo paciente la tuberculosis y la adicción a la bebida «es necesario que el tisiólogo, el psiquiatra y el especialista en alcoholismo trabajen en estrecha colaboración». En algunos países se crearon centros específicos con este enfoque, en parte porque un elevado número de alcohólicos con tuberculosis crónica se mostraban «rebeldes» frente al tratamiento y porque, en general, las personas con adicción al alcohol presentan una actitud hostil «hacia los fármacos y las terapias y prestan poca atención a su salud».[39] Cuando hay alcoholismo, el sistema inmunitario se encontraba y se encuentra —resulta fácil entenderlo— bajo una presión importante, y a todas luces este fue también el caso de Lorenzo, que ya padecía una bronquitis crónica antes de contraer la tuberculosis. El etanol interfiere en el funcionamiento normal de diversos componentes del sistema inmunitario, lo que conduce a una inmunodeficiencia e incrementa la susceptibilidad frente a ciertas infecciones, en aquella época sobre todo la pulmonía y la tuberculosis.[40] Es un terrible círculo vicioso: sin lugar a dudas, Lorenzo se vio arrastrado de lleno a él. El contexto había cambiado en los últimos decenios, gracias a las legislaciones de 1913 y 1923, ya que se reconocía al fin el alcoholismo como una enfermedad, aunque, debido al gran éxito que tenía ya la antropología criminal, a los bebedores reincidentes se les consideraba individuos a los que había que castigar.[41] Pero Lorenzo ya había pensado en hacerse daño él solo, no era necesario que viniesen otros a castigarlo.

Tal vez es poco amable decir que estaba buscando deliberadamente su propia muerte, aunque todas las fuentes secundarias de las que disponemos coinciden, prácticamente sin diferencias significativas (salvando al bibliotecario Morra, que invita a la prudencia),[42] en esta lectura de los acontecimientos. No obstante, el propio Levi escribió en su relato «A su debido tiempo» lo siguiente: «El que uno esté cansado de la vida, o simplemente lo diga, no siempre quiere decir que desee morir. Por lo general, lo que uno quiere las más de las veces es vivir mejor».[43] Pero ¿acaso Lorenzo se permitía albergar alguna esperanza de una vida mejor? Es difícil proponer una respuesta a esta pregunta: hacerlo requeriría ponerse a hacer conjeturas. ¿Dónde se encuentra el límite entre resistir con desgana a la enfermedad y al deterioro, «sufrir» la muerte sin oponer resistencia[44] y suicidarse lenta y metódicamente, envenenándose día tras día con cínica determinación? Desde luego, el impacto de «Suíss» había alcanzado de lleno a Lorenzo, que estaba balanceándose en un acantilado.

Allá arriba «había podido ayudar, hacer algo bueno en este mundo. Después, todo eso se acabó», escribe Angier. Había sido «rico», entendiendo este adjetivo a la manera de Levi, en la acepción más noble que se pueda imaginar. Pero ahora el orden del mundo se había restablecido:

De nuevo, era pobre y no estaba en condiciones de ayudar a nadie. De hecho, ahora era él quien necesitaba ayuda. Y para que la situación quede aún más clara: resulta que fue Primo quien se puso a ayudarlo. Primo daba con la misma naturaleza y el mismo silencio que habían caracterizado a Lorenzo. Repitió que no estaba dando, sino restituyendo, y aunque hubiese seguido restituyendo durante el resto de su vida, jamás saldaría su deuda con Lorenzo. Pero las posiciones se habían invertido: ahora el judío era Lorenzo y lo sería para siempre. Pero no conseguía aceptar la ayuda de nadie. Y así fue.[45]

Levi iba a visitarlo al hospital cada semana, como averiguó también su biógrafa, que nos regala algunos detalles desgarradores de la memoria familiar: «Los hermanos acudían a menudo, la hermana pequeña [Giovanna] viajaba desde Turín, Caterina se pasaba por allí casi a diario. Pero en el hospital no se le permitía beber y, en cuanto tuvo ocasión, se escapó».[46] Así me lo confirma la sobrina, Emma, que recuerda con intensidad aquellos meses —en los que tenía catorce años— y, sorprendentemente, resuelve de un plumazo prácticamente cualquier ambigüedad sobre el misterioso contacto de Levi en Savigliano: fueron los hermanos —Michele y Secondo— quienes ingresaron a Lorenzo, y no Levi. A la orgullosísima Caterina no le habría gustado que Levi «redondease» así esta narración, ya que podría dar a entender que la familia no se ocupó de él.[47] Pero es posible que el autor, en realidad, no quisiera apuntarse el tanto, sino poner el acento en su propia responsabilidad y asumir así una nueva carga.

«Había muchos que se dedicaban a aquel "trabajo" de escaparse, por desgracia», me confiesa, con un tono maravillosamente empático, el doctor Niffenegger, recordando la época en la que tenía veinticinco años.[48] Lorenzo, pues, volvió a casa, donde, otra vez en palabras de Angier «se lo debió de recibir con consternación, porque era contagioso, había salido ilegalmente del hospital y se moría de ganas de beber».[49] Emma, en cambio, me cuenta, emocionada, que en realidad se organizó un gran almuerzo para celebrar su regreso.[50] Después, los familiares —aquí habla de nuevo Angier— «se pusieron en contacto con Primo, que quería que lo llevasen a Turín. Lorenzo se negó una última vez. Al final, la familia llamó al hospital y Lorenzo tuvo que volver allí».[51] Quienes lo trasladaron fueron sus hermanos varones, que en aquellas tristes semanas iban y venían hacia y desde Savigliano en Vespa para atenderlo. Su habitación era más que digna, con una cama para él solo, pero ya no había nada más de lo que hablar.[52] También Manfredi, al que la propia Angier entrevistó en 1992, recordaría que los hermanos y las hermanas «lo visitaban solícitamente y lo asistían», pero él «guardaba en secreto, como una tumba», lo que había visto y vivido.[53] Pero el detalle de la familia que —por el bien de él y de todos, es evidente— lo obligó a ingresar de nuevo es especialmente lacerante, considerando que estamos ante un alma nómada, vagabunda, dicho sea con el mayor amor y respeto. Era un bebedor empedernido, desde luego, y también es cierto que ya había caído completamente en la adicción. Pero igualmente da la impresión de que quería morir libre, igual que libre había vivido.[54] Ya podía dejarse ir, liberado al fin también de aquella violencia que le había caído encima con su apodo eterno, el Tacca, y que, por lo que recordó el padre Carlo Lenta ante Angier —y es una hipótesis que tampoco descartan los viejos vecinos del barrio y el sobrino Beppe—,[55] tal vez antes que a él se le había endosado a sus antepasados.[56]

Por cierto, el nombre del padre Lenta aparece una y otra vez en el trabajo de investigación de Angier y Thomson. Y conviene que lo contemplemos más de cerca, porque fue una figura crucial en esta historia o, mejor dicho, en la historia de la memoria de esta vida vagabunda. De la misma edad que Levi (nació a principios de 1919), Carlo Lenta se ordenó sacerdote en 1942, un mes después de que Lorenzo llegara a la Buna.[57] Cuando este regresó, era ya miembro del Cabildo de la Catedral de Fossano, y el 1 de mayo de 1951 se convirtió en capellán del Hospital Mayor de la ciudad natal del Tacca.[58] Escribió algunos libritos, como *Solo l'amore ci può salvare*, en los que denunció «el dominio y la explotación del hombre sobre el hombre»,[59] fue un «sacerdote justo»[60] y hasta su muerte, el 30 de abril de 2003, dedicó sus cincuenta y un años y medio como capellán a los enfermos.[61] Thomson, que lo entrevistó diez años antes, cuando Lenta tenía setenta y cuatro, no lo recuerda como alguien tan anciano: era muy amable, muy paciente, y estaba muy vinculado a «su» gente. Era «*a very decent man*», me dice, empleando una expresión que me parece maravillosamente intraducible:[62] podemos parafrasearla diciendo que era realmente un hombre íntegro, una persona de bien, que había visto en Lorenzo el símbolo de un mundo que se estaba desvaneciendo o, mejor dicho, de una manera de entender la vida que se estaba desvaneciendo. Y su conmovedor y perseverante empeño en recordar la parábola humana de aquella alma perdida lo expresa mejor que millones de discursos. Estamos hablando del padre Lenta, que en 1982 reivindicó con orgullo en el periódico *La Fedeltà* que «entre las sugerentes páginas de la última recopilación de textos del famoso escritor» (se refiere a *Lilit y otros relatos*)[63] aparecía «un albañil de Fossano, del casco antiguo». Estamos hablando de ese mismo hombre que en 1993 regaló a Thomson las últimas imágenes de un Lorenzo que vendía chatarra en medio de la nieve, con el rostro lívido,[64] y que le explicó que en aquellos tiempos «los albañiles y los pescadores de Fossano se esforzaban al máximo para ayudar a los más débiles de la comunidad».[65] Estamos hablando del hombre que dos años más tarde recordaría que, en su largo regreso, Lorenzo se convirtió en *feramiù* (chatarrero), igual que su padre, como descubrió después de haber realizado varias «indagaciones entre algunos ancianos de Fossano, entre empresarios y albañiles que habían vivido antes de la guerra en el casco antiguo».[66] Estamos hablando del hombre que finalmente, el 22 de enero de 1997, dejó desde Fossano, pero en una carta con el membrete del hospital de Savigliano,[67] un valioso testimonio acerca del final de Lorenzo. Lo dejó en principio para Carole Angier, pero no tanto para ella como para la tramitación del proceso por el que se nombraría a Lorenzo Justo de las Naciones. Dentro de poco leeremos su descripción exacta del final del albañil, tal vez la más fiable de las que disponemos. El padre Carlo Lenta, una de las personas que mejor entendieron y más incondicionalmente amaron a este hombre de pocas palabras, le dijo también a Thomson: «Al final fue el propio Lorenzo quien se puso en situación de ser abandonado. Nadie podía salvarlo, ni siquiera Primo Levi».[68]

Es difícil no darle la razón. ¿Qué sentido tenía su vida sin nadie a quien proteger, a quien defender? Tal vez fueron los esclavos de los esclavos, como el número 174.517, quienes, por un tiempo, lo salvaron a él,[69] proporcionándole un objetivo, una misión. Tal vez Lorenzo quería ayudarlos a todos, quería derrotar a la muerte, pero no lo consiguió. Es imposible evitar que se nos venga a la mente la célebre escena final de la *Lista de Schindler*, en la que estalla por sorpresa la desesperación del salvador porque habría podido —habría querido, habría debido— hacer más. «Podría haber salvado a más», repite en la película el empresario alemán, llorando. «No he hecho lo suficiente», insiste, desesperado, y termina arrodillado, rodeado de los abrazos de «sus» salvados.[70] Es un rasgo común que reviste de una presunta omnipotencia a la mayor parte de los salvadores ilustres de los que queda huella,[71] con el debido respeto a ese pasaje del Talmud que afirma que quien salva una vida salva al mundo entero. Y, sin embargo, es así, fue así. Pero, evidentemente, ser consciente de ello no era suficiente para mantenerse aferrado a esta vida, a su propia vida.

Bien, esto es lo que ocurrió: Lorenzo no se salvó.

Y así —para decirlo se necesita contener la respiración—, después de vagar durante seis meses entre ingresos y altas,[72] después de haberse escapado y haber regresado, roto por el dolor de vivir y la necesidad de no seguir haciéndolo, al fin, alrededor de las siete de la tarde del miércoles 30 de abril de 1952, Lorenzo murió.[73]

3

El 30 de abril de aquel año de la larga posguerra, hacía días, tal vez semanas, que llovía incesantemente. En los periódicos locales se encontraban, además, alusiones a tormentas de granizo y a las lluvias «abundantes» que estaban marcando sin tregua aquella primavera.[74] Se acercaban las fiestas de san Juvenal, patrón de Fossano, y se informaba del nuevo alumbrado público que estaba acompañando a aquel núcleo habitado en su camino hacia la modernidad.[75] Pero también había días —esos «viejos tiempos»— en los que las peleas y las molestas borracheras seguían llenando las páginas de la prensa de la provincia de Cúneo.[76]

La única mención a la muerte de Lorenzo que se puede encontrar en los periódicos locales es la del semanario *Il Popolo Fossanese*, en el que se expresan «las más sentidas condolencias a la familia Perrone[,] especialmente a nuestro amigo Michele, por la muerte de su pariente Lorenzo Perrone, que falleció en la tarde del 30 de abril, a los cuarenta y ocho años de edad».[77] En realidad, Lorenzo ni siquiera llegó a esa edad: habría cumplido los cuarenta y ocho años en septiembre, si hubiese seguido vivo.

En cualquier caso, la vida local continuó, con sus alegrías y sus luchas: en aquellos días entre el 25 de abril y el 1 de mayo, frente a los cinco nacimientos que se produjeron en Fossano, se registraron los fallecimientos de tres paisanas de Lorenzo, una de sesenta y siete años, otra de setenta y seis y otra de setenta y ocho,[78] a lo que hay que sumar la muerte, unos días más tarde, de un peón de noventa y un años y de un fogonero de cincuenta y cuatro, mientras la vida de un niño enfermo de catorce años se apagaba trágicamente en Villafalleto, la localidad de origen de Bartolomeo Vanzetti.[79]

Aunque probablemente la conciencia política de Lorenzo era bastante vaga, él estaba más cerca de este anarquista asesinado en Estados Unidos veinticinco años atrás que de muchos de sus paisanos que iban cada domingo a la iglesia. Ya lo hemos visto: Levi siempre lo calificó, con algunas variaciones (como cuando se transcribió, tal vez erróneamente, esta supuesta frase suya: «Era un hombre muy afable y muy pío, tosco y, en general, religioso»),[80] de no creyente, de no religioso. El padre Lenta atribuyó esta postura suya a su regreso de «Suíss».[81] Con todo, el certificado de defunción que expidió la parroquia de Santa Maria della Pieve, adscrita al hospital de Savigliano, certifica que «se le administraron los sacramentos»: la firma del párroco de entonces, Francesco Marengo, demuestra en la práctica que a Lorenzo se le practicó la extremaunción, que, imagino, pidió él mismo.[82] Pero no hay más datos, aparte de la hora del fallecimiento. No tenemos ninguna otra información acerca de sus últimas horas de vida. En el Registro Civil de la ciudad los datos son aún más burocráticos y básicos: se confirma el lugar de la muerte y el hecho de que se mantuvo soltero hasta su último suspiro.[83] No hay ninguna posibilidad de acceder a los datos sobre la causa de su muerte. En los años noventa ya intentó hacerlo Angier (una vez más, su archivo lo atestigua)[84] y encontró muchas puertas abiertas, pero también otros tantos callejones sin salida. Yo lo he vuelto a intentar dos decenios más tarde en todos los archivos institucionales y religiosos, también sin resultado.[85]

El testimonio que dio el padre Lenta (al que ya hemos presentado) para la tramitación del proceso del Yad Vashem es crucial para saber qué ocurrió después. En él, el capellán del hospital de Fossano declara que «el señor Lorenzo Perone de Fossano, fallecido en el hospital de Savigliano en fecha del 30 de abril de 1952[,] recibió sepultura civil en Fossano el 2 de mayo y fue enterrado en la tumba 569 del cementerio de la misma ciudad».[86] No hay razón para dudar: el padre Lenta habría tenido todo el interés del mundo en recordar una ceremonia religiosa (y en lanzar las campanas al vuelo) si esta hubiera tenido lugar. A continuación añadió que los vecinos despidieron a Lorenzo no en la iglesia, pese a que el recuerdo de Emma[87] difiere en este sentido, sino delante de ella, en una mezcla perfecta de lo sagrado y lo profano, tal vez no tan inhabitual o tal vez extraña, pero, sin duda alguna, conmovedora por lo que ocurrió en ella:

Delante de la iglesia de S. Giorgio, en *via* Garibaldi —lugar en el que se depositaron los restos procedentes de Savigliano—, Primo Levi tomó la palabra para volver a expresar públicamente su agradecimiento al difunto Lorenzo, al que recordaría en sus textos como «el señor Lorenzo», por haberle salvado la vida entre junio y diciembre de 1944 en el campo de Buna-Monowitz (Auschwitz III).

Doy fe.

Carlo Lenta, sacerdote[88]

Como es fácil intuir, he intentado por todas las vías posibles averiguar qué dijo exactamente Levi en aquella ocasión. Sé que pronunció pocas palabras, las mismas que repitió en otros momentos fundamentales: «Creo que si hoy estoy vivo es gracias a Lorenzo».[89] Pero, que yo sepa, ninguno de los presentes llevaba un diario. Además, Levi era «solo» —es un decir, claro— el *dutur*, el señor, llegado de Turín, el *ebreu*, el judío, delgado, cortés y elegante[90] que estaba descubriendo por aquel entonces el poder revelador de la palabra escrita, y su presencia no se recogió en la prensa local. Además, dado que se trataba de una ceremonia civil, no ha quedado ninguna documentación al respecto, más allá de los testimonios de quienes acudieron o los testimonios que recopilaron las personas que, en los decenios posteriores, investigaron el caso. Por otra parte, en ninguna parroquia de Fossano, aparte de la de San Giorgio, existen indicios de que se celebrara una ceremonia religiosa, aunque Thomson sí habla de un «velatorio en *via* Michelini», en su casa natal, que tuvo lugar aquel mismo 30 de abril, «seguido de las exequias en la iglesia de San Giorgio», refiriéndose probablemente a aquel rito civil en el que participó buena parte del Burgué[91] y en el que tal vez —si nos atenemos a los nítidos recuerdos de Emma— el cortejo avanzó hacia el interior del edificio. Si el Levi de 1952 hubiese sido ya el Levi que el mundo conoció entre los años sesenta y ochenta, es decir, si hubiese alcanzado ya esa creciente notoriedad, todo sería más fácil, claro está: «¿Cómo resistirse a la fascinación de los caminos que se bifurcan?»,[92] se preguntó él mismo en *Los hundidos y los salvados*. Y, sin embargo —el camino que nos ha sido dado a nosotros es este—, las últimas semanas y las últimas horas de vida de Lorenzo son una enredada maraña. A pesar de ello, no son pocas las imágenes que se distinguen con nitidez, y además resultan conmovedoras, como la de los cinco hermanos y hermanas de Lorenzo que «observaron a Levi en silencio mientras depositaba flores en el ataúd abierto», como evocaría Thomson.[93] En los mismos años en los que el padre Lenta retomó la memoria de estos hechos y en los que Thomson y Angier intentaron esbozar esta historia, el alcalde Manfredi recordaría que el cuerpo de Lorenzo «se trasladó de Savigliano a la iglesia de San Giorgio, en el casco antiguo, donde vivían los Perone, y al funeral acudió mucha gente, entre ellos, en primera fila, Primo Levi, su mujer y su hija»[94] (pero Emma, que vio a Levi en la estación, no recuerda que los acompañase una niña).[95] Manfredi añadió que sus familiares se acordaban de que Levi «iba vestido con un jersey blanco» (su fuente era la mujer de Secondo)[96] y escribió: «En este pequeño detalle se condensa todo el cariño que la familia sintió por aquel hombre extraordinario que la pluma de Levi hizo eterno y universal».[97]

Sin embargo, lo cierto es que Lorenzo murió desesperado. Como sostuvo Angier, aunque por un lado es cierto que el Tacca del Burgué había sacado a su amigo Primo del infierno, por el otro, según lo que habían podido ver, los intentos de salvar su vida, la vida de aquel albañil de pocas palabras quiero decir, tuvieron después «el resultado opuesto». Por este motivo, para sus parientes «la muerte de Lorenzo no fue un martirio, sino una tragedia y una vergüenza en la familia».[98]

4

En el gótico día de primavera en el que voy al cementerio de Fossano para buscar la tumba número 569, sesenta años y unos días después de la muerte de Lorenzo, descubro que murió como Perrone, con dos erres. Vuelvo en una tórrida y soleada tarde de verano para observarla mejor. La lápida está corroída por el paso del tiempo. El nombre apenas puede leerse porque en ella ahora destaca la viuda del tío tocayo que fue su padrino de bautismo. «Aquel» Lorenzo Perrone, que murió cuando su sobrino acababa de volver del servicio militar, tiene una expresión alegre: su gesto es austero, pero no desagradable, y bajo el bigote se adivina una ligera sonrisa.

En el panteón familiar, al que más de veinte años después se trasladaría el cuerpo de Lorenzo, ahora «transmutado» en Perone con una sola erre (como todos sus parientes enterrados allí), además de su fotografía de los años de mili aparecen prácticamente las de todos los familiares: el padre, la madre, que falleció menos de nueve meses después,[99] Giovanni —que murió en 1976—, Caterina —en 1992—, Giovanna —en 1979— y Michele —en 1988—. Solo falta Secondo. Todos los hermanos enterrados allí murieron entre veintitrés y cincuenta años después de Lorenzo. A él solo le precedió el hosco Giuseppe.

A mi juicio, el albañil de pocas palabras murió, ateniéndonos a este brillante diagnóstico que Levi incluyó en el cuento «Lilit» —que da nombre a la recopilación de la que también forma parte «El regreso de Lorenzo»—, «de esa tristeza incurable que crece sobre las ruinas de las civilizaciones perdidas».[100] Sin embargo, si pensamos en las dos sepulturas de Lorenzo, precedidas de un rito comunitario laico y de una muerte en soledad, pero rodeado de hermanos y hermanas, tal vez incluso entre los brazos de Primo, que en los meses posteriores estaría «tenso y pálido, de luto por su amigo»,[101] si volvemos la mirada hacia aquella despedida con el tímpano perforado, entre los escombros del Tercer Reich, a aquel jersey lleno de remiendos, a las tarjetas postales para Bianca que se cerraban con un «adiós, *ciau*», a la *menaschka* siempre llena durante seis meses, a los «hermosos momentos que pasamos allí», al encuentro inicial entre cascotes casi ocho años atrás, oyendo el eco de aquellas primeras y pocas palabras pronunciadas en piamontés en el gris planeta de Auschwitz, situado a 1.412 kilómetros de casa, si rebobinamos, en definitiva, la vida de este hombre que quemaba suelas y fronteras, podremos comprenderlo: no es fácil mantener una sonrisa como la de ese tío suyo que el 11 de septiembre de 1904 asistió a su nacimiento.

No creo que fuese una casualidad —no se puede definir así, sería insultante— el detalle del aspecto de Levi en su último adiós al albañil de Fossano, cuando llegó acompañado de su mujer y tal vez también de la pequeña Lisa Lorenza, que entonces tenía tres años y medio. Me refiero a cómo decidió vestirse: llevaba un jersey blanco. En un funeral. En el funeral de aquel viejo bellaco que era Lorenzo, además. Sí, pero es que para él era «san Antonio», para él era Don Quijote, que había perdido su batalla contra los molinos de viento de la vida, y que, pese a todo, había combatido, maldita sea, y allá arriba, a su manera, se había enfrentado a puñetazos y patadas a aquel maldito mundo del revés como solo el Tacca podía hacerlo.

Tal vez aquel fue también un homenaje al jersey de lana de cabra cálido e incómodo que fue lo primero que Primo le regaló a su amigo Lorenzo al final de su «tregua», en los últimos días del año 1945; o tal vez era algo aún más potente. Yo aquí encuentro un «mensaje»: una inevitable grieta de luz cegadora sobre el «agujero negro»[102] de la historia del siglo XX.

La historia de un santo bebedor[1]

En algunas ocasiones, y no pocas, Primo Levi llegó a sostener que la muerte de Lorenzo había sido un suicidio. Jamás lo dejó por escrito, pero sí lo declaró en entrevistas que se publicaron, todas ellas, a partir de los años ochenta, en vísperas de su propia muerte, también por suicidio, en 1987. Si fuese así, el de «su» Don Quijote sería entonces uno de los al menos once suicidios que Levi conoció en su entorno, como ha revelado Thomson,[2] entre ellos el de su profesor de alemán en el Instituto Goethe, Hans Dieter Engert,[3] al que también mi padre recuerda con enorme cariño.

Incluso en esta cuestión, me refiero a la del suicidio, podemos percibir una especie de aceleración final, como si Levi tratara de defender a su memoria de sí misma, de batirse en duelo con ella, pero no limando y «ajustando»,[4] sino concretando, aclarando. Si en 1978 Levi se limitó a concluir que Lorenzo «murió tuberculoso e infeliz»,[5] tres años más tarde, en «El regreso de Lorenzo», abogó ya, implícitamente, por la tesis del suicidio: «Era firme y coherente en su rechazo a la vida —escribió—. [...] Él, que no era un superviviente, murió de la enfermedad de los supervivientes». Así termina «El regreso de Lorenzo»,[6] y Levi volvió a utilizar estas mismas palabras —con mínimas variaciones— cada vez que aludió al final de su amigo, por escrito o de viva voz,[7] dejando cada vez más patente su lectura de los hechos. En una entrevista de 1983 leemos incluso un diálogo que él reprodujo: «Y a quien, como yo, le preguntaba: "¿Por qué te estás matando?", le respondía: "Sí, sí, me estoy matando". Además, murió de tuberculosis porque se emborrachaba, dormía al aire libre, ya no quería vivir. Tal vez por lo que había visto... Pero es muy difícil comprender a este hombre tan solitario».[8] Dos años más tarde, en 1985, Levi le diría a Motola: «Tenía miedo del mundo. Haber visto a la gente caer como moscas en Auschwitz lo había convertido en un hombre desdichado. No era judío ni había sido prisionero. Pero era muy sensible». Y después añadió: «Murió de alcohol y tuberculosis. Sí. Fue un verdadero suicidio».[9]

De acuerdo, pero entonces ¿podemos considerar, sin más, que su muerte fue un suicidio? Él mismo así lo dijo, según explicó después su amigo Primo, y no hay motivo para dudar de ello. Además, en mi opinión, las reflexiones presentes en el último libro de Levi, *Los hundidos y los salvados*, escrito precisamente entre finales de los años setenta y la primera mitad de los ochenta, aunque se refieran a los deportados describen con claridad también todo lo que le sucedió a Lorenzo: fue ese «volverse atrás para mirar» lo que provocó muchos casos de suicidio después de la liberación, cuando emergió la conciencia «de no haber hecho nada, o lo suficiente» y casi todos se sintieron «culpables de omisión en el socorro», aunque no fuese cierto.[10] Pero ¿cómo se puede poner freno a un mal tan radical, tan contagioso, tan absoluto?

No haber sabido ponerle freno, esa vergüenza «concreta, pesada, continua»,[11] roía y taladraba[12] a cada uno de ellos. Pero aquellos a los que Levi se refirió como «los justos de entre nosotros» conocieron otra vergüenza más, una especialmente hiriente:

> [...] han experimentado remordimiento, vergüenza, dolor en resumen, por culpas que otros y no ellos habían cometido, y en las cuales se han sentido arrastrados, porque sentían que cuanto había sucedido a su alrededor en su presencia, y en ellos mismos,

era irrevocable. No podría ser lavado jamás; había demostrado que el hombre, el género humano, es decir, nosotros, éramos potencialmente capaces de causar una mole infinita de dolor; y que el dolor es la única fuerza que se crea de la nada, sin gasto y sin trabajo. Es suficiente no mirar, no escuchar, no hacer nada.[13]

La «vergüenza del mundo» podía, igual que la vergüenza de uno mismo —injusta, pero implacable—, inducir al suicidio. Sin embargo, como es obvio, tenemos que medir con cuidado cualquier consideración. Tal vez las palabras de Levi que más se han citado sobre este tema —ampliamente investigado por los expertos precisamente debido a su propia trágica muerte—[14] son las que escribió sobre el suicidio de Jean Améry —cuyo nombre de nacimiento era en realidad Hans Chaim Mayer—, un partisano judío austriaco deportado a Auschwitz que se quitó la vida, al segundo intento, en 1978.[15] En un artículo publicado en *La Stampa*, Levi insistió en que la lectura de este gesto extremo es compleja: «Resulta particularmente difícil penetrar en las razones de un suicidio, ya que, en general, el propio suicida no es consciente de ellas o bien alega ante sí mismo y ante los demás motivos voluntaria e involuntariamente alterados».[16] Y precisamente en el capítulo de *Los hundidos y los salvados* que dedica a Améry escribe que todos los suicidios admiten «una interpretación nebulosa».[17] Da la impresión de estar hablando también de Lorenzo: «[...] quien se enfrenta a puñetazos con el mundo entero recupera su dignidad, pero la paga a un precio altísimo, porque está seguro de que será derrotado».[18]

Durante mucho tiempo he considerado sin respuesta una pregunta que ya he anticipado en parte: ¿es posible contemplar ese «dejarse ir» de Lorenzo —acelerado, desde luego, por el abuso extremo de alcohol— como un gesto comparable al de «levantar la mano sobre uno mismo», por citar el título del libro que el propio Améry publicó en 1976, dos años después de su anterior intento de suicidio y dos años antes de aquel en el que alcanzó su objetivo?[19] Encuentro una posible respuesta a este interrogante doloroso e impenetrable en la melancólica obra de Thomas Macho *Arrebatar la vida. El suicidio en la Modernidad*, que me ha sugerido leer Marco Belpoliti, editor de las obras de Levi. Si bien por una parte se observa que el incremento del número de suicidios en el siglo anterior a la muerte de Lorenzo se debió a la industrialización, a la creciente pobreza, al coste cada vez más elevado de la vida, a los problemas de vivienda, al alcoholismo y a la tuberculosis —cuestiones todas ellas que de manera más o menos directa afectaron al Tacca—, también se evidencia que las estadísticas recientes confirman un posterior aumento significativo de esta práctica, *in primis* entre los combatientes «derrotados» al final de un conflicto como la segunda guerra mundial. Y entre 1945 y 1952 es obvio que Lorenzo era, en un sentido amplio, un derrotado, precisamente. Pero para mí hay otra perspectiva brillante —que se debe leer teniendo en cuenta que ya en aquel mismo año 1976 el filósofo Wilhelm Kamlah pidió que se diese una forma socialmente reconocida al «derecho a la propia muerte»— a la que llego desde reflexiones que entran ya en el terreno de la filosofía. Macho observa que «en general hoy se respeta el suicidio por necesidad, motivado por la edad, la soledad, una enfermedad incurable o dolores insoportables. Al menos la eutanasia pasiva está autorizada en casi todos los países de Europa», y después se adentra en el tema específico del martirio y del «suicidio político». Creo que es aquí precisamente donde reside la clave. «El suicidio político como protesta es la continuación del martirio por otros medios», resume Macho, que presenta una exposición motivada en la que, a partir de los movimientos de las «antorchas humanas» de los años sesenta, compara de una manera convincente el suicidio por fuego con el suicidio por hambre, «en cierto modo como un fuego interior». Es una lectura que Macho ubica dentro de la historia más amplia de las «culturas del rechazo radical».[20] Y, durante un instante fugaz, me parece desentrañar al menos en parte el misterio del lento e inexorable abandono del mundo por parte de Lorenzo, de ese comentario («ya no le interesaba vivir») que lleva años rebotando en mi cabeza y que Levi dejó por escrito en *Lilit y otros relatos*, mientras reflexionaba sobre el imparable deseo de «salir del mundo» que sentía su amigo. Igual que el lechero Tewje de la obra de Schalòm Alechém, citado a menudo por Levi, el albañil de Fossano era «un simple», pero tenía «una idea elevada y noble de la vida del hombre sobre la tierra».[21] Había luchado con todas sus fuerzas y, en un gesto extremo de protesta, había decidido después, de una forma más o menos consciente, retirarse.

2

En su «testamento espiritual»,[22] que él mismo definió como un «libro moral»,[23] en aquella «obra maestra de la reflexión sobre sí mismo»[24] (en palabras de Belpoliti) que es *Los hundidos y los salvados*, en el capítulo «La zona gris», Levi escribió que «un orden infernal, como era el nacionalsocialismo, ejerce un espantoso poder de corrupción del que es difícil escapar. [En lugar de santificar a sus víctimas, las] degrada [...] y las hace semejantes a él porque impone complicidades grandes y pequeñas. Para resistirlas se necesita un sólido esqueleto moral».[25] Unas páginas antes había sostenido que «la ascensión de los privilegiados, no sólo en el *Lager* sino en todo lugar de convivencia humana, es un fenómeno angustioso pero inevitable: sólo en las utopías no existe. Es deber del justo hacer la guerra a todo privilegio inmerecido, pero no debemos olvidar que se trata de una guerra sin fin».[26]

En los márgenes de aquel «laboratorio cruel»[27] que era el campo de concentración se encontraba ese justo, que era precisamente Lorenzo, quien libró su batalla, pero acabó aplastado. Por otra parte, el drama del «justo oprimido por la injusticia» fue uno de los ejes fundamentales de toda la vida de Primo Levi,[28] y no solo de su propia obra. No es casualidad que eligiese abrir su antología personal de autores esenciales en su vida *La búsqueda de las raíces* con la figura, para él crucial, de Job, presente en la Biblia hebraica y en la cristiana y arquetipo del «justo». En palabras de Levi, su historia «espléndida y atroz encierra las preguntas de todos los tiempos, aquellas para las que el hombre no ha encontrado respuesta hasta ahora ni las encontrará nunca, aunque seguirá buscándolas porque las necesita para vivir, para entenderse a sí mismo y al mundo»:

> Job es el justo oprimido por la injusticia. Víctima de una cruel apuesta entre Satanás y Dios: ¿qué hará Job, pío, sano, rico y feliz, al ser tocado en sus haberes, luego en sus afectos familiares y, finalmente, en la propia piel? Job el justo, degradado a conejito de Indias, se comporta como cualquiera de nosotros: al principio, inclina la cabeza y alaba a Dios («¿Aceptaremos de Dios el bien y no el mal?»), hasta que sus defensas se derrumban. Pobre, privado de los hijos, cubierto de llagas, se sienta entre desechos rascándose con un terrón y disputa con Dios.[29]

En el relato «El puño de Renzo» de *El oficio ajeno*, Levi identificó cuál era y cuál es el enigma que «atormenta» a Job y a otros personajes como él: «el porqué del mal».[30] No aceptan el sufrimiento y llegan hasta a negar a Dios,[31] insistió en una entrevista. Con Dios o sin él, el testimonio y la reflexión de Levi siempre han apelado a la humanidad común. Y en el campo de concentración, «el justo se comportaba como un justo», afirmaría en otra entrevista, él, que tenía «el gran sentido de la sustancia moral y civil de toda experiencia» (como escribió Italo Calvino en su reseña de *La búsqueda de las raíces*).[32] En el fondo era sencillo, en aquel contexto intrincado e inescrutable: cuando la humanidad está «sin tapadera» es como cuando se revela una fotografía.[33] Todo cuadra: en el amplio «muestrario» que Auschwitz había «desplegado ante» él,[34] Lorenzo había surgido como alguien puro, como un búho que se siente a sus anchas en los tiempos oscuros, pero que vacila a la luz del sol.[35] Pero a qué precio. Ya hemos visto la desesperación que se desprende también de las palabras que escribió para su amigo Primo en la época de su regreso, en aquella carta descorazonadora. Si queremos reforzar su tridimensionalidad, es imposible no recordar el íncipit de *La tregua*, escrito quizá ya en 1947[36] y repetido en su mitad por el propio Levi en su último libro, ese en el que los cuatro jóvenes rusos a caballo observan lo que acaba de ocurrir. Aturdidos, traumatizados, paralizados. Se encuentran pues, ante el *Lager*, «donde se amontonaban los cadáveres y los moribundos»:[37]

> No nos saludaban, no sonreían; parecían oprimidos, más aún que por la compasión, por una timidez confusa que les sellaba la boca y les clavaba la mirada sobre aquel espectáculo funesto. Era la misma vergüenza que conocíamos tan bien, la que nos invadía después de las selecciones, y cada vez que teníamos que asistir o soportar un ultraje: la vergüenza que los alemanes no conocían, la que siente el justo ante la culpa cometida por otro, que le pesa por su misma existencia, porque ha sido introducida irrevocablemente en el mundo de las cosas que existen, y porque su buena voluntad ha sido nula o insuficiente, y no ha sido capaz de contrarrestarla.
>
> Así, la hora de la libertad sonó para nosotros grave y difícil, y nos llenó el ánimo a la vez de gozo y de un doloroso sentimiento de pudor que nos movía a querer lavar nuestras conciencias y nuestras memorias de la suciedad que había en ellas: y de pena, porque sentíamos que aquello no podía suceder; que nunca ya podría suceder nada tan bueno y tan puro como borrar nuestro pasado, y que las señales de las ofensas se quedarían en nosotros para siempre, en los recuerdos de quienes las vivieron, y en los lugares donde sucedieron, y en los relatos que haríamos de ellas.[38]

Al fin y al cabo, el Tacca fue un hombre justo, perfectamente consciente de que existía ya aquella culpa inmensa en el mundo y que no habría nada que fuese tan bueno como para borrarla. Pero en su descripción de Lorenzo, Levi, en calidad de no creyente, va mucho más allá: la imagen de «san Antonio» no era solo una tierna *boutade*. De hecho, ya hemos observado que en 1981 lo describió «como un salvador caído del cielo».[39] En la entrevista a *Paris Review* que se publicó tras su muerte declaró incluso que era «verdaderamente una especie de santo»,[40] pero ya seis años antes de publicar «El regreso de Lorenzo», Levi le adelantó el tema de la «santidad» a Corrado Stajano en una entrevista que apareció en *Il Giorno* el 4 de mayo de 1975. La pregunta fue la siguiente: «¿Cuáles eran las reglas para sobrevivir en el *Lager*?».

> Existe una polémica al respecto entre los lectores de mi libro y yo mismo. Ellos creen que sobreviví gracias a mi capacidad de autocontrol, a mi fuerza mental. Estas cosas contribuyeron a mi salvación en un 10 %. En realidad, yo me salvé porque estaba sano (pesaba cuarenta y ocho kilos y todos comemos en proporción a nuestro peso; en el momento de la liberación pesaba cuarenta y dos kilos), porque me había entrenado para la fatiga (la escalada, la bicicleta), porque me admitieron en el laboratorio de química (que me permitía acceder a pequeños privilegios) y porque recibí la ayuda de Lorenzo, un albañil de Fossano. Era un hombre sencillo, era un santo, le parecía obvio que había que ayudar a quien sufría sin recibir compensación a cambio. Pero después él no quiso que lo salvara nadie y murió desarraigado del mundo, en 1950.[41]

En este texto encontramos un error de fecha, ya que adelanta en dos años la fecha de la muerte de su amigo. En 1986, ante Rosenfeld, volvería a equivocarse mientras seguía insistiendo en la santidad de Lorenzo, a pocos pasos de su propia muerte: «Ya no quería vivir, así que murió. En 1947. Era un hombre que estaba solo. En mi opinión, aunque no fuese un hombre religioso, era un santo».[42] En los doce últimos años de su vida, Levi adelantó dos años y después incluso cinco años la muerte de su amigo el albañil. O, al menos, eso es lo que parece.

Es sumamente improbable que no se acordase de su propia parábola biográfica personal de la segunda mitad de los años cuarenta, considerando lo importantes que fueron para él la primera edición de *Si esto es un hombre*, su boda, el nacimiento de Lisa Lorenza, su trabajo en la empresa Siva: la única explicación para este doble error macroscópico es que se trate de un fallo de la redacción, es decir, no imputable al autor, dado que todo lo que escribió Primo acerca de Lorenzo estuvo siempre «vigiladísimo», como me comenta el crítico literario Domenico Scarpa. Y de estas dos entrevistas, a diferencia de lo que ocurre con la de Caracciolo, no disponemos de una grabación audiovisual que nos permita cotejar las respuestas.[43] Aun cuando, naturalmente, Levi, como ser humano, no era infalible, en este caso —en calidad de entrevistado— proporcionó un relato que después fue filtrado a través de una mediación. En cambio, lo que escribió de primera mano debe abordarse de manera distinta a lo que se supone que dijo.[44]

En cualquier caso, hay una imagen que se impone: la del tiempo del regreso; un tiempo en el que, de acuerdo con las cartas de 1947 y de 1948, Lorenzo quizá se encontraba ya desahuciado. Santo, sí, pero condenado al martirio.

3

Obviamente, para Levi aquello no era más que el principio, como ya hemos visto. Pocas semanas después de la muerte de Lorenzo, el 16 de julio de 1952, el responsable de Edizioni Scientifiche Einaudi volvió a proponer la publicación de *Si esto es un hombre*, pero se necesitaron tres años más para que se formalizase el contrato.[45] La nueva edición se imprimió finalmente el 9 de mayo de 1958,[46] cuando el segundo hijo de Levi, Renzo, que había nacido en julio de 1957, tenía ya casi un año.

Aunque había vuelto a ver a Lorenzo muchas veces entre la primera y la segunda edición de la obra, Levi decidió no cambiar prácticamente ni una sola coma de lo esencial de aquello que había contado acerca de lo ocurrido con aquel hombre en Auschwitz.[47]

Después de que *Si esto es un hombre* se tradujese a varias lenguas, entre ellas el alemán en 1961 (*Ist das ein Mensch?*),[48] en abril del año 1963 se publicó *La tregua*, la secuela perfecta del libro anterior. A partir de ese momento, *Si esto es un hombre* enlazó una edición tras otra de manera ininterrumpida, se convirtió en uno de los libros más leídos de la posguerra y consolidó la creciente fama de Levi en Italia.[49] Comenzó así una trayectoria en la que se proclamó a Levi el «testigo por excelencia»,[50] una especie de «gurú» de la memoria (apelativo este que él, lógicamente, habría rechazado en todos los casos).[51]

De todas formas, en los años sesenta Levi aún se desplazaba a veces a Fossano, siempre y cuando pudiese reunirse con los familiares de su amigo Lorenzo.[52] Y fue más allá: el 18 de septiembre de 1970, cuando se enteró de la muerte de Giovanna Perrone, escribió una conmovedora carta a su hija Emma, la sobrina de Lorenzo:

> Estimada señora:
>
> Recuerdo muy bien a su madre, a quien recurrí en varias ocasiones para tener noticias de Lorenzo y mantener el contacto con él. Me duele saber que ya no está con nosotros y que ha sufrido tanto. La acompaño en el sentimiento: cuando se quiere a una persona, su desaparición nos parece siempre una gran injusticia. Le agradezco que me haya escrito. Yo nunca he olvidado a Lorenzo, y si tengo ocasión de pasar por Fossano, iré a saludarle al lugar en el que descansa junto a sus hermanos.[53]

En los años ochenta, a partir de la traducción en Estados Unidos de *El sistema periódico* y de la consiguiente «explosión de interés»,[54] Levi quedó consagrado como autor de fama internacional.[55] En 1985 *Si esto es un hombre* se había traducido ya a nueve lenguas y solo en Italia había vendido más de medio millón de ejemplares[56] y había ya rumores de la posible concesión del Premio Nobel.[57] Es decir, Levi se hizo mundialmente famoso justo en los años en los que había vuelto a reflexionar acerca de su «salvación».[58] Ya hemos visto que, entretanto, había vuelto en varias ocasiones sobre la historia de Lorenzo: en la versión teatral de *Si esto es un hombre*, de la temporada 1966-1967, en la que el albañil vuelve a cobrar vida, en «El regreso de Lorenzo», de 1981, y, por último, en *Los hundidos y los salvados*, de 1986, por no hablar de las diferentes entrevistas en las que, sobre todo en los ochenta y de manera muy especial en los últimos años de su vida, añadió piezas del mosaico, medias frases, algunos detalles complementarios acerca del «albañil que me dio de comer»,[59] «un hombre marginal» que Levi llegó incluso a calificar de «anárquico»,[60] en términos casi propios de Cesare Lombroso,[61] supongo que queriendo decir que se trataba de un «refractario», de alguien que no agacha la cabeza ante las injusticias de la sociedad,[62] sino que, antes al contrario, actúa en consecuencia.

Gracias a la entrevista que concedió a Rosenfeld un año antes de morir, por ejemplo —y que no por casualidad Angier incluyó en la documentación para el Yad Vashem—, conocemos al menos la nacionalidad de otros esclavos a los que el albañil socorrió. En aquella ocasión, Levi reveló que Lorenzo había ayudado a «otros dos o tres prisioneros, no italianos: un francés, un polaco, etcétera».[63] En la época de aquella entrevista, ya era un autor célebre en todo el mundo y él lo sabía perfectamente.

Le quedaba muy poco tiempo de vida, porque el 11 de abril de 1987 se precipitó por el hueco de las escaleras de su casa de *corso* Re Umberto, en Turín. En los decenios siguientes, su fama crecería continuamente: en 2015, *The Complete Works of Primo Levi*, editadas por su traductora, Ann Goldstein, lo convirtieron en el primer autor italiano cuyas obras completas se habían publicado en inglés.[64] Pocos años antes —como observa Thomson en la reedición de su biografía que se publicó en 2019 con ocasión del centenario del nacimiento de Levi— se había convertido literalmente en un astro, ya que se bautizó con su nombre un pequeño asteroide, el «Primolevi», escrito en una sola palabra.[65]

Hasta los últimos días de su existencia jamás dejó de interrogarse acerca de por qué él mismo había sobrevivido, oscilando, como ya hemos visto, entre cálculos porcentuales no comprobables, pero manteniéndose siempre firme sobre el «tríptico» compuesto por suerte, habilidad y prevaricación. Lorenzo le había proporcionado la explicación que buscaba: le permitió situarse entre los afortunados, y no entre los peores; también fue hábil y su «colaboración en la culpa» fue mínima. Él mismo, implícitamente, no se condenó. Y todo esto fue gracias a la fortuna de encontrar a Lorenzo. Porque fue así. La casualidad, maldita sea, la casualidad: el primer sustantivo de *Si esto es un hombre*, la suerte. A la que algunos llamaban y llaman «Providencia».

4

Unas quince páginas impresas no son tantas,[66] es cierto. Recuerdo la primera vez que lo pensé, cuando Domenico Scarpa, con ocasión del centenario del nacimiento de Levi, observó que son casi cuatro mil trescientas las páginas que conforman la *opera omnia* de Levi.[67] Era octubre de 2019 y hacía tres meses que yo había recibido el expediente sobre Lorenzo del Yad Vashem y que me había dado cuenta de que se podía intentar escribir su biografía. El propio Scarpa me comentó que sabemos casi todo acerca de Levi, pero casi nada acerca de Lorenzo.[68] Espero que ahora esto ya no sea así. Es cierto que al principio pensé que habría más vacíos de los que finalmente contienen estas páginas, pero el material que empezaba a llegar ya a mis manos podía ser suficiente para hacer el intento.

Queda aún sin responder la pregunta de por qué el proceso del Yad Vashem no se puso en marcha entre 1963 y 1987 (año este último de la muerte de Levi) o en los años que precedieron a la tenaz iniciativa de Carole Angier, que comenzó en 1995 y alcanzó su objetivo —con el apoyo de la familia Perrone,[69] Bianca Guidetti Serra,[70] Jean Samuel *Pikolo*[71] y Renzo Levi—[72] en 1998, como ya hemos visto.

No me consta que el apellido de Lorenzo —con una o dos erres, tanto da— haya aparecido en la escena pública antes de los años sesenta; desde luego, antes de los setenta Levi no se refirió a él y antes de los ochenta tampoco lo incluyó en sus textos. La primera aparición que encuentro, gracias al expediente del Yad Vashem —que está en el archivo de Thomson— es la de un artículo de 1963 en el periódico *Il Popolo Fossanese*,[73] en el que se celebraba la presencia de Levi en la ciudad, ya famoso gracias a *La tregua*. Más adelante, concretamente tres años más tarde, se mencionó el apellido en un artículo de *Famiglia Cristiana* en el que se presenta la obra de Levi[74] y que localizo en el archivo de Angier. A este se sumaría la obra de la que para esta autora fue la «primera biógrafa» de Levi, Fiora Vincenti, que, en su libro *Invito alla lettura di Primo Levi*, publicado en 1973 con el beneplácito del escritor, introdujo el apellido del albañil.[75] Se trata de fragmentos fundamentales, sí, pero no dieron a conocer de una manera significativa la vida y los actos de Lorenzo.

En el artículo titulado inicialmente *Nomi e leggende dello scoiattolo* («Nombres y leyendas de la ardilla», que se publicó en *La Stampa* en 1980),[76] Levi reveló por primera vez en un texto escrito de su puño y letra el apellido de Lorenzo, casi como si quisiera dejar indicios para la reconstrucción de su biografía. Pero, como ya he comentado, habría que esperar unos años, hasta la entrevista de Bocca de 1985 —año de la publicación del libro *El oficio ajeno*, en el que se incluye ese relato, ahora titulado sencillamente «La ardilla»—, para tener la certeza de que estaba hablando precisamente de él.[77] Cuando los indicios se convirtieron en pruebas, Levi había entrado ya en la espiral de la depresión,[78] con una «estúpida crisis» tras otra:[79] «Última Navidad de guerra» lleva la fecha del 27 de marzo de 1984. Pese a ser una edición privada (se había imprimido en Lugano aquel mismo año), la revista *Triangolo Rosso* de la Aned (Asociación Nacional de Antiguos Deportados)[80] la incluyó en su número de diciembre de 1986, cuatro meses antes del suicidio de Levi. En este relato, en el que Levi narra en detalle el episodio del paquete que recibió de su madre a través de la cadena cuyo «último eslabón» era «Lorenzo Perrone» (esta es la única vez, aparte de la de «La ardilla», en la que escribió su apellido),[81] recuerda haber hablado de él ya en *Si esto es un hombre* y en *Lilit y otros relatos*, y califica su final de «desolador».[82]

Por lo que se refiere a la difusión de la imagen de su rostro, es cierto que la fotografía de aquellos tiempos en los que había formado parte de la infantería puede verse en el cementerio de Fossano probablemente desde los años setenta, o tal vez incluso desde los cincuenta, desde la primera sepultura: no tengo forma de averiguarlo. Pero, naturalmente, estaba allí por razones privadas. Por lo que sé, se hizo pública por voluntad del alcalde Manfredi en 1992 y

en 1993, pero solo para difundirla a nivel local.[83] La otra imagen se la entregó la sobrina de Lorenzo, Emma, a Carole Angier, también en los años noventa,[84] pero en aquellos mismos meses (más concretamente en octubre de 1992) Menardi le dio permiso a Ian Thomson para utilizar la primera.[85] Con la concesión del título de Justo de las Naciones en 1998 y la posterior publicación de las dos biografías anglosajonas sobre Levi en 2002, es decir, de las obras de Angier y de Thomson, ambas fotografías empezaron a circular cada vez en mayor medida. Gracias al desarrollo en paralelo de Internet, hoy en día cualquiera puede acceder a ellas en línea. Manfredi señaló que sabía de periodistas y directores extranjeros que estaban siguiendo las huellas de Lorenzo para escribir libros y rodar películas,[86] pero, por lo que sé, en los treinta años posteriores no apareció ninguna obra dedicada al albañil del Burgué.

Por eso, ante la ausencia de apellido y —sobre todo— de fotografías que circulasen, era muy improbable que apareciesen otros antiguos esclavos que afirmasen «reconocer» a Lorenzo, y los últimos supervivientes que quedan rondan ya el siglo de vida, cuando no incluso lo han superado. He tratado de encontrarlos por diversas vías, cruzando los datos de los que disponía y andando a tientas en la oscuridad. Al final, solo he localizado un testimonio ficticio, elaborado por un grupo de alumnos italianos de educación secundaria que hizo el ejercicio pedagógico de imaginar que otro hombre salvado por Lorenzo tomaba la palabra y escribía una carta a un periódico en el que recordaba aquella «modestia que solo las almas buenas saben mantener», lanzaba un mensaje de advertencia a «todos aquellos que no estaban allí y a aquellos que sí estaban pero "no se dieron cuenta" de lo que pasaba en aquellos años» y pedía «no olvidar a quien brindó una pequeña esperanza con su fuerza interior: Lorenzo Perrone».[87] Pero se trata de ficción, no de realidad. Puedo dar prácticamente por sentado que jamás sabremos quiénes fueron aquellas otras personas a las que ayudó el Tacca. Por otro lado, como decía él mismo, según hemos visto: «Se viene al mundo para hacer el bien; no para vanagloriarse de ello».[88]

5

La casa de *via* Michelini en la que Lorenzo pasó buena parte de su vida hoy ya no existe. Se demolió y en su lugar se construyó otra —«se encontraba en un estado lamentable», me explica el arquitecto Claudio Mana, que dirigió aquel proyecto—,[89] después de que se hubiese hecho lo mismo con el cuartel que le quitaba la luz del sol a todo aquel espacio que los vecinos del barrio se niegan a considerar una plaza, aunque ahora lo parece, según me cuenta el arquitecto Silvio Pagliero, nacido en 1955 en la casa situada frente a la de Perrone y autor de una tesis sobre el Burgué. Se me escapa una sonrisa cuando recuerda que, en los años sesenta, si el balón aterrizaba en la casa de los Perrone, cuando lo recuperaban se lo encontraban pinchado.[90] Parece que por obra de la orgullosísima Caterina, a la que conocían como Nina y que jamás se casó.

La «plaza» que surge en el lugar en el que vivían Lorenzo, sus hermanos y sus hermanas y sobre la que ondean las banderas del distrito del casco antiguo y los dos peces que lo representan, hoy está dedicada al escritor y partisano Beppe Fenoglio y en 1997 se levantó junto a ella, por voluntad del alcalde Manfredi, un monumento al migrante con una poética inscripción cuyo principio nos hace pensar inevitablemente en Lorenzo («Muele la rueda de la historia» / «Muele la fatiga del trabajador»).[91] A pocos metros de donde vivió el albañil de pocas palabras se colocó en junio de 2021 una placa para el «valeroso soldado de Garibaldi» Giuseppe Valle, que con apenas catorce años, casi medio siglo antes de que el Tacca llegara el mundo, participó en la Expedición de los Mil durante la Unificación italiana.

También el edificio que albergaba la taberna Pigher se ha renovado, igual que muchas otras casas del histórico Burgué. La empresa que trasladó a Lorenzo a la Buna y la otra que le ofreció su último contrato de trabajo llevan decenios cerradas. También el área de tuberculosos en la que murió, situada donde ahora se encuentra la recepción del centro hospitalario, se derribó en 1970, es decir, hace más de cincuenta años.[92] Un tiempo después su casa de *via* Michelini correría la misma suerte.

De la Buna hoy no queda prácticamente nada: en 1947 los antiguos prisioneros de Auschwitz decidieron convertir en museos Auschwitz I y Auschwitz II (Birkenau), abandonando a su destino las demás áreas de aquella inmensa zona: casi cincuenta subcampos, las naves de las empresas alemanas y el propio campo de Monowitz.[93] Se mantienen dos monumentos y una fábrica de productos químicos —sí, efectivamente:[94] más tarde se rebautizó como Zakłady Chemiczne y a principios del siglo XXI era la fábrica de caucho sintético más grande de Europa—,[95] pero eso es todo. Donde antes se levantaba Monowitz ahora hay casas.

Las huellas concretas de nuestro paso por este mundo se disipan, se desvanecen: es su destino. En su libro *Non c'è una fine. Trasmettere la memoria di Auschwitz*, el director del Museo de Auschwitz-Birkenau, Piotr M. A. Cywiński, en referencia al intento de crear un espacio para la memoria que permita conservar y mostrar la autenticidad de este lugar, observa que «no hay nada que

tenga un efecto más catastrófico que el paso del tiempo».[96] Entonces le pregunto por qué, en su opinión, se ha hablado tan poco de Lorenzo en los setenta años que han transcurrido desde que dejó este mundo —si Levi hubiese vivido dos vidas habría tenido tiempo de morir una segunda vez desde entonces—, a pesar de estas decenas de páginas, de estos centenares de líneas, de estos miles de palabras sobre él que escribió y pronunció quien tal vez sea el mayor testigo del siglo xx. Le digo que, en mi opinión, fue, a su manera, «el último» justo, porque era un desgraciado, porque era el Tacca, porque era Lorenzo y no un hombre en uniforme ni un diplomático ni un industrial; no era, en suma, una persona con una buena «posición», pero al menos, gracias a Levi, su parábola humana ha permanecido en la luz. Y Cywiński, que es perfectamente consciente de la importancia insustituible de los gestos concretos,[97] responde que «nuestra memoria es un poco como nuestra historia: se construye sobre una narración repleta de personajes-símbolo y está desesperadamente vacía de aquellos que no han conseguido entrar en este panteón imaginario», y se muestra de acuerdo: a pesar de todo, «Primo Levi tuvo la precaución de hablarnos de la persona de Lorenzo, convirtiéndolo en una parte de la historia del Holocausto que ya nunca será desconocida, anónima, olvidada». Una parte —añado yo— que tal vez sería justo que entrase al fin en ese panteón. Pero Cywiński se preocupa por acompañar estas reflexiones suyas de una dolorosa imagen que no debemos pasar por alto cuando hablemos acerca de este lugar, situado allá arriba: en contraste, centenares de miles de personas deportadas a Auschwitz están condenadas a un eterno anonimato, de ellas «solo nos queda un zapato, una llave, una cuchara o una maleta. O incluso menos. A veces, solo tenemos un número de transporte». «La memoria del Holocausto —concluye Cywiński— es un grito incesante y, al mismo tiempo, un pesado silencio. Y así habrá de ser para siempre.»[98] La humanidad debería haber tenido centenares de miles de «Lorenzos» para no dejar espacio a este grito y a este silencio. Pero no los ha habido, insistamos en ello. También por eso su historia, tan concreta y tan simbólica, debe resonar constantemente. Es un recordatorio perenne que no puede caer en el olvido.

Vuelvo a pensar en las lágrimas que vi en los ojos del director Antonio Martorello cuando le mostré las cartas de Lorenzo a su amigo Primo, las que escribió tras su regreso y que aparecieron de repente en 2022, y regresa a mi mente también lo que unos meses antes me había dicho Saleri: «Lorenzo es el bien que existe, el bien que existe pero no vence».[99] Esta es otra de las razones por las que la historia que he tratado de contar resulta desgarradora y el «mensaje» que entreveo dentro de esta vida y de esta muerte es tan tremendamente humano: «Una sociedad que no presta atención al sufrimiento es una sociedad en grave peligro», me advierte Jan Brokken cuando le cuento el caso de Lorenzo, e insiste: «Haber salvado una vida equivale a salvar al mundo entero».[100] También lo recordó David Grossman en un conmovedor artículo sobre Lorenzo, que, al ver al prisionero 174.517 «se negó a ignorar su humanidad, a colaborar con quienes querían borrarla, y, al obrar así, le salvó la vida. Nada menos. Qué sencillo y qué grande fue aquel comportamiento suyo»; qué inmensa fue «su heroica rebelión contra la maquinaria de exterminio y aniquilación» cuando, al mirar a Levi «como se mira a un ser humano», fue capaz de alterar «la naturaleza de la situación en la que se encontraban».[101] Así me lo expuso Cesare Bermani un día que pasamos juntos en su enorme biblioteca: «Las historias de vida como la de Lorenzo han cambiado la historia y el modo de hacerla».[102]

También les he preguntado a Thomson y a Angier qué recuerdan, qué ha dejado Lorenzo en el corazón y en la mente de quienes han trabajado durante decenios en torno a Levi. Thomson, que con ocasión del Día Internacional en Memoria de las Víctimas del Holocausto en 2022 volvió sobre la historia de Lorenzo en un emotivo artículo publicado en el semanario inglés católico *The Tablet*, con el título «The writer and the bricklayer: How Primo Levi survived Auschwitz» («El escritor y el albañil: cómo sobrevivió Primo Levi a Auschwitz»), en el que explica que hay vecinos de

Fossano que desean que se canonice a Lorenzo,[103] me responde lo siguiente: «Por una parte, Lorenzo fue la figura providencial que permitió a Primo Levi sobrevivir al campo de concentración y, en consecuencia, escribir y dar testimonio acerca de uno de los pilares de la cultura del siglo XX».[104] Por otra, es el representante final y radical de esa cultura que en el mundo anglosajón se presenta como la «cultura campesina», una «manera de contemplar el mundo» tal vez típica de las clases subordinadas, dotadas de una «moralidad» íntegra. Él, que sabía perfectamente qué significa ser el «último», se eleva así a arquetipo de un mundo «campesino» hoy ya casi borrado,[105] una especie de figura desaparecida de aquella realidad con sus propios códigos, con sus propios valores.

Me recuerda a lo que me dijo en nuestro encuentro —justo dos años después del primero— Luca Bedino, persona de referencia del Archivo Histórico de Fossano que ha seguido paso a paso este intento mío de escribir una biografía que al principio parecía casi imposible: la bondad de espíritu de Lorenzo no era una bondad construida culturalmente, sino «genuina, espontánea, inmediata».[106]

Y me recuerda, obviamente, al padre Lenta: Thomson me confirma que, en efecto, en su artículo estaba hablando de él cuando explicaba que había personas que querían su canonización: la dimensión (también) religiosa de la historia de Lorenzo es potentísima,[107] se preocupa de especificar el biógrafo de Levi, y me da la impresión de que aquí se cierra el círculo de la vida de este albañil no creyente, pero al que se bautizó y se practicó la extremaunción y al que se enterró en una ceremonia civil —¿cuyo cortejo tal vez llegó hasta el interior de la iglesia de San Giorgio?—, pero en medio de un silencio emocionado en el que el sentido de lo sagrado de su amigo,[108] también ateo, resonó con toda su fuerza en la simbología. El jersey blanco que llevaba ese día, sus pocas palabras... Veo incluso sus lágrimas: Levi era uno de aquellos hombres que, pese a que se hubiese «encallecido»[109] y pese a que ocultara su rostro, no tenía miedo de llorar.[110] Puede que Lorenzo lo salvara también así, por última vez. Y ahora lo puedo decir, desde la misma perspectiva de Levi, absolutamente laica y no creyente: Primo Levi utilizó en pocas ocasiones la palabra «santo». La mayoría de ellas, además, lo hizo para insistir —por contraste— en la ambigüedad de los comportamientos humanos.[111] Pero entre las poquísimas personas reales a las que no dudó en aplicar este término, como hemos visto, se encuentra precisamente Lorenzo. ¿Es por tanto la esencia de su discurso sobre todos y cada uno un contrapunto inmaculado —adjetivo este que Levi habría detestado—[112] al «gris» que se contagia constantemente?

«Tal vez las palabras son poca cosa, pero permanecen —escribía hace veinte años Angier en su biografía de Levi—. Tal vez hacer revivir en una página a un hombre es una empresa imposible, pero es el único lugar en el que puede vivir aún.»[113] ¿Serán suficientes las palabras? ¿Resistirán el desgaste del tiempo? Desde luego que sí. Por eso le pido a Angier, gracias a la cual esta investigación ha sido posible, que regrese a la maravillosa imagen del «centro de mesa» de las pesquisas de aquel que ella misma definió como «un investigador de la humanidad»[114] que se pasó toda la vida buscando una respuesta a la pregunta «¿qué es un hombre?».[115] Y ella me confirma esa sensación mía en la que he insistido a lo largo de estas páginas, pero que tal vez no había conseguido aún empujar hasta este punto: «Lorenzo es crucial» para entender a Primo Levi y su *search for*, me dice. Porque, como sabemos, Levi «buscaba a la humanidad en la gente corriente, y en ella encontró la humanidad más profunda». Pocos salían de aquel lugar sin haberse perdido a sí mismos, me recuerda Angier. Incluso cuando retiramos la pátina de épica que su amigo Primo le confirió, queda poco que añadir: Lorenzo fue así. Al final, en esencia, es aquí donde la biógrafa llega al núcleo de todo, y estoy plenamente de acuerdo con ella: lo que Levi dice de Lorenzo responde al interrogante de una vida entera, porque puede resumirse así: «Esto es un hombre».[116]

6

¿Se me ha escapado algún hecho de la vida de Lorenzo? Desde luego que sí, es natural. Además, he llegado demasiado tiempo después: la historia es así. Cuando iba con mi padre al cine a ver *La tregua*, siendo aún niño, Angier y Thomson estaban batiendo Fossano y sus alrededores en busca de testimonios sobre Lorenzo, los estaban salvando, reelaborando y archivando, pero después el tiempo —implacable, catastrófico— se llevó consigo a la abrumadora mayoría de los testigos que conozco y que no conozco. Entre los últimos, el alcalde Manfredi, que falleció en 2005. Solo han quedado el sobrino Beppe, que me regaló un maravilloso testimonio en el año 2020, y la sobrina Emma, que se asustó de Lorenzo en el momento de su regreso y con la que me reuní en el verano de 2022 para confirmarle que sí, que finalmente habría libro. Y ella, que conserva con amor el manuscrito del Yad Vashem, me regala la que tal vez es la imagen más hermosa de todas, y reto a los lectores a contener el nudo de la garganta: ella, que tenía casi siete años cuando él regresó y solo catorce años cuando murió y que lo recuerda como «posiblemente el más guapo» de sus tíos, me habla de cuando «solo se veían cuatro piernas, mis dos piernecitas y las suyas», porque Lorenzo se la llevaba a la *piòla* —a la taberna—, seguramente a la Pigher, escondida bajo su esclavina, y pedía una gaseosa para ella y vino tinto para él. Más tarde, la abuela Giovanna o la tía Nina, que la crio en el Burgué, iban a buscarla, porque aquel no era un sitio adecuado para una niña.[117] Pero ella adoraba a su tío y su tío la adoraba a ella, así que, en cuanto podían, se marchaban de nuevo, con mucho disimulo. Quién sabe qué se decían el Tacca y la pequeña Emma, que hoy es una mujer de ochenta y cinco años con los ojos brillantes y la mirada orgullosa. Retengo un adjetivo que ella aplica a su tío Lorenzo: «inolvidable».[118]

7

Han pasado más de setenta años desde que murió Lorenzo y más de un siglo desde que vino al mundo. Con ocasión del centenario del nacimiento de Levi, en 2019, me moví de una iniciativa a otra con varias agendas entre las manos en busca de huellas de «su amigo Lorenzo» entre las intervenciones sobre el químico, sobre el testigo, sobre el escritor. En aquellos días vi también a sus hijos, Renzo y Lisa Lorenza,[119] pero no me atreví a decirles nada. Ahora espero que estas páginas les lleguen lo antes posible, y puede que la mejor manera de hacerlo sea esta. Sé, en cualquier caso, que el segundo hijo de Levi, cuyo nombre se inspiró en Lorenzo, dijo con ocasión de la concesión del título de Justo de las Naciones, exactamente veinte años antes, lo siguiente:

> Nadie ha merecido más que él este reconocimiento, porque, poniendo en riesgo su vida y sufriendo graves daños personales, ayudó a nuestro ser querido y a muchos más a sobrevivir. Tal vez habría asistido a esta ceremonia con su sonrisa triste, convencido de que lo que había hecho era simplemente su deber: un hombre solo y profundamente bueno, marcado a muerte por aquella terrible experiencia.[120]

Acudí al cementerio de Fossano por primera vez casi tres años después, en un «día gótico» de abril de 2022: así lo calificó el archivero Bedino, que me acompañó entonces. Lo que yo estaba buscando en ese momento era la primera sepultura de Lorenzo, en la que se le enterró el 2 de mayo de 1952, tras el funeral en el que participó su amigo Primo. De repente, empezó a llover por sorpresa, mientras yo tardaba en entrar porque me estaba llamando la Cámara de Comercio de Piacenza para comunicarme que habían reconstruido la historia de la empresa Beotti, sobre la que en un primer intento no parecía haber ninguna documentación. Y no conseguía dejar de pensar que si Levi no se hubiese convertido en

Levi a partir de 1947 y, sobre todo, a partir de finales de los años cincuenta, no sabríamos nada de Lorenzo, que entretanto había sido enterrado en otra tumba, ahora corroída por el tiempo.

No podía olvidar el dato más impactante de todo aquello que Levi escribiría después sobre Lorenzo: «Allí no me había ayudado solamente a mí». ¿Cuándo empezó? ¿Fue ya en abril de 1942, cuando llegó a «Suíss»? ¿Fue cuando volvió de pasar la Navidad en Fossano? ¿Fue al año siguiente? Tal vez necesitó tiempo para madurar su decisión o tal vez reaccionó de manera instintiva. Lo cierto es que Lorenzo fue un movimiento permanente de solidaridad que pulverizó los cimientos sobre los que se apoyaba un mundo diseñado a partir de la certeza del contagio del mal.

Allí no me había ayudado solamente a mí: este es un legado inmenso. Seguía pensando sobre esa frase con la que Levi, con su habitual precisión y su afilada serenidad, abre una grieta en nuestra comprensión del mundo. Sin embargo, tardaría un tiempo en darme cuenta de que a partir de esta revelación —porque eso es en el testimonio de Levi— entra en escena otro interrogante. En realidad, la pregunta no solo es a cuántas personas más ayudó Lorenzo, sino también cuántos «Lorenzos» más hubo de los que nada sabemos. ¿Cuántos albañiles en los márgenes de «Suíss» fueron cruciales para la supervivencia de algunas personas, de no pocas, de muchas? Y, finalmente —aunque nunca hay un fin en las investigaciones y en la búsqueda de sentido—: si solo hubiesen existido personas como Lorenzo, ¿habría sido posible un lugar como Auschwitz?

«Sería precioso», decía el primer artículo sobre Lorenzo que se publicó, hace ya medio siglo (y añado yo: sería útil y necesario), contar su historia, la historia de los últimos Justos, de aquellos últimos que fueron los primeros y no se aprovecharon de la situación. Sería vital, deberíamos hacerlo cada día. Porque Lorenzo construyó algo inmenso: la confianza en el ser humano.

No te asustes si el trabajo es mucho:
te necesitamos a ti, que estás menos cansado.
Y puesto que tus sentidos son agudos,
escucha cómo bajo tus pies suena a hueco.
Vuelve a meditar sobre nuestros errores:
hubo quien, entre nosotros,
comenzó una búsqueda a ciegas,
como alguien que, con los ojos vendados, recrea un perfil,
y quien zarpó como hacen los corsarios,
y quien lo intentó con buena voluntad.
Ayuda con tu inseguridad. Intenta, pese a tu inseguridad,
por tu inseguridad.
[...]
No temas a los escombros
ni al hedor de la basura:
nosotros la retirábamos con las manos desnudas
en aquellos años en los que teníamos tus años.
Aguanta el trayecto lo mejor que puedas.
[...]

PRIMO LEVI, *Delegación*, 24 de junio de 1986

Lista de abreviaciones

Protagonistas

LP Lorenzo Perrone/Perone
PL Primo Levi

Archivos

AA Auschwitz Archives
ACA Archivio Carole Angier (en el Centro Internazionale di Studi Primo Levi)
ACN Archivio di Stato di Cuneo
APL Archivio Primo Levi
ARA Arolsen Archives
ASAGCC Archivio Storico dell'Archivio Generale del Comune di Cuneo
ASCF Archivio Storico della Città di Fossano
ASP Archivio di Stato di Piacenza
CCC Camera di Commercio di Cuneo
CCP Camera di Commercio di Piacenza
ITC Ian Thomson Collection (en The Wiener Holocaust Library, Londres)
YV Archivos de Yad Vashem, expediente de LP

Obras de Primo Levi

Salvo que se indique lo contrario, las referencias corresponden a la edición *Opere complete* (OC) de Marco Belpoliti, en tres volúmenes, Einaudi, Turín, 2016-2018. Para cada cita se incluyen, en una nota, el título de la obra original, el número de volumen de esta edición de *Opere complete* (I, II, III) y el número de página. En el caso de los textos publicados por el propio Levi, se precisa siempre entre corchetes la primera aparición en forma de libro (la primera vez se concretan entre paréntesis las posibles ediciones anteriores, indicación que se mantiene en todo momento en el caso de los textos que nunca se han editado en forma de libro); en cuanto a las entrevistas (CeI), se contextualizan en detalle en la primera aparición, y en las siguientes ocasiones se especifica siempre entre corchetes la fecha de su publicación y, en el caso de las póstumas (IP), la fecha de su realización. A continuación se indican entre corchetes la fecha de publicación de los libros o del texto correspondiente:*

AM (*L'altrui mestiere* [1985])/*El oficio ajeno*
AOI (*Ad ora incerta* [1984])/*A una hora incierta*
AP (*Altre poesie* [1982-1987])
CeI (*Conversazioni e interviste* [1961-1987])
CS (*La chiave a stella* [1978])/*La llave estrella*
DeD (*Dichiarazioni e deposizioni* [1946-1979])
IP (*Interviste postume* [1987-2018])
L (*Lilìt e altri racconti* [1981])/*Lilit y otros relatos*
PS (*Pagine sparse 1947-1987*)/*Cuentos dispersos*

* En las notas que aparecen al final del libro se indican las referencias bibliográficas de la edición en castellano de cada obra y, en el caso de las citas, el número de página a las que corresponden en dicha edición en castellano. No obstante, en el listado que figura a continuación especificamos también el título en castellano de cada libro de Levi, en caso de que se haya publicado su traducción. (*N. de la t.*)

RAPP (*Rapporto per «Minerva medica»* [1946])
RR (*La ricerca delle radici* [1981])/*La búsqueda de las raíces*
RS (*Racconti e saggi* [1986])
SeS (*I sommersi e i salvati* [1986])/*Los hundidos y los salvados*
SN (*Storie naturali* [1966, en 1.ª ed. bajo el pseudónimo de Damiano Malabaila])/*Historias naturales*
SNOQ (*Se non ora, quando?* [1982])/*Si ahora no, ¿cuándo?*
SP (*Il sistema periodico* [1975])/*El sistema periódico*
SQU (*Se questo è un uomo* [1958 (1.ª ed., 1947)])/*Si esto es un hombre*
SQUa (*Se questo è un uomo*, apéndice [ed. escolar, 1976])
SQUd (*Se questo è un uomo*, versión teatral [1966])
T (*La tregua* [1963])/*La tregua*
VF (*Vizio di forma* [1971])/*Defecto de forma*

Notas

Prólogo

1. Nicola Caracciolo, *Il coraggio e la pietà. Gli ebrei e l'Italia durante la guerra 1940-45*, Italia, 1986 (primera emisión: 2 de noviembre [para la transcripción, *cf. infra*, p. 295, nota 21]). *Cf.* igualmente Robert S. C. Gordon, *Scolpitelo nei cuori. L'Olocausto nella cultura italiana (1944-2010)*, Bollati Boringhieri, Turín, 2013 (ed. or.: *The Holocaust in Italian Culture, 1944-2010*, Stanford University Press, Stanford, 2012), pp. 218-227; Simon Levis Sullam, *I carnefici italiani. Scene dal genocidio degli ebrei, 1943-1945*, Feltrinelli, Milán, 2016 (1.ª ed.: 2015), pp. 111 y ss.

2. En aquella época, Liliana Picciotto había publicado esta actualización correspondiente al mes de septiembre de 2014 en su artículo «La guerra agli ebrei 1943-1945», en la revista *Storia e Memoria* del Istituto Ligure per la Storia della Resistenza e dell'Età Contemporanea (ILSREC), n.º 2/2014, p. 70; *cf.*, de la misma autora, *Salvarsi. Gli ebrei d'Italia sfuggiti alla Shoah, 1943-1945*, una investigación del Centro di Documentazione Ebraica Contemporanea, Einaudi, Turín, 2017, *passim*, especialmente en las pp. 274 y 506-507. *Cf.* igualmente Simon Levis Sullam (*I carnefici italiani*, *op. cit.*, p. 52); Bruno Maida, *Il mestiere della memoria. Storia dell'Associazione nazionale ex deportati politici, 1945-2010*, Ombrecorte, Verona, 2014, p. 23; mi libro en edición electrónica *La nostra Shoah. Italiani, sterminio, memoria*, Feltrinelli, Milán, 2015, y Michele Sarfatti, *Il cielo sereno e l'ombra della Shoah. Otto stereotipi sulla persecuzione antiebraica nell'Italia fascista*, Viella, Roma, 2020, especialmente las pp. 89-101.

3. L, *Il ritorno di Lorenzo* [1981], en OC II, p. 289 (la versión en castellano de las citas de esta obra se ha extraído de la traducción de Bernardo Moreno Carrillo, «El regreso de Lorenzo», en *Lilit y otros relatos*, en *Cuentos completos*, Marco Belpoliti [ed.], Ediciones Península, Barcelona, 2020; para esta referencia, *cf.* p. 650).

4. *Cf. ibid.*, pp. 285-291 (pp. 589-797 de la ed. cast.).

5. *Cf.* AM, *Lo scoiattolo* [1985 (con el título «Nomi e leggende dello scoiattolo», *La Stampa* [6 de abril de 1980])]), en OC II, pp. 875-877, cit. *infra*, pp. 218-220 (la versión en castellano de las citas de esta obra se ha extraído de la traducción de Antoni Vilalta Seco, «La ardilla», en *El oficio ajeno*, El Aleph Editores, Barcelona, 2011; para esta referencia, *cf.* pp. 97-100); *cf.* igualmente *infra*, p. 271.

6. *Cf.*, por ejemplo, CeI, «Primo Levi: domande e risposte», de Alvin Rosenfeld («Questions and answers at Indiana University», *Midstream. A Monthly Jewish Review*, XXXII, n.º 4 [abril de 1986], traducción al italiano de Diana Osti), en OC III, p. 589, ya en YV, Carole Angier a Mordecai Paldiel, *Lorenzo Perone's aid to Primo Levi in Auschwitz, June – December 1944*, 4 de diciembre de 1997, anexo 11; *cf.* igualmente YV, Renzo Levi a Mordecai Paldiel, 25 de enero de 1998.

7. Se trataba del trabajo de preparación del capítulo especial «La Shoah e gli italiani» del programa *Il tempo e la storia*, emitido el 27 de enero de 2015 en Rai Storia.

8. Emanuela Audisio y Gabriele Nissim, *Il Giudice dei Giusti*, bajo la dirección de la misma autora y de Enrico Marchese, 2013, a partir de Gabriele Nissim, *Il tribunale del bene. La storia di Moshe Bejski, l'uomo che inventò il Giardino dei giusti*, Mondadori, Milán, 2003 [hay trad. Cast. De Nuria Martínez Deaño, *El jardín de los justos: vida de Moshe Bejski, descubridor de Schindler y forjador de la memoria del bien*, Kailas Editorial S. L., Madrid, 2004]. Acerca de la figura de Moshe Bejski, *cf.* Igualmente la emisión dirigida por mí «La Giornata dei Giusti dell'umanità», *Wikiradio*, Radio 3 (7 de diciembre de 2022).

9. *Cf.* «Righteous Among the Nations Honored by Yad Vashem by 1 January 2020 – Italy», en yadvashem.org (fecha del último acceso a este enlace y a todos los que se indican a continuación, salvo que se especifique otra: 28 de octubre de 2022).

10. *Cf.* «The Righteous Among the Nations», «Names of Righteous by Country Statistics» (a 1 de enero de 2021), *ibid.*

11. *Cf.* «About the Righteous», *ibid.*; SQU, en OC I, pp. 234-235 (la versión en castellano de las citas de esta obra se ha extraído de la traducción de Pilar Gómez Bedate, *Si esto es un hombre*, Ediciones Península, Barcelona, 2022; para esta referencia, *cf.* pp. 180-181). Las citas que se incluyen aquí proceden de la edición italiana ampliada y definitiva de 1958. En caso de que existan diferencias con respecto a la primera edición italiana, de 1947, se indicará en nota, salvo cuando los cambios sean mínimos (por ejemplo, de puntuación o de variaciones ortográficas).

12. *Cf.* Thomas Keneally, *La lista di Schindler*, Frassinelli, Milán, 1985 (ed. or.: *Schindler's Ark*, Hodder and Stoughton, Londres, 1982) [hay trad. cast. de Carlos Peralta, *La lista de Schindler*, Punto de Lectura, Barcelona, 2001]; Steven Spielberg, *Schindler's List*, con guion de Steven Zaillian, EE. UU., 1993 [estrenada en España como *La lista de Schindler*].

13. *Cf.* Enrico Deaglio, *La banalità del bene. Storia di Giorgio Perlasca*, Feltrinelli, Milán, 2013 (1.ª ed.: 1991) [hay trad. cast. de Gerardo Bovenzi y Francisco Laborda, *La banalidad del bien: historia de Giorgio Perlasca*, Herder Editorial, Barcelona, 1997]; Alberto Negrin, *Perlasca. Un eroe italiano*, guion de Sandro Petraglia, Stefano Rulli y Enrico Deaglio, Italia, Francia, Suecia y Hungría, 2002.

14. SeS, en OC II, p. 1210 (la versión en castellano de las citas de esta obra se ha extraído de la traducción de Pilar Gómez Bedate, *Los hundidos y los salvados*, Ediciones Península, Barcelona, 2014; para esta referencia, *cf.* p. 98).

15. SQU, en OC I, p. 235 (p. 181 de la ed. cast.).

16. L, *Il ritorno di Lorenzo* [1981], en OC II, p. 289 (p. 651 de la ed. cast.).

17. *Cf.* Marco Belpoliti, *L'uomo dai molti mestieri*, en OC III, p. xii.

18. Domenico Scarpa y Cristina Zuccaro, «di – su – per, ossia: Guida alla Bibliografia Primo Levi online», *Biblioteche oggi*, XXXVIII (noviembre de 2020); *cf.* el volumen editado posteriormente Domenico Scarpa, *Bibliografia di Primo Levi ovvero Il primo Atlante*, Einaudi y Centro Internazionale di Studi Primo Levi, Turín, 2022.

19. *Cf.* fundamentalmente YV, carta de Carole Angier del 6 de noviembre de 1995 y cartas de la misma autora a Mordecai Paldiel del 23 de enero de 1996 y del 18 de abril de 1996.

20. *Cf.* Bracha Rivlin, «I Giusti in Italia: uno sguardo sintetico», en Israel Gutman y la misma autora, *I Giusti d'Italia. I non ebrei che salvarono gli ebrei 1943-1945* (edición en italiano de Liliana Picciotto), Mondadori y Yad Vashem, Milán y Jerusalén, 2006 (ed. or.: *The Encyclopedia of the Righteous Among the Nations: Rescuers of Jews During the Holocaust*), p. xlvii.

21. Alberto Cavaglion al autor, 18 de marzo de 2022.

22. PL, *Se questo è un uomo*, edición de Alberto Cavaglion, Einaudi (en colaboración con el Centro Internazionale di Studi Primo Levi), Turín, 2012; *cf.* igualmente Alberto Cavaglion, *Primo Levi: guida a "Se questo è un uomo"*, Carocci, Roma, 2020.

23. *Cf.*, por ejemplo, VF, *Lavoro creativo* [1971], en OC I, p. 758 (la versión en castellano de las citas de esta obra se ha extraído de la traducción de Ángel Sánchez-Gijón, *Defecto de forma*, Ediciones Península, Barcelona, 2019; para esta referencia, *cf.* «Trabajo creador», p. 97); CS, en OC I, p. 1125 (la versión en castellano de las citas de esta obra se ha extraído de la traducción de Bernardo Moreno Carrillo, *La llave estrella*, El Aleph Editores, Barcelona, 2013 [edición electrónica]; para esta referencia, *cf.* ubicación 1768); AM, *Scrivere un romanzo* [1985 (con el título «Safari tra i fantasmi», en *La Stampa* [19 de septiembre de 1982])], en OC II, pp. 925-928; para una contextualización, *cf.* Marco Belpoliti, *Primo Levi di fronte e di profilo*, Guanda, Parma, 2015, pp. 51 y ss., y Mario Barenghi, «Perché crediamo a Primo Levi?» (cuarta *Lezione Primo Levi*, 8 de noviembre de 2012), en Fabio Levi y Domenico Scarpa (eds.), *Lezioni Primo Levi*, Mondadori, Milán, 2019, especialmente en las pp. 181-194.

24. SP, *Vanadio* [1975], en OC I, p. 1021 (la versión en castellano de las citas de esta obra se ha extraído de la traducción de Carmen Martín Gaite, *El sistema periódico*, en *Cuentos completos*, *op. cit.*; para esta referencia, *cf.* «Vanadio», p. 573); *cf.* igualmente Marco Belpoliti, *L'uomo dai molti mestieri*, *op. cit.*, p. xxv.

Los últimos

1. AP, «Agli amici», *La Stampa* (31 de diciembre de 1985), en OC II, p. 791.

Los Tacca del Burgué

1. La transcripción exacta sería *Bôrgôè*: *cf.* Beppe Manfredi, *Il cielo sopra il Castello*, vol. I, *Dall'età giolittiana (1900) alla stagione della «Nuova Frontiera» (1975)*, Editrice L'Agorà, Fossano, 1993, p. 33. Para la ortografía del dialecto piamontés, además de esta obra y del cotejo con la población local, me he basado en Michele Ponza, *Vocabolario piemontese-italiano*, L'artistica Savigliano, Savigliano, 1982 (ed. facsímil del *Vocabolario piemontese-italiano del professore di gramatica italiana e latina Michele Ponza*, 18595) y en Gianfranco Gribaudo, *El neuv Gribàud. Dissionari Piemontèis. Tèrsa Edission*, Daniela Piazza Editore, Turín, 1996 (1.ª ed.: 1972); en general he optado por no cargar el texto con signos diacríticos que podrían crear confusión sobre la pronunciación real (*cf.*, por ejemplo, *murador/muradur*, *infra*) o dificultar la comprensión, a costa de opciones discordantes. Cuando la cita procede de las obras de Primo Levi o de otros textos, he mantenido la transcripción tal y como consta en ellos.
2. SeS, en OC II, p. 1223 (p. 115 de la ed. cast.); *cf.* igualmente Philip Roth, «Conversazione a Torino con Primo Levi» («A man saved by his skills», *The New York Times Book Review* [12 de octubre de 1986]), en OC III (donde se retoma la traducción al italiano que apareció en Philip Roth, *Chiacchiere di bottega. Uno scrittore, i suoi colleghi e il loro lavoro*, Einaudi, Turín, 2004, bajo el título *Conversazione a Torino con Primo Levi*, con algunas modificaciones extraídas de la nueva edición del texto: Philip Roth, *Why Write? Collected Nonfiction 1960-2013*, The Library of America, Nueva York, 2017, traducción al italiano de Norman Gobetti), p. 639 [hay trad. cast. de Ramón Buenaventura, Jordi Fibla y Miguel Temprano García, *¿Por qué escribir? Ensayos, entrevistas y discursos (1960-2013)*, Debolsillo, Barcelona, 2019].

3. *Cf.* SQU, en OC I, pp. 192-193 (p. 107 de la ed. cast.).

4. L, *Il ritorno di Lorenzo* [1981], en OC II, p. 286 (p. 646 de la ed. cast.).

5. *Ibid.*, p. 285 (p. 645 de la ed. cast.); Carole Angier, *Il doppio legame. Vita di Primo Levi*, Mondadori, Milán, 2004 (ed. or.: *The Double Bond. Primo Levi: A Biography*, Viking, Londres, 2002), p. 324.

6. Piotr Setkiewicz al autor, 25 de julio de 2022.

7. L, *Il ritorno di Lorenzo* [1981], en OC II, p. 286 (p. 647 de la ed. cast.).

8. *Cf.* Umberto Gentiloni Silveri, *Bombardare Auschwitz. Perché si poteva fare, perché non è stato fatto*, Mondadori, Milán, 2015 y, para una síntesis, Carlo Saletti y Frediano Sessi, *Visitare Auschwitz. Guida all'ex campo di concentramento e al sito memoriale*, Marsilio, Venecia, 2011, p. 112; *cf.* igualmente RS, *Auschwitz, città tranquilla* (1986 [*La Stampa*, 8 de marzo de 1984]), en OC II, pp. 1037-1039 («Auschwitz, ciudad tranquila», en *Cuentos completos*, *op. cit.*, pp. 823-827); PS, *L'ultimo Natale di guerra* (1984 [edición descatalogada]), en OC II, pp. 1598-1599 (la versión en castellano de las citas de esta obra se ha extraído de la traducción de Miquel Izquierdo, «Última Navidad de guerra», en *Cuentos completos*, Ediciones Península, Barcelona, 2022; para esta referencia, *cf.* pp. 828-829 de la ed. cast.); PS, *Buco nero di Auschwitz* (*La Stampa* [22 de enero de 1987]), en OC II, p. 1665; IP, *Conversazione con Primo Levi*, de Ferdinando Camon (entrevista realizada a lo largo de varios encuentros entre 1982 y 1986 y publicada después en la obra del mismo autor *Conversazione con Primo Levi*, Guanda, Parma, 1997 [con nueva edición en 2014]), en OC III, p. 843 (la versión en castellano de las citas de esta obra se ha extraído de la traducción de Carlos Gumpert, *Si existe Auschwitz, no puede existir Dios*, Altamarea, Madrid, 2023; para esta referencia, *cf.* p. 43).

9. SQU, en OC I, p. 193 (p. 107 de la ed. cast.).

10. CeI, *Ritorno ad Auschwitz*, de Emanuele Ascarelli y Daniel Toaff (*Sorgente di vita*, programa televisivo de Rai 2, emitido el 25 de abril de 1983), en OC III, p. 353; CeI, *Primo Levi*, de Rita Caccamo y Manuela Olagnero (*Mondoperaio*, XXXVII, n.º 3 [marzo de 1984]), en OC III, p. 434.

11. Karen Taïeb (ed.), *Lettere da Auschwitz. Storie ritrovate nella corrispondenza inedita dal lager*, Utet, Milán, 2022 (ed. or.: *Je vous écris d'Auschwitz*, Tallandier, París, 2021), p. 117.

12. SQU, en OC I, p. 234 (p. 180 de la ed. cast.).

13. SP, *Ferro* [1975], en OC I, p. 890 («Hierro», p. 407 de la ed. cast.). *Cf.* igualmente «La carne dell'orso», *Il Mondo* (29 de agosto de 1961), cit. *infra*, p. 215 [hay trad. cast. de Mercè Ubach, «Carne de oso», en *Cuentos completos*, *op. cit.*].

14. SQU, en OC I, p. 234 (p. 180 de la ed. cast.).

15. L, *Il ritorno di Lorenzo* [1981], en OC II, p. 286 (p. 647 de la ed. cast.).

16. *Cf.* la tabla incluida en la sección «Oil and Chemicals» de subcamps-auschwitz.org, apartado «Companies & Prisoner Labour», un proyecto de la Tiergartenstrasse 4 Association, sin fecha.

17. *Cf.* SeS, en OC II, p. 1124 (p. 114 de la ed. cast.).

18. L, *Il ritorno di Lorenzo* (1981), en OC II, p. 287 (p. 647 de la ed. cast.).

19. *Cf.* SeS, en OC II, especialmente las pp. 1172-1173 (p. 66 de la ed. cast.); Gian Paolo Biasin, «Contagio», en Marco Belpoliti (ed.), *Primo Levi*, «Riga n. 13», 1997, pp. 254-266, ahora en Mario Barenghi, Marco Belpoliti y Anna Stefi (eds.), *Primo Levi*, «Riga n. 38», 2017, pp. 256-264; Mengoni, Martina, *Variazioni Rumkowski. Primo Levi e la zona grigia*, Zamorani, Turín, 2018, especialmente las pp. 21 y ss.; Belpoliti (*Primo Levi di fronte e di profilo*, *op. cit.*, p. 516); *cf. infra*, p. 80.

20. Carta cit. en SP, *Vanadio* (1975), en OC I, p. 1022 («Vanadio», p. 573 de la ed. cast.).

21. Nicola Caracciolo (*Il coraggio e la pietà*, *op. cit.*); trasladado de manera diferente en la transcripción: *cf.* CeI, *Gli ebrei e l'Italia durante la guerra, 1940-1945*, de Nicola Caracciolo, y, del mismo autor, *Gli ebrei e l'Italia durante la guerra, 1940-1945*, Bonacci Editore, Roma, 1986, pp. 134-147, donde se declara que se ha «optado por mantener intacto el lenguaje» de los testimonios incluidos en el volumen (*Introduzione* del mismo autor, *ibid.*, p. 21), en OC III, p. 655, e *infra*, p. 130.

22. *Cf.*, entre las numerosas alusiones al respecto, *ibid.*, p. 654, cit. *infra*, p. 169; Angier (*Il doppio legame*, *op. cit.*, p. 325); Ian Thomson,

Primo Levi. Una vita, Utet, Milán, 2017 (ed. or.: *Primo Levi, A Life*, Hutchinson, Londres, 2002 [hay trad. cast. de Julio Paredes, *Primo Levi*, Belacqva de Ediciones y Publicaciones S. L., Barcelona, 2007], p. 258; en general, *infra*, *passim*.

23. *Cf.* YV, Angier a Paldiel, *Lorenzo Perone's aid to Primo Levi in Auschwitz*, *op. cit.*, anexo 2 («Lorenzo Perone», documento sin fecha, pero de 1997, firmado por Secondo Perrone, Emma Barberis Perrone y Giuseppe Perrone).

24. *Cf.* su retrato en el panteón de las familias Perone, Marcolli y Rossaro en el Cimitero Urbano de Fossano.

25. L, *Il ritorno di Lorenzo* [1981], en OC II, p. 287 (p. 647 de la ed. cast.); Angier (2004, *op. cit.*, p. 326).

26. SQUd, en OC I, p. 1232.

27. *Cf.*, por ejemplo, Paolo Barcella, *I frontalieri in Europa. Un quadro storico*, Biblion, Milán, 2019, p. 49.

28. Emma Barberis al autor, 9 de septiembre de 2022. Hemos optado por mantener este apodo (que significa «tío», aunque también puede utilizarse como apelativo cariñoso sin necesidad de que exista este vínculo concreto de parentesco) también en las páginas siguientes.

29. ASCF, Sezione Archivio Servizi Anagrafici, inscripción A. I. R. E. Fossano, *Perrone Giovanni*.

30. Emma Barberis al autor, 9 de septiembre de 2022.

31. L, *Il ritorno di Lorenzo* [1981], en OC II, p. 287 (p. 647 de la ed. cast.).

32. SQUd, en OC I, p. 1232.

33. *Cf.* los datos del Registro Civil reproducidos en las lápidas de las tumbas del panteón de las familias Perone, Marcolli y Rossaro en el Cimitero Urbano de Fossano.

34. Giuseppe Perone al autor, 29 de enero de 2020.

35. L, *Il ritorno di Lorenzo* [1981], en OC II, pp. 287-288 (p. 657 de la ed. cast.); *cf.* igualmente *infra*, pp. 190 y 346, nota 12.

36. Manfredi (*Il cielo sopra il Castello*, *op. cit.*, vol. I, p. 436).

37. *Cf.* Guido y Sandro Alessandrini, *Fossano ieri e oggi,* sin datos sobre editorial, lugar ni fecha, pero, en cualquier caso, Fossano, 2019.

38. Giuseppe Perone al autor, 29 de enero de 2020.

39. ACN, *Perone, Lorenzo*, en Distretto Militare di Cuneo, *Registri dei ruoli matricolari*, 1904, vol. I; ASCF, Sezione Archivio Servizi di stato civile, *Registri Atti di Morte*, asiento n.º 134.I., 1945.

40. *Cf.* YV, Angier a Paldiel, *Lorenzo Perone's aid to Primo Levi in Auschwitz*, *op. cit.*, anexo 8 (documentación de trabajo de LP, cubierta).

41. *Cf.* la fotografía *infra*, p. 275; *cf.* igualmente ASCF, Sezione Archivio Servizi di Stato Civile, *Registri Atti di Morte*, asiento n.º 7.I., 1953; Carlo Lenta, «Un muratore fossanese del Borgo Vecchio protagonista di un racconto di Primo Levi», *La Fedeltà* (3 de febrero de 1982), también en YV, Angier a Paldiel, *Lorenzo Perone's aid to Primo Levi in Auschwitz*, *op. cit.*, anexo 12/2.

42. Angier (*Il doppio legame*, *op. cit.*, p. 325).

43. Giuseppe Perone al autor, 29 de enero de 2020.

44. *Cf.* Giancarlo Vissio, *Fossano attraverso il censimento del 1911*, tesis (director de tesis: Franco Ramella), Università degli Studi di Torino, Facoltà di Lettere e Filosofia, estudios de Lettere Moderne, curso 1994-1995, pp. 77-96.

45. *Cf.* el coetáneo Italo Mario Sacco (ed.), *Fossano nel settecentesimo anno dalla costituzione del Comune, 1236-1936*, Eguzzone, Fossano, 1936, p. 159.

46. Michele Tavella al autor, 29 de enero de 2020.

47. Giuseppe Perone al autor, 29 de enero de 2020.

48. Michele Tavella al autor, 29 de enero de 2020; *cf.* igualmente Angier (*Il doppio legame*, *op. cit.*, p. 325); Thomson (*Primo Levi*, *op. cit.*, p. 311); Samuele Saleri, *L'importanza di Lorenzo Perone nelle opere di Primo Levi*, tesis (director de tesis: Marco Belpoliti), Università degli Studi di Bergamo, Dipartimento di Lettere e Filosofia, curso 2017-2018, p. 7.

49. ASCF, Sezione Archivio Servizi di Stato Civile, *Registri atti di matrimonio*, asiento n.º 2, 1901.

50. Angier (*Il doppio legame*, *op. cit.*, p. 325).

51. ASCF, Sezione Archivio Servizi di Stato Civile, *Registri atti di nascita*, asiento n.º 429, 1904; *ibid.*, *Registri atti di matrimonio*, asiento n.º 2, 1901.

52. *Cf.* El panteón de las familias Perone, Marcolli y Rossaro en el Cimitero Urbano de Fossano.

53. Michele Tavella al autor, 29 de enero de 2020.

54. Emma Barberis al autor, 9 de septiembre de 2022.

55. *Cf. infra*, p. 250.

56. Michele Tavella al autor, 29 de enero de 2020.

57. *Cf.* Su retrato en el panteón de las familias Perone, Marcolli y Rossaro en el Cimitero Urbano de Fossano.

58. Angier (*Il doppio legame*, *op. cit.*, p. 325).

59. «*Padre padrone*» en la edición inglesa (*cf.*, de la misma autora, *The Double Bond*, *op. cit.*, p. 321).

60. *Cf.* YV, Angier a Paldiel (*Lorenzo Perone's aid to Primo Levi in Auschwitz*, *op. cit.*, anexo 2).

61. Lenta («Un muratore fossanese del Borgo Vecchio protagonista di un racconto di Primo Levi», *op. cit.*).

62. Manfredi (*Il cielo sopra il Castello*, *op. cit.*, vol. I, p. 489).

63. *Cf.* Saleri (*L'importanza di Lorenzo Perone nelle opere di Primo Levi*, *op. cit.*, p. 82) e *infra*, pp. 213-217.

64. *Cf.* Piero Cosa, «La 3a divisione "Alpi" nelle Valli Pesio, Ellero, Corsaglia. Rapporto riassuntivo: dalla Banda Val Pesio al "Gruppo Divisioni Rinnovamento" "R"», en *Resistenza monregalese: 1943-1945. Val Casotto – Valli Tanaro – Mongia – Cevetta – Langhe – Valli Ellero – Pesio – Corsaglia – Maudagna – Josina*, Renzo Amedeo (ed.), Centro Studi Partigiani Autonomi, Turín, 1986.

65. Luisa Mellano al autor, 21 de abril de 2022.

66. *Cf. infra*, pp. 214-215, y Manfredi (*Il cielo sopra il Castello*, *op. cit.*, vol. I, pp. 488-494).

67. *Ibid.*, pp. 31-33.

68. Giuseppe Perone al autor, 29 de enero de 2020.

69. *Cf.* Mary Gibson, *Nati per il crimine. Cesare Lombroso e le origini della criminologia biologica*, Bruno Mondadori, Milán, 2004 (ed. or.: *Born to Crime: Cesare Lombroso and the Origins of Biological Criminology*, Praeger, Westport y Londres, 2002), pp. 332-333.

70. Nuto Revelli, *Il mondo dei vinti. Testimonianze di vita contadina*, vol. II (*La montagna. Le Langhe*), Einaudi, Turín, 1977, p. 86.

71. Giuseppe Perone al autor, 29 de enero de 2020.

72. Bartolomeo Vanzetti, «Carissimi genitori», Cavour, 10 de junio

de 1903, cit. en Lorenzo Tibaldo, *Sotto un cielo stellato. Vita e morte di Nicola Sacco e Bartolomeo Vanzetti*, Claudiana, Turín, 2008, p. 18.

73. Carta de Bartolomeo Vanzetti cit. en Giovanni Germanetto, *Memorie di un barbiere*, E. Gi. Ti., Roma, 1945 (ed. or.: 1930), p. 35.

74. *La Fedeltà*, año VII (miércoles 13 de septiembre de 1904).

75. ASCF, Sezione Archivio Servizi di Stato Civile, *Registri atti di nascita*, asiento n.º 429, 1904; *cf.* igualmente el certificado en extracto de nacimiento del Ufficio dello Stato Civile della Città di Fossano en YV, Angier a Paldiel, *Lorenzo Perone's aid to Primo Levi in Auschwitz op. cit.*, anexo 7, y en ITC.

76. Luca Bedino al autor, 21 de abril de 2022.

77. *Cf.* AM, *Lo scoiattolo* (1985), en OC II, pp. 875-877 («La ardilla», pp. 97-100 de la ed. cast.), *cf. infra*, pp. 219-220.

78. Archivio Diocesi Fossano, Parrocchia San Giovanni Battista de Fossano, *Registri Certificati di Battesimo*, asiento n.º 28, 1904.

79. APL, *Corrispondenza*, 1941-1987 (1999), LP a Bianca Guidetti, 25 de junio de [19]44, 20 de agosto de [19]44 y 1 de noviembre de [19]44; copias conservadas igualmente en el Archivio del Centro di Documentazione Ebraica Contemporanea [CDEC] y en YV.

80. YV, Angier a Paldiel (*Lorenzo Perone's aid to Primo Levi in Auschwitz*, anexo 8 y anexo 9/2 (estado del servicio [incompleto: 1942-1949]).

81. L, *Il ritorno di Lorenzo* (1981), en OC II, p. 291 (p. 652 de la ed. cast.) (*cf. infra*, p. 207). *Cf.* igualmente Maria Teresa Milano (ed.), *Salvatori e salvati. Le storie di chi salvò gli ebrei nella Seconda guerra mondiale in Piemonte e in Valle d'Aosta*, Le Château, Aosta, 2013, p. 160.

82. YV, Angier a Paldiel (*Lorenzo Perone's aid to Primo Levi in Auschwitz*, *op. cit.*, anexo 2).

83. Thomson (*Primo Levi*, *op. cit.*, p. 258).

84. *Cf. ibid.*, pp. 364-365.

85. L, *Il ritorno di Lorenzo* (1981), en OC II, p. 291 (pp. 652-653 de la ed. cast.) (*cf. infra*, pp. 195 y ss.).

Cuchillos y maldiciones

1. ASCF, Serie IV, *Aggiornamento ruoli matricolari*, 1924.

2. ASCF, Serie IV, *Registri dei ruoli matricolari*, 1901-1906.

3. *Cf.* YV, Angier a Paldiel (*Lorenzo Perone's aid to Primo Levi in Auschwitz*, *op. cit.*, anexo 2).

4. *Cf.* «7° Reggimento Bersaglieri», Istituto del Nastro Azzurro fra Combattenti Decorati al Valor Militare, en istitutodelnastroazzurro.org, 2 de enero de 2022.

5. ACN, *Perone, Lorenzo*, en Distretto Militare di Cuneo, *Registri dei ruoli matricolari*, 1904, vol. I.

6. *Ibid.*

7. VV. AA., *Fossano. Dalle origini ai giorni nostri*, Tipografia Editrice G. Eguzzone, Fossano, 1965, pp. 99-101 y 106.

8. *Ibid.*, p. 110.

9. *Il Fossanese*, año 51, n.º 36 (sábado 7 de septiembre de 1918).

10. *Cf.* Angelo Tasca, *Nascita e avvento del fascismo*, Laterza, Bari, 1965 (1.ª ed.: 1950), pp. 180-181 [hay trad. cast. de Antonio Aponte e Ignacio Romero de Solís, *El nacimiento del fascismo*, Editorial Crítica, Barcelona, 2000], recogido en Fabio Fabbri, *Le origini della guerra civile. L'Italia dalla Grande Guerra al fascismo, 1918-1921*, Utet, Turín, 2009, p. 619; *cf.* igualmente *ibid.*, pp. 633 y 636.

11. Manfredi (*Il cielo sopra il Castello*, *op. cit.*, vol. I, pp. 93-94).

12. *Cf.* Emilio Gentile, *E fu subito regime. Il fascismo e la marcia su Roma*, Laterza, Roma y Bari, 2012, pp. 252 y ss.

13. *Cf.* sus memorias (Germanetto, *Memorie di un barbiere*, *op. cit.*, *passim*) y el ensayo a modo de introducción de Livio Berardo en ANPPIA (Associazione Nazionale Perseguitati Politici Italiani Antifascisti) – Cuneo, *Le loro prigioni. Antifascisti nel carcere di Fossano*, Edizioni Gruppo Abele, Turín, 1994, p. 8.

14. *Ibid.*

15. *Cf.* YV, Angier a Paldiel (*Lorenzo Perone's aid to Primo Levi in Auschwitz*, *op. cit.*, anexo 8), e «Intervista con Giovanni Menardi» en Saleri (*L'importanza di Lorenzo Perone nelle opere di Primo Levi*, *op. cit.*, p. 79).

16. *Cf.*, por ejemplo, el testimonio del padre Angelo Cocconcelli en Cesare Bermani, *Al lavoro nella Germania di Hitler. Racconti e memorie dell'emigrazione italiana 1937-1945*, Bollati Boringhieri, Turín, 1998, especialmente las pp. 57-58.

17. *Cf.* ANPPIA – Cuneo (*Le loro prigioni*, *op. cit.*, *passim* y p. 451); me permito igualmente remitirme a mi obra *25 aprile 1945*, Laterza, Bari y Roma, 2018, *ad nomen*.

18. *Cf.* YV, Angier a Paldiel (*Lorenzo Perone's aid to Primo Levi in Auschwitz*, *op. cit.*, anexo 1; de la misma autora, *Lorenzo Perone* [«summary»], p. 1); de la misma autora, *Il doppio legame*, *op. cit.*, pp. 325-326.

19. «Debió de haber pegado lo suyo», me confirma el director de cine Antonio Martorello, vecino de Fossano de adopción, con quien comparto esta decepción (Antonio Martorello al autor, 22 de marzo de 2022). Sin embargo, para su espectáculo sobre LP (*cf. infra*, pp. 213-214), Martorello ha optado por un plano simbólico, más que narrativo, y ha insistido en el carácter introvertido de LP, pasando de puntillas por las escenas más concretas, como una de las múltiples peleas en las que, sin duda, participó (Martorello al autor, 26 de marzo de 2022).

20. En el Archivio di Stato de Cuneo no es posible acceder a sus posibles antecedentes penales si no se dispone de datos que permitan delimitar la búsqueda, con lo que la hipótesis sigue siendo vaga y no fundamentada: hojear decenas de carpetas y volúmenes de al menos dos decenios, a menudo carentes de índices internos, sería una empresa titánica (sintetizo aquí lo que Chiara Zangola explicó al autor el 20 de julio y el 31 de agosto de 2022).

21. Alessandra Demichelis, «"Il buon tempo antico". Cronache criminali dalle campagne cuneesi nel Novecento», en «"Per un fazzoletto di terra". Studi sul mondo rurale cuneese nel Novecento», *Il presente e la storia*, n.º 95 (junio de 2019), p. 119.

22. *Ibid.*, p. 98.

23. Gianluca Cinelli, «Il lessico dialettale del lavoro contadino nel *Mondo dei vinti* di Nuto Revelli», en «"Per un fazzoletto di terra"», *op. cit.*, p. 65.

24. Demichelis («"Il buon tempo antico"», *op. cit.*, p. 105).

25. *Ibid.*, p. 114.

26. Cinelli («Il lessico dialettale del lavoro contadino nel *Mondo dei vinti* di Nuto Revelli», *op. cit.*, p. 67).

27. *Cf.*, por ejemplo, Alessandra Demichelis, «Acceglio 1912, i cantieri delle centrali idroelettriche e quel Santo Natale finito in tragedia», *La Guida* (28 de enero de 2021), pp. 52-53.

28. Demichelis («"Il buon tempo antico"», *op. cit.*, pp. 116-117).

29. Bermani (*Al lavoro nella Germania di Hitler*, *op. cit.*, pp. 53 y 29).

30. Capto esta intuición también en Saleri (*L'importanza di Lorenzo Perone nelle opere di Primo Levi*, *op. cit.*, pp. 41-42).

31. T, en OC I, p. 378 (la versión en castellano de las citas de esta obra se ha extraído de la traducción de Pilar Gómez Bedate, *La tregua*, Ediciones Península, Barcelona, 2014; para esta referencia, *cf.* p. 104).

32. *Cf.* Manfredi (*Il cielo sopra il Castello*, *op. cit.*, vol. I, p. 251).

33. VV. AA. (*Fossano dalle origini ai giorni nostri*, *op. cit.*, pp. 128-130).

34. Renata Allio, «Cuneo. Da serbatoio di manodopera per l'estero a provincia affluente», en *Rapporto italiani nel mondo 2020*, Idos, Roma, 2006, pp. 206-208.

35. Jean Malaquais, *I giavanesi*, DeriveApprodi, Roma, 2009, p. 65 (ed. Or.: *Les javanais*, Denoel, París, 1939) (la versión en castellano de la cita de esta obra se ha extraído de la traducción de Emma Álvarez Prendes, *Los javaneses*, Hoja de Lara Editorial S. L., Gijón, 2013, p. 93).

36. Allio («Cuneo», *op. cit.*, pp. 208-209).

37. Por ejemplo, el director del hospital de Marsella se negó a ocuparse de los heridos aludiendo a motivos burocráticos: *cf.* Enzo Barnabà, *Morte agli italiani! Il massacro di Aigues-Mortes, 1983*, Infinito Edizioni, Castel Gandolfo (Roma), 2008, pp. 84-85.

38. *Cf.* Isabelle Felici, «Marseille et *L'Invasion* italienne vue par Louis Bertrand. "Ribattiamo il chiodo"», *Babel*, 1 (1996), pp. 103-131.

39. Louis Bertrand, *L'Invasion*, Nelson, París, 1911 (1.ª ed.: 1907), p. 87.

40. Alessandro Barbero, *Storia del Piemonte. Dalla preistoria alla globalizzazione*, Einaudi, Turín, 2022 (1.ª ed.: 2008), p. 440.

41. *Cf.* las tablas que se incluyen en Lorenzo Prencipe y Matteo Sanfilippo, «Per una storia dell'emigrazione italiana: prospettiva nazionale e regionale», en Alessandro Nicosia y Lorenzo Prencipe (eds.),

Museo nazionale emigrazione italiana, Ministero degli Affari esteri, Direzione Generale per gli Italiani all'Estero e le Politiche Migratorie, Gangemi, Roma, 2009, pp. 56 y 64.

42. Charles Brillaud de Laujardière, «Da contadini a proprietari», *Le Matin* (21 marzo 1928), en *In cerca di fortuna. L'emigrazione italiana dall'ottocento a oggi sulla stampa di tutto il mondo*, Internazionale, Roma, 2020, pp. 81-83.

43. Bermani (*Al lavoro nella Germania di Hitler*, *op. cit.*, p. 6).

44. Sandro Rinauro, *Il cammino della speranza. L'emigrazione clandestina degli italiani nel secondo dopoguerra*, Einaudi, Turín, 2009, p. 15.

45. Allio («Cuneo», *op. cit.*, p. 212).

Y llegó la noche

1. SQU, en OC I, p. 143 (p. 18 de la ed. cast.).

2. Bermani (*Al lavoro nella Germania di Hitler*, *op. cit.*, pp. 23-24). Para una contextualización, *cf.* Leonardo Rapone, «Les Italiens en France comme problème de la politique étrangère italienne, entre guerre fasciste et retour à la democratie», en Pierre Milza y Denis Peschanski (eds.), *Exils et migration. Italiens et Espagnols en France 1938-1946*, L'Harmattan, París, 1994, p. 176.

3. Bermani (*Al lavoro nella Germania di Hitler*, *op. cit.*, pp. 57-58).

4. *Cf.* Aldo Garosci, *Storia dei fuoriusciti*, Laterza, Bari, 1953, pp. 169-173; del mismo autor, *Vita di Carlo Rosselli*, Vallecchi, Florencia, 1973 (2 volúmenes), pp. 472-474.

5. *Cf.*, por ejemplo, Ernesto Ragionieri, «Italiani all'estero ed emigrazione di lavoratori italiani: un tema di storia del movimento operaio», *Belfagor*, 6 (noviembre de 1962), recogido en Bermani (*Al lavoro nella Germania di Hitler*, *op. cit.*, 23-25).

6. *Cf.* Gianni Perona (ed.), *Gli italiani in Francia*, 1938-1946 (*Mezzosecolo. Materiali di ricerca storica*, n.º 9), Franco Angeli, Milán, 1993, *passim*.

7. Testimonio de Gino Vermicelli al autor en Bermani (*Al lavoro nella Germania di Hitler*, *op. cit.*, pp. 27-28).

8. *Cf.* Archivio di Deposito Comune di Fossano, Bastione, X.12.B, especialmente *Inaugurazione nuovo monumento ai caduti*, 24 de noviembre de 1963.

9. IP, «Io non pensavo di scrivere», de Alessandra Carpegna (entrevista del 24 de mayo de 1983, en *Mezzosecolo*, n.º 11 [noviembre de 1997], retomada después a partir del texto original mecanografiado por la propia autora), en OC III, p. 820.

10. *Cf.* Denis Peschanski, L*a France des camps. L'internement 1938-1946*, Gallimard, París, 2002, pp. 152-153; Rapone («Les Italiens en France comme problème de la politique étrangère italienne, entre guerre fasciste et retour à la democratie», *op. cit.*, p. 182).

11. L, *Il ritorno di Lorenzo* [1981], en OC II, p. 285 (p. 646 de la ed. cast.); Angier (*Il doppio legame*, *op. cit.*, p. 326).

12. *Cf.* Giorgio Rochat, *Le guerre italiane (1935-1943). Dall'Impero d'Etiopia alla disfatta*, Einaudi, Turín, 2008 (1.ª ed.: 2005), especialmente las pp. 248-250.

13. *Cf.* un caso muy parecido en Gil Emprin, «Les Italiens de Savoie et d'Isère face à la guerre (1938-1940)», en Perona (*Gli italiani in Francia*, *op. cit.*, p. 278).

14. *Cf.* Brunello Mantelli, «Gli emigrati italiani in Francia fra Roma, Berlino e Vichy (1940-1944). I bisogni dell'economia di guerra tedesca, le pretese e le debolezze dell'imperialismo italiano, le astuzie del collaborazionismo francese e le strategie di sopravvivenza degli emigrati», también en Perona (*Gli italiani in Francia*, *op. cit.*, especialmente las pp. 376 y ss.).

15. ACA, expediente sobre LP, Libretto di Lavoro (documentación de trabajo) de LP.

16. Anne Marie Granet-Albisset, «La guerra, nuova frontiera? Per una memoria degli scambi nelle zone alpine di frontiera (anni Trenta-Cinquanta)», en Ersilia Alessandrone Perona y Alberto Cavaglion (eds.), *Luoghi della memoria, memoria dei luoghi nelle regioni alpine occidentali 1940-1945*, Blu Edizioni e Istituto piemontese per la storia della Resistenza e della società contemporanea Giorgio Agosti, Turín, 2005, pp. 75-98.

17. *Cf.* Philip Roth (*Conversazione a Torino con Primo Levi*, *op. cit.*),

en OC III, p. 635, y RR, en OC II, p. 115; *cf.* igualmente Angier (*Il doppio legame*, *op. cit.*, pp. 607-611).

18. CS, en OC I, p. 1053 (p. 353 de la ed. cast.).

19. YV, Angier a Paldiel (*Lorenzo Perone's aid to Primo Levi in Auschwitz*, *op. cit.*, anexo 8).

20. Bermani (*Al lavoro nella Germania di Hitler*, *op. cit.*, p. 21); Brunello Mantelli, «*Camerati del lavoro*». *I lavoratori italiani emigrati nel Terzo Reich nel periodo dell'Asse 1938-1943*, La Nuova Italia, Scandicci (Florencia), 1992, pp. 407-421.

21. Virgilio Ilare, *Storia del servizio militare in Italia*, vol. IV (*Soldati e partigiani [1943-1945]*), Centro Militare di Studi Strategici, sin indicación de lugar, 1991, p. 11; Rochat (*Le guerre italiane [1935-1943]*, *op. cit.*, p. 253).

22. Bermani (*Al lavoro nella Germania di Hitler*, *op. cit.*, p. 34).

23. Giuseppe Perone al autor, 29 de enero de 2020. No me fue posible consultar este detalle, dos años más tarde, al señor Perone por los problemas de salud que este estaba sufriendo, pero cabe deducir que se trataba del tío de LP, conocido como Jean, o de su propio tío, esto es, Giovanni, Barba Giuanin (en mis apuntes anoté «un tío los invitó», lo cual se presta a ambas interpretaciones).

24. L, *Il ritorno di Lorenzo* (1981), en OC II, p. 285 (p. 646 de la ed. cast.).

25. YV, Angier a Paldiel (*Lorenzo Perone's aid to Primo Levi in Auschwitz*, *op. cit.* y anexo 9/2).

26. ASCF, Serie IV, Affari Militari, VIII.5.C., Aeroporto di Levaldigi, vol. 339.

27. Comune di Tradate, «Ditta Mario Saporiti di Tradate», *Archivio storico. Inventario analitico*. Scripta s.r.l., Tradate, 2009, p. 477.

28. L, *Il ritorno di Lorenzo* [1981], en OC II, pp. 290-291 (p. 651 de la ed. cast.); Angier (2004, *op. cit.*, pp. 423-424, *cf. infra*, pp. 167-171).

29. L, *Il ritorno di Lorenzo* [1981], en OC II, p. 287 (p. 647 de la ed. cast.).

30. YV, Angier a Paldiel (*Lorenzo Perone's aid to Primo Levi in Auschwitz*, *op. cit.*, anexo 2, *op. cit.*).

31. *Cf. infra*, p. 52, y *supra*, pp. 28-29.

32. Andrea Ferrari, «Gefangenenaktion. Detenuti italiani per l'industria chimica del Terzo Reich», en Brunello Mantelli (ed.), *Tante braccia per il Reich! Il reclutamento di manodopera nell'Italia occupata 1943-1945 per l'economia di guerra della Germania nazionalsocialista*, Mursia, Milán, 2019 (t. 2), p. 1676.

33. RAPP, en OC I, p. 1178.

34. *Cf.* Geoff Walden, «Auschwitz-Birkenau - Monowitz Camp and Buna-Werke Factory Site», en thirdreichinruins.com (20 de julio de 2000).

35. Michele Andreola al autor, 30 de marzo de 2022.

36. *Cf. supra*, p. 299, nota 79.

37. *Cf. infra*, pp. 171-172; ACA, expediente sobre LP, Libretto di Lavoro (documentación de trabajo) de LP.

38. *Cf.* Marco Meotto, *Una valle in bilico. La Valle Varaita a fine Ottocento tra transizione demografica e grande emigrazione*, tesis de doctorado (director de tesis: Maurizio Vaudagna), Università degli Studi del Piemonte Orientale Amedeo Avogadro, Dipartimento di Studi Umanistici, estudios de Corso di Dottorato di Ricerca in Scienze Storiche, XX ciclo, cursos 2004-05, 2005-2006 y 2006-2007, pp. 93-101.

39. *Cf.* ARA (arolsen-archives.org).

40. SeS, en OC II, p. 1195 (p. 76 de la ed. cast.).

41. Angier (*Il doppio legame*, *op. cit.*, p. 325).

42. Carta escrita el 11 de abril de 1945 en Katowice, en Taïeb (*Lettere da Auschwitz*, p. 212).

43. Para una síntesis, *cf.* «The number of victims» en el sitio web de Memorial and Museum Auschwitz-Birkenau (auschwitz.org), Tal Bruttmann, *Auschwitz*, La Découverte, París, 2015, p. 105, y Saletti y Sessi (*Visitare Auschwitz*, *op. cit.*, p. 20).

44. Thomson (*Primo Levi*, *op. cit.*, p. 258).

45. Cinelli (*Il lessico dialettale del lavoro contadino nel* Mondo dei vinti *di Nuto Revelli*, *op. cit.*, p. 63).

46. L, *Fine settimana* [1981 (*Notiziario della Banca Popolare di Sondrio* [agosto de 1978] y posteriormente con el título «Verso la vetta con il burocrate», *La Stampa* [10 de febrero de 1980])], en OC II, p. 402.

47. SN, *Il Versificatore* [1966 (*Il Mondo* [17 de mayo de 1960])], en OC I, pp. 500-501 (la versión en castellano de las citas de esta obra se ha extraído de la traducción de Carmen Martín Gaite, «Historias naturales», en *Cuentos Completos*, *op. cit.*; para esta referencia, *cf.* «El Versificador», p. 42).

48. CS, en OC I, p. 1075 (p. 768 de la ed. cast.).

49. SQU, en OC I, p. 244 (p. 197 de la ed. cast.).

50. *Cf.* Belpoliti (*Primo Levi di fronte e di profilo*, *op. cit.*, pp. 292-293).

51. Comentario del editor en PL, *La chiave a stella*, Einaudi, Turín, 2007 (1.ª ed.: 1978); *cf.*, por ejemplo, Gabriella Poli y Giorgio Calcagno, *Echi di una voce perduta. Incontri, interviste e conversazioni con Primo Levi*, La Stampa, Turín, 2013 (1.ª ed.: 1992), pp. 136-137.

52. CS, en OC I, p. 1075 (p. 781 de la ed. cast.).

53. *Cf.* YV, Angier a Paldiel (*Lorenzo Perone's aid to Primo Levi in Auschwitz*, *op. cit.*, especialmente anexo 9); ACA, expediente sobre LP, pasaporte de LP; ARA, expediente sobre LP.

54. SP, *Oro* [1975 (*Il Mondo* [18 de julio de 1974])], en OC I, p. 955 («Oro», p. 490 de la ed. cast.).

55. PS, *Fine del Marinese* (*Il Ponte* [agosto-septiembre de 1949]), en OC II, p. 1281 (la versión en castellano de las citas de esta obra se ha extraído de la traducción de Mercè Ubach, «Cuentos dispersos», en *Cuentos Completos*, *op. cit.* para esta referencia, *cf.* p. 908).

56. SP, *Potassio* [1975], en OC I, p. 902 («Potasio», p. 423 de la ed. cast.).

57. SQU, en OC I, p. 141 (ausente en la edición de 1947) (p. 16 de la ed. cast.).

58. *Cf.* Sergio Luzzatto, *Partigia. Una storia della Resistenza*, Mondadori, Milán, 2013, especialmente las pp. 102 y ss. [hay trad. cast. de María Pons Irazazábal, *Partisanos*, Editorial Debate, Barcelona, 2015]; Frediano Sessi, *Il lungo viaggio di Primo Levi. La scelta della resistenza, il tradimento, l'arresto. Una storia taciuta*, Marsilio, Venecia, 2013, especialmente las pp. 135 y ss.

59. *Cf.* el catálogo de *A noi fu dato in sorte questo tempo 1938-1947*, muestra comisariada por Alessandra Chiappano, Istituto Nazionale per

la Storia del Movimento di Liberazione in Italia, bajo el auspicio del Presidente de la República, Giuntina, Florencia, 2010, y el DVD homónimo.

60. *Cf.* Angier (*Il doppio legame, op. cit.*, pp. 50-137); Thomson (*Primo Levi, op. cit.*, pp. 36-122).

61. *Cf.*, por ejemplo, *ibid.*, especialmente las pp. 137 y ss.; Angier (*Il doppio legame, op. cit.*, p. 535).

62. SP, *Oro* [1975], en OC I, p. 954 («Oro», p. 489 de la ed. cast.).

63. *Cf.* Emanuele Artom, *Diari di un partigiano ebreo (gennaio 1940-febbraio 1944)*, Bollati Boringhieri, Turín, 2008 (1.ª ed.: 1966), p. 151, y Guri Schwarz, «"Una disciplina morale". Ritratto di Emanuele Artom», *ibid.*, especialmente la p. 213.

64. *Cf.* Picciotto (*Salvarsi, op. cit.*, pp. 50-55).

65. SQU, en OC I, p. 141 (ausente en la edición de 1947) (p. 16 de la ed. cast.); cf. igualmente DeD, Deposizione per il processo Bosshammer [Tribunal de Turín, 3 de mayo de 1971], en OC III, pp. 112-114, y SeS, en OC II, p. 1147 (pp. 22-23 de la ed. cast.).

66. *Cf.* CeI, *Ritorno ad Auschwitz*, de Emanuele Ascarelli y Daniel Toaff (1983), *op. cit.*, en OC III, p. 351.

67. SQU, en OC I, p. 142 (p. 17 de la ed. cast.).

68. *Ibid.*, p. 143. *Cf.* igualmente Liliana Picciotto, *L'alba ci colse come un tradimento. Gli ebrei nel campo di Fossoli. 1943-1944*, Mondadori, Milán, 2010, pp. 114-117.

69. *Cf.* Massimo Dini y Stefano Jesurum, *Primo Levi. Le opere e i giorni*, Rizzoli, Milán, 1992, p. 38. La entrevista, realizada en 1982, se encuentra publicada en Pier Mario Fasanotti y Massimo Dini, «Storia della mia vita», en Barenghi, Belpoliti y Stefi (*Primo Levi, op. cit.*, pp. 49-73).

70. He abordado ampliamente este tema en mi obra *L'ultimo treno. Racconti del viaggio verso il lager*, Donzelli, Roma, 2012; *cf.* igualmente Camillo Brezzi, *L'ultimo viaggio. Dalle leggi razziste alla Shoah. La storiografia, le memorie*, il Mulino, Bolonia, 2021.

71. SQU, en OC I, p. 153 (p. 35 de la ed. cast.).

72. *Ibid.*, p. 184 (p. 90 de la ed. cast.).

73. *Ibid.*, p. 195 (p. 109 de la ed. cast.).

74. APL, *Corrispondenza*, 1941-1987 (1999), PL a Bianca Guidetti, 23 de febrero [1944], copia conservada igualmente en YV y en el Archivio del CDEC. *Cf.* la ponencia de Domenico Scarpa «"Alla maniera classica". Primo Levi in viaggio» en el congreso *Il "grande viaggio"*, Turín, 27 de enero de 2010; Luzzatto (*Partigia*, *op. cit.*, pp. 127-128); Daniele Orlandi, «A voi la fiaccola. Bianca Guidetti Serra e Primo Levi», *Maverick. Opinioni senza marchio* (9 de abril de 2015).

75. *Cf.* Luca Rastello, «L'aiuto umanitario», en *Don't Forget. Studi sulla Bosnia Erzegovina*, publicación a cargo del MSOI (Movimento Studentesco per l'Organizzazione Internazionale), Turín, 2008, pp. 87 y ss.

76. L, *Il ritorno di Lorenzo* [1981], en OC II, p. 291 (p. 652 de la ed. cast.).

77. SQU, en OC I, p. 233 (en la edición de 1947 aparecía el adjetivo *banale* [banal], que posteriormente se sustituyó por *piana* [sencilla]: *cf.* OC I, p. 89) (p. 178 de la ed. cast.). Sobre el significado subliminal de la expresión, *cf.* Alberto Cavaglion, «Commento al testo», en la edición de 2012 a cargo del mismo autor de PL, *Se questo è un uomo*, *op. cit.*, p. 224.

78. Saleri (*L'importanza di Lorenzo Perone nelle opere di Primo Levi*, *op. cit.*, p. 66).

79. SQU, en OC I, p. 238 (p. 186 de la ed. cast.).

80. SNOQ, en OC II, p. 483 (la versión en castellano de las citas de esta obra se ha extraído de la traducción de Helena Aguilà, *Si ahora no, ¿cuándo?*, Ediciones Península, Barcelona, 2018 [edición electrónica]; para esta referencia, *cf.* p. 92).

81. *Ibid.*, p. 428 (p. 18 de la ed. cast.).

82. *Cf.* CS, en OC I, pp. 1041-1042 (p. 132 de la ed. cast.).

83. *Ibid.*, p. 1149 (p. 2242 de la ed. cast.).

84. PL, *Gli stregoni* [1981 (*Notiziario della Banca Popolare di Sondrio* [abril de 1977])], en OC II, p. 375 («Los brujos», en *Lilit y otros relatos*, en *Cuentos completos*, *op. cit.*, p. 753 de la ed. cast.).

85. VF, *Ottima è l'acqua* [1971], en OC I, pp. 854-855 (*cf.* «Lo mejor de todo es el agua», p. 174 de la ed. cast.).

86. PL, *Gli stregoni* [1981], en OC II, p. 375 («Los brujos», en *Cuentos completos*, *op. cit.*, p. 753 de la ed. cast.).

87. SeS, en OC II, p. 1162 (p. 31 de la ed. cast.); *cf.* igualmente CeI, «Vecchio io?» (*Stampa Sera* [15 de noviembre de 1982]), en OC III, p. 334.

88. *Cf.* Claudia Weber, *Il patto. Stalin, Hitler e la storia di un'alleanza mortale 1939-41*, Einaudi, Turín, 2021 (ed. or.: *Der Pakt. Stalin, Hitler und die Geschichte einer morderischen Allianz. 1939-1941*, C.H. Beck, Múnich, 2019), especialmente las pp. 221 y ss.

89. ACA, expediente sobre LP, pasaporte de LP.

90. ACN, *Perone, Lorenzo*, en Distretto Militare di Cuneo, *Registri dei ruoli matricolari*, 1904, vol. I.

91. *Cf.* SQU, en OC I, p. 233 (p. 178 de la ed. cast.); L, *Il ritorno di Lorenzo* [1981], en OC II, pp. 285-91 (pp. 645-654 de la ed. cast.).

Fueron los primeros

1. Poesía sin título en SQU, publicada como «Salmo» en *L'amico del popolo. Settimanale della Federazione Comunista Vercellese*, III (31 de mayo de 1947) (p. 13 de la ed. cast.) y posteriormente como *Shemà* en AOI, en OC II, p. 685.

Patas arriba

1. CS; *cf.* Domenico Scarpa, «Chiaro/Oscuro», en Belpoliti (*Primo Levi*, *op. cit.*, p. 240) (ahora en Barenghi, Belpoliti y Stefi, *Primo Levi*, *op. cit.*, p. 245).

2. *Cf.* Danuta Czech, *Kalendarium. Gli avvenimenti nel campo di concentramento di Auschwitz-Birkenau*, edición italiana a cargo de Dario Venegoni, Aned (Associazione Nazionale Ex Deportati Politici nei Campi Nazisti), vol. luglio-dicembre 1944, sin lugar, p. 105 (*cf.* fecha del 25 de noviembre).

3. *Cf.* la presentación de Piotr Setkiewicz, «Z dziejów obozów IG Farben Werk Auschwitz 1941-1945», Państwowe Muzeum Auschwitz-

Birkenau, Oświęcimiu, Oświęcim 2006, en el sitio web del Memorial and Museum Auschwitz-Birkenau (auschwitz.org) (19 de septiembre de 2006).

4. Piotr M. A. Cywiński, *Non c'è una fine. Trasmettere la memoria di Auschwitz*, Bollati Boringhieri, Turín, 2017 (ed. or.: *Epitafium*, Państwowe Muzeum Auschwitz-Birkenau, Oświęcim, 2012), pp. 50-51.

5. SQU, en OC I, p. 193 (p. 107 de la ed. cast.).

6. *Cf.* Piotr Setkiewicz, *The History of the IG Farben Werk Auschwitz Camps 1941-1945*, Auschwitz-Birkenau State Museum, Oświęcim, 2008, pp. 11-16.

7. Para una síntesis, *cf.* la presentación de Setkiewicz («Z dziejów obozów IG Farben Werk Auschwitz 1941-1945», *op. cit.*).

8. *Ibid.*, *passim.*

9. Bruttmann (*Auschwitz*, *op. cit.*, p. 83).

10. SeS, en OC II, pp. 1234-1235 (p. 131 de la ed. cast.); *cf.* igualmente CeI, *Colloquio con Primo Levi*, de Germaine Greer («Germaine Greer Talks to Primo Levi», *Literary Review*, n.º 89 [noviembre de 1985], traducción al italiano de Erminio Corti, integrada en la introducción de Diana Osti en OC), en OC III, p. 572.

11. Setkiewicz (*The History of the IG Farben Werk Auschwitz Camps*, *op. cit.*, pp. 110-111 y 102-103).

12. *Cf.* Bermani (*Al lavoro nella Germania di Hitler*, *op. cit.*, pp. 8 y ss. [especialmente p. 16] y 20).

13. Brunello Mantelli, «Tra Marte e Vulcano. Manodopera italiana nell'economia di guerra del Terzo Reich: una circolarità», en la obra a su cargo (*Tante braccia per il Reich!*, *op. cit.*, pp. 36-37) y, del mismo autor, «*Camerati del lavoro*», *op. cit.*, pp. 178 y ss.

14. Recogido en una recopilación coetánea que se conserva en los archivos del Ministerio de Asuntos Exteriores de Italia (Ministero degli Affari esteri) y localizado por Sergio Bologna: *cf.* Antonio Dazzi, *Accordi fra Italia e Germania in materia di lavoro ed assicurazioni sociali 1937-1942 – Vereinbarungen zwischen Deutschland und Italien auf dem Gebiet der Arbeit und der Sozialversicherung*, Tipografia Riservata del MAE, Roma, 1942; *cf.* Bermani (*Al lavoro nella Germania di Hitler*, *op. cit.*, p. x) y Mantelli («*Camerati del lavoro*», *op. cit.*, p. 29).

15. Mantelli (*«Camerati del lavoro»*, *op. cit.*, pp. 272 y ss.); Bermani (1998, *Al lavoro nella Germania di Hitler*, pp. x y 271, nota 7).

16. *Cf.* Confederazione Fascista degli Industriali – Federazione Nazionale Fascista. Costruttori Edili, Imprenditori di Opere ed Industriali Affini, *Contratto per l'esecuzione di lavori di costruzione in partecipazione con imprese germaniche, nei cantieri di Heydebrek, Blechhammer e Auschwitz*, Tipografia del Gianicolo, Roma, 1942, parcialmente reproducido también en Saleri (*L'importanza di Lorenzo Perone nelle opere di Primo Levi*, *op. cit.*, pp. 102-106) y en Laura Fontana, *Gli italiani ad Auschwitz (1943-1945). Deportazioni – "Soluzione finale" – Lavoro forzato. Un mosaico di vittime*, Auschwitz-Birkenau State Museum, Oświęcim, 2021, pp. 402-403 y 404-406.

17. Dario Fertilio, «Cantieri italiani sull'orrore di Auschwitz», *Corriere della Sera* (18 de marzo de 2001). *Cf.* igualmente Antonio Camuso, «Una storia "formativa" che rimuove la complicità con l'Olocausto», *il manifesto* (29 de febrero de 2020).

18. Michele Tavella al autor, 29 de enero de 2020.

19. Más tarde, a ambos se los consideraría colaboracionistas; *cf. Epurazioni aziende edili, industriali e commerciali* en ASCF, Serie IV, *Affari militari*, VIII.2.G., *Comitato di Liberazione Nazionale*, vol. 312, 1945.

20. Luca Bedino al autor, 14 de marzo de 2022.

21. Fontana (*Gli italiani ad Auschwitz*, *op. cit.*, pp. 402-403).

22. Confederazione Fascista degli Industriali – Federazione Nazionale Fascista. Costruttori Edili, Imprenditori di Opere ed Industriali Affini (*Contratto per l'esecuzione di lavori di costruzione in partecipazione con imprese germaniche, nei cantieri di Heydebrek, Blechhammer e Auschwitz*, *op. cit.*, especialmente las pp. 4-6).

23. *Ibid.*

24. *Cf.* las palabras del propio PL en IP, *Conversazione con Primo Levi*, de Ian Thomson (entrevista de abril de 1986; «Primo Levi in conversation with Ian Thomson», *PN Review*, XIV, n.º 2 [58, noviembre-diciembre de 1987, traducción al italiano de Diana Osti), en OC III, pp. 711-712; *cf.* igualmente *supra*, p. 55.

25. *Cf.*, por ejemplo, Eric A. Johnson y Karl-Heinz Reuband, *La Germania sapeva. Terrore, genocidio, vita quotidiana. Una storia orale*,

Mondadori, Milán, 2009 (ed. or.: *What We Knew: Terror, Mass Murder, and Everyday Life in Nazi Germany. An Oral History*, John Murray, Londres, 2005), pp. 78, 15, 321, 326, 328-329, 334-335 y 418-419.

26. Confederazione Fascista degli Industriali – Federazione Nazionale Fascista. Costruttori Edili, Imprenditori di Opere ed Industriali Affini (*Contratto per l'esecuzione di lavori di costruzione in partecipazione con imprese germaniche, nei cantieri di Heydebrek, Blechhammer e Auschwitz, op. cit.*, p. 13).

27. Bermani (*Al lavoro nella Germania di Hitler, op. cit.*, p. 18).

28. *Cf.* AA, APMA-B. *Weekly reports of IG Farbenidustrie*, vol. 2, p. 128 (sig. D-Au-III-Monowitz-4/2, inv. n.º 151234); citado inicialmente en Thomson (*Primo Levi, op. cit.*, pp. 258 y 750).

29. *Cf.* El testimonio de su hijo Mattias Deichmann, «Il buon traditore», *Diario del mese* (21 de enero de 2005), y el artículo «Hans Deichmann (1907-2004)» en wollheim-memorial.de, apartado «I.G. Farben, Biographies of key executives of I.G. Farben» (sin fecha).

30. Testimonio de Hans Deichmann al autor en Bermani (*Al lavoro nella Germania di Hitler, op. cit.*, pp. 170-171.

31. *Ibid.*, p. 171, y Laura Fontana (*Gli italiani ad Auschwitz, op. cit.*, p. 407).

32. Bermani (*Al lavoro nella Germania di Hitler, op. cit.*, p. xiii).

33. *Cf.* Belpoliti (*Primo Levi di fronte e di profilo, op. cit.*, pp. 52-53).

34. SQU, en OC I, vol. I, p. 159 (ausente en la edición de 1947) (p. 47 de la ed. cast.).

35. CeI, *Ritorno ad Auschwitz*, de Emanuele Ascarelli y Daniel Toaff (1983, *op. cit.*), en OC III, p. 354 (la versión en castellano de las citas de esta obra se ha extraído de la traducción de Ana Nuño, «Regreso a Auschwitz», *Letras Libres* [30 de septiembre de 2005], https://letraslibres.com/revista/regreso-a-auschwitz/).

36. SQU, en OC I, vol. I, p. 143 (p. 19 de la ed. cast.).

37. DeD, *Deposizione per il processo Bosshammer* [1971], en OC III, p. 1114; PS, «Quel treno per Auschwitz» (*Gli altri. Periodico di tutti gli emarginati dalla società*, IV, n.º 3 [II trimestre de 1979]), en OC II, p. 1464; CeI, «Parla Primo Levi, il numero 174517», de Leonardo Vergani (*Corriere della Sera* [20 de mayo de 1979]), en OC III, p. 155.

38. CeI, *Ritorno ad Auschwitz*, de Emanuele Ascarelli y Daniel Toaff (1983, *op. cit.*), en OC III, p. 354.

39. *Cf.* ASP, *Ingegneri e architetti piacentini 1870-1930*, pp. 159-161.

40. ASP, Fondo Comune di Piacenza, Ufficio Tecnico, b. 65, fasc. 2.

41. Ippolito Negri al autor, 23 de marzo de 2022.

42. Edoardo Morino a Alice Ravinale, Edoardo Morino al autor, 23 de marzo de 2022.

43. Ippolito Negri, Marta Rutigliano, Elisa Torreggiani (eds.), *Absentia - Luigi Moretti Architetto*, Ediprima, Piacenza, 2019, pp. 9 y ss.

44. Lucia Casella al autor, 29 de junio de 2022.

45. Para una contextualización, *cf.* Negri, Rutigliano y Torreggiani (*Absentia - Luigi Moretti Architetto*, *op. cit.*, *passim*).

46. *Cf. Piacenza negli anni '30. Sviluppo urbano e culturale di una città che cambia volto*, muestra en línea del Archivio di Stato de Piacenza, 2019.

47. Negri, Rutigliano y Torreggiani (*Absentia - Luigi Moretti Architetto*, *op. cit.*, p. 17).

48. *Ibid.*, pp. 11-12.

49. ASP, Fondo Comune di Piacenza, serie Lavori Pubblici, b. 65, f. 2.

50. Lucia Casella al autor, 21 de abril de 2022 (por teléfono) y 28 de abril de 2022 (por correo electrónico); *cf.* igualmente CCP, Ufficio Provinciale dell'Economia Corporativa di Piacenza, Ditta individuale, n.º 21207, Beotti Giovanni.

51. Bermani (*Al lavoro nella Germania di Hitler*, *op. cit.*, pp. xii, 22, 34 y *passim*).

52. Brunello Mantelli («Tra Marte e Vulcano», *op. cit.*, p. 29).

53. *Cf.*, del mismo autor, «*Camerati del lavoro*», *op. cit.*, pp. 231-232.

54. *Cf.* Natalia Aleksiun, «Story of Rescue - Wojciech Basik», en yadvashem.org (noviembre de 2015).

55. Para una síntesis, *cf.* Nechama Tec, «Resistenza in Europa orientale», en Walter Laqueur (ed.), *Dizionario dell'Olocausto*, Einaudi, Turín, 2007, edición italiana a cargo de Alberto Cavaglion (ed. or.: *The Holocaust Encyclopedia*, Yale University Press, New Haven, 2001), pp. 605-606.

56. Cywiński (*Non c'è una fine*, *op. cit.*, p. 85).

57. *Cf.* Gianluca Fantoni, *Storia della Brigata ebraica. Gli ebrei della Palestina che combatterono in Italia nella Seconda guerra mondiale*, Einaudi, Turín, 2022.

58. En España se ha traducido como *Resistencia. (N. de la t.)*

59. Nechama Tec, *Defiance. Gli ebrei che sfidarono Hitler*, Sperling & Kupfer, Milán, 2001 (ed. or.: *Defiance: The Bielski Partisans*, Oxford University Press, Nueva York, 1993).

60. Mismo autor, *When Light Pierced the Darkness: Christian Rescue of Jews in Nazi- Occupied Poland*, Oxford University Press, Nueva York, 1986.

61. SQU, en OC I, p. 235 (p. 181 de la ed. cast.).

62. *Cf.* la entrevista a PL de Tg del 25 de enero de 1975 en el programa de la Rai *Cronache italiane*, en «Laboratorio Levi», en raiplay.it.

63. SeS, en OC II, pp. 1197-1198 (p. 79 de la ed. cast.).

64. RS, *Tradurre Kafka* [1986 («Kafka col coltello nel cuore», *La Stampa* [5 de junio de 1983])], en OC II, p. 1098; *cf.* igualmente Belpoliti (2015, *Primo Levi di fronte e di profilo*, *op. cit.*, pp. 549-562).

65. *Cf.* Tzvetan Todorov, *Memoria del male, tentazione del bene*, Garzanti, Milán, 2009 (ed. or.: *Mémoire du mal / Tentation du bien*, Laffont, París, 2002), especialmente las pp. 218-219 [hay trad. cast. de Manuel Serrat Crespo, *Memoria del mal, tentación del bien*, Ediciones Península, Barcelona, 2002].

66. Confederazione Fascista degli Industriali - Federazione Nazionale Fascista. Costruttori Edili, Imprenditori di Opere ed Industriali Affini (*Contratto per l'esecuzione di lavori di costruzione in partecipazione con imprese germaniche, nei cantieri di Heydebrek, Blechhammer e Auschwitz*, *op. cit.*, pp. 6 y 29). Para una contextualización, *cf.* igualmente Mantelli (*«Camerati del lavoro»*, *op. cit.*, pp. 362-365 y 275), donde se define el tratamiento «no despreciable», si se compara con Italia, pero tampoco «favorable como en otras fábricas alemanas».

67. *Cf.* L, *Il ritorno di Lorenzo* [1981], en OC II, p. 288 (p. 48 de la ed. cast.), y las consideraciones pormenorizadas *infra*.

68. Setkiewicz (*The History of the IG Farben Werk Auschwitz Camps*, *op. cit.*, p. 326).

69. Bermani (*Al lavoro nella Germania di Hitler*, *op. cit.*, pp. 171 y 198).

70. L, *Il ritorno di Lorenzo* [1981], en OC II, p. 288 (p. 648 de la ed. cast.).

71. *Ibid.*, p. 287 (p. 648 de la ed. cast.).

El último de los Justos

1. El título retoma el clásico de André Schwarz-Bart, *L'ultimo dei Giusti*, Feltrinelli, Milán, 2018 (ed. or.: *Le dernier des Justes,* Seuil, París, 1959) [hay trad. cast. de Fernando Acevedo, *El último justo*, Seix Barral, Barcelona, 1959]; cit. igualmente por PL en IP, *Conversazione con Primo Levi*, de Ian Thomson (1986), *op. cit.*, en OC III, p. 718.

2. Para una síntesis, *cf.* Adriano Zamperini, *Psicologia dell'inerzia e della solidarietà. Il ruolo degli spettatori nelle atrocità collettive*, Einaudi, Turín, 2001, pp. 160-167 y 144-148.

3. *Cf.* Bo Lidegaard, *Il popolo che disse no. La storia mai raccontata di come una nazione sfidò Hitler e salvò i suoi compatrioti ebrei*, Garzanti, Milán, 2014 (ed. or.: *Countrymen: The Untold Story of How Denmark's Jews Escaped the Nazis, of the Courage of Their Fellow Danes - and of the Extraordinary Role of the SS*, Knopf, Nueva York, 2013).

4. *Cf.* en particular Francois Rochat y Andre Modigliani, «The Ordinary Quality of Resistance: From Milgram's Laboratory to the Village of Le Chambon», *Journal of Social Issues*, 51/3 (1995), pp. 195-210, y el documental de Alexandre Fronty y Guillaume Loiret *Dieulefit, le village des Justes*, Francia, 2010.

5. *Cf.*, por ejemplo, Frances Henry, *Victims and Neighbors: A Small Town in Nazi Germany Remembered*, Bergin and Garvey, South Hadley (Mass.), 1984, y, de la misma autora, «Heroes and helpers in Nazi Germany: Who aided Jews?, *Humboldt Journal of Social Relations*, 13 (1986), pp. 306-309. Para una contextualización, *cf.* Suzanne Beer, «Aid Offered Jews in Nazi Germany: Research Approaches, Methods, and Problems, Mass Violence & Résistance», en SciencePo (sciencepo.fr), Mass Violence and Resistance - Research Network (22 de septiembre de 2014).

6. *Cf.* Gutman, Rivlin (*I Giusti d'Italia*, *op. cit.*, pp. 40-43 y 171-173).

7. Diálogo con Fabio Levi titulado «Visitatori e luoghi tra racconto del passato e scena del presente», en el congreso internacional *Davanti a Villa Emma*, Nonantola (MO), 18 de junio de 2016; *cf.* igualmente *supra*, p. 295, nota 19.

8. Claudio Pavone, *Una guerra civile. Saggio storico sulla moralità nella Resistenza*, Bollati Boringhieri, Turín, 1994 (1.ª ed.: 1991), pp. 3 y ss.

9. *Cf.* Adriana Muncinelli y Elena Fallo, *Oltre il nome. Storia degli ebrei stranieri deportati dal campo di Borgo San Dalmazzo*, Le Chateau Edizioni, Aosta, 2016; Alberto Cavaglion, *Nella notte straniera. Gli ebrei di St. Martin Vésubie. 8 settembre-21 novembre 1943*, Aragno, Turín, 2012 (1.ª ed.: 1981).

10. *Cf.* mi intervención «Salvare se stessi / Saving oneselves / Se sauver soi- mème», *Doppiozero* (8 de septiembre de 2015).

11. *Cf.* Claude Lanzmann, *Le Dernier des injustes*, Francia/Austria, 2013 y, del mismo director, *L'ultimo degli ingiusti*, Skira, Milán, 2014. *Cf.* igualmente Yosef H. Yerushalmi, *"Servitori di re e non servitori di servitori". Alcuni aspetti della storia politica degli ebrei*, Giuntina, Florencia, 2013 (ed. or.: *"Servants of Kings and Not Servants of Servants": Some Aspects of the Political History of the Jews*, texto de una conferencia que dio el 19 de octubre de 1993 en la Carl Friedrich von Siemens Stiftung de Múnich, publicado en lengua inglesa por el Tam Institute for Jewish Studies di Atlanta), p. 59.

12. *Cf.* Milano (*Salvatori e salvati*, *op. cit.*, p. 143).

13. *Cf.* mi obra *Uomini in grigio. Storie di gente comune nell'Italia della guerra civile*, Feltrinelli, Milán, 2016, *ad nomen*.

14. *Cf.* en toda la obra SeS, en OC II, pp. 1164 y ss.

15. *Cf.* la reseña y la respuesta: «Fascismo di Salò, più nero che grigio», de Corrado Stajano, *Corriere della Sera* (4 de mayo de 2016); «Fascismo e "zona grigia": lo storico racconta fatti, non scrive sentenze», mío, *Corriere della Sera* (11 de mayo de 2016).

16. Wolf Gruner al autor, entre el 5 y el 7 de diciembre de 2012. Hoy, como indica el sitio web del Yad Vashem, los investigadores calculan que hubo entre cinco mil y siete mil judíos ocultos en Berlín, un cuarto de los cuales (entre mil doscientos y mil quinientos) lograron sobrevivir (*cf.* «About the Righteous», «Statistics», en yadvashem.org).

17. Christopher R. Browning, *Uomini comuni. Polizia tedesca e "soluzione finale" in Polonia*, Einaudi, Turín, 1995 (ed. or.: *Ordinary Men: Reserve Police Battalion 101 and the Final Solution in Poland*, Harper Collins, Nueva York, 1992).

18. Aparte de la célebre *El viaje de los malditos* (*Voyage of the Damned*), de Stuart Rosenberg (guion de Steve Shagan y David Butler), EE. UU. y Reino Unido, 1976, y de la reconstrucción novelada de Gilbert Sinoué, *Una nave per l'inferno*, Neri Pozza, Vicenza, 2005 (ed. or.: *Un bateau pour l'enfer*, Calmann-Lévy, París, 2005) [hay trad. cast. de María Luisa Roca Vicente-Franqueira, *Un barco hacia el infierno*, Styria de Ediciones y Publicaciones, S. L., Barcelona, 2006], *cf.* Diane Afoumado, *Exil impossible. L'errance des Juifs du Paquebot 'St-Louis'*, L'Harmattan, París, 2005. He contado este caso en *L'età dei muri. Breve storia del nostro tempo*, Feltrinelli, Milán, 2019, pp. 35-38 y en *Il buon tedesco*, Laterza, Bari y Roma, 2021, p. 26, además de en el episodio «Ebrei in fuga dal nazismo» de *Passato e presente*, Rai Storia (25 de enero de 2018).

19. *Cf.* «Journey of the Doomed Revisited», yadvashem.org (20 de noviembre de 2016).

20. *Cf.* United States Holocaust Memorial Museum [USHMM], *The World Must Know: The History of the Holocaust As Told in the United States Holocaust Museum*, Johns Hopkins University Press y USHMM, Washington, 2006 (1.ª ed.: 1993), pp. 53-54; «Voyage of the St. Louis», en ushmm.org.

21. *Cf.* Claudio Vercelli, «Svizzera, rete confinaria della», en Laqueur (*Dizionario dell'Olocausto*, *op. cit.*, p. 752). *Cf.* igualmente Silvana Calvo, *A un passo dalla salvezza. La politica svizzera di respingimento degli ebrei durante le persecuzioni 1933-1945*, Zamorani, Turín, 2010.

22. *Cf.* Eyal Press, *Anime belle. Il coraggio e la coscienza di uomini comuni in tempi difficili*, Einaudi, Turín, 2015 (ed. or.: *Beautiful Souls: The Courage and Conscience of Ordinary People in Extraordinary Times*, Picador, Nueva York, 2013), pp. 13-56; Stefan Keller, *Délit d'humanité. L'affaire Gruninger*, Éditions d'En Bas, Lausana, 1994; documental de Richard Dindo *Gruningers Fall/ L'affaire Gruninger*, Suiza, 1997.

23. Lo conté por primera vez en el programa *Argo* de Rai Storia dedicado a la frontera (emitido el 16 de diciembre de 2016) y, posterior-

mente, en *Bruciare la frontiera*, Feltrinelli, Milán, 2018, pp. 72-79, en *La storia ci salverà*, Utet, Milán, 2020, *ad nomen* y en el manual que redacté junto con Caterina Ciccopiedi, Valentina Colombi y Marco Meotto, *Trame del tempo*, vol. III (*Guerra e pace. Dal Novecento a oggi*), Laterza, Bari y Roma, 2022, pp. 303-304.

24. *Cf.* Yannick Haenel, *Il testimone inascoltato*, Guanda, Parma, 2010 (ed. or.: *Jan Karski*, Gallimard, París, 2009) [hay trad. cast. de Susana Rodríguez-Vida, *Jan Karski*, El Aleph Editores, Barcelona, 2010]; *cf.* igualmente Nissim (*Il tribunale del bene*, *op. cit.*, pp. 164-171).

25. *Cf.*, por ejemplo, Enrico Deaglio (*La banalità del bene*, *op. cit.*, pp. 17 y 96).

26. *Cf.* Ingrid Carlberg, *Raoul Wallenberg: The Heroic Life and Mysterious Disappearance of the Man Who Saved Thousands of Hungarian Jews from the Holocaust*, MacLehose, Londres, 2016 [hay trad. cast. de Itziar Hernández Rodilla, *Raoul Wallenberg: la heroica vida del hombre que salvó a miles de judíos húngaros del Holocausto*, Ediciones Península, Barcelona, 2018].

27. *Cf.*, por ejemplo, Enrico Deaglio (*La banalità del bene*, *op. cit.*, p. 109).

28. *Cf.* Jan Brokken, *I giusti*, Iperborea, Milán, 2020 (ed. or.: *De rechtvaardigen*, Uitgeverij Atlas Contact, Ámsterdam, 2018), especialmente las pp. 496-499 y 546-549.

29. *Cf.* el anuncio y el manuscrito, de fecha del 9 de agosto de 1998, en YV.

30. «"Rischiò la vita per nostro padre". Il commovente grazie dal figlio di Primo Levi», de Giuseppina Fiori, *La Stampa* (4 de febrero de 1999), también en YV; *cf.* igualmente Mordecai Paldiel, «*Primo Levi's* Hassid», *Jerusalem Yad Vashem Magazine*, 12 (invierno de 1999), también en YV.

31. Levis Sullam (*I carnefici italiani*, *op. cit.*, p. 118); Picciotto (*Salvarsi*, *op. cit.*, pp. 505-506, donde se remite también, y no por casualidad, a Gutman y Rivlin (*I Giusti d'Italia*, *op. cit.*); *cf.* igualmente, dentro de dicha obra, Nathan Ben Horin, «Alla ricerca dei Giusti», pp. xviii y ss.

32. *Cf.* Nissim (*Il tribunale del bene*, *op. cit.*), especialmente las pp. 119 y ss.

33. *Cf.* «The Righteous Among the Nations - How to Apply», en yadvashem. org.

34. Sergio Luzzatto, *Padre Pio. Miracoli e politica nell'Italia del Novecento*, Einaudi, Turín, 2007.

35. *Ibid.*, «Come nasce un "Giusto"», *Domenica* de *Il Sole 24 Ore* (30 de junio de 2013).

36. *Ibid.* En este sentido, *cf.* Picciotto (*Salvarsi*, *op. cit.*, especialmente las pp. 219 y ss).

37. *Cf.* YV, *passim.*

38. Thomson (*Primo Levi*, *op. cit.*, p. 365) (*cf. infra*, p. 256); *cf.* igualmente YV, *Dichiarazione di Bianca Guidetti Serra*, 28 de julio de 1997.

39. *Cf.*, por ejemplo, PS, *Quel treno per Auschwitz* (1979), en OC II, pp. 1464-1465 (*cf. infra*, pp. 114 y ss.).

40. Daniel Levy y Natan Sznaider, *The Holocaust and Memory in the Global Age*, Temple University Press, Filadelfia, 2006.

41. Para los «pedantes», *cf.* Brokken (*I giusti*, *op. cit.*, p. 611).

42. *Ibid.*, p. 526.

43. *Ibid.*, p. 265.

44. Enrico Deaglio (*La banalità del bene*, *op. cit.*, pp. 15, 24 y ss., 70 y ss. y 95, especialmente). Las memorias de Giorgio Perlasca están publicadas actualmente con el título *L'impostore*, il Mulino, Bolonia, 2007 (1.ª ed.: 1997).

45. Brokken (*I giusti*, *op. cit.*, pp. 618-619 y *passim*).

46. *Cf.* Erika Rosenberg (ed.), *Ich, Emilie Schindler: Erinnerungen einer Unbeugsamen*, Herbig Verlag, Berlín, 2006.

47. *Cf.* Luca Bernardini, *Messaggero, testimone, personaggio: l'uomo che cercò di fermare la Shoah*, en el volumen (a cargo de él mismo) *La mia testimonianza davanti al mondo. Storia di uno stato segreto* (trad. it. a partir de *Mon témoignage devant le monde. Histoire d'un État clandestin*, Laffont, París, 2010 [ed. or.: S*tory of a Secret State*, Houghton Mifflin Company, Boston, 1944]), Adelphi, Milán, 2013, pp. 511-512.

48. *Cf. ibid.*, p. 505.

49. Gustav Schröder, *Heimatlos auf hoher See*, Beckerdruck, Berlín, 1949.

50. Deaglio (*La banalità del bene*, *op. cit.*, p. 19) (la traducción aquí es propia).

51. La expresión de PL en relación con SQU (*cf.* SP, *Cromo* [1975], en OC I, p. 971 [p. 513 de la ed. cast.]), se retoma en Alberto Cavaglion (*cf.*, por ejemplo, *Primo Levi: guida a "Se questo è un uomo"*, *op. cit.*, p. 30); *cf.* igualmente Belpoliti (*Primo Levi di fronte e di profilo*, *op. cit.*, pp. 384-385).

52. *Cf. infra*, pp. 195 y ss.

53. Brokken (*I giusti*, *op. cit.*, p. 397).

54. *Cf.*, por ejemplo, Bermani (*Al lavoro nella Germania di Hitler*, *op. cit.*, pp. 170-176 y 240 y ss.).

55. *Cf.* Martin Gilbert, *The Righteous: The Unsung Heroes of the Holocaust*, Black Swan, Londres, 2003 (1.ª ed.: 2002), pp. 508-509.

56. John Castle, *The Password Is Courage*, Souvenir Press, Londres, 2001 (1.ª ed.: 1954); *cf.* la película homónima de Andrew L. Stone, basada en la novela, Reino Unido, 1962.

57. John Kent Harrison, *The Courageous Heart of Irena Sendler* (guion de él mismo y Larry Spagnola), EE. UU., Canadá y Polonia, 2009 [estrenada en España como *El corazón valiente de Irena Sendler*] y el documental de Mary Skinner *Irena Sendler: In the Name of Their Mothers*, 2010.

58. Belpoliti (*Primo Levi di fronte e di profilo*, *op. cit.*, pp. 459-460 y 512-518); Anna Bravo, «Raccontare per la storia» (quinta *Lezione Primo Levi*, celebrada el 7 de noviembre de 2013), en Levi y Scarpa (*Lezioni Primo Levi*, *op. cit.*, pp. 224 y ss.).

59. *Cf.* Alberto Cavaglion, «Introduzione», en *Abitare la Buna. Strumenti di lavoro*, Istituto piemontese per la Storia della Resistenza e della Società Contemporanea, Turín, 2001, pp. 10-11; Nedelia Tedeschi Lolli, «Messaggio», en la obra de la misma autora *Non voltarti mai indietro per non diventare una statua di sale. Poesie*, Giuntina, Florencia, 2013, p. 7.

60. Domenico Romita, « "Lorenzo era un uomo". Primo Levi ha ricordato l'umanità del campo di Auschwitz del fossanese Lorenzo Perone», *Il Popolo Fossanese* (15 de junio de 1963).

61. *Cf. ibid.* en ITC y en YV, Angier a Paldiel (*Lorenzo Perone's aid to Primo Levi in Auschwitz*, *op. cit.*, anexo 12/1).

62. Antonio Martorello al autor, 22 de marzo de 2022; *cf.* «Righteous Among the Nations Honored by Yad Vashem by 1 January 2020 - Italy», en yadvashem.org.

63. Gutman, Rivlin (*I Giusti d'Italia*, *op. cit.*, pp. 128-129 y 145-146).

64. Lenta («Un muratore fossanese del Borgo Vecchio protagonista di un racconto di Primo Levi», *op. cit.*, ya en ITC y en YV, Angier a Paldiel, *Lorenzo Perone's aid to Primo Levi in Auschwitz*, *op. cit.*, anexo 12/1).

65. L, *Il ritorno di Lorenzo* [1981], en OC II, p. 285 (p. 645 de la ed. cast.).

66. Marco Belpoliti al autor, 16 de marzo de 2022; *cf.* igualmente Saleri (*L'importanza di Lorenzo Perone nelle opere di Primo Levi*, *op. cit.*, p. 38).

67. Luisa Mellano al autor, 11 de marzo de 2022.

68. *Cf.* «Il racconto di Carlo Morra», en Saleri (*L'importanza di Lorenzo Perone nelle opere di Primo Levi*, *op. cit.*, pp. 75-76).

69. Angier (*Il doppio legame*, *op. cit.*, pp. 426-427).

70. *Cf.* Città di Fossano, *Verbale di deliberazione della giunta comunale*, sesión del 16 de abril de 2015, n.º 111.

71. Guillermo Vincenti, *Ricordi di guerra. A 70 anni dalla Liberazione di Fossano*, Grafiche Vincenti, Fossano, 2015, pp. 17-25.

72. Manfredi (*Il cielo sopra il Castello*, *op. cit.*, vol. I, pp. 249-252).

73. Saleri (*L'importanza di Lorenzo Perone nelle opere di Primo Levi*, *op. cit.*, pp. 74-77).

74. *Ibid.*, p. 77; *cf.* igualmente Manfredi (*Il cielo sopra il Castello*, *op. cit.*, vol. I, p. 252).

75. YV, carta de Carole Angier del 6 de noviembre de 1995.

76. Patrick Modiano, *Dora Bruder*, Guanda, Parma, 2015 (ed. or.: *Dora Bruder*, Gallimard, París, 1997), ubicación 606 de la edición electrónica (la versión en castellano de esta cita se ha extraído de la traducción de Marina Pino, *Dora Bruder*, Seix Barral, Barcelona, 2014, p. 61).

77. Belpoliti (*Primo Levi di fronte e di profilo*, *op. cit.*, p. 615); *cf.* igualmente Ernesto Ferrero, «Nota biografica e fortuna critica», en PL, *L'altrui mestiere*, Einaudi, Turín, 2008 (1.ª ed.: 1985), p. 252.

78. *Cf.* Saidiya Hartman, *Perdi la madre. Un viaggio lungo la rotta atlantica degli schiavi*, Tamu, Nápoles, 2021 (ed. or.: *Lose Your Mother: A*

Journey Along the Atlantic Slave Route, Farrar, Straus and Giroux, Nueva York, 2007), p. 34.

79. Bertolt Brecht, «Domande di un lettore operaio» (trad. it. de F. Fortini), en «Poesie di Svendborg», en la obra del mismo autor *Poesie*, Einaudi, Turín, 2014 (ed. or.: 1916-1956 [Suhrkamp Verlag, Fráncfort del Meno, 1960, 1961, 1964 y 1965]), p. 156 (la versión en castellano de este fragmento se ha extraído de la página de la Cátedra de Historia de la UNED https://www.historiauned.net/tutor/editar/399-palabra-e-historia-preguntas-de-un-obrero-que-lee, si bien en ella no se indica el nombre del traductor).

80. Alain Corbin, *Il mondo ritrovato di Louis-Frangois Pinagot. Sulle tracce di uno sconosciuto*, Garzanti, Milán, 2001 (ed. or.: *Le monde retrouvé de Louis Frangois Pinagot. Sur les traces d'un inconnu 1798-1876*, Flammarion, París, 1998), p. 270.

81. Massimo Bucciantini, «Esperimento Auschwitz» (segunda *Lezione Primo Levi*, celebrada el 10 de noviembre de 2010), en Levi y Scarpa (*Lezioni Primo Levi*, *op. cit.*, p 77).

82. *Cf.* Mengoni (*Variazioni Rumkowski*, *op. cit.*, *passim*); Belpoliti (*Primo Levi di fronte e di profilo*, *op. cit.*, pp. 563-566).

83. Belpoliti (*Primo Levi di fronte e di profilo*, *op. cit.*, p. 563).

84. *Cf.*, por ejemplo, «Intervista a Henryk Swiebocki» (abril de 2001) en *Abitare la Buna*, *op. cit.*, p. 47.

85. *Cf.* mi obra «Questi luoghi sono anche il nostro presente» en el catálogo de la exposición *Fotografie dal Campo Auschwitz-Birkenau 2012* de Bruna Biamino, Consiglio Regionale del Piemonte, Turín, 2013, pp. 9-11; Georges Didi-Huberman, *Scorze*, Nottetempo, Roma, 2014 (ed. or.: *Écorces*, Éditions de Minuit, París, 2011), p. 47 y *passim* [hay trad. cast. de Mariel Alejandra Manrique y Hernán Marturet, *Cortezas*, Asociación Shangrila Textos Aparte, Valencia, 2014].

86. *Cf.* Tommaso Speccher, *La Germania sì che ha fatto i conti con il nazismo*, Laterza, Bari y Roma, 2022, p. 100.

87. Gordon J. Horwitz, *All'ombra della morte. La vita quotidiana attorno al campo di Mauthausen*, Marsilio, Venecia, 1994 (ed. or.: *In the Shadow of Death: Living Outside the Gates of Mauthausen*, Free Press, Nueva York, 1990), p. 15.

88. Frank Gausmann, *Deutsche Großunternehmer vor Gericht. Vorgeschichte, Verlauf und Folgen der Nürnberger Industriellenprozesse 1945-1948/51*, Kovac, Hamburgo, 2011, pp. 106-150, citado en Speccher (*La Germania sì che ha fatto i conti con il nazismo*, *op. cit.*, p. 37).

89. Hans-Christian Jasch, Wolf Kaiser, *Der Holocaust vor deutschen Gerichten. Amnestieren, Verdrangen, Bestrafen*, Reclam, Fráncfort del Meno, 2017, pp. 56-57, p. 103.

90. SeS, en OC II, p. 1182 (p. 58 de la ed. cast.).

91. CeI, *Ritorno ad Auschwitz*, de Emanuele Ascarelli y Daniel Toaff (*op. cit.*), en OC III, p. 353.

92. L, *Il ritorno di Lorenzo* [1981], en OC II, p. 287 (p. 648 de la ed. cast.).

93. Del texto mecanografiado de una entrevista de PL con el periodista neerlandés Rolf Orthel en 1974, cit. en Thomson (*Primo Levi*, *op. cit.*, p. 50). *Cf.* igualmente SQU, en OC I, p. 153; SeS, en OC II, p. 1196.

94. SQU, en OC I, p. 262 (p. 232 de la ed. cast.).

95. Para una comparativa entre las dos ediciones de SQU, *cf.* Cavaglion (*Primo Levi: guida a "Se questo è un uomo"*, *op. cit.*, *ad nomen*); SP, *Cerio* [1975], en OC II, pp. 962-967 («Cerio», pp. 498-505 de la ed. cast.); PS, *L'ultimo Natale di guerra* (1984), en OC II, pp. 1597-603 («Última Navidad de guerra», pp. 799-904 de la ed. cast.).

96. Angier (*Il doppio legame*, *op. cit.*, *ad nomen*); Thomson (*Primo Levi*, *op. cit.*, *ad nomen*).

97. L, *Il ritorno di Lorenzo* [1981], en OC II, p. 287 (p. 648 de la ed. cast.).

98. *Ibid.*

99. *Cf.* Belpoliti (*Primo Levi di fronte e di profilo*, *op. cit.*, p. 41).

100. *Cf.* mi obra *Uomini in grigio, op. cit., passim.*

101. SQU, en OC I, p. 145 (p. 21 de la ed. cast.); *cf.* Bucciantini (*Esperimento Auschwitz*, *op. cit.*, pp. 37-85).

102. SQU, en OC I, p. 144 (p. 21 de la ed. cast.).

103. *Ibid.*, p. 219 (p. 152 de la ed. cast.).

104. *Ibid.*, p. 157 (ausente en la edición de 1947) (p. 42 de la ed. cast.). *Cf.* igualmente Luciana Nissim, «Ricordi della casa dei morti», en

la obra de la misma autora y de Pelagia Lewinska, *Donne contro il mostro*, Vincenzo Ramella Editore, Turín, 1946; Luciana Nissim Momigliano, *Ricordi della casa dei morti e altri scritti* (a cargo de Alessandra Chiappano), Giuntina, Florencia, 2008. Para una contextualización, *cf.* Alberto Cavaglion, «Commento al testo», en la edición de 2012 a cargo del mismo autor de PL, *Se questo è un uomo*, *op. cit.*, pp. 179-180.

105. *Cf.* CeI, *Gli ebrei e l'Italia durante la guerra, 1940-1945*, di Nicola Caracciolo, *op. cit.*, en OC III, p. 654 (esta frase no aparece en el montaje).

106. Emma Barberis al autor, 9 de septiembre de 2022.

107. Giuseppe Perone al autor, 29 de enero de 2020.

108. SNOQ, en OC II, p. 560 (p. 195 de la ed. cast.).

109. *Ibid.*, p. 438 (p. 31 de la ed. cast.).

110. Marco Belpoliti, «"Io sono un centauro"», en PL, *Conversazioni e interviste 1963-1987*, Einaudi, Turín, 2016, p. viii.

111. SeS, en OC II, p. 1241 (pp. 139-140 de la ed. cast.).

112. IP, *Conversazione con Primo Levi*, de Ferdinando Camon (1982-1986), *op. cit.*, en OC III, p. 849 (p. 65 de la ed. cast.).

113. CS, en OC I, pp. 1075, 1071 y, de nuevo, 1075 (pp. 768, 692 y 779 de la ed. cast.); *cf.* igualmente «Il veleno di Auschwitz», de Lucia Borgia (*Rifarsi una vita*, programa de la Rai, emitido el 3 de febrero de 1985), en OC III, pp. 531-538.

114. SQU, en OC I, p. 143 (pp. 170-171 de la ed. cast.).

115. *Cf. ibid.*, pp. 224-230 (pp. 166-171 de la ed. cast.).

116. *Ibid.*, p. 147 (p. 26 de la ed. cast.).

117. *Ibid.*, p. 153 (p. 35 de la ed. cast.).

118. *Cf.* Robert S. C. Gordon, «Sfacciata fortuna». *La Shoah e il caso* [primera *Lezione Primo Levi*, celebrada el 10 novembre de 2009], en Levi y Scarpa (*Lezioni Primo Levi*, *op. cit.*, pp. 24 y ss.).

119. Thomson (*Primo Levi*, *op. cit.*, p. 343).

120. *Cf.* CeI, «Primo Levi: capire non è perdonare», de Giorgio Calcagno (*Tuttolibri. Settimanale di attualità culturale letteratura arte scienza spettacolo*, XII, n.º 513 [26 de julio de 1986]), en OC III, pp. 611-612.

121. RS, *Premessa* [1986], en OC, vol. II, p. 999.

122. El «hoy» de esta frase se refiere al 23 de marzo de 2022.

123. RS, *Premessa* [1986], en OC, vol. II, p. 999; *cf.* igualmente IP, «Il necessario e il superfluo», de Roberto Di Caro (*Piemonte Vivo*, XX, n.º 1 [primer semestre de 1987]), en OC III, p. 689.

124. SQU, en OC I, p. 236 (p. 184 de la ed. cast.).

125. *Ibid.*

126. *Ibid.*, p. 146 (p. 24 de la ed. cast.).

127. SeS, en OC II, p. 1169 (p. 40 de la ed. cast.).

128. PS, *"Arbeit macht frei"* (Associazione nazionale ex deportati politici nei campi nazisti, noviembre de 1959), en OC II, p. 1298.

129. PS, *Buco nero di Auschwitz* [1987], en OC II, p. 1664.

130. Ulrich Alexander Boschwitz, *Uomini vicini alla vita*, Rizzoli, Milán, 2021 (ed. or.: *Menschen neben dem Leben*, Cotta'sche Buchhandlung Nachfolger GmbH, Stuttgart, 2019), pp. 21 y 111.

131. Brokken (*I giusti*, *op. cit.*, p. 397).

132. SeS, en OC II, p. 123 (p. 115 de la ed. cast.); *cf.* igualmente Philip Roth (*Conversazione a Torino con Primo Levi*, *op. cit.*), en OC III, p. 639.

Trabajar en «Suíss»

1. Sobre la *histoire au ras du sol*, véase principalmente Jacques Revel, «Introduzione», en la obra a cargo del mismo autor *Giochi di scala. La microstoria alla prova dell'esperienza*, Viella, Roma, 2006 (ed. or.: *Jeux d'échelles. La micro-analyse à l'expérience*, Seuil, París, 1996).

2. SQU, en OC I, p. 223 (p. 159 de la ed. cast.).

3. *Ibid.*, p. 244 (p. 197 de la ed. cast.).

4. *Ibid.*, p. 252 (p. 212 de la ed. cast.).

5. SeS, en OC II, pp. 1190 y 1235.

6. *Cf.*, por ejemplo, CeI, *Vecchio io?* [1982], *op. cit.*, en OC III, p. 334.

7. SQU, en OC I, p. 149 (p. 30 de la ed. cast.).

8. T, en OC I, p. 332 (p. 40 de la ed. cast.).

9. T, en OC I, p. 333 (p. 40 de la ed. cast.).

10. *Ibid.*, p. 340 (p. 51 de la ed. cast.).

11. SQU, en OC I, p. 204 (pp. 124-125 de la ed. cast.).

12. SQUa, en OC I, p. 282 (p. 263 de la ed. cast.).

13. Scarpa («Chiaro/Oscuro», *op. cit.*, p. 245) (ahora en Barenghi, Belpoliti y Stefi, *Primo Levi*, *op. cit.*, p. 248).

14. SQU, en OC I, p. 193 (en la edición de 1947 aparecía «*noi che l'abbiamo* fatta» [la hemos hecho nosotros], que después se convirtió en «*noi che l'abbiamo costruita*» [«la hemos construido nosotros»]: *cf.* OC I, p. 50) (pp. 107-108 de la ed. cast.).

15. SeS, en OC II, p. 1255 (p. 157 de la ed. cast.).

16. Me permito remitirme a mi obra *Il buon tedesco* (*op. cit.*).

17. Además de Hannah Arendt, *La banalità del male. Eichmann a Gerusalemme*, Feltrinelli, Milán, 2001 (ed. or.: *Eichmann in Jerusalem: A Report on the Banality of Evil*, Viking Press, Nueva York, 1963), p. 238 (la versión en castellano de las citas de esta obra se ha extraído de la traducción de Carlos Ribalta, *Eichmann en Jerusalén: un estudio sobre la la banalidad del mal*, Editorial Lumen, S. A., Barcelona, 2003; para esta referencia, *cf.* p. 139), *cf.* Deaglio (*La banalità del bene*, *op. cit.*, pp. 117-118).

18. *Cf.* Tadeusz Pankiewicz, *Il farmacista del ghetto di Cracovia*, Utet, Milán, 2016 (ed. or.: Apteka w getcie Krakowskim, Świat i Wiedza, Cracovia, 1947).

19. Alberto Salza y Elena Bissaca, *Eliminazioni di massa. Tattiche di controgenocidio*, Sperling & Kupfer, Milán, 2012, p. 226.

20. Emma Barberis al autor, 9 de septiembre de 2022.

21. *Cf. Se questo è un uomo* [1966/67] en el sitio web del Teatro Stabile di Torino (archivio.teatrostabiletorino.it). Para una contextualización, *cf.* Angier (*Il doppio legame*, *op. cit.*, pp. 561-564).

22. SQUd [«Nota introdutiva» de PL], en OC I, p. 1197.

23. *Cf.* igualmente Saleri (*L'importanza di Lorenzo Perone nelle opere di Primo Levi*, *op. cit.*, pp. 29-33).

24. SQUd, en OC I, pp. 1232-1233.

25. *Ibid.*, pp. 1231-1232.

26. En castellano en el original. (*N. de la t.*)

27. Se refiere a los acuerdos («combinaciones», en la edición en castellano de *Si esto es un hombre*, pp. 118, 123, 131, 209 y 220) que estable-

cían los internos con la población civil para intercambiar mercancías o servicios. (*N. de la t.*)

El mundo al revés

1. SNOQ, en OC II, p. 444 (p. 39 de la ed. cast.).

Mensajes

1. L, «Il Re dei giudei» [1981 (*La Stampa* [20 de noviembre de 1977])], 3n OC II, p. 295, más adelante en SeS, en OC II, p. 1184 (p. 60 de la ed. cast.); para una contextualización, *cf.* Mengoni (*Variazioni Rumkowski*, *op. cit.*, *passim*).
2. PS, *Quel treno per Auschwitz* (1979), en OC II, p. 1465.
3. *Cf.* Setkiewicz (*The History of the IG Farben Werk Auschwitz Camps*, *op. cit.*, p. 104) y Ulrich Herbert, *Fremdarbeiter. Politik und Praxis des "Auslander- Einsatzes" in der Kriegswirtschaft des Dritten Reiches*, J.H.W. Dietz, Berlín, 1985, p. 270.
4. Mantelli («Tra Marte e Vulcano», *op. cit.*, pp. 41-43).
5. ASCF, Serie IV, Affari militari, VII.2.A., expediente *Servizio del lavoro, circolari e disposizioni*, vol. 306, 1944.
6. *Ibid.*, especialmente los asientos del 15 y del 27 de marzo de 1944.
7. Bermani (*Al lavoro nella Germania di Hitler*, *op. cit.*, pp. 242-252).
8. Nicola Labanca, *Prigionieri, internati, resistenti. Memorie dell'«altra Resistenza»*, Laterza, Bari y Roma, 2022, p. 265.
9. Mantelli («*Camerati del lavoro*», *op. cit.*, pp. 446-456, y «Tra Marte e Vulcano», *op. cit.*, p. 63).
10. *Cf.* Czech (*Kalendarium*, *op. cit.*, vol. julio-diciembre de 1944 [*cf.* la fecha del 22 de agosto de 1944], p. 43).
11. *Cf.* IP, Conversazione con Primo Levi, de Ferdinando Camon (1982-1986), *op. cit.*, en OC III, p. 841 (p. 49 de la ed. cast.) y, para una contextualización, Silveri (*Bombardare Auschwitz*, *op. cit.*, especialmente las pp. 60 y ss.).

12. Fontana (*Gli italiani ad Auschwitz*, *op. cit.*, pp. 418-422).

13. *Cf.* ARA, expediente de Pietro Cademartiri.

14. Setkiewicz (*The History of the IG Farben Werk Auschwitz Camps*, *op. cit.*, pp. 324-326).

15. *Cf.* Martin Gilbert, «The Question of Bombing Auschwitz», en Yisrael Gutman y Avital Saf (eds.), *The Nazi Concentration Camps: Structure and Aims, The Image of the Prisoner, The Jews in the Camps*, Yad Vashem, Jerusalén, 1984, p. 431.

16. Setkiewicz (*The History of the IG Farben Werk Auschwitz Camps*, *op. cit.*, p. 326).

17. *Ibid.*, p. 301.

18. Además de SQUd, en OC I, p. 1232, *cit. supra*, p. 116, *cf.* una expresión casi idéntica en CS, en OC I, p. 1091.

19. L, *Il ritorno di Lorenzo* [1981], en OC II, p. 287 (p. 648 de la ed. cast.).

20. *Ibid.*

21. *Ibid.*, p. 288 (p. 648 de la ed. cast.).

22. CeI, *Gli ebrei e l'Italia durante la guerra, 1940-1945*, de Nicola Caracciolo (y, del mismo autor, *Il coraggio e la pietà*, *op. cit.*).

23. L, *Il ritorno di Lorenzo* [1981], en OC II, p. 288 (p. 649 de la ed. cast.).

24. *Ibid.*

25. SQU, en OC I, p. 254 («*una menaschka come la nostra è un diploma di nobiltà, è un segno araldico*» [«una menaschka como la nuestra es un título de nobleza, es un blasón heráldico»] aparece en una versión diferente en la edición de 1947: «*Una menaschka come la nostra è un simbolo ed un segno*» [una menaschka como la nuestra es un símbolo y un signo] [*cf.* OC I, p. 111]) (pp. 217-218 de la ed. cast.); el verdadero nombre de Alfred L. es Alfred Fish: *cf.* Angier (*Il doppio legame*, *op. cit.*, p. 350).

26. IP, Conversazione con Primo Levi, de Ferdinando Camon (1982-1986), *op. cit.*, en OC III, p. 838 (p. 38 de la ed. cast.).

27. RS, *Auschwitz, città tranquilla* [1986], en OC II, p. 1036 («Auschwitz, ciudad tranquila», en «Última Navidad de guerra», en *Cuentos* completos, *op. cit.*, p. 823).

28. SeS, en OC II, p. 1165 (pp. 34-35 de la ed. cast.).

29. *Ibid.*, p. 1167 (p. 38 de la ed. cast.).

30. L, *Il ritorno di Lorenzo* [1981], en OC II, p. 289 (pp. 649-650 de la ed. cast.).

31. Thomson (*Primo Levi*, *op. cit.*, pp. 521-522).

32. Con la única excepción del cambio del adjetivo *banale* [banal], que posteriormente se convirtió en *piana* [sencilla]; *cf. supra*, p. 309, nota 77.

33. L, *Il ritorno di Lorenzo* [1981], en OC II, p. 286 (p. 646 de la ed. cast.).

34. SeS, en OC II, pp. 1210 y 1223 (pp. 98 y 115 de la ed. cast.).

35. Samuele Saleri al autor, 18 de marzo de 2022; *cf.* igualmente Saleri (*L'importanza di Lorenzo Perone nelle opere di Primo Levi*, *op. cit.*, p. 66).

36. SeS, en OC II, p. 1155 (p. 21 de la ed. cast.).

37. IP, «Primo Levi. L'arte del romanzo», de Gabriel Motola («Primo Levi: The Art of Fiction n.º 140», *The Paris Review*, n.º 134 [primavera de 1995]; entrevista del 26 de julio de 1985, traducción al italiano de Diana Osti), en OC III, p. 810 (presente también en la versión francesa del sitio web del Yad Vashem, «Histoires de six Justes parmi les nations à Auschwitz. Lueurs d'humanité»; Milano (*Salvatori e salvati*, *op. cit.*, p. 160). Para el término «sant[o]», *cf.* también SQU en OC I, p. 211 (p. 137 de la ed. cast.) e *infra*, pp. 278-279, ya observado en Saleri (*L'importanza di Lorenzo Perone nelle opere di Primo Levi*, *op. cit.*, p. 20).

38. Nicola Caracciolo, *Il coraggio e la pietà*, *op. cit.*

39. CeI, *Gli ebrei e l'Italia durante la guerra, 1940-1945*, de Nicola Caracciolo, *op. cit.*, en OC III, p. 655. Supongo que hay dos versiones diferentes, proporcionadas por el propio PL: *cf. supra*, p. 295, nota 21.

40. SQUd, en OC I, p. 1232; *cf.* igualmente Saleri (*L'importanza di Lorenzo Perone nelle opere di Primo Levi*, *op. cit.*, pp. 28-32).

41. SQU, en OC I, p. 254 (p. 217 de la ed. cast.).

42. L, *Un discepolo* [1981 (Secondo Risorgimento, Piemonte artistico-culturale, Turín, 1961)], en OC II, pp. 256-257 («Un discípulo», en *Lilit y otros relatos*, en *Cuentos completos*, *op. cit.*, p. 612 de la ed. cast.).

43. Christopher R. Browning, *Lo storico e il testimone.* Il campo di lavoro nazista di Starachowice, Laterza, Roma y Bari, 2011 (ed. or.: *Remembering Survival: Inside a Nazi Slave-Labor Camp*, Norton, Nueva York y Londres, 2010), p. 358.

44. SQU, en OC I, p. 255 (p. 207 de la ed. cast.).

45. *Ibid.*, p. 234 (p. 180 de la ed. cast.).

46. Angier (*Il doppio legame*, *op. cit.*, p. 326).

47. SP, *Vanadio* [1975], en OC I, p. 1063 («Vanadio», p. 575 de la ed. cast.).

48. «La Ig Farben ad Auschwitz. Una testimonianza di Hans Deichmann [1978]», en Giorgio Vaccarino, *Nuove fonti sull'imperialismo economico nazista. La IG Farben e il «nuovo ordine»*, *Italia contemporanea*, n.º 169, p. 98 (diciembre de 1987), cit. también en Fontana (*Gli italiani ad Auschwitz*, *cit.*, p. 410). *Cf.* igualmente Angier (*Il doppio legame*, *op. cit.*, p. 326 y nota correspondiente de p. 765).

49. Thomson (*Primo Levi*, *op. cit.*, p. 259).

50. SNOQ, en OC II, p. 487 (p. 97 de la ed. cast.).

51. Thomson (*Primo Levi*, *op. cit.*, p. 569); *cf.*, por ejemplo, Belpoliti (*Primo Levi di fronte e di profilo*, *op. cit.*, p. 411).

52. *Cf.* CeI, «Mendel, il consolatore», de Rosellina Balbi (*la Repubblica*, [14 de abril de 1982]), en OC III, p. 248.

53. VF, *Psicofante* [1971], en OC I, p. 793 («Sicofante», p. 125 de la ed. cast.).

54. Bianca Guidetti Serra, *Primo Levi, l'amico* [1987], Zamorani, Turín, 2012, p. 8; *cf.* igualmente Angier (*Il doppio legame*, *op. cit.*, pp. 541-544).

55. *Cf. supra*, p. 298, nota 69.

56. *Cf.* ARA, expediente sobre Pietro Lusa; también carta en el archivo de la Foundation of Memory Sites near Auschwitz-Birkenau.

57. Fontana (*Gli italiani ad Auschwitz*, *op. cit.*, pp. 413-419).

58. Bianca Guidetti Serra y Santina Mobiglia, *Bianca la rossa*, Einaudi, Turín, 2009, p. 55.

59. Saleri (*L'importanza di Lorenzo Perone nelle opere di Primo Levi*, *op. cit.*, p. 24).

60. L, *Il giocoliere* [1981 (*La Stampa*, [2 de abril de 1978])], en OC II,

pp. 247-248 («El prestidigitador», en *Lilit y otros relatos*, p. 601 de la ed. cast.).

61. L, *Un discepolo* [1981], en OC II, p. 257 («Un discípulo», p. 613 de la ed. cast.).

62. «Queridísima señorita Bianca: / vi ayer a primo está / bien trabaja y quizás le / escribirá ha adelgazado un poco / y espera volver a verte / o al menos tener noticias tuyas. / Aquí no hay novedades / muchas gracias de / su parte y saludos / Lo. Pe. y soy su amigo Perrone / Lorenzo. / Espero recibir / una carta suya / adiós». APL, *Corrispondenza*, 1941-1987 (1999), LP a Bianca Guidetti, 25 de junio de [19]44.

63. *Cf. supra*, p. 31.

64. IP, «Primo Levi: un'ultima conversazione», de Risa Sodi (entrevista del 19 de junio de 1986; de la misma autora, «Primo Levi: A Last Talk», *Present Tense*, XV, n.º 4 [mayo-junio de 1988], traducción al italiano de Diana Osti), en OC III, p. 737.

65. Taïeb (*Lettere da Auschwitz*, *op. cit.*, pp. 22 y 117-118).

66. SeS, en OC II, p. 1209 (p. 97 de la ed. cast.); *cf.* igualmente IP, Ferdinando Camon (*Conversazione con Primo Levi* [1982-1986], *op. cit.*), en OC III, p. 839 (p. 97 de la ed. cast.).

67. Thomson (*Primo Levi*, *op. cit.*, p. 259).

68. Bermani (*Al lavoro nella Germania di Hitler*, *op. cit.*, p. 244).

69. Thomson (Primo Levi, *op. cit.*, p. 260).

70. Guidetti Serra (*Bianca la rossa*, *op. cit.*, p. 54).

71. Thomson (*Primo Levi*, *op. cit.*, p. 259). *Cf.* igualmente IP, «Primo Levi: un'ultima conversazione», de Risa Sodi (1986), *op. cit.*, en OC III, p. 736.

72. *Cf.* L, *Il giocoliere* [1981], en OC II, pp. 247-249 («El prestidigitador», p. 602 de la ed. cast.).

73. Thomson (*Primo Levi*, *op. cit.*, p. 260).

74. L, *Un discepolo* [1981], en OC II, p. 256 («Un discípulo», p. 611 de la ed. cast.).

75. Thomson (*Primo Levi*, *op. cit.*, p. 260). *Cf.* igualmente Carlo Zanda, *Quando Primo Levi diventò il signor Malabaila*, Neri Pozza, Vicenza, 2019, p. 79.

76. L, *Un discepolo* [1981], en OC II, pp. 257-258 («Un discípulo», p. 613 de la ed. cast.).

77. *Cf. supra*, p. 298, nota 69.

78. *Cf.* YV, Angier a Paldiel (*Lorenzo Perone's aid to Primo Levi in Auschwitz*, *op. cit.*, anexo 5 [recibo del paquete enviado desde la Oficina de Correos de Sassi a L. Perrone, Auschwitz. Remitente: Bianca Guidetti]).

79. Angier (*Il doppio legame*, *op. cit.*, p. 341).

80. APL, *Corrispondenza*, 1941-1987 (1999), LP a Bianca Guidetti, 20 de agosto de [19]44.

81. Guidetti Serra (*Bianca la rossa*, *op. cit.*, p. 55).

82. Thomson (*Primo Levi*, *op. cit.*, p. 261).

83. SeS, en OC II, p. 1210 (p. 98 de la ed. cast.).

84. *Ibid.*, p. 1196 (p. 78 de la ed. cast.).

85. *Ibid.*, p. 1208 (p. 95 de la ed. cast.).

86. *Cf.* Giovanni Melodia, *La quarantena. Gli italiani nel Lager di Dachau*, Mursia, Milán, 1971, p. 34, y mi obra *L'ultimo treno*, *op. cit.*, *passim*.

87. SeS, en OC II, p. 1210 (p. 98 de la ed. cast.).

88. SNOQ, en OC II, p. 518 (p. 137 de la ed. cast.).

89. IP, «Primo Levi: un'ultima conversazione», de Risa Sodi (1986), *op. cit.*, en OC III, p. 736.

90. Thomson (*Primo Levi*, *op. cit.*, p. 365).

91. VF, *Procacciatori d'affari* [1971], en OC I, p. 718 («Hombres de negocios», p. 62 de la ed. cast.).

92. IP, «Intervista a Primo Levi, ex deportato», de Anna Bravo y Federico Cereja (entrevista del 27 de enero de 1983, en la obra de ambos autores, *Intervista a Primo Levi, ex deportato*, Einaudi, Turín, 2011; para la grabación original de esta entrevista a Primo Levi [*Registrazione intervista a Primo Levi*], *cf.* Archivio Istoreto, Fondo Archivio della Deportazione Piemontese; fecha: 27 de enero de 1983; entrevistadores: Anna Bravo y Federico Cereja), en OC III, p. 929.

93. Bermani (*Al lavoro nella Germania di Hitler*, *op. cit.*, pp. 261 y ss.).

94. *Ibid.*, pp. 165-175.

95. SQU, en OC I, pp. 257 y 255 (pp. 221 y 218 de la ed. cast.).

96. Yad Vashem (@@yadvashem) en Twitter, 8 de noviembre de 2020; *cf.* igualmente Gilbert (*The Righteous*, *op. cit.*, pp. 508-509).

97. Setkiewicz (*The History of the IG Farben Werk Auschwitz Camps*, *op. cit.*, p. 339).

98. Castle (*The Password Is Courage*, *op. cit.*, pp. 108-109).

99. Setkiewicz (*The History of the IG Farben Werk Auschwitz Camps*, *op. cit.*, pp. 245-246).

100. Jan Tomasz Gross e Irena Grudzinska Gross, *Un raccolto d'oro. Il saccheggio dei beni ebraici*, Einaudi, Turín, 2016 (ed. or.: *Złote żniwa. Rzecz o tym, co się działo na obrzeżach Zagłady Żydów*, Znak, Cracovia, 2011), p. 65.

101. *Cf.* el sitio web yadvashem.org y, para una contextualización, «Righteous Among the Nations Honored by Yad Vashem by 1 January 2020 - Poland», *ibid.*

102. Setkiewicz (*The History of the IG Farben Werk Auschwitz Camps*, *op. cit.*, p. 246, n. 381).

103. *Cf.* Bruttmann (*Auschwitz*, *op. cit.*, p. 84).

104. SeS, en OC II, pp. 1165 y 1230 (pp. 35 y 125 de la ed. cast.)

105. L, *Il ritorno di Lorenzo* [1981], en OC II, p. 288 (p. 649 de la ed. cast.).

106. *Ibid.*

La noche que no quería acabar

1. Setkiewicz (*The History of the IG Farben Werk Auschwitz Camps*, *op. cit.*, p. 103).

2. *Cf.* Fabio Levi, «Come continuare a vivere nella bufera», en Marcello Flores, Simon Levis Sullam, Marie-Anne Matard-Bonucci y Enzo Traverso, *Storia della Shoah in Italia. Vicende, memorie, rappresentazioni*, Utet, Turín, 2010, pp. 322 y ss; Zamperini (*Psicologia dell'inerzia e della solidarietà*, *op. cit.*, pp. 23 y ss.).

3. L, *Il ritorno di Lorenzo* [1981], en OC II, p. 290 (p. 651 de la ed. cast.).

4. *Ibid.*

5. ARA, expediente sobre Ettore Peruch.

6. ARA, expediente sobre Antonio Peruch.

7. Confederazione Fascista degli Industriali - Federazione Nazionale Fascista. Costruttori Edili, Imprenditori di Opere ed Industriali Affini (*Contratto per l'esecuzione di lavori di costruzione in partecipazione con imprese germaniche, nei cantieri di Heydebrek, Blechhammer e Auschwitz*, *op. cit.*, p. 3).

8. *Cf. supra*, pp. 67-68.

9. Szymon Kowalski al autor, 20 de julio de 2022. Para más investigaciones, *cf.* la base de datos del sitio web lavoroforzato.topografiaperlastoria.org.

10. RS, *Auschwitz, città tranquilla* [1986], en OC II, p. 1036 («Auschwitz, ciudad tranquila», p. 823 de la ed. cast.).

11. SP, *Carbonio* [1975, en *Uomini e libri* (octubre de 1972)], en OC I, p. 1032 («Carbono», p. 587 de la ed. cast.).

12. SP, *Nichel* [1975], en OC I, p. 919 («Níquel», p. 444 de la ed. cast.).

13. AM, *Scrivere un romanzo* [1985], en OC II, p. 927 («Escribir una novela», p. 160 de la ed. cast.).

14. *Cf.* Angier (*Il doppio legame*, *op. cit.*, pp. 148 y ss.).

15. Entrevista de Alberto Papuzzi a PL, *Rivista della montagna* (marzo de 1984), cit. en Thomson (*Primo Levi*, *op. cit.*, p. 140).

16. APL, *Audiovisivi, 1960-2002*, programa *Bookmark* de la BBC, capítulo sobre PL (3 de noviembre de 1985).

17. SP, *Ferro* [1975], en OC I, p. 895 («Hierro», p. 414 de la ed. cast.).

18. *Ibid.*, pp. 895-896 (pp. 414-415 de la ed. cast.).

19. SP, *Potassio* [1975], en OC I, p. 898 («Potasio», pp. 418-419 de la ed. cast.).

20. SP, *Ferro* [1975], en OC I, p. 896 («Hierro», p. 921 de la ed. cast.).

21. Para una contextualización del caso es válido en buena medida Giampaolo Pansa, *«Viva l'Italia libera!». Storia e documenti del primo Comitato militare del C.L.N. Regionale piemontese*, Città di Torino e Istituto Piemontese per la Storia della Resistenza e della Società Contemporanea «Giorgio Agosti», Turín, 1964, 1976, 1986, 1995 y 2004. Me

permito remitirme a mi obra «"Sarò fucilato all'alba per un ideale". Torino, aprile 1944, si processa la Resistenza», *Turin*, (abril de 2013), pp. 60-68.

22. *Cf.* «Qui Piemonte: Rubrica regionale - Intervista a Primo Levi» en la sección *VIP. Very Important Piemontesi* (21 de mayo de 1981), con Claudio Gorlier y Marinella Venegoni.

23. SP, *Ferro* [1975], en OC I, p. 896 («Hierro», p. 416 de la ed. cast.).

24. SP, *Vanadio* [1975], en OC I, pp. 1017-1018 («Vanadio», p. 568 de la ed. cast.). Sobre su «precisión patológica», *cf.* igualmente RS, «Un "giallo" del Lager» [1986 (*La Stampa* [10 de agosto de 1986])], en OC II, p. 1070.

25. PS, *L'ultimo Natale di guerra* (1984), en OC II, p. 1599 («Última Navidad de guerra», p. 830 de la ed. cast.).

26. L, *Il ritorno di Cesare* [1981 (como «L'impresa più ardua di un reduce scaltro» en *La Stampa* [7 de septiembre de 1980])], en OC II, pp. 281-284 («El regreso de Cesare», en *Lilit y otros relatos*, en *Cuentos completos*, *op. cit.*, pp. 640-644)

27. *Ibid.*, p. 284 (p. 643 de la ed. cast.).

28. L, *Il ritorno di Lorenzo* [1981], en OC II, p. 285 (p. 645 de la ed. cast.).

29. IP, *Intervista a Primo Levi, ex deportato*, de Anna Bravo y Federico Cereja (1983), *op. cit.*, en OC III, p. 933.

30. L, *Il ritorno di Cesare* [1981], en OC II, pp. 281-284 («El regreso de Cesare», pp. 640 de la ed. cast.)

31. L, *Un discepolo* [1981], en OC II, p. 256 («Un discípulo», p. 611 de la ed. cast.).

32. *Cf.* Angier (*Il doppio legame*, *op. cit.*, pp. 149-54; Thomson (*Primo Levi*, *op. cit.*, p. 514) y, a modo de ejemplo, CeI, *Colloquio con Primo Levi*, de Germaine Greer (1985), *op. cit.*, en OC III, pp. 572-573.

33. L, *Il ritorno di Lorenzo* [1981], en OC II, p. 288 (p. 649 de la ed. cast.).

34. SQU, en OC I, p. 236 (pp. 183-184 de la ed. cast.).

35. *Ibid.*, pp. 236-237 (p. 184 de la ed. cast.).

36. Thomas Macho, *A chi appartiene la mia vita? Il suicidio nella*

modernità, Meltemi, Roma, 2021, p. 236 (ed. or.: *Das Leben nehmen. Suizid in der Moderne*, Suhrkamp Verlag, Berlín 2017) [hay trad. cast. de Alberto Ciria, *Arrebatar la vida: el suicidio en la modernidad*, Herder Editorial, Barcelona, 2021].

37. *Cf.*, por ejemplo, David Lester, «The suicide rate in the concentration camps was extraordinarily high: a comment on Bronisch and Lester», *Archives of Suicide Research*, 8 (2) (2004); Francisco López Muñoz, Esther Cuerda Galindo, «Suicide in Inmates in Nazis and Soviet Concentration Camps: Historical Overview and Critique», *Front Psychiatry* (mayo de 2016).

38. *Cf.* SeS, en OC II, pp. 1190-1191 (pp. 70-71 de la ed. cast.); Belpoliti (*Primo Levi di fronte e di profilo*, *op. cit.*, pp. 528-531).

39. IP, *Intervista a Primo Levi, ex deportato*, de Anna Bravo y Federico Cereja (1983), *op. cit.*, en OC III, p. 958.

40. *Cf.* Angier (*Il doppio legame*, *op. cit.*, pp. 348-349).

41. PS, *L'ultimo Natale di guerra* (1984), en OC II, p. 1601 («Fossano» aparece escrito erróneamente como «Possano» en OC) («Última Navidad de guerra», p. 833 de la ed. cast.).

42. *Ibid.*

43. Angier (*Il doppio legame*, *op. cit.*, p. 348).

44. PS, *L'ultimo Natale di guerra* (1984), en OC II, p. 1603 («Última Navidad de guerra», p. 835 de la ed. cast.).

45. APL, *Corrispondenza*, 1941-1987 (1999), LP a Bianca Guidetti, 1 de noviembre de [19]44.

46. SQU, en OC I, p. 255 (p. 218-219 de la ed. cast.).

47. L, *Il ritorno di Lorenzo* [1981], en OC II, p. 289 (p. 650 de la ed. cast.).

48. Thomson (*Primo Levi*, *op. cit.*, p. 236).

49. SQU, en OC I, pp. 247 y ss. (pp. 54 y ss. de la ed. cast.); para el calco de la expresión tomada por PL, *cf. ibid.*, p. 164 (capítulo ausente en la edición de 1947) y Gordon (*Sfacciata fortuna*, *op. cit.*, *passim*).

50. Thomson (*Primo Levi*, *op. cit.*, p. 271).

51. *Ibid.*, p. 262.

52. SQU, en OC I, p. 250 (p. 208 de la ed. cast.).

53. Angier (*Il doppio legame*, *op. cit.*, p. 354).

54. Gordon (*Sfacciata fortuna*, *op. cit.*, pp. 27-28).

55. *Cf.* RS, *Pipetta da guerra* [1986 (*La Stampa* [1 de mayo de 1985])], en OC II, pp. 1047-1050.

56. *Cf. supra*, p. 55 y *A noi fu dato in sorte questo tempo*, *op. cit.*, p. 27.

57. Philip Roth (*Conversazione a Torino con Primo Levi*, *op. cit.*), en OC III, p. 1078.

58. RS, *Auschwitz, città tranquilla* [1986], en OC II, p. 1037 («Auschwitz, ciudad tranquila», p. 824 de la ed. cast.).

59. *Cf. supra*, p. 99.

60. SP, *Vanadio* [1975], en OC I, p. 1024 («Vanadio», p. 577 de la ed. cast.). Sobre el «germen», *cf.* Mengoni (*Variazioni Rumkowski*, *op. cit.*, p. 15) y, del mismo autor, «La Shoah e il caso» [primera *Lezione Primo Levi*, celebrada el 26 de noviembre de 2016], en Levi y Scarpa (*Lezioni Primo Levi*, *op. cit.*, pp. 453-473); sobre la especular «zona gris del bien», *cf.* Nissim (*Il tribunale del bene*, *op. cit.*, pp. 204-208) y Mario Porro (*Primo Levi*, il Mulino, Bolonia, 2017, pp. 168-170).

61. SeS, en OC II, p. 1167 (p. 37 de la ed. cast.).

62. *Cf.* Mengoni (*Primo Levi e i tedeschi*, *op. cit.*, pp. 453-473).

63. Thomson (*Primo Levi*, *op. cit.*, p. 275); Setkiewicz (*The History of the IG Farben Werk Auschwitz Camps*, *op. cit.*, p. 103).

64. SP, *Vanadio* [1975], en OC I, p. 1024 («Vanadio», p. 576 de la ed. cast.).

65. Carta de PL a Hety Schmitt-Maas, 6 de octubre de 1976, en Mengoni (*Primo Levi e i tedeschi*, *op. cit.*, p. 474).

66. SP, *Vanadio* [1975], en OC I, p. 1025 («Vanadio», pp. 577-578 de la ed. cast.).

67. Belpoliti (*Primo Levi di fronte e di profilo*, *op. cit.*, p. 271). *Cf.* SeS, en OC II, p. 1254 (p. 157 de la ed. cast.), y Thomson (*Primo Levi*, *op. cit.*, p. 276).

68. *Cf.* Giovanni Tesio, *Primo Levi. Il laboratorio della conoscenza*, Interlinea, Novara, 2022, pp. 137-153.

69. L, *Stanco di finzioni* [1981], en OC II, p. 276 («Cansado de ficciones», en *Lilit y otros relatos*, en *Cuentos completos*, *op. cit.*, p. 634).

70. Belpoliti (*Primo Levi di fronte e di profilo*, *op. cit.*, p. 270).

71. *Cf.* SP, *Vanadio* [1975], en OC I, p. 1022 («Vanadio», p. 573 de la ed. cast.).

72. *Ibid.*, p. 1019 (p. 570 de la ed. cast.).

73. CeI, «Primo Levi: domande e risposte», de Alvin Rosenfeld (1986), *op. cit.*, en OC III, p. 588.

74. *Cf.* Czech (*Kalendarium*, *op. cit.*, vol. julio-diciembre de 1944 [*cf.* la fecha del 26 de diciembre de 1944]), p. 119.

75. L, *Il ritorno di Lorenzo* [1981], en OC II, p. 289 (pp. 650 de la ed. cast.).

76. *Ibid.*

77. CeI, «Primo Levi: domande e risposte», de Alvin Rosenfeld (1986), *op. cit.*, en OC III, p. 588.

78. Angier (*Il doppio legame*, *op. cit.*, p. 423).

79. *Cf.* CeI, *Gli ebrei e l'Italia durante la guerra*, 1940-1945, de Nicola Caracciolo, *op. cit.*, en OC III, p. 655 (esta frase no aparece en el montaje); *cf.* igualmente IP, «Io non pensavo di scrivere», de Alessandra Carpegna (1983), *op. cit.*, en OC III, p. 820.

Caminar

1. T, en OC I, p. 425 (p. 171 de la ed. cast.).

2. YV, Angier a Paldiel (*Lorenzo Perone's aid to Primo Levi in Auschwitz*, *op. cit.*, anexo 1, p. 2).

3. *Cf. ibid.*, anexo 9/3 (recibos de pagos).

4. Se puede deducir de lo que escriben los dos biógrafos de Levi: *cf.* Angier (*Il doppio legame*, *op. cit.*, p. 357) y Thomson (*Primo Levi*, *op. cit.*, pp. 275-276).

5. Piotr Setkiewicz al autor, 25 de julio de 2022.

6. L, *Il ritorno di Lorenzo* [1981], en OC II, p. 289 (p. 650 de la ed. cast.).

7. *Ibid.* (p. 651 de la ed. cast.).

8. *Ibid.* (p. 651 de la ed. cast.).

9. T, en OC I, p. 412 (p. 152 de la ed. cast.).

10. *Ibid.*, p. 401 (p. 134 de la ed. cast.).

11. CeI, *Gli ebrei e l'Italia durante la guerra*, 1940-1945, de Nicola Caracciolo, *op. cit.*, en OC III, p. 654 (esta frase no aparece en el montaje).

12. SNOQ, en OC II, p. 646 (p. 308 de la ed. cast.).

13. *Ibid.*, p. 627 (p. 282 de la ed. cast.).

14. CeI, «Primo Levi: domande e risposte», de Alvin Rosenfeld (1986), *op. cit.*, en OC III, p. 588.

15. *Ibid.*, p. 589.

16. ACA.

17. *Cf.* ACA, expediente sobre LP, Libretto di Lavoro (documentación de trabajo) de LP y 8 justificantes de pago (9 de abril de 1944-15 de enero de 1945); *cf.* igualmente YV, Angier a Paldiel (*Lorenzo Perone's aid to Primo Levi in Auschwitz*, *op. cit.*, anexo 8, y anexo 9/1 (*Dichiarazione della Delegazione sindacale italiana lavoratori industria Kattowitz*, sin fecha, pero probablemente de abril o mayo de 1944).

18. ACA, expediente sobre LP, pasaporte de LP.

19. *Cf.* ACA, expediente sobre LP, 8 justificantes de pago (9 de abril de 1944-15 de enero de 1945).

20. *Cf.* ACA, expediente sobre LP, notas de Carole Angier «for Ch[apter] 9».

21. ACA, expediente sobre LP, Libretto di Lavoro (documentación de trabajo) de LP.

22. CCP, Ufficio Provinciale dell'Economia Corporativa di Piacenza, Ditta individuale, n.º 21207, Beotti Giovanni.

23. *La Fedeltà*, año XX, n.º 11 (miércoles 18 de marzo de 1942); *La Fedeltà*, año XX, n.º 12 (miércoles, 25 de marzo de 1942).

24. ACA, expediente sobre LP, pasaporte de LP.

25. Angier (*Il doppio legame*, *op. cit.*, p. 424).

26. *Cf.* ACA, expediente sobre LP.

27. *Cf.* Chris Bellamy, *Guerra assoluta. La Russia sovietica nella seconda guerra mondiale*, Einaudi, Turín, 2010 (ed. or.: *Absolute War. Soviet Russia in the Second World War: a Modern History*, Macmillan, Londres, 2007) [hay trad. cast. de Javier Guerrero, *Guerra absoluta*, B, Barcelona, 2011], pp. 761 y ss.

28. L, *Il ritorno di Lorenzo* [1981], en OC II, p. 290 (p. 651 de la ed. cast.).

29. *Cf.* «Biografia» (a cargo de Ernesto Ferrero), en el sitio web del Centro Internazionale di Studi Primo Levi (primolevi.it), sin fecha.

30. Roberta Mori y Domenico Scarpa (eds.), *Album Primo Levi*, Einaudi, Turín, 2017, p. 93. *Cf.* igualmente el documental de Davide Ferrario y Marco Belpoliti *La strada di Levi*, Italia, 2005.

31. SQU, en OC I, p. 255 (ya cit. *supra*, p. 143) (p. 218 de la ed. cast.).

32. Setkiewicz (*The History of the IG Farben Werk Auschwitz Camps*, *op. cit.*, p. 120).

33. PS, *Così fu Auschwitz* (*La Stampa* [9 de febrero de 1975]), en OC II, p. 1374, y SQUa, en OC I, p. 292.

34. Setkiewicz (*The History of the IG Farben Werk Auschwitz Camps*, *op. cit.*, pp. 153-164).

35. *Cf.* Czech (*Kalendarium*, *op. cit.*, vol. julio-diciembre de 1942 [*cf.* la fecha del 17 de abril de 1942]), p. 34, vol. 1945 [*cf.* la fecha del 4 de enero], p. 2).

36. *Cf. supra*, p. 306, nota 43.

37. *Cf.* SQU, en OC I, pp. 259-277 (p. 227 de la ed. cast.); T, en OC I, pp. 309 y ss. (pp. 40 y ss. de la ed. cast.); Setkiewicz (*The History of the IG Farben Werk Auschwitz Camps*, *op. cit.*, p. 120).

38. Thomson (*Primo Levi*, *op. cit.*, p. 279).

39. Angier (*Il doppio legame*, *op. cit.*, p. 339).

40. SP, *Cerio* [1975], en OC I, p. 967 («Cerio», p. 505 de la ed. cast.).

41. Carta de PL a Bianca Guidetti Serra, Kattovice [sic], 6-VI-45, ya transcrita en YV, Carole Angier a Mordecai Paldiel, 18 de enero de 1998, anexo único y cit. en YV, R. Levi a Paldiel, 25 de enero de 1998, reproducida y editada en Mori y Scarpa (*Album Primo Levi*, *op. cit.*, pp. 96-98).

42. *Cf.* T, en OC I, p. 468 (p. 233 de la ed. cast.).

43. *Cf.* Italo Tibaldi, Primo Levi y sus «compañeros de viaje»: reconstrucción del transporte de Fossoli a Auschwitz en Paolo Momigliano Levi y Rosanna Gorris (eds.), *Primo Levi testimone e scrittore di storia*,

Giuntina, Florencia, 1999, pp. 149-163 (especialmente en la p. 155) y Picciotto (*L'alba ci colse come un tradimento*, *op. cit.*, pp. 116-118); *cf.* igualmente PS, *Quel treno per Auschwitz* (1979), en OC II, p. 1464, y APL, *Audiovisivi, 1960-2002*, William Karel, documental *Un siècle d'écrivains* de France 3, episodio «Primo Levi 1919-1987» (5 de febrero de 1997).

44. Mori y Scarpa (*Album Primo Levi*, *op. cit.*, p. 98).

45. SQU, en OC I, p. 233 (p. 178 de la ed. cast.).

46. *Ibid.*, p. 235 (p. 181 de la ed. cast.), ya cit. *supra*, p. 11.

47. *Ibid.*, pp. 234-235 (pp. 180-181), ya cit. *supra*, pp. 10-12.

48. Francesco Rosi, *La tregua* (guion del mismo autor, Stefano Rulli y Sandro Petraglia), Italia, 1997.

49. *Cf.* Cavaglion, «Commento al testo», en la edición de 2012 a cargo del mismo autor de PL, *Se questo è un uomo*, *op. cit.*, p. 224, y CeI, *Ritratto della dignità e della sua mancanza negli uomini*, de Barbara Kleiner («Bild der Unwurde und Wurde des Menschen», *NMZ. Neue Musikzeitung*, XXXV, n.º 8-9 [agosto-septiembre de 1986], traducción al italiano de Roberto Gilodi), en OC III, p. 617.

50. Además de SQU, en OC I, p. 206 (p. 130 de la ed. cast.), *cf.*, por ejemplo, AM, L, *Gli stregoni* [1985 (*Notiziario della Banca Popolare di Sondrio* [abril de 1976])], en OC II, pp. 851-855, y RS, «Una bottiglia di sole» [1986 (*La Stampa* [28 de julio de 1985])], en OC II, pp. 113-116 (información recabada de la intervención de Mario Barenghi en *Dieci anni di Lezioni Primo Levi*, Cavallerizza Reale, Turín, 30 de octubre de 2019). *Cf.* igualmente Belpoliti (*Primo Levi di fronte e di profilo*, *op. cit.*, pp. 384-388).

51. SeS, en OC II, p. 1164 (p. 33 de la ed. cast.).

52. *Cf.* CeI, *Colloquio con Primo Levi*, de Germaine Greer (1985), *op. cit.*, en OC III, p. 571.

53. Thomson (*Primo Levi*, *op. cit.*, p. 540).

54. *Cf.* IP, «Primo Levi: un'ultima conversazione», de Risa Sodi (1986), *op. cit.*, en OC III, p. 735.

55. T, en OC I, p. 432 (p. 81 de la ed. cast.).

56. *Ibid.*, p. 433 (p. 181-182 de la ed. cast.).

57. *Ibid.* (p. 182-183 de la ed. cast.).

58. T, en OC I, pp. 433-434 (p. 183 de la ed. cast.).

59. Angier (*Il doppio legame*, *op. cit.*, p. 340).

60. *Ibid.*, p. 399.

61. *Ibid.*

62. T, en OC I, p. 381 (p. 108 de la ed. cast.).

63. *Cf. ibid..*, pp. 381-382, y RS, «Il mitra sotto il letto» [1986 (*La Stampa* [24 de octubre de 1986])], en OC II, p. 1075 («La metralleta bajo la cama», en «Última Navidad de guerra», en *Cuentos completos*, *op. cit.*, pp. 878-879).

64. *Ibid.*; T, en OC I, p. 382 (p. 109 de la ed. cast.).

65. *Ibid.*

66. ACA, expediente sobre LP, documento del Alto Commissariato per i Profughi di Guerra, 19 de mayo de [1]945.

67. Angier (*Il doppio legame*, *op. cit.*, p. 424).

68. ACA, expediente sobre LP, documento del Alto Commissariato per i Profughi di Guerra, 19 de mayo de [1]945.

69. Guido Crainz, *L'ombra della guerra. Il 1945, l'Italia*, Feltrinelli, Milán, 2014 (1.ª ed.: 2007), pp. 82-83.

70. *Cf.* Mirco Dondi, *La lunga liberazione. Giustizia e violenza nel dopoguerra italiano*, Editori Riuniti, Roma, 2005 (1.ª ed.: 1999) y, para una síntesis, Chiara Colombini, *Anche i partigiani però...*, Laterza, Bari y Roma, 2021, pp. 98-99.

71. ACA, expediente sobre LP, pasaporte de LP.

72. ACN, *Perone, Lorenzo*, en Distretto Militare di Cuneo, *Registri dei ruoli matricolari*, 1904, vol. I.

73. Angier (*Il doppio legame*, *op. cit.*, p. 55).

74. *Cf.*, por ejemplo, Mori y Scarpa (*Album Primo Levi*, *op. cit.*, pp. 132, 139, 187-188 [pero téngase en cuenta que Philip Roth era altísimo]) y 218.

75. *Cf.* APL, *Audiovisivi, 1960-2002*, documental de la BBC *Primo Levi: The Memory of the Offence* [1992].

76. ACA, expediente sobre LP, notas *Int[erview]s*, p. 11 (entrevista de Carole Angier a Giovanni Menardi, 28 de septiembre de 1995).

77. *Cf.* YV, Angier a Paldiel (*Lorenzo Perone's aid to Primo Levi in Auschwitz*, *op. cit.*, anexo 1, p. 2).

78. ACA, expediente sobre LP, documento del Alto Commissariato per i Profughi di Guerra, 19 de mayo de [1]945.

79. *Cf.* Ricciotti Lazzero, *Gli schiavi di Hitler. I deportati italiani in Germania nella seconda guerra mondiale*, Mondadori, Milán, 1996, pp. 301 y ss.

80. E. M. Margadonna, «Tornano», *L'Epoca* (23 de mayo de 1945), cit. en Crainz (*L'ombra della guerra*, *op. cit.*, p. 136).

81. *Ibid.*

82. *Cf.* YV, Angier a Paldiel (*Lorenzo Perone's aid to Primo Levi in Auschwitz*, *op. cit.*, anexo 8, y anexo 9/4 (pasaporte [incompleto]) y ACA, expediente sobre LP, pasaporte de LP.

83. L, *Il ritorno di Lorenzo* [1981], en OC II, p. 290 (pp. 651-652 de la ed. cast.).

84. Thomson (*Primo Levi*, *op. cit.*, p. 297).

85. CeI, «Primo Levi: domande e risposte», de Alvin Rosenfeld (1986), *op. cit.*, en OC III, p. 589.

86. Angier (*Il doppio legame*, *op. cit.*, p. 424).

87. *Ibid.*

88. *Cf. ibid.* y L, *Il ritorno di Lorenzo* [1981], en OC II, p. 290 (p. 652 de la ed. cast.).

89. CeI, «Primo Levi: domande e risposte», de Alvin Rosenfeld (1986), *op. cit.*, en OC III, p. 589.

90. Thomson (*Primo Levi*, *op. cit.*, p. 297) (ed. or: *Primo Levi*, Vintage Books, Londres, 2003 [1.ª ed.: 2002], p. 212).

91. *Cf.* Michele Calandri, «Genola, 29.04.1945 (Cuneo - Piemonte)», en *Atlante delle Stragi Naziste e fasciste in Italia* (28 de noviembre de 2015) (straginazi- fasciste.it).

92. Angier (*Il doppio legame*, *op. cit.*, p. 424).

93. ACA, expediente sobre LP, notas *Int[erview]s*, pp. 6 (entrevista de Carole Angier a Secondo Perrone, sin fecha, pero de 1995) y 11 (entrevista a Giovanni Menardi, 28 de septiembre de 1995).

94. L, *Il ritorno di Lorenzo* [1981], en OC II, p. 291 (p. 652 de la ed. cast.).

95. *Ibid.*

96. T, en OC I, p. 442 (p. 193 de la ed. cast.).

97. CeI, «Primo Levi: domande e risposte», de Alvin Rosenfeld (1986), *op. cit.*, en OC III, p. 589.

98. Los familiares no lo recordaban: *cf.* Angier (*Il doppio legame*, *op. cit.*, p. 423).

99. *Cf.* SQU, en OC I, p. 168 (p. 62 de la ed. cast.) (PL se refiere al personaje Null Achtzehn).

100. *Cf. infra*, p. 206.

Una simple necesidad de decencia

1. VF, *Verso occidente* [1971], en OC I, p. 674 (pp. 21-22 de la ed. cast.).

Nosotros, los pocos vivos

1. T, en OC I, p. 310 (p. 8 de la ed. cast.).

2. *Cf.* ACA, expediente sobre LP, y *supra*, p. 170.

3. *Cf.* YV, Angier a Paldiel (*Lorenzo Perone's aid to Primo Levi in Auschwitz*, *op. cit.*, anexo 1, p. 2).

4. *Cf.*, por ejemplo, Karl Heinz Roth, «Gli archivi aziendali e l'esportazione di forza lavoro dall'Italia. Note sul problema della accessibilità delle fonti e sullo sviluppo di alcune ipotesi di ricerca», en VV. AA., *Una storia di tutti. Prigionieri, internati, deportati italiani nella seconda guerra mondiale*, Istituto storico della Resistenza in Piemonte y Franco Angeli, Milán, 1989, p. 184.

5. Angier (*Il doppio legame*, *op. cit.*, p. 51); CeI, «Le piramidi di Hitler», de Corrado Stajano (*Il Giorno* [4 de mayo de 1975]), en OC III, p. 54.

6. *Cf.* YV, Angier a Paldiel (*Lorenzo Perone's aid to Primo Levi in Auschwitz*, *op. cit.*, anexo 1, p. 2) (es el hermano Secondo el que aporta este dato); Angier (*Il doppio legame*, *op. cit.*, p. 324).

7. *Cf. infra*, pp. 274-275.

8. *Cf. supra*, p. 27.

9. Emma Barberis al autor, 9 de septiembre de 2022.

10. Angier (*Il doppio legame*, *op. cit.*, p. 424).

11. *Ibid.*

12. *Ibid.*, pp. 424-425. Aunque en esencia una gamella y una escudilla son lo mismo (el propio PL utiliza indistintamente ambas palabras, *cf.* especialmente *supra*, p. 116), no ocurre lo mismo con el estaño y el aluminio: dado que PL era químico, la gamella/escudilla de LP debía ser con toda probabilidad de este último material. Pero este detalle es una minucia.

13. Emma Barberis al autor, 9 de septiembre de 2022.

14. *Ibid.*

15. ASCF, Serie IV, *Affari militari*, VII.2.A., vol. 306, especialmente los asientos del 19 de abril de 1945.

16. *La Fedeltà*, año XXXXVIII, n.º 1 (miércoles 2 de mayo de 1945).

17. *La Fedeltà*, año XXXXVIII, n.º 8 (miércoles 27 de junio de 1945).

18. *La Fedeltà*, año XXXXVIII, n.º 9 (miércoles 4 de julio de 1945).

19. *Cf. Cln fossanese al signor dott. Cav. Sebastiano Avagnina, ufficiale sanitario*, Fossano, 28 de julio de 1945, en ASCF, Serie IV, *Affari militari*, VIII.2.G., *Comitato di Liberazione Nazionale*, último expediente, vol. 312, 1945.

20. *Cf. Relazione conclusiva dell'attività svolta dal C. L.N. di Fossano*, sin fecha, pero de abril/mayo de 1946, en ASCF, Serie IV, *Affari militari*, VIII.2.G., *Comitato di Liberazione Nazionale*, vol. 312, 1945.

21. *Cf. ibid.*, «Banco di beneficenza».

22. *Ibid.*

23. Deducción tras un cotejo con Luca Bedino, 28 de julio de 2022.

24. *Cf.* «Il racconto di Carlo Morra», en Saleri (*L'importanza di Lorenzo Perone nelle opere di Primo Levi*, *op. cit.*, p. 76).

25. *La Fedeltà*, año XXXXVIII, n.º 15 (miércoles 22 de agosto de 1945).

26. *La Fedeltà*, año XXXXVIII, n.º 1 (miércoles 2 de mayo de 1945).

27. YV, Angier a Paldiel (*Lorenzo Perone's aid to Primo Levi in Auschwitz*, *op. cit.*, anexo 1, p. 2).

28. Gordon (*Scolpitelo nei cuori*, *op. cit.*, p. 70).

29. *Cf.* Isabella Donalisio, *Deportazione e sterminio nelle pagine dei quotidiani piemontesi 1945-1946*, tesis mecanografiada (directora de tesis: Adriana Lay), Università degli Studi di Torino, Facoltà di Lettere e Filosofia, 1993, *passim*.

30. *Cf.* Gordon (*Scolpitelo nei cuori*, *op. cit.*, pp. 98 y ss.).

31. Thomson (*Primo Levi*, *op. cit.*, p. 298).

32. ASCF, Sezione Archivio Servizi di Stato Civile, *Registri atti di morte*, asiento n.º 7.I., 1953.

33. Beppe Manfredi, «Fu Lorenzo Perone, fontaniere [sic] fossanese, a salvare Primo Levi», *La Piazza Grande* (27 de noviembre de 1992).

34. Angier (*Il doppio legame*, *op. cit.*, p. 426).

35. YV, Angier a Paldiel (*Lorenzo Perone's aid to Primo Levi in Auschwitz*, *op. cit.*, anexo 1, p. 2).

36. Thomson (*Primo Levi*, *op. cit.*, p. 298).

37. *La Fedeltà*, año XXXXVIII, n.º 8 (miércoles 27 de junio de 1945).

38. ASCF, Serie IV, *Affari militari*, VIII.2.G., *Comitato di Liberazione Nazionale*, vol. 312, 1945.

39. ACA, expediente sobre LP, Libretto di Lavoro (documentación de trabajo) de LP.

40. ASCF, Sezione Archivio Servizi di Stato Civile, *Registri atti di morte*, asiento n.º 134.I., 1945.

41. *La Fedeltà*, año XXXXVIII, n.º 10 (miércoles 11 de julio de 1945).

42. ASCF, Sezione Archivio Servizi di Stato Civile, *Registri atti di morte*, asiento n.º 7.I., 1953.

43. ACA, expediente sobre LP, Carole a Angier a Emma Bard, 8 de octubre de 1995.

44. *Ibid.*

45. Es oportuno citar aquí igualmente a Myriam Anissimov, *Primo Levi o la tragedia di un ottimista*, Baldini&Castoldi, Milán, 1999 (ed. or.: *Primo Levi ou la tragédie d'un optimiste*, Lattès, París, 1996) [hay trad. cast. de Teresa Garín Sanz de Bremond, *Primo Levi o la tragedia de un optimista*, Editorial Complutense, S. A., Madrid, 2001], cuyo traba-

jo sobre LP se limita, no obstante, a retomar lo que escribió PL: *cf. ad nomen*.

46. *Cf.* Alberto Cavaglion, *Commento al testo*, en la edición de 2012, a cargo del mismo autor, de PL, *Se questo è un uomo*, *op. cit.*, p. 225.

47. Angier (*Il doppio legame*, *op. cit.*, pp. 29 y ss.).

48. *Ibid.*, pp. 64-67.

49. SP, *Argon* [1975], en OC I, p. 868 («Argón», p. 388 de la ed. cast.).

50. Angier (*Il doppio legame*, *op. cit.*, p. 191).

51. SP, *Oro* [1975], en OC I, pp. 953-955 («Oro», p. 487 de la ed. cast.).

52. Thomson (*Primo Levi*, *op. cit.*, p. 284).

53. *Cf.* SQU, en OC I, pp. 259-277 (pp. 227-258 de la ed. cast.); IP, «Un'intervista con Primo Levi», de Risa Sodi (entrevista del 19 de junio de 1987); de la misma autora, «An Interview with Primo Levi», en *Partisan Review*, LIV, n.º 3 (otoño de 1987), retomada en OC a partir de los materiales en italiano proporcionados por la autora, en OC III, p. 704.

54. L, «Capaneo», [1981 (*Il Ponte* [noviembre de 1959] y posterior versión en *La Stampa* [28 de mayo de 1978])], en OC II, p. 242.

55. *Cf.* APL, *Audiovisivi, 1960-2002*, documental de la BBC *Primo Levi: The Memory of the Offence* [1992], *op. cit.*

56. APL, *Audiovisivi, 1960-2002*, William Karel, documental *Un siècle d'écrivains* de France 3, episodio «Primo Levi 1919-1987» (*op. cit.*).

57. Angier (*Il doppio legame*, *op. cit.*, p. 76).

58. T, en OC I, p. 469 (p. 235 de la ed. cast.).

59. Angier (*Il doppio legame*, *op. cit.*, p. 418).

60. T, en OC I, p. 469 (p. 234 de la ed. cast.).

61. APL, *Audiovisivi, 1960-2002*, programa *Bookmark* de la BBC [1985] (*op. cit.*).

62. SP, *Nichel* [1975], en OC I, p. 911 («Níquel», p. 435 de la ed. cast.).

63. *Cf.*, por ejemplo, APL, *Audiovisivi, 1960-2002*, documental de la BBC *Primo Levi: The Memory of the Offence* [1992], *op. cit. Ibid.*, *Primo Levi een levensschets*, documental neerlandés de 1991.

64. CS, en OC I, p. 1061 (p. 501 de la ed. cast.).

65. CeI, *Ritorno ad Auschwitz*, de Emanuele Ascarelli y Daniel Toaff (1983), *op. cit.*, en OC III, pp. 350 y 355.

66. Nicola Caracciolo (*Il coraggio e la pietà*, *op. cit.*); *cf.* igualmente CeI, *Gli ebrei e l'Italia durante la guerra, 1940-1945*, del mismo autor (1986), p. 656.

67. Angier (*Il doppio legame*, *op. cit.*, p. 774) (*cf. infra*, p. 208).

68. *La Fedeltà*, año XXXXVIII, n.º 25 (miércoles 31 de octubre de 1945).

69. *La Fedeltà*, año XXXXVIII, n.º 28 (miércoles 21 de noviembre de 1945).

70. Angier (*Il doppio legame*, *op. cit.*, pp. 424-425).

71. *Cf.* ACA, expediente sobre LP, *passim*.

72. Saleri (*L'importanza di Lorenzo Perone nelle opere di Primo Levi*, *op. cit.*, p. 36).

73. *Cf.* el artículo «Mano» en Belpoliti (*Primo Levi di fronte e di profilo*, *op. cit.*, pp. 293-295).

74. *Cf. supra*, pp. 182-183.

75. *Cf.* Thomson (*Primo Levi*, *op. cit.*, p. 40).

76. Para una contextualización, *cf.* ante todo *ibid.*, especialmente las pp. 57-187; *cf.* después Scarpa (*Bibliografia di Primo Levi*, *op. cit.*, especialmente la p. 5).

77. Así en el congreso *Primo Levi al plurale*, Turín, Polo del '900, 3 de octubre de 2019; *cf.* de la misma autora «Primo Levi poeta: un messaggero importuno», en Domenico Scarpa (ed.), *Primo Levi al plurale*, Zamorani, Turín, 2021, pp. 103-108.

78. AOI, «Introduzione» de la 1.ª ed.; solapa de Mori y Scarpa (*Album Primo Levi*, *op. cit.*, p. 196).

79. IP, *Il necessario e il superfluo*, de Roberto Di Caro (1987), *op. cit.*, en OC III, pp. 685-686.

80. AOI, *Buna* (con el título «Buna Lager» en *L'amico del popolo. Settimanale della Federazione Comunista Vercellese* [22 de junio de 1946]), en OC II, p. 681 (la traducción al castellano se ha extraído de Jesús Pardo, *A hora incierta* [*Selección de 7 poemas*], Editorial Límite, Santander, 2003), citado en Eduardo Madina, Reyes Mate, Juan Mayorga, Miguel

Rubio y José A. Zamora, *El perdón, virtud política: en torno a Primo Levi*, Anthropos Editorial, Barcelona, 2008, pp. 43-44); *cf.* Angier (*Il doppio legame*, *op. cit.*, p. 446); *cf.* igualmente Domenico Scarpa, «Al principio fu il Lager», *Domenica* de *Il Sole 24 Ore* (10 de noviembre de 2013) y, del mismo autor, «L'esordio assoluto di Primo Levi: "Buna Lager"», en Stefano Magni y Bernard Bessière (eds.), *Fragments de mémoire européenne. Semprùn, Levi, Bassani*, Presses Universitaires de Provence, Aix-en-Provence, 2016, pp. 44-55.

81. T, en OC I, pp. 469-470 (p. 235 de la ed. cast.); *cf.* igualmente Saleri (*L'importanza di Lorenzo Perone nelle opere di Primo Levi*, *op. cit.*, p. 37).

82. *Cf.* CeI, *Dialogo*, de PL y Tullio Regge (Edizioni di Comunità, Milán, 1984), en OC III, p. 487.

83. Belpoliti (*Primo Levi di fronte e di profilo*, *op. cit.*, p. 294); la referencia se encuentra concretamente en *Il segno del chimico* (con el título de «Segno d'alchimista» en *La Stampa* [8 de enero de 1984]), en OC II, pp. 955-958.

84. Del mismo autor, «"Io sono un centauro"», *op. cit.*, p. xii.

85. *Cf.* a modo de ejemplo CeI, *Primo Levi: tra scrittura e traduzione* de Catherine Petitjean (conversación del 8 de marzo de 1980; en *Primo Levi. Entre écriture et traduction*, Memogrames, Bruselas, 2007, traducción al italiano de Stefania Pico en OC), en OC III, p. 904; *cf.* igualmente Scarpa (*Bibliografia di Primo Levi*, *op. cit.*, p. xxliv).

86. *Cf.* CeI, *Primo Levi*, de Rita Caccamo y Manuela Olagnero (1984), *op. cit.*, en OC III, pp. 429-430; Thomson (*Primo Levi*, *op. cit.*, pp. 312-321).

87. PS, «Ricordo di un uomo buono» (*La Stampa* [21 de octubre de 1983]), en OC II, pp. 1545-1547.

88. T, en OC I, *ad nomen* (p. 61 de la ed. cast.); *cf.* igualmente PL con Leonardo De Benedetti, *Così fu Auschwitz. Testimonianze 1945-1986*, a cargo de Fabio Levi y Domenico Scarpa, Einaudi, Turín, 2015, *passim* [hay trad. cast. de Carlos Gumpert, *Así fue Auschwitz*, edición a cargo de Fabio Levy y Domenico Scarpa, Ediciones Península, Barcelona, 2015].

89. RAPP, en OC I, pp. 1177-1194; publicado íntegramente por primera vez en Alberto Cavaglion (ed.), *Il ritorno dai Lager*, Franco Angeli, Milán, 1993, pp. 223-240.

90. Angier (*Il doppio legame*, *op. cit.*, p. 444).

91. CeI, «Dialogando con... Primo Levi», de Ernesto Olivero (*Progetto. Mensile di informazione e di partecipazione*, III, n.º 8-9 [agosto-septiembre de 1980), en OC III, p. 201.

92. L, *Il ritorno di Lorenzo* [1981], en OC II, p. 291 (p. 652 de la ed. cast.).

93. ACA, expediente sobre LP, Libretto di Lavoro (documentación de trabajo) de LP.

94. *Cf.* Lenta («Un muratore fossanese del Borgo Vecchio protagonista di un racconto di Primo Levi», *op. cit.*).

95. Además de ACA, expediente sobre LP, *passim*, y Thomson (*Primo Levi*, *op. cit.*, pp. 364-365); *cf.* igualmente Saleri (*L'importanza di Lorenzo Perone nelle opere di Primo Levi*, *op. cit.*, pp. 74-92).

96. ACA, expediente sobre la familia Dalla Volta, carta de LP a Emma Dalla Volta, 3 de noviembre de [19]45.

97. L, «La valle di Guerrino» [1981 (*La Stampa* [3 de octubre de 1976])], en OC II, p. 382.

98. ACA, expediente sobre la familia Dalla Volta, carta de LP a Emma Dalla Volta, 3 de noviembre de [19]45.

99. *Cf.* Nicola Caracciolo (*Il coraggio e la pietà*, *op. cit.*).

100. CeI, *Gli ebrei e l'Italia durante la guerra, 1940-1945*, del mismo autor (1986), *op. cit.*, en OC III, p. 656 (el fragmento citado está presente solo parcialmente en el montaje).

101. CeI, «Primo Levi: domande e risposte», de Alvin Rosenfeld (1986), *op. cit.*, en OC III, p. 589.

102. IP, «Primo Levi. L'arte del romanzo», de Gabriel Motola (1985), *op. cit.*, en OC III, p. 810.

103. Thomson (*Primo Levi*, *op. cit.*, p. 311).

104. *Ibid.*

105. Emma Barberis al autor, 9 de septiembre de 2022.

106. ACA, expediente sobre LP, notas *Int[erview]s*, p. 6 (entrevista de Carole Angier a Secondo Perrone, sin fecha, pero de 1995).

107. *Cf. supra*, p. 48.

108. CS, en OC I, p. 1066 (p. 604 de la ed. cast.).

109. SNOQ, en OC II, p. 499 (p. 112 de la ed. cast.).

110. SNOQ, en OC II, p. 456 (p. 55 de la ed. cast.).

111. *Ibid.*, p. 560 (p. 195 de la ed. cast.), ya cit. *supra*, p. 100.

112. *Ibid.*

113. *Ibid.*, p. 431 (p. 23 de la ed. cast.).

114. *Ibid.*

115. *Cf. supra*, p. 334, nota 2.

116. «Intervista con Giovanni Menardi» en Saleri (*L'importanza di Lorenzo Perone nelle opere di Primo Levi*, *op. cit.*, p. 81).

117. *Io vi comando*, texto y dirección de Antonio Martorello, con Associazione Masca Teatrale [2013-2014]; *cf.* igualmente «Io vi comando. Teatro e metateatro di Antonio Martorello», en Saleri (*L'importanza di Lorenzo Perone nelle opere di Primo Levi*, *op. cit.*, pp. 82-92).

118. Thomson (*Primo Levi*, *op. cit.*, p. 12).

119. Michele Tavella al autor, 29 de enero de 2020.

120. Manfredi (*Il cielo sopra il Castello*, *op. cit.*, vol. I, p. 436).

121. Michele Tavella al autor, 18 de octubre de 2022.

122. Manfredi (*Il cielo sopra il Castello*, *op. cit.*, vol. I, p. 436).

123. *Ibid.*, p. 489.

124. Michele Tavella al autor, 29 de enero de 2020.

125. Manfredi (*Il cielo sopra il Castello*, *op. cit.*, vol. I, *op. cit.*, pp. 488-489).

126. *Ibid.*, p. 127.

127. *Ibid.*, p. 437.

128. RR, en OC II, p. 49 (p. 89 de la ed. cast.).

129. SP, *Potassio* [1975], en OC I, p. 903 («Potasio», p. 424 de la ed. cast.).

130. L, *Gli stregoni* [1981], en OC II, p. 373 («Los brujos», p. 750 de la ed. cast.).

131. AM, *La lingua dei chimici I* [1985 (con el título «E si chiamò benzina» en *La Stampa* [4 de enero de 1981])], en OC II, p. 898 (p. 125 de la ed. cast.).

132. SNOQ, en OC II, p. 430 (p. 21 de la ed. cast.).

133. PS, *La carne dell'orso* (1961), en OC II, p. 1318 («Carne de oso», p. 912 de la ed. cast.).

134. PS, «Quando nel lager si beveva il metanolo» (*La Stampa* [5 de abril de 1986]), en OC II, pp. 1638-1640.

135. CS, en OC I, p. 1070 (p. 663 de la ed. cast.); acerca del vino en esta obra, *cf.* principalmente Saleri (*L'importanza di Lorenzo Perone nelle opere di Primo Levi*, *op. cit.*, pp. 54-55).

136. CS, en OC I, p. 1106 (p. 1403 de la ed. cast.).

137. *Ibid.*, p. 1070 (p. 671 de la ed. cast.).

138. L, *Ospiti* [1981 (*La Stampa* [16 de abril de 1978])], en OC II, p. 391 («Huéspedes», p. 772 de la ed. cast.).

139. PS, *La carne dell'orso* (1961), en OC II, p. 919 («Carne de oso», p. 912 de la ed. cast.).

140. Thomson (*Primo Levi*, *op. cit.*, p. 369).

141. T, en OC I, p. 371 (p. 95 de la ed. cast.).

142. *Cf.* «Qui Piemonte: Rubrica regionale - Intervista a Primo Levi» (*op. cit.*, 21 de mayo de 1981).

143. RS, «Bella come un fiore» [1986 (*La Stampa* [13 de julio de 1986])], en OC II, p. 1137.

144. *Cf. ibid.*, pp. 1136-1137 y *passim* y CeI, «Segrete avventure di eroi involontari», de Giovanni Pacchioni [Pacchiano], en *Il Globo* (13 de junio de 1982), en OC III, p. 266; Bruno Villata, *Primo Levi e il piemontese. La lingua de* La chiave a stella, Edizioni Savej, Savigliano, 2018 (1.ª ed.: 2013), especialmente las pp. 84-86; *cf.* igualmente AM, *Le parole fossili* [1985 (*La Stampa* [9 de enero de 1985])], en OC II, pp. 963-966 («Las palabras fósiles», pp. 203-206 de la ed. cast.), y, a modo de ejemplo, Angier (*Il doppio legame*, *op. cit.*, p. 458).

145. *Cf.* Scarpa (*Bibliografia di Primo Levi*, *op. cit.*, p. xxii).

146. SP, *Arsenico* [1975], en OC I, p. 987 («Arsénico», p. 529 de la ed. cast.).

147. «Seguramente se refiere al novelista Carlo Levi, también judío y fustigador de las clases biempensantes». (*N. de la t.* de la edición en castellano de *El sistema periódico*)

148. SP, *Arsenico* [1975], en OC I, p. 985 (pp. 526-527 de la ed. cast.).

149. *Cf.* Lucrezio Caro, *De Rerum Natura*, III, v. 58 («*Eripitur persona, manet res*»).

150. Angier (*Il doppio legame*, *op. cit.*, p. 91).

151. CeI, «Io sono un centauro», de Giorgio Martellini (*Il Gazzettino* [12 de junio de 1984]), en OC III, p. 454 (tomo este planteamiento

de la intervención de Francesco Cassata en *Dieci anni di Lezioni Primo Levi*, Turín, Cavallerizza Reale, 30 de octubre de 2019).

152. *Cf.* CeI, «Chimico», de Enrico Boeri (*Tecnologie chimiche. Rivista mensile del gruppo editoriale Stammer*, III, n.º 2 [diciembre de 1983]), en OC III, p. 380.

153. SeS, en OC II, p. 1232 (p. 127 de la ed. cast.).

154. IP, «Conversazione con Primo Levi», de Paola Valabrega (conversación de febrero de 1981; «Conversazione con Paola Valabrega», en Belpoliti (*Primo Levi*, *op. cit.*, p. 901); retomado a partir del texto original mecanografiado de la autora en OC III, p. 901. *Cf.* igualmente Thomson (*Primo Levi*, *op. cit.*, p. 132).

155. *Cf.*, por ejemplo, IP, *Il necessario e il superfluo*, de Roberto Di Caro (1987), *op. cit.*, en OC III, p. 688.

156. SP, *Ferro* [1975], en OC I, p. 893 («Hierro», p. 918 de la ed. cast.).

157. VF, *Lumini rossi* [1971], en OC I, p. 722 («Lucecitas rojas», p. 65 de la ed. cast.).

158. *Cf.* SP, *Argon* [1975], en OC I, pp. 861-874 («Argón», pp. 373-389 de la ed. cast.), y Alberto Cavaglion, *Notizie su Argon. Gli antenati di Primo Levi da Francesco Petrarca a Cesare Lombroso*, Instar Libri, Turín, 2006.

159. *Cf.* IP, «A colloquio con Primo Levi», de Carlo Paladini (entrevista del 5 de mayo de 1986, en Paolo Sorcinelli [ed.], *Lavoro, criminalità e alienazione mentale. Ricerche sulle Marche del primo Novecento*, il lavoro editoriale, Ancona, 1987, pp. 147-159), en OC III, p. 679.

160. Además de L, *Il ritorno di Lorenzo* [1981], en OC II, p. 286 (p. 647 de la ed. cast.), *cf.* IP, «Io non pensavo di scrivere», de Alessandra Carpegna (1983), *op. cit.*, en OC III, p. 820.

161. CeI, *Gli ebrei e l'Italia durante la guerra, 1940-1945*, de Nicola Caracciolo, *op. cit.*, en OC III, p. 654.

162. *L'ultimo Natale di guerra*, aunque lleve la fecha del 27 de marzo de 1984, se publicó inicialmente en una edición privada. Posteriormente, se publicó en diciembre de 1986 (*cf. infra*, p. 272).

163. *Cf.*, por ejemplo, Poli y Calcagno (*Echi di una voce perduta*, *op. cit.*, pp. 239 y 153-158, especialmente).

164. «Essere antifascisti oggi», de Giorgio Bocca (*Prima pagina*, programa televisivo de Canale 5, emitido el 13 de junio de 1985), en OC III, p. 557; cit. igualmente en Poli y Calcagno (*Echi di una voce perduta*, *op. cit.*, p. 239).

165. AM, *Lo scoiattolo* (1985), en OC II, p. 877 («La ardilla», pp. 99-100 de la ed. cast.).

166. *Cf.*, por ejemplo, IP, *Conversazione con Primo Levi*, de Ferdinando Camon (1982-1986), *op. cit.*, en OC III, pp. 854-855.

167. AM, *Lo scoiattolo* (1985), en OC II, p. 877 («La ardilla», p. 100 de la ed. cast.).

168. IP, «Incontro con l'autore», de Marco Viglino (conversación de abril de 1978 en *La Repubblica* [18 de enero de 2009], retomado en OC a partir del texto original mecanografiado por el autor), en OC III, p. 922, ya en YV, Angier a Paldiel, 28 de diciembre de 1997, anexo 1.

169. YV, Angier a Paldiel (*Lorenzo Perone's aid to Primo Levi in Auschwitz*, *op. cit.*, anexo 1, p. 2).

170. Angier (*Il doppio legame*, *op. cit.*, pp. 38 y ss.).

171. L, *Il ritorno di Lorenzo* [1981], en OC II, p. 291 (p. 652 de la ed. cast.).

De quien siempre se acuerda de usted

1. *Cf.* APL, *Corrispondenza*, 1941-1987 (1999), LP a PL, carta del 14 de diciembre de [19]47.

2. *Cf.* CCC, Ufficio Provinciale dell'Economia Corporativa di Piacenza, Ditta individuale, n.º 21207, Beotti Giovanni.

3. *Cf. ibid.*

4. ACA, expediente sobre LP, Libretto di Lavoro (documentación de trabajo) de LP.

5. Confederazione Fascista degli Industriali - Federazione Nazionale Fascista. Costruttori Edili, Imprenditori di Opere ed Industriali Affini (*Contratto per l'esecuzione di lavori di costruzione in partecipazione con imprese germaniche, nei cantieri di Heydebrek, Blechhammer e Auschwitz*, *op. cit.*, p. 17).

6. *Cf.*, por ejemplo, Paul Ginsborg, *Storia d'Italia dal dopoguerra a oggi*, Einaudi, Turín, 2006 (1.ª ed.: 1989), pp. 103 y ss.

7. ACA, expediente sobre LP, Libretto di Lavoro (documentación de trabajo) de LP.

8. *Cf.* Cristina Enria, *Studio sulla stratificazione sociale a Fossano a metà '800: la realtà dei giornalieri*, tesis (director de tesis: Franco Ramella), Università degli Studi di Torino, Facoltà di Lettere e Filosofia, estudios de Lettere Moderne, curso 1992-1993, pp. 111-120; Vissio (*Fossano attraverso il censimento del 1911*, *op. cit.*, p. 77).

9. SeS, en OC II, pp. 1222-1223 (pp. 114-115 de la ed. cast.).

10. «Intervista con Giovanni Menardi» en Saleri (*L'importanza di Lorenzo Perone nelle opere di Primo Levi*, *op. cit.*, p. 80).

11. Michele Tavella al autor, 7 de julio de 2022.

12. Giuseppe Perone al autor, 29 de enero de 2020.

13. APL, *Corrispondenza*, 1941-1987 (1999), LP a PL, tarjeta sin fecha [27/.../1946, según el sello].

14. Belpoliti (*Primo Levi di fronte e di profilo*, *op. cit.*, pp. 279-280).

15. RR, *Prefazione*, en OC II, p. 7 («Prefacio», p. 26 de la ed. cast.).

16. YV, Angier a Paldiel (*Lorenzo Perone's aid to Primo Levi in Auschwitz*, *op. cit.*, anexo 1, p. 2).

17. ACA, expediente sobre la familia Dalla Volta, carta de LP a Emma Dalla Volta, 3 de noviembre de [19]45.

18. *Cf.* APL, *Corrispondenza*, 1941-1987 (1999), LP a PL, cartas y tarjetas de 1946 a 1948, cit. aquí e *infra*, pp. 233-238.

19. L, «La sfida della molecola» [1981 (*La Stampa* [20 de enero de 1980])], en OC II, p, 378; RS, *La sfida della molecola*, en OC II, p. 1022 («El desafío de la molécula», p. 757 de la ed. cast.).

20. IP, *Conversazione con Primo Levi*, de Ferdinando Camon (1982-1986), *op. cit.*, en OC III, p. 848 (p. 61 de la ed. cast.).

21. *Cf.* Fabio Levi, «Dialoghi» [décima *Lezione Primo Levi*, celebrada el 24 de octubre de 2018], en Levi y Scarpa (*Lezioni Primo Levi*, *op. cit.*, p. 577).

22. SP, *Cromo* [1975], en OC I, p. 971 («Cromo», pp. 512 de la ed. cast.; la cita del párrafo anterior corresponde a las páginas 509 y 510 de la ed. cast.).

23. SP, *Cromo* [1975], en OC I, p. 971. *Cf.* igualmente IP, «Io che vi parlo», conversación con Giovanni Tesio (conversaciones entre enero y febrero de 1987, en PL, *Io che vi parlo. Conversazione con Giovanni Tesio*, Einaudi, Turín, 2016), en OC III, p. 1041.

24. Mori y Scarpa (*Album Primo Levi*, *op. cit.*, p. 309).

25. SP, *Cromo* [1975], en OC I, pp. 972-973 («Cromo», p. 512 de la ed. cast.).

26. *Ibid.*, p. 973 («Cromo», p. 512 de la ed. cast.).

27. CeI, *Gli ebrei e l'Italia durante la guerra*, *1940-1945*, de Nicola Caracciolo, *op. cit.*, en OC III, p. 656, y, del mismo autor, *Il coraggio e la pietà*, *op. cit.*

28. *Cf.* Cavaglion, *Commento al testo*, en la edición de 2012, a cargo del mismo autor, de PL, *Se questo è un uomo*, *op. cit.*, p. 224.

29. Mori y Scarpa (*Album Primo Levi*, *op. cit.*, p. 124).

30. *Cf.* Belpoliti (*Primo Levi di fronte e di profilo*, *op. cit.*, pp. 34-35 y 667: «Il viaggio», en *L'amico del popolo* [29 de marzo de 1947]; «Sul fondo», en *L'amico del popolo* [5 de abril de 1947]; «*Häftling*», en *L'amico del popolo* [17 de mayo de 1947]; «Le nostre notti», en *L'amico del popolo* [24 de mayo de 1947]; «Un incidente», en *L'amico del popolo* [31 de mayo de 1947]; «Ottobre 1944», en *Il Ponte* [agosto de 1947]).

31. *Cf.* el testimonio de Bianca Guidetti Serra en APL, *Audiovisivi, 1960-2002*, William Karel, documental *Un siècle d'écrivains* de France 3, episodio «Primo Levi 1919-1987» [1997] (*op. cit.*); *ibid.*, programa *Bookmark* de la BBC [1985], *op. cit.*; *ibid.*, documental *Primo Levi: The Memory of the Offence* de la BBC [1992], *op. cit.*

32. Angier (*Il doppio legame*, *op. cit.*, p. 426).

33. *Ibid.*

34. AM, *La mia casa* [1985 (AD, *Architectural Digest* [agosto de 1982])], en OC II, p. 803 («Mi casa», p. 13 de la ed. cast.).

35. Guidetti Serra (*Primo Levi, l'amico*, *op. cit.*, p. 12).

36. L, *Dialogo di un poeta e di un medico* [1981 (con el título «Costumi» en *La Stampa* [2 de octubre de 1977])], en OC II, p. 336 («Diálogo entre un poeta y un doctor», p. 706 de la ed. cast.).

37. *Cf.* RS, «Bella come un fiore» [1986], en OC II, p. 1136.

38. Beppe Manfredi («Fu Lorenzo Perone, fontaniere fossanese, a

salvare Primo Levi», *op. cit.*); del mismo autor, *Il cielo sopra il Castello*, *op. cit.*, vol. I, p. 252.

39. APL, *Corrispondenza*, 1941-1987 (1999), LP a PL, carta del 14 de diciembre de [19]47.

40. La edición de SQU de 1947 puede consultarse en APL.

41. Ferrero (*Nota biografica e fortuna critica*, *op. cit.*, p. 253).

42. *Cf.* Claudio Panella, «Primo Levi e Franco Antonicelli: frammenti di un dialogo ininterrotto», en Scarpa (*Primo Levi al plurale*, *op. cit.*, especialmente las pp. 49-65).

43. *Cf. ibid.*, pp. 72-75, y Gordon (*Scolpitelo nei cuori*, *op. cit.*, pp. 102 y ss.).

44. SeS, en OC II, p. 1253 (p. 155 de la ed. cast.).

45. *Cf.* T, en OC I, pp. 469-470; APL, *Audiovisivi, 1960-2002*, *Primo Levi on National public radio*, entrevista de Andy Lyman, Nueva york, 5 de febrero de 1985; CeI, *Dialogando con... Primo Levi*, de Ernesto Olivero (1980), *op. cit.*, en OC III, p. 201.

46. *Cf.*, por ejemplo, Cavaglion, *Commento al testo*, en la edición de 2012, a cargo del mismo autor, de PL, *Se questo è un uomo*, *op. cit.*, p. 154.

47. Del mismo autor, «Frapper sans colère / Due postille su Primo Levi», en *Doppiozero* (9 de mayo de 2016).

48. *Cf.* Angier (*Il doppio legame*, *op. cit.*, pp. 481-483).

49. Thomson (*Primo Levi*, *op. cit.*, p. 356).

50. CeI, *Il teatrino della memoria* (*Il Paginone*, Rai, primera cadena radiofónica, en cuatro capítulos emitidos entre el 10 de noviembre y el 1 de diciembre de 1982), en OC III, p. 330.

51. Thomson (*Primo Levi*, *op. cit.*, p. 359).

52. Mori y Scarpa (*Album Primo Levi*, *op. cit.*, p. 310).

53. APL, *Corrispondenza*, 1941-1987 (1999), LP a PL, tarjeta sin fecha, pero del 22 de diciembre de 1948.

54. *Ibid.*

Y restituirán

1. SNOQ, en OCC II, p. 578 (p. 218 de la ed. cast.); *cf.* igualmente Scarpa («Chiaro/Oscuro», *op. cit.*, p. 244, aunque en este caso concreto, por motivos de coherencia con el contenido del capítulo, proponemos una traducción diferente a la de la edición en castellano) (ahora en Barenghi, Belpoliti y Stefi, *Primo Levi*, *op. cit.*, p. 248)

2. ACA, expediente sobre LP, Libretto di Lavoro (documentación de trabajo) de LP.

3. Luisella Dutto al autor, 7 de julio de 2022.

4. Diego Ronchetto Salvana a Vera Masoero, 11 de octubre de 2022.

5. Vera Masoero al autor, 12 de julio de 2022.

6. *Cf. Annuario generale d'Italia. Unica guida generale amministrativa professionale commerciale e industriale del Regno e delle colonie autorizzata e compilata col concorso degli organi dello Stato*, vol. I, Società anonima editrice, Génova y Roma, 1935, p. 337 [Dutto Antonio, *Spinetta*].

7. CCC, Ufficio Provinciale dell'Economia di Cuneo, Ditta individuale, 1217 C., Dutto Antonio.

8. ASAGCC, Archivio Storico Pratiche Edilizie, 1953, unità 17, Dutto Antonio, Faldone 119, desde folio 156.

9. ASAGCC, Archivio Storico Pratiche Edilizie, 1946, unità 32, Dutto Antonio, Faldone 92, desde folio 32.

10. *Cf.* certificado de defunción n.º 208.I., 1958, del Stato Civile (Registro Civil) di Cuneo, anexo a CCC, Ufficio Provinciale dell'Economia di Cuneo, Ditta individuale, 1217 C., Dutto Antonio.

11. ASAGCC, Archivio Storico Pratiche Edilizie, 1949, unità 78, Dutto Antonio, Faldone 98, desde folio 75.

12. *La Fedeltà*, año LII, n.º 36 (miércoles 14 de septiembre de 1949).

13. ASAGCC, Archivio Storico Pratiche Edilizie, 1953, unità 17, Dutto Antonio, Faldone 119, desde folio 156.

14. ACA, expediente sobre LP, Libretto di Lavoro (documentación de trabajo) de LP.

15. YV, R. Levi a Paldiel, 25 de enero de 1998.

16. IP, «Incontro con l'autore», de Marco Viglino (1978), *op. cit.*, en OC III, p. 922.

17. L, *Il ritorno di Lorenzo* [1981], en OC II, p. 291 (p. 652 de la ed. cast.).

18. IP, «Io non pensavo di scrivere», de Alessandra Carpegna (1983), *op. cit.*, en OC III, p. 820.

19. IP, «Primo Levi. L'arte del romanzo», de Gabriel Motola (1985), *op. cit.*, en OC III, p. 810; CeI, «Primo Levi: domande e risposte», de Alvin Rosenfeld (1986), *op. cit.*, en OC III, p. 589.

20. *Ibid.*

21. *Il coraggio e la pietà*, de Nicola Caracciolo, *op. cit.*; CeI, *Gli ebrei e l'Italia durante la guerra, 1940-1945*, de Nicola Caracciolo, *op. cit.*, en OC III, p. 656.

22. *Cf.* Belpoliti («"Io sono un centauro"», *op. cit.*, pp. xvi-xvii, y Scarpa (*Bibliografia di Primo Levi*, *op. cit.*, p. xx).

23. Belpoliti (*L'uomo dai molti mestieri*, *op. cit.*, pp. xxi y ss.).; cf. igualmente Fabio Levi y Domenico Scarpa, «Un testimone e la verità», en PL con Leonardo De Benedetti (*Così fu Auschwitz*, *op. cit.*, pp. 169 y ss.).

24. *Cf.*, por ejemplo, el testimonio de Edith Bruck (nacida Edith Steinschreiber) en Poli e Calcagno (*Echi di una voce perduta*, *op. cit.*, p. 355), y, de la misma autora, en la docuficción de la Rai *Questo è un uomo*, de Marco Turco (con guion de este autor, Salvatore De Mola y Marco Spagnoli), Italia, 2021.

25. *Cf.* Bravo (*Raccontare per la storia*, *op. cit.*, especialmente las pp. 213-214 y 226-227), y las reflexiones especulares de la historiadora sobre Luzzatto (*Partigia*, *op. cit.*, pp. 246-250) y Levi y Scarpa (*Un testimone e la verità*, *op. cit.*, especialmente las pp. 169-191). *Cf.* igualmente PL, «Il difficile cammino della verità», en *La Rassegna Mensile di Israel*, p. 9 (julio-diciembre de 1982); Belpoliti (*L'uomo dai molti mestieri*, *op. cit.*, p. xiii); Liliana Picciotto, *Primo Levi storico*, intervención en la ceremonia de bautizo del museo de química de la Università La Sapienza de Roma con el nombre «Primo Levi», 25 de marzo de 2009, disponible en línea en lilianapicciotto.it, y «Se questo è un uomo uguale a noi», de Michele Battini, en *La Repubblica* (16 novembre 2019).

26. Luciano Galletto a Cinzia Mario, 8 de julio de 2022.

27. Silvia Olivero al autor, 19 de mayo y 29 de junio de 2022.

28. Señora Sara, de la Società Amos, al autor, 22 de junio de 2022.

29. En el archivo particular de la familia Fruttero.

30. Beatrice Fruttero al autor, 13 de julio de 2022.

31. Beatrice Fruttero al autor, 12 de julio de 2022.

32. Beatrice Fruttero al autor, 29 de agosto de 2022 (la otra familia a la que se hace mención es la que desciende de Giovanni Baralis).

33. Saleri (*L'importanza di Lorenzo Perone nelle opere di Primo Levi, op. cit.*, pp. 75-76).

34. Giovanni Niffenegger al autor, 28 de julio de 2022.

35. *Cf. supra*, pp. 242-243 e *infra*, p. 249; Manfredi («Fu Lorenzo Perone, fontaniere fossanese, a salvare Primo Levi», *op. cit.*); del mismo autor, *Il cielo sopra il Castello*, *op. cit.*, vol. I, *op. cit.*, p. 251).

36. Thomson (*Primo Levi*, *op. cit.*, p. 365).

37. *Cf.* ITC, *passim.*

38. Thomson (*Primo Levi*, *op. cit.*, p. 365).

39. Vladimir Hudolin, *Manuale di alcologia*, Edizioni Centro Studi Erickson, Trento, 2015 (1.ª ed.: 1991), p. 221.

40. *Cf.* Gianni Testino, Antonietta Florio y Patrizia Balbinot, «Le patologie alcol correlate», en *Caleidoscopio. Rivista mensile di medicina*, año 33, n.º 233 (julio de 2015), p. 24.

41. Gibson (*Nati per il crimine, op. cit.*, pp. 331-335).

42. *Cf.* «Il racconto di Carlo Morra», en Saleri (*L'importanza di Lorenzo Perone nelle opere di Primo Levi*, *op. cit.*, p. 76).

43. L, *A tempo debito* [1981 (*La Stampa* [25 de mayo de 1980]), en OC II, p. 351; RS, *A tempo debito* [1981], en OC II, p. 1027 («A su debido tiempo», p. 723 de la ed. cast.).

44. Bruno Bettelheim, *Il cuore vigile. Autonomia individuale e società di massa*, Adelphi, Milán, 1988 (ed. or.: *The Informed Heart: Autonomy in a Mass Age*, Penguin, Londres, 1960), p. 174. Sobre la hostilidad de Levi hacia Bettelheim, *cf.* especialmente IP, *Intervista a Primo Levi, ex deportato*, de Anna Bravo y Federico Cereja (1983), *op. cit.*, en OC III, pp. 944-949.

45. Angier (*Il doppio legame*, *op. cit.*, pp. 425-426).

46. *Ibid.*, p. 425.
47. Emma Barberis al autor, 9 de septiembre de 2022.
48. Giovanni Niffenegger al autor, 28 de julio de 2022.
49. Angier (*Il doppio legame*, *op. cit.*, p. 425).
50. Emma Barberis al autor, 9 de septiembre de 2022.
51. Angier (*Il doppio legame*, *op. cit.*, p. 425).
52. Emma Barberis al autor, 9 de septiembre de 2022.
53. Manfredi («Fu Lorenzo Perone, fontaniere fossanese, a salvare Primo Levi», *op. cit.*).
54. *Cf.* ACA, expediente sobre LP, notas *Int[erview]s*, pp. 10-11 (entrevista de Carole Angier a Carlo Lenta, 6 de octubre de 1995); Angier (*Il doppio legame*, *op. cit.*, pp. 379-380).
55. Giuseppe Perone al autor, 29 de enero de 2020; Michele Tavella y Silvio Pagliero al autor en diversas conversaciones mantenidas entre 2020 y 2022.
56. ACA, expediente sobre LP, notas *Int[erview]s*, p. 10 (entrevista de Carole Angier a Carlo Lenta, 6 de octubre de 1995).
57. *Cf.* Pier Giorgio Giorgis, *Padre Michele Pellegrino. Testimonianze e ricordi*, Edizioni Diocesi di Fossano-Tipolitografia Mondino, Fossano, 2003, vol. I, p. 83.
58. YV, Angier a Paldiel (*Lorenzo Perone's aid to Primo Levi in Auschwitz*, *op. cit.*, anexo 6: (Declaración manuscrita de Carlo Lenta, 28 de enero de 1997).
59. Carlo Lenta, *Solo l'amore ci può salvare*, Esperienze, Fossano, sin fecha.
60. Se refiere, obviamente, a la historia del padre Raimondo Viale, narrada en Nuto Revelli, *Il prete giusto*, Einaudi, Turín, 1998.
61. *Cf.* Giorgis (*Padre Michele Pellegrino, op. cit.*, vol. I, p. 83).
62. Ian Thomson al autor, 19 de julio de 2022.
63. Lenta («Un muratore fossanese del Borgo Vecchio protagonista di un racconto di Primo Levi», *op. cit.*).
64. *Cf. supra*, p. 31.
65. Thomson (*Primo Levi*, *op. cit.*, p. 365).
66. *Cf. supra*, p. 208.
67. Ambos hospitales se reagruparon en un consorcio en 1938: *cf.*

ASCF, Serie IV, *Affari militari*, VIII.2.G., *Comitato di Liberazione Nazionale*, expediente *Ospedale*, vol. 312.

68. Thomson (*Primo Levi*, *op. cit.*, p. 365); *cf.* igualmente Dini y Jesurum (*Primo Levi*, *op. cit.*, p. 51).

69. Wlodek Goldkorn al autor, 24 de junio de 2022.

70. *Cf.* Steven Spielberg (*La lista de Schindler*, *op. cit.*).

71. *Cf.*, por ejemplo, Deaglio (*La banalità del bene.*, *op. cit.*, p. 134); Brokken (*I Giusti*, *op. cit.*, pp. 437 y *ss.* y *passim*).

72. Thomson (*Primo Levi*, *op. cit.*, p. 365).

73. ASCF, Sezione Archivio Servizi di Stato Civile, *Registri atti di morte*, asiento n.º 12.II.C., 1952.

74. *La Fedeltà*, año LV, n.º 18 (miércoles 30 de abril de 1952).

75. *Il Popolo Fossanese*, año VIII, n.º 18 (sábado 3 de mayo de 1952).

76. *Il Subalpino*, año XIV, n.º 19 (martes 6 de mayo de 1952).

77. *Il Popolo Fossanese*, año VIII, n.º 18 (sábado 3 de mayo de 1952).

78. *Ibid.*

79. *La Fedeltà*, año LV, n.º 19 (miércoles 7 de mayo de 1952).

80. IP, «Incontro con l'autore», de Marco Viglino (1978), *op. cit.*, en OC III, p. 922, ya en YV, Angier a Paldiel, 28 de diciembre de 1997, anexo 1, *op. cit.*

81. Thomson (*Primo Levi*, *op. cit.*, p. 365).

82. Archivio Parrocchiale de la iglesia Santa Maria della Pieve de Savigliano, registro del año 1952, n.º 25.

83. Archivio storico della Città di Savigliano, Sezione Archivio Servizi di Stato Civile, *Registri atti di morte*, asiento n.º 24, 1952, parte II, serie B.

84. *Cf.* ACA, expediente sobre LP, *passim*.

85. Angela Cacciaguerra al autor, 13 de julio de 2022.

86. YV, Angier a Paldiel (*Lorenzo Perone's aid to Primo Levi in Auschwitz*, *op. cit.*, anexo 6, *op. cit.*).

87. Emma Barberis al autor, 9 de septiembre de 2022.

88. YV, Angier a Paldiel (*Lorenzo Perone's aid to Primo Levi in Auschwitz*, *op. cit.*, anexo 6, *op. cit.* [no consta que PL se haya referido jamás a LP en sus obras como «el señor Lorenzo», aunque no cabe descartar que hablase así de él en sus intervenciones orales]).

89. Thomson (*Primo Levi*, *op. cit.*, p. 365, ya cit. *supra*, p. 86).

90. ACA, expediente sobre LP, notas *Int[erview]s*, p. 8 (entrevista de Carole Angier a Emma Bard, sin fecha, pero de 1995); Angier (*Il doppio legame*, *op. cit.*, p. 365).

91. Thomson (*Primo Levi*, *op. cit.*, p. 365).

92. SeS, en OC II, p. 1255 (p. 157 de la ed. cast.).

93. Thomson (*Primo Levi*, *op. cit.*, pp. 365-366).

94. Manfredi (*Il cielo sopra il Castello*, *op. cit.*, vol. I, *op. cit.*, p. 252).

95. Emma Barberis al autor, 9 de septiembre de 2022.

96. Manfredi («Fu Lorenzo Perone, fontaniere fossanese, a salvare Primo Levi», *op. cit.*).

97. Manfredi (*Il cielo sopra il Castello*, *op. cit.*, vol. I, *op. cit.*, p. 252).

98. Angier (*Il doppio legame*, *op. cit.*, p. 426).

99. ASCF, Sezione Archivio Servizi Anagrafici, Demografici, Stato Civile, asiento n.º 7, en *Registri atti di morte*, 1953.

100. L, *Lilìt* [1981 (con el título «Dentro il lager con Lilìt» en *La Stampa* [10 de junio de 1979)], en OC II, p. 254 («Lilit», p. 609 de la ed. cast.).

101. Thomson (*Primo Levi*, *op. cit.*, p. 366).

102. *Cf.* PS, *Buco nero di Auschwitz* [1987], en OC II, pp. 1663-1665.

La historia de un santo bebedor

1. Doy las gracias a Ian Thomson, que me sugirió explícitamente que titulase así uno de los capítulos de este libro. Se hace referencia, obviamente, al maravilloso relato de Joseph Roth *Die Legende vom heiligen Trinker*, Allert de Lange, Ámsterdam, 1939 [hay trad. cast. de Ibon Zubiaur, *La leyenda del santo bebedor*, Alianza Editorial, Madrid, 2020].

2. Thomson (*Primo Levi*, *op. cit.*, p. 715).

3. *Ibid.*, pp. 540-541 y 574-575.

4. *Cf.* «Conversazione con Primo Levi» (entrevista del 17 de septiembre de 1979), de Giuseppe Grassano (después recogida parcialmente en la obra del mismo autor *Primo Levi*, La Nuova Italia, Florencia, 1981), en OC III, p. 185.

5. IP, «Incontro con l'autore», de Marco Viglino (1978), *op. cit.*, en OC III, p. 922.

6. L, *Il ritorno di Lorenzo* [1981], en OC II, p. 291 (p. 652 de la ed. cast.).

7. *Cf.*, por ejemplo, *Il coraggio e la pietà*, de Nicola Caracciolo, *op. cit.*); CeI, *Gli ebrei e l'Italia durante la guerra, 1940-1945*, del mismo autor (*op. cit.*), en OC III, p. 656.

8. IP, «Io non pensavo di scrivere», de Alessandra Carpegna (1983), *op. cit.*, en OC III, p. 820.

9. IP, «Primo Levi. L'arte del romanzo», de Gabriel Motola (1985), *op. cit.*, en OC III, p. 810.

10. *Cf.* SeS, en OC II, pp. 1190-1192. *Cf.* en este sentido Porro (*Primo Levi*, *op. cit.*, pp. 172-173).

11. SeS, en OC II, p. 1194 (p. 75 de la ed. cast.).

12. *Cf. ibid.*, p. 1195 (p. 76 de la ed. cast.).

13. *Ibid.*, p. 1198 (p. 80 de la ed. cast.); *cf.* igualmente AM, *Contro il dolore* [1985 (*La Stampa* [7 de agosto de 1977])], en OC II, pp. 873-878. *Cf.* Fabio Levi (ed.), *Le parole del dolore*, Centro Internazionale di Studi Primo Levi y Zamorani, Turín, 2022.

14. Para una síntesis, *cf.* Belpoliti (*Primo Levi di fronte e di profilo*, *op. cit.*, pp. 581-592).

15. *Cf. ibid.*, p. 196.

16. *Cf.* PS, «Jean Améry, Il filosofo suicida» (*La Stampa* [7 de diciembre de 1978]), en OC II, pp. 1433-1434.

17. SeS, en OC II, p. 1232 (p. 127 de la ed. cast.).

18. *Ibid.*

19. Jean Améry, *Levar la mano su di sé. Discorso sulla libera morte*, Bollati Boringhieri, Turín, 2012 (ed. or.: *Hand an sich legen. Diskurs uber den Freitod*, Ernst Klett Verlag, Stuttgart, 1976) [hay trad. cast. de Marisa Siguan y Eduardo Aznar Anglés, *Levantar la mano sobre uno mismo. Discurso sobre la muerte voluntaria*, Editorial Pre-Textos, Valencia, 2005].

20. Macho (*A chi appartiene la mia vita?*, *op. cit.*, pp. 147, 216, 277-279, 323-324, 342 y 361 (la versión en castellano de las citas de esta obra se ha extraído de la traducción de Alberto Ciria, *Arrebatar la vida: el*

suicidio en la modernidad, Herder Editorial S. L., Barcelona, 2021 [edición electrónica; no constan los números de página]).

21. *Cf.* RR, en OC II, pp. 155-156 (Schalòm Alechém aparecía inscrito en el Registro Civil como Shalòm Rabinović) (p. 234 de la ed. cast.).

22. Tzvetan Todorov, «Prefazione» en PL, *I sommersi e i salvati*, Einaudi, Turín, 2011 (1.ª ed.: 1986; epílogo de Walter Barberis), p. v.

23. IP, «Un'intervista con Primo Levi», de Risa Sodi (1987), *op. cit.*, en OC III, p. 707.

24. Belpoliti («"Io sono un centauro"», *op. cit.*, p. xiv).

25. SeS, en OC II, pp. 1185-1186 (pp. 62-63 de la ed. cast.) (ya en L, *Il Re dei giudei* [1981], en OC II, pp. 296-297).

26. SeS, en OC II, p. 1168 (p. 38 de la ed. cast.).

27. *Ibid.*, p. 1203 (p. 89 de la ed. cast.).

28. *Cf.*, por ejemplo, Italo Calvino, «Le quattro strade di Primo Levi», en *la Repubblica* (11 de junio de 1981), ahora en PL, *La ricerca delle radici. Antologia personale*, Einaudi, Turín, 2012 (1.ª ed.: 1981), pp. 240-241 («Los cuatro caminos de Primo Levi», *La búsqueda de las raíces*, *op. cit.*, p. 342) y Angier (*Il doppio legame*, *op. cit.*, pp. 165 y *passim*).

29. RR, en OC II, p. 13 (p. 43 de la ed. cast.).

30. AM, *Il pugno di Renzo* [1985 (*La Stampa* [29 de febrero de 1980)], en OC II, p. 861 (p. 80 de la ed. cast.); *cf.* igualmente Angier (*Il doppio legame*, *op. cit.*, p. 660).

31. IP, «Il mio incontro con Primo Levi», de Daniela Amsallem (conversación del 15 de julio de 1980); «Conversazione con Daniela Amsallem», en Belpoliti (*Primo Levi*, *op. cit.*, pp. 55-73), en OC III, p. 864.

32. Calvino (*Le quattro strade di Primo Levi*, *op. cit.*, p. 239) (p. 341 de la ed. cast.).

33. Es una imagen tomada de Aldous Huxley (*cf.* AM, *Romanzi dettati dai grilli* [1985], en OC II, p. 851) («Novelas dictadas por los grillos», p. 69 de la ed. cast.) y repetida en varias intervenciones en televisión: *cf.*, por ejemplo, APL, *Audiovisivi, 1960-2002*, William Karel, documental *Un siècle d'écrivains* de France 3, episodio «Primo Levi 1919-1987» (*op. cit.*).

34. SeS, en OC II, p. 1235 (p. 192 de la ed. cast.).

35. «Robo» esta metáfora a Altiero Spinelli, *Come ho tentato di diventare saggio*, il Mulino, Bolonia, 1999, pp. 402-403 [hay trad. cast. de Francisco José Rodríguez Mesa, *Cómo traté de hacerme sabio*, Icaria Editorial, Barcelona, 2019].

36. SeS, en OC II, p. 1188 (p. 67 de la ed. cast.). *Cf.* igualmente Angier (*Il doppio legame*, *op. cit.*, p. 473); Belpoliti (*Primo Levi di fronte e di profilo*, *op. cit.*, p. 140).

37. SeS, en OC II, p. 1188 (p. 67 de la ed. cast.).

38. T, en OC I, p. 310 (pp. 8-9 de la ed. cast.); *cf.* igualmente Saleri (*L'importanza di Lorenzo Perone nelle opere di Primo Levi*, *op. cit.*, pp. 39 y ss.).

39. L, *Il ritorno di Lorenzo* [1981], en OC II, p. 289 (p. 650 de la ed. cast.): *cf.* igualmente *supra*, p. 128.

40. IP, «Primo Levi. L'arte del romanzo», de Gabriel Motola (1985), *op. cit.*, en OC III, p. 810.

41. CeI, *Le piramidi di Hitler*, de Corrado Stajano (1975), *op. cit.*, en OC III, p. 54; en el apéndice a la edición escolar de 1976, en la octava y última pregunta, Lorenzo no aparece, como ha observado ya Saleri (*L'importanza di Lorenzo Perone nelle opere di Primo Levi*, *op. cit.*, p. 37), pero hay referencias a LP en el texto: *cf.* SQUa, en OC I, pp. 303-304.

42. CeI, «Primo Levi: domande e risposte», de Alvin Rosenfeld (1986), *op. cit.*, en OC III, p. 589.

43. Domenico Scarpa al autor, 30 de septiembre de 2022.

44. *Cf.* Levi y Scarpa (*Un testimone e la verità*, *op. cit.*, especialmente las pp. 158 y ss.).

45. *Cf.* Ernesto Ferrero, *Cronologia*, en OC I, pp. lxxi-lxxii; Belpoliti (*Primo Levi di fronte e di profilo*, *op. cit.*, pp. 618-619).

46. Mori y Scarpa (*Album Primo Levi*, *op. cit.*, p. 134).

47. Saleri (*L'importanza di Lorenzo Perone nelle opere di Primo Levi*, *op. cit.*, pp. 24-25; sobre el único adjetivo modificado, *cf.* igualmente *supra*, p. 309, nota 77).

48. *Cf.* Mengoni (*Primo Levi e i tedeschi*, *op. cit.*, especialmente las pp. 421-448); Angier (*Il doppio legame*, *op. cit.*, pp. 505-513).

49. Angier (*Il doppio legame*, *op. cit.*, pp. 504-505; *cf.* Scarpa (*Bibliografia di Primo Levi*, *op. cit.*, pp. xxviii y ss.).

50. Belpoliti (*L'uomo dai molti mestieri*, *op. cit.*, p. xv).

51. *Cf.*, por ejemplo, IP, *Il necessario e il superfluo*, de Roberto Di Caro (1987), *op. cit.*, en OC III, p. 689.

52. Luisa Mellano al autor, 8 de marzo de 2022.

53. YV, Angier a Paldiel (*Lorenzo Perone's aid to Primo Levi in Auschwitz*, *op. cit.*, anexo 10); PL a Emma Barberis, 18 de septiembre de 1979.

54. IP, *Il necessario e il superfluo*, de Roberto Di Caro (1987), *op. cit.*, en OC III, p. 685.

55. Mori y Scarpa (*Album Primo Levi*, *op. cit.*, p. 323).

56. *Cf.* Nico Orengo, «Come ho pubblicato il mio primo libro», en *Tuttolibri. Settimanale di attualità culturale letteratura arte scienza spettacolo* de *La Stampa*, XI (1 de junio de 1985), con respuestas de Giuliana Berlinguer, Italo Calvino, Primo Levi, Luigi Malerba, Ottiero Ottieri, Roberto Pazzi, Giuseppe Pontiggia, Domenico Rea y Lalla Romano; la entrevista de Levi puede encontrarse íntegramente en PL (*Conversazioni e interviste*, *op. cit.*, p. 147); *cf.* igualmente SeS, en OC II, p. 1253, donde se habla de «ocho o nueve lenguas» (p. 155 de la ed. cast.).

57. *Cf.* APL, *Audiovisivi, 1960-2002*, *Primo Levi on National public radio*, entrevista de Andy Lyman [1985], *op. cit.*; *cf.* igualmente Angier (*Il doppio legame*, *op. cit.*, p. 689).

58. Belpoliti («"Io sono un centauro"», *op. cit.*, p. x).

59. Así en IP, *Conversazione con Primo Levi*, de Ferdinando Camon (1982-1986), *op. cit.*, en OC III, p. 857 (p. 85 de la ed. cast.).

60. IP, «Io non pensavo di scrivere», de Alessandra Carpegna (1983), *op. cit.*, en OC III, p. 820.

61. *Cf.* Massimo Bucciantini, *Addio Lugano bella. Storie di ribelli, anarchici e lombrosiani*, Einaudi, Turín, 2020, especialmente las pp. 166 y ss.

62. *Cf.* Jules Vallès, *I refrattari*, Sonzogno, Milán, 1884 (ed. or.: *Les Réfractaires*, Librairie Achille Fure, París, 1865), cit. en esta obra, pp. 12-13.

63. CeI, «Primo Levi: domande e risposte», de Alvin Rosenfeld (1986), *op. cit.*, en OC III, p. 588, retomado parcialmente también en Angier (*Il doppio legame*, *op. cit.*, p. 326).

64. *Cf. The Complete Works of Primo Levi*, a cargo de Ann Goldstein, Liverlight, Nueva York, 2015, y Mori y Scarpa (*Album Primo Levi*, *op. cit.*, p. 326).

65. Thomson, «Introduction. From the 2019 centenary edition», en la obra del mismo autor *Primo Levi: The Elements of a Life*, Vintage, Londres, 2019 (1.ª ed.: 2002), p. xiv; *cf.* igualmente Mori y Scarpa (*Album Primo Levi*, *op. cit.*, p. 327).

66. Es una referencia a la presencia de Lorenzo en textos publicados por PL (SQU, SQUd, L, PS, SeS, citadas ampliamente *infra*); de este cálculo general excluyo las entrevistas publicadas en vida de PL [CeI] y también las póstumas [IP].

67. Así en el congreso *Primo Levi al plurale*, Turín, Polo del ’900, 3 de octubre de 2019; *cf.* Scarpa (*Bibliografia di Primo Levi*, *op. cit.*, p. xxiv).

68. Domenico Scarpa al autor, 24 de marzo de 2022.

69. YV, Angier a Paldiel (*Lorenzo Perone’s aid to Primo Levi in Auschwitz*, *op. cit.*, anexo 2).

70. YV, *Dichiarazione di Bianca Guidetti Serra*, 28 de julio de 1997.

71. *Cf.* YV, Angier a Paldiel, 28 de diciembre de 1997, anexo 5 [pero 6]: Jean Samuel, *Primo Levi, A Companion, a Friend, a Witness*, intervención en una conferencia en la Universidad de Pensilvania, octubre de 1997, p. 4, y el mismo autor a Mordecai Paldiel, 14 de enero de 1998, en el mismo lugar.

72. YV, R. Levi a Paldiel, 25 de enero de 1998 y 9 de septiembre de 1998.

73. Romita, «“Lorenzo era un uomo”», citado *supra*, pp. 89-90, ya en ITC y en YV, Angier a Paldiel, *Lorenzo Perone’s aid to Primo Levi in Auschwitz*, *op. cit.*, anexo 12/1.

74. *Cf.* «Il sonno della ragione genera mostri», de Gabriella D’Angeli, en *Famiglia Cristiana* (27 de noviembre de 1966). Para una contextualización, *cf.* Simone Ghelli, «Sulla ricezione di Primo Levi nel mondo cattolico», en Scarpa (*Primo Levi al plurale*, *op. cit.*, p. 131).

75. Fiora Vincenti, *Invito alla lettura di Primo Levi*, Mursia, Milán, 1973, p. 50; *cf.* igualmente Grassano (*Primo Levi*, *op. cit.*, p. 31, donde, sin embargo, LP aparece sin apellido).

76. *Cf. supra*, p. 290, nota 5.

77. *Essere antifascisti oggi*, de Giorgio Bocca (1985), *op. cit.*, en OC III, p. 557.

78. *Cf.* Thomson (*Primo Levi*, *op. cit.*, pp. 644 y ss.; Angier (*Il doppio legame*, *op. cit.*, pp. 578 y ss. y 630-716, especialmente); Anissimov (*Primo Levi o la tragedia di un ottimista*, *op. cit.*, pp. 653 y ss.).

79. IP, *Conversazione con Primo Levi*, de Ferdinando Camon (1982-1986), *op. cit.*, en OC III, p. 855 (p. 81 de la ed. cast.); para una contextualización, *cf. Ho conosciuto Primo Levi*, de Giovanni Tesio, sin fecha, en OC III [apéndice 5], pp. 1180-1182.

80. *Cf.* Maida (*Il mestiere della memoria*, *op. cit.*).

81. *Cf. supra*, p. 219.

82. PS, *L'ultimo Natale di guerra* (1984), en OC II, p. 1601 («Última Navidad de guerra», p. 833 de la ed. cast.).

83. Beppe Manfredi («Fu Lorenzo Perone, fontaniere fossanese, a salvare Primo Levi», *op. cit.*); del mismo autor, *Il cielo sopra il Castello*, *op. cit.*, vol. I, *op. cit.*, p. 249. *Cf.* igualmente el artículo de Alberto Prieri sobre el trabajo de Angier «Una scrittrice inglese sulle orme del fossanese Lorenzo Perone», en *Provincia granda. Settimanale di notizie e opinioni* (viernes, 6 de octubre de 1995).

84. Angier (*Il doppio legame*, *op. cit.*, pp. 328 y 856).

85. *Cf.* ITC, Giovanni Menardi a Ian Thomson, 22 de octubre de 1992.

86. Manfredi (*Il cielo sopra il Castello*, *op. cit.*, vol. I, *op. cit.*, p. 252).

87. *Lorenzo Perrone 1904-1952. Un giusto tra i giusti*, trabajo de la clase 1D, bachillerato de ciencias, del Liceo Primo Levi de San Donato Milanese, en el marco del concurso Adotta un Giusto de la Accademia di Studi Mediterranei (tutores: profesores Concetta Frazzetta y Walter Cella), 2018.

88. *Cf. supra*, p. 156.

89. Claudio Mana al autor, 18 de octubre de 2022.

90. Silvio Pagliero al autor, 10 de febrero de 2020 y 28 de junio de 2022.

91. El monumento es un obsequio de Vittorio Dentis con ocasión del hermanamiento de Fossano y la ciudad argentina de Rafaela y en él apareece la fecha de 20-25 de junio de 1997.

92. Beatrice Fruttero al autor, 13 de julio de 2022. *Cf.* igualmente Rosalba Belmondo (ed.), *Savigliano. Un millennio tra arte, storia e cultura*, L'Artistica Editrice, Savigliano 2021, pp. 327-329.

93. Cywiński (*Non c'è una fine*, *op. cit.*, pp. 50-51; Saletti y Sessi (*Visitare Auschwitz*, *op. cit.*, especialmente la p. 61, las pp. 82-84 y la p. 262).

94. Dagmar Kopijasz al autor, 7 de julio de 2022.

95. Thomson (*Primo Levi*, *op. cit.*, pp. 430-431).

96. Cywiński (*Non c'è una fine*, *op. cit.*, p. 64).

97. *Cf. ibid.*, p. 126.

98. Cywiński al autor, 18 de septiembre de 2022.

99. Samuele Saleri al autor, 18 de marzo de 2022.

100. Jan Brokken al autor, en una conversación privada y en un coloquio público titulado *I Giusti. Chi salva una vita salva il mondo intero*, celebrado en el Museo del Risorgimento dentro del ciclo Torino Spiritualità, 2 de octubre de 2022.

101. David Grossman, «Leggere Primo Levi», en *Robinson* de *la Repubblica* (5 de noviembre 2017, traducción de Alessandra Shomroni).

102. Cesare Bermani al autor, 26 de octubre de 2022.

103. Ian Thomson, «The writer and the bricklayer: How Primo Levi survived Auschwitz», en *The Tablet* (29 de enero de 2022).

104. Ian Thomson al autor, 19 de julio de 2022.

105. *Ibid.*

106. Luca Bedino al autor, 21 de abril de 2022.

107. Además de los artículos de la prensa católica local y nacional cit. *supra*, pp. 89 y 271, *cf.* el reciente texto de Roberto Rosano, «Da una fossa comune al riconoscimento dello Yad Vashem», en *L'Osservatore Romano* (25 de abril de 2020).

108. *Cf.* Alberto Cavaglion y Paola Valabrega, «"Fioca e un po' profana". La voce del sacro in Primo Levi» [novena *Lezione Primo Levi*, celebrada el 25 de octubre de 2017], en Levi y Scarpa (*Lezioni Primo Levi*, *op. cit.*, pp. 497-569).

109. *Cf.* igualmente CeI, *Il suono e la mente*, de Dina Luce (programa televisivo de la Rai, segunda emisora radiofónica, emitido el 4 de octubre de 1982), en OC III, p. 318.

110. *Cf.*, por ejemplo, Angier (*Il doppio legame*, *op. cit.*, p. 291); Thomson (Primo Levi, *op. cit.*, p. 313).

111. *Cf.*, por ejemplo, *supra*, p. 330, nota 37.

112. *Cf.*, por ejemplo, SP, *Zinco* [1975], en OC I, pp. 884-885 («Zinc», p. 401 de la ed. cast.).

113. Angier (*Il doppio legame*, *op. cit.*, p. 154).

114. *Ibid.*, p. 307.

115. *Ibid.*, pp. 96 y 222.

116. Angier al autor, 3 de agosto de 2022.

117. Emma Barberis al autor, 9 de septiembre de 2022.

118. *Ibid.*

119. Especialmente en el marco de *Dieci anni di Lezioni Primo Levi*, Cavallerizza Reale, Turín, 30 de octubre de 2019.

120. Giuseppina Fiori (« "Rischiò la vita per nostro padre". Il commovente grazie dal figlio di Primo Levi», *op. cit.*).

Índice de fotografías y documentos

tieri di Heydebrek, Blechhammer e Auschwitz, 1942 (Biblioteca Universitaria Alessandrina, Roma, P.U. 260/71.15, p. 4).
p. 81 Judíos huyendo a través de los Alpes, septiembre de 1943 (fotografía de Charles Roman, Archivio Fondazione CDEC, Milán).
p. 83 El policía suizo Paul Grüninger (1891-1972), Justo de las Naciones (fundación Paul Grüninger Stiftung, San Gallo).
p. 98 Reparto de sopa en Monowitz, sin fecha (The Archive of the State Museum Auschwitz-Birkenau, Oświęcim).
p. 111 Retrato de Robert Maistriau (1921-2008), Justo de las Naciones.
p. 121 Tarjeta de acceso al comedor de Lorenzo Perrone en la Buna, hacia 1942-1944 (archivo particular de Antonio Martorello).
p. 136 Primera carta que envió Lorenzo Perrone en nombre de Primo Levi desde Auschwitz, 25 de junio de 1944 (Archivio Primo Levi).
p. 158 Tercera carta que envió Lorenzo Perrone en nombre de Primo Levi desde Auschwitz, 1 de noviembre de 1944 (Archivio Primo Levi).
p. 162 El ingeniero Ferdinand Meyer, el gris «Lothar Müller» de «Vanadio» (Primo Levi Collection, The Wiener Holocaust Library, Londres).
p. 182 Pasaporte de Lorenzo Perrone, expedido el 30 de marzo de 1942 (Archivio Carole Angier).
p. 191 Fachada de la casa de los Perrone en *via* Michelini, segunda mitad de los años sesenta (archivo particular de Silvio Pagliero).
p. 197 Puente de San Lazzaro, 1945 (fotografía de Francesco Fea, archivo de la familia Fea).
p. 225 Jóvenes del casco antiguo de Fossano con el padre Cavallo, 1943 y 1947 (archivo particular de Michelle Tavella, Foto Storiche del Borgo Vecchio).
p. 226 Aprendices de albañil en el casco antiguo de Fossano, *viale* Mellano, principios de los años cincuenta (archivo particular de Michelle Tavella, Foto Storiche del Borgo Vecchio).

Agradecimientos

Al igual que en todos mis libros, tras este hay —permítanme que lo diga— un inmenso trabajo de equipo, que se ha desarrollado, además, a lo largo de años de planificación, estudio, investigación y escritura, aun cuando la responsabilidad de estas páginas, como es obvio, sea exclusivamente mía. Como ya he señalado, hubo un tiempo en el que pensaba que esta sería una biografía (casi) «imposible», pero gracias a la ayuda de muchos hombres y mujeres para mis indagaciones, especialmente en su recta final, he conseguido localizar una cantidad de material que me resulta sorprendente. Por otra parte, enfrentarse a la vida y a las obras de Primo Levi, el coprotagonista de esta historia, ha sido un motivo de entusiasmo y ha requerido establecer un diálogo, bien de puntillas, bien dejando a un lado los tapujos, con quienes en estos decenios han trabajado sobre su biografía, sus textos y la documentación que nos legó. Son muchas las personas a las que tengo que dar las gracias. Lo haré tratando de seguir el orden de esta biografía, que, aunque empezó siendo ardua, poco a poco se fue haciendo más y más transitable. Espero que, finalmente, Lorenzo haya tomado forma en cierto modo como una figura tridimensional.

Para empezar, siento una gratitud infinita hacia los dos sobrinos de Lorenzo que aún viven: Beppe Perone (con una sola erre) y Emma Barberis en Bard (¡gracias, Jamie!), hija de Giovanna, que me regalaron su tiempo en Fossano y en Turín y me permitieron «ver» a su tío a través de sus ojos. En lo que respecta a la relación entre Lorenzo y Primo, eje fundamental de este libro y de la vida de ambos, mi primer agradecimiento es para Liad Mousan Shemesh, coordinador del área de Public Affairs and Research del The Righteous Among the Nations Department. También ha sido fundamental el encuentro con quienes han estudiado a Levi en los últimos decenios, lo han explicado y conservan el enorme patrimonio cultural y humano que nos dejó. No me atreví a contactar con ellos hasta que me adentré en la etapa final de la escritura de la primera versión de este libro, pero fue crucial hacerlo. Así pues, gracias a Carole Angier y a Ian Thomson, que, en el verano de 2022, volvieron al trabajo que habían realizado veinte años atrás y pusieron a mi entera disposición su memoria y las fuentes que habían localizado en su momento, más allá de todo lo que se encuentra en sus libros. Gracias a ambos también por sus numerosos comentarios a lo largo de la elaboración de esta obra y por las valiosas entrevistas que, en mi opinión, enriquecen enormemente las últimas páginas de este trabajo. Un agradecimiento infinito al Centro Internazionale di Studi Primo Levi, representado por su presidente, Fabio Levi, por su directora, Daniela Muraca, y por la responsable de Archivio e Patrimonio Bibliografico, Cristina Zuccaro: además de haberme revelado la existencia de las cartas y las tarjetas de Lorenzo y el inesperable traslado del Archivio Angier a su sede, han puesto a mi total disposición su patrimonio bibliográfico y audiovisual para mis investigaciones más allá de la obra publicada de Primo Levi, han escuchado mis dudas y mis obsesiones y me han ayudado a pulir el texto hasta en sus detalles menos visibles.

Gracias a Domenico Scarpa por sus comentarios sobre estas páginas una vez terminado el primer borrador y especialmente por ayudarme a corregir una discordancia. Su última y excelente obra (*Bibliografia di Primo Levi ovvero Il primo Atlante*, Einaudi y Centro Internazionale di Studi Primo Levi, Turín, 2022), que se imprimió y publicó entre julio y septiembre de 2022, me ha sido también de gran ayuda para realizar las últimas comprobaciones y trabajar sobre las notas (especialmente en lo que respecta a la indicación de las primeras apariciones de los textos de Levi antes de que se editaran en forma de libro). A propósito, un inmenso agradecimiento a Marco Belpoliti, editor de las obras de Levi y autor de su *identikit* (así se denomina ahora en el título de la edición en lengua inglesa de su obra *Primo Levi di fronte e di profilo* [2015], Seagull, Nueva York, Calcuta y Londres, 2022), por haberme alentado y por haber debatido conmigo, en el transcurso de la elaboración de esta obra, sobre algunas de las cuestiones más serias y más divertidas de este libro —especialmente, sobre el suicidio y el vino— y por sus comentarios realmente conmovedores. Gracias también a Alberto Cavaglion, responsable, entre otras cosas, de la edición italiana comentada de *Si esto es un hombre*, por haber hecho lo mismo, con su habitual franqueza y con su cariño. Gracias a Martina Mengoni y gracias a Howard Falksohn y a Sonia Bacca, de la Wiener Holocaust Library de Londres, por haber indagado en la Ian Thomson Collection en busca del rastro de Lorenzo.

En Fossano, Luca Bedino ha sido mucho más que un archivero apasionado y meticuloso: ha sido un guía, y además de buscar todo lo que existe acerca de Lorenzo en el Registro Civil —desde el nacimiento de su padre hasta el asiento de defunción del albañil—, hizo el esfuerzo de acompañarme físicamente al cementerio en busca de huellas de las dos sepulturas de Lorenzo. Gracias igualmente a Massimo Nardi, el secretario general del ayuntamiento de esta ciudad. Un agradecimiento inmenso igualmente al cronista del Burgué, Michele Tavella, que puso a mi entera disposición su saber social y visual y que, junto con Caterina Rossi, se ha encargado de ayudarme a filtrar este texto para evitar que incluya giros dialectales, y también a Silvio Pagliero, que me ayudó junto con Michele a reconstruir la topografía del casco antiguo de Fossano, proporcionándome, además, maravillosas fotografías. Gracias a Antonio Martorello y a su profunda humanidad, gracias a Luisa Mellano, presidenta de la asociación de partisanos Anpi de Fossano, y a Fabrizio Biolè. Gracias a Pinuccio Bellone y a Agnese Fissore, que me abrieron las puertas de la ciudad. Gracias a Cecilia Di Marco y a Adelina Brizio por sus comprobaciones, y un gran agradecimiento a Samuele Saleri —de Brescia, como Alberto Dalla Volta, pero me perdonará si lo incluyo entre los vecinos de Fossano por nacimiento o adopción—, por haber sido el primero en escribir una apasionada tesis sobre Lorenzo. Gracias al arquitecto Claudio Mana por los detalles sobre la demolición de la casa de *via* Michelini.

En el caso de la Granda (como se conoce en el Piamonte a la provincia de Cúneo), mi agradecimiento más profundo es para los amigos del Istituto Storico della Resistenza e della Società Contemporanea in Provincia di Cuneo D. L. Bianco, especialmente a su director, Gigi Garelli, y a Alessandra Demichelis, ampliamente citada a lo largo de esta obra. Gracias igualmente a Chiara Zangola, del Archivio di Stato di Cuneo, por haber intentado la empresa (im)posible de encontrar algún tipo de huella.

Si la investigación sobre la empresa Beotti ha sido fructífera ha sido gracias al contrato mencionado, que se conserva en la Biblioteca Universitaria Alessandrina de Roma (gracias a Valentina Corridori), al Archivio di Stato di Piacenza (gracias a Arianna Bonè) y a la Camera di Commercio de Piacenza (gracias a Lucia Casella). Gracias de todo corazón también a Marta Rutigliano y a Ippolito Negri por haberme ayudado a «atar cabos», a Antonio Camuso, del Archivio Storico Benedetto Petrone, por las comprobaciones, y gracias naturalmente a Cesare Bermani por el imprescindible trabajo que realizó hace decenios y por la maravillosa jornada que pasamos juntos hablando sobre Lorenzo y sobre cómo se debe intentar contar una historia.

En el Memorial y Museo de Auschwitz-Birkenau me siento como en casa desde hace una docena de años. Con el fin de terminar esta investigación volví a molestar a una serie de personas que ya conocía allí y también a otras que pusieron sus competencias a mi disposición para localizar detalles sobre los archivos, la historia y la memoria que, de no ser por ellas, no estarían presentes en estas páginas. Gracias en primer lugar a su director, Piotr M. A. Cywiński, por su humanidad y por su generosa disponibilidad; gracias a Michele Andreola, imprescindible guía (en el sentido más estricto y también en el más amplio), a Elżbieta Cajzer, responsable de las Auschwitz Museum Collections, por aquel primer cotejo y rastreo en el lejano año 2015; gracias a Dagmar Kopijasz, fundador de la Foundation of Memory Sites near Auschwitz-Birkenau, y a Agnieszka Kita; gracias al archivero Szymon Kowalski y a Piotr Setkiewicz, responsable del Research Center y autor de la monografía fundamental sobre Monowitz, que se encuentra traducida al inglés. En cuanto a las cartas que Primo envió a casa a través de su amigo Lorenzo, quiero hacer llegar mi agradecimiento a Fabrizio Salmoni, hijo de Alberto y de Bianca Guidetti Serra, por las comprobaciones.

Centrándome ahora en el viaje de regreso y en los primeros años de posguerra, pido disculpas a las decenas de personas apellidadas Peruch en Friul a las que he importunado (y le doy las gracias al director del Archivio di Stato di Bolzano/Staatsarchive Bozen, Harald Toniatti, al que pido perdón igualmente por la pista falsa; gracias a Monica Emmanuelli, directora del Istituto Friulano per la Storia del Movimento di Liberazione de Udine, por haber indagado en su archivo, y a Luciano Patat, por su minuciosa búsqueda). Me disculpo también con las decenas de personas apellidadas Dutto que han corrido la misma suerte: un agradecimiento especial a Luisella Dutto, así como a Vera Masoero, de la central sindical Cgil de Cúneo, que (junto con la Fillea [Federazione Italiana Lavoratori Legno, Edili ed Affini] que forma parte de la Cgil de Cúneo y también junto con Anna Maria Tomatis, Nello Fierro e Ilenia Basso) ha seguido estas pistas como un sabueso; gracias también a Stefania Cardona, de la Camera di Commercio de Cúneo, y a Beppe Segre, presidente de la Comunità Ebraica de Turín.

En Savigliano, última estación de esta biografía, doy las gracias de todo corazón a Silvia Olivero, del Archivio Storico de esta ciudad, a Angela Cacciaguerra, del Stato Civile (Registro Civil), y a Cinzia Elena Mario por haberme introducido en la memoria de la asistencia sanitaria de Savigliano, y también a Luciano Galletto y a Beatrice y Adriana Fruttero —hijas de Francesco y sobrinos de Enrico— por haber compartido conmigo recuerdos y reliquias, y a Giovanni Niffeneger por su valioso testimonio y su conmovedora tenacidad.

En cuanto a la investigación sobre el historial clínico, la muerte y el funeral de Lorenzo, doy las gracias a las señoras Susanna y Sara, del Archivio di Vignolo (Società Amos), al Archivio Arcivescovile de Turín, a Laura Fiorito, del Archivio Parrocchiale de la iglesia de Santa Maria della Pieve de Savigliano, y a Rossella Fiorillo, del Archivio della Diocesi de Fossano.

Debo dar las gracias también a quienes me han orientado o ayudado en mi investigación (mi amigo y sabueso Leonardo Mineo, junto con Attilio Offman y Antonio Polosa; Barbara Berruti, Chiara Colombini, Andrea D'Arrigo, Tobia Imperato y Cristina Sara, del Istituto Piemontese per la Storia della Resistenza e della Società Contemporanea Giorgio Agosti; Fabio Cancelliere, del Archivio Nazionale Cinematografico della Resistenza [ANCR]; Andrea Spagnolo; Anna Stefi; Marta Margotti; Gadi Luzzatto Voghera y Laura Brazzo, de la Fondazione Centro di Documentazione Ebraica Contemporanea [CDEC]; Martina Landi, de la ONG Gariwo, la Foresta dei Giusti, y Mirna Campanella y Luisa Alonzi, de la Biblioteca della Diocesi de Frosinone), en la reflexión que ha hecho posible el trabajo de escritura y en los cotejos necesarios durante la elaboración de esta obra (David Bidussa, Fausto Ciuffi, Phil Cooke, Enrico Deaglio, Giovanni De Luna, Francesco Filippi, Eric Gobetti, Wlodek Goldkorn, Wolf Gruner, Bruno Maida, Enrico Manera, Martina Merletti, Marco Ponti, con «su» Ermes, Alice Ravinale [y Edoardo Morino] y Tommaso Speccher [y Gabriel Eikenberg]), así como a esa viga maestra de comprobación y compromiso civil que constituye la base de este trabajo: la asociación Deina, de la que tengo el honor de ser uno de los fundadores y con la que he viajado en un sinfín de ocasiones a Auschwitz y a otros memoriales de toda Europa; gracias especialmente a Elena Bissaca, Francesca Poli y Davide Toso, que tal vez se acuerden aún de los primeros destellos de esta aventura, y a Ruben Bianchetti y Daniele Regoli, por estar siempre ahí.

Finalmente, gracias a Carlo Ballero y a Anna Mondino por haberme ayudado a arrancar, gracias a Silvia, Ada y Alberto, de la Meucci Agency, por guiarme a cada paso y gracias —hoy más que nunca— a Giovanni Carletti, editor y amigo, que, junto con Carolina Coriani, Agnese Gualdrini, Giovanna Mollica, Nicoletta Cavalluzzi y Stefano Savella, ha sabido convertir el manuscrito en un libro; gracias a Alessandro, Giuseppe, Antonia y Bianca Laterza por creer en cada proyecto nuestro con convicción y pasión. Y gracias a Adrià Fruitós por la espléndida portada.

Mi último agradecimiento es para mi inmensa familia, especialmente para mi madre y para mi padre, «lectores beta» de tantos textos míos, que han dedicado una atención especial a *El hombre que salvó a Primo Levi*. Y a Laura, Lorenzo y Tommaso, porque me han enseñado lo que significa amar.

Índice onomástico

Índice

Una simple necesidad de decencia